国家出版基金项目
NATIONAL PUBLICATION FOUNDATION

旗人风华

一个老北京人的生命周期

罗信耀 著

罗进德 译写

北京出版集团
文津出版社

序言

　　近年来，记述旧日北京风俗、民习、掌故等等忆旧说往的文字，被冠以"京味儿文化"之名，引起了越来越多人的浓厚兴趣。这些作品大多出自曾在旧日京城生活过的老北京之手，他们从祖辈开始就世世代代浸泡在这个古老城市的文明之中，洞悉这个城市文化中最细微的点点滴滴，品读他们那些以优雅京腔对这个城市所做的描画，恰如细细地品一壶滋味悠长醇厚的香茶，那是一种纯粹的享受。

　　《旗人风华：一个老北京人的生命周期》，初看起来就是这类"京味儿文化"的作品之一。它的原作者罗信耀先生，也与上述那些作者一样，是一位生于斯长于斯的老北京。但只要将它翻开就会知道，这部书其实非同一般，并不可与其他讲风俗文化的书混同，这主要体现在以下几点：

　　首先，这部书是在20世纪30年代，当北京还被称为"北平"的时候，由一个北京人用英文写给外国人士读的、一部关于北京生活和北京人的书。它最初在当时北京刊发的《北平时事日报》（英文）上长篇连载，后来又以The Adventures of Wu《小吴历险记》之名结集成书，这里还要提到的是，这份面向欧美人士的《北平时事日报》，办报的也是北京人。

　　从20世纪初甚至更早的时候开始，就一直不断有外国人记录和介绍老北京的各种出版物出现，但这些作品都是站在外国人（主

1

要是欧美人）的立场上，以外人的目光来看北京的。而反过来，由北京人自己向外国人讲述自己最熟悉、最贴近自己生活的东西，就比较罕见了，至少我还没有看到在那个时代，还有另一个。从一方面说，一个完全没有留洋经历的、从中国学校（而且还是中学）出来的中国孩子，能如此流利地讲一口英文，能如此熟练地写英文文字，这样的人即便是在今天的北京，也未必十分普遍，这提示我们，在20世纪三四十年代的旧日京城，已经有一部分北京人的文化水准和对外交流的水准，要超过我们通常的想象之上。从另一方面说，这份英文报纸面向的那些读者，主要是居住于平津一带的欧美人士，这些人的人数之多，已经在京城形成一个独特的群体。他们中有不少人长期定居京城，是出于对北京的文化和生活的喜爱，也正因此，他们才热切地希望了解它，以至于成为罗先生此书的热心读者，而这部书之所以在海外也被多次再版，造成一定影响，正是这种热爱引发的。总之，以这部书的作者和读者为代表的这些人的存在，展现了旧日京城中一个迄未被人充分关注的角落，是应该引起相关研究者的注意和兴趣的。

其次，这部书的写法颇有新意。它是从北京一个吴姓家庭中名叫"小秃儿"（英文书名中的"小吴"）的孩子出生写起，一直写到他结婚娶妻，并将其比作一个人的生命周期，而这个周期的运行过程并不是孤立的，作者将小秃儿的出生和成长置于一个普通的北京人的家庭中，笔触伸延至家庭中每一个与小秃儿相关的人物，讲述他们在家庭和社会中与人的交往日常、人情世故，再将各种有关的故事和礼俗穿插其间。尽管作为一部在报纸上长篇连载的作品，作者必须顾及读者（主要是外国人）的喜好和品味，也当然会有吸引他们目光的企图，但无论初衷如何，他描述的北京民风民俗的背后，有"人"和人生在，而且这些"人"并不是抽象和空洞的，他们都有自己的故事，有自己的喜怒哀乐，也有他们为人处世的价值观，这使人们在阅读这部作品的时候，不仅能够了解北京民俗，更能了解北京的"人"，这便与通常可见的那些只是平铺直叙地讲述风俗的作品不同了，这构成了这部书最鲜明的特色，我认为，这也是本书最有价值之处。

最后，对我来说，这部书尤为令人关注的，是作者的旗人背景，尽管在原书中，罗信耀先生并未公开表明自己的民族身份。

据罗信耀的长子罗进德先生说，他家祖上是满洲正白旗，萨克达氏。罗信耀先生出生于1908年，即辛亥革命爆发之前三年，可以推知，他人生的前数十年，与他的民族一道，曾经历了清朝覆亡、八旗解体的那段非常时期。这些前清的旗人后代，曾为自己族群的公民权和生存权进行过种种艰难却无望的抗争，但最终仍是改籍易名，隐瞒自己的旗人身份，如水银泻地一样，融入其他民族之中，导致民国初年北京旗人的数十万人口，到1949年新中国成立时仅余万人。

我不清楚罗先生一家在民国时期，是否也曾改姓易名，是否也是这数十万不敢公开自己身份的旗人后裔之一。只知他的这部作品，就如当时众多满族作家和其作品一样，给我们展示的只是"北京人"，而将自己"北京满族"的身份全然隐去。但是，也正如老舍、穆儒丐那些满族作家一样，那种旗人特有的风格却无法遮蔽，而从他描述的各种京城百姓的生活习俗、行为方式和性格观念中透露出来，那是北京文化中深厚的底蕴，是清兵入关后数百年在京城积郁的结晶。

与此同时，另外的一面尤其不能忽视，那就是新一代的旗人后裔，就在这样风霜凄苦、备受歧视的环境下，倔强地挣扎和成长起来，他们不仅一改昔日腐朽寄生的八旗子弟形象，能够凭借自己的才能和努力成为自食其力的劳动者，还有不少人接受了新式教育，成为当时掌握了国内外先进的文化知识和思想观念的优秀人才，正如这部书的作者罗信耀先生一样。

所以，我看这部书，更感兴趣的是写作此书的这个人，这个老北京旗人的后代，他好像正从那些妙趣横生的故事和饶富乐趣的习俗背后，带着那个时代特有的悲凉、坎坷、艰辛和挣扎走出来，这是这部书对我最有吸引力之处，我也正是因此，而欣然应他的儿子罗进德先生之邀，为本书作序的。

我手中的这部《旗人风华：一个老北京人的生命周期》，其实并不是罗信耀先生的原著，也不是原书的中文全译本，而是由他的长子罗进德先生"译写"的作品。据罗进德先生自称，他要做的是"把一本写给外国人看的书，改造成一本给中国人看的、有'京味儿'的大众读物"。这就无异于一种再创作了，而我更愿看到的，是一部忠实于原著的全译本，但按照北京出版集团司徒剑萍小姐的解释，罗进德先生所坚持的译写，体现了父子两代人对于京城的文化、观念的继承与延续，而父子两代人在写作中的种种不同，体现了时代的变迁和人的思想观念的变化，本身也别具意义。我虽然对这种做法是否妥当仍然存疑，但还是本着理解万岁的态度，而予以尊重吧。

我在出版社的热心支持与安排下，曾有幸与罗进德先生做了两次长谈，他对父亲一生的讲述、他与《北平时事日报》在数十年之后的奇遇，件件都是引人入胜的故事。而他对北京这个城市诚挚的热爱与对自己民族的认同和情感，处处引起我的共鸣。对于北京，这个正在一天比一天急迫地远离我们的城市的追忆和怀恋，更是我们共同的话题，既令我感慨，更让我动容，因而不揣谫陋，欣然命笔，草成此篇，是为序。

定宜庄

2019年岁末

目　录

译写者的话　………………………………………………　1

第一章　礼士胡同一人家　………………………………　1

第二章　生了个大胖小子　………………………………　13

第三章　洗三　……………………………………………　20

第四章　满月　……………………………………………　29

第五章　一百天　…………………………………………　49

第六章　周岁　……………………………………………　60

第七章　请大夫　…………………………………………　78

第八章　妙峰山进香　……………………………………　91

第九章　童谣　……………………………………………　111

第十章　北京花事　………………………………………　119

第十一章　朝阳门外三座庙　……………………………　128

第十二章　赏心乐事　……………………………………　137

第十三章　家庭园艺　……………………………………　149

第十四章　幼童游戏　……………………………………　158

第十五章　五月端午　……………………………………　169

第十六章　哈达门外一座庙　……………………………　178

第十七章　　北京茶馆 …………………………… 182

第十八章　　荷花市场 …………………………… 189

第十九章　　夏日消遣 …………………………… 202

第二十章　　开蒙 ………………………………… 215

第二十一章　消夏 ………………………………… 222

第二十二章　小秃儿上学了 ……………………… 240

第二十三章　过生日 ……………………………… 254

第二十四章　七月七 ……………………………… 270

第二十五章　祖先崇拜 …………………………… 284

第二十六章　吃河鲜儿 …………………………… 295

第二十七章　养鸽之乐 …………………………… 301

第二十八章　义结金兰 …………………………… 314

第二十九章　金风送爽 …………………………… 321

第三十章　　中秋佳节 …………………………… 333

第三十一章　淘换小狗 …………………………… 346

第三十二章　黄酒和白酒 ………………………… 357

第三十三章　追思狩猎 …………………………… 364

第三十四章　九九重阳 …………………………… 372

第三十五章　吴老爷子欠安 ……………………… 387

第三十六章　吴宅丧事恕报不周 ………………… 398

第三十七章　办丧事 ……………………………… 408

第三十八章　出殡 ………………………………… 426

第三十九章　冰嬉　象棋　腊八粥 ……………… 450

第四十章　　张罗过年 …………………………… 461

第四十一章　过大年　················　481

第四十二章　逛庙会　················　489

第四十三章　逛厂甸儿　················　504

第四十四章　上元逛灯，万民同乐　·········　514

第四十五章　吴学文订婚　·············　523

第四十六章　吴学文办喜事　············　543

译写主要参考书目　················　564

本书及其作者的故事　··············　566

THE ADVENTURES OF WU

译写者的话

罗信耀先生七十多年前出版的这部英文著作，在海外已成名著，但是在国内知者寥寥。直到最近几年国内报刊才出现评论文章，也是在读到外文（英文和日文）版本之后才写的。

现在终于把这部著作翻译成中文，使其得以跟自己的同胞，特别是老北京见面，总算不辜负作者当年付出的心血吧。

作为译写者，我对英文、中文，以及北京史地民俗的知识，深感欠缺，与原作者的差距真"不可以道里计"，但是无言的承诺促使我去学习、研究和思考，拼命"恶补"，几经寒暑，数易其稿，终于把一个差强人意的中文本拿出来了。

这部中文本不是通常所说的"全译本"，而是一个"译写本"，就是以原书为基础进行的写作，做了相当多的删减、增补、改写。经过如此处理，译写本与原书比较，面目大有改观，甚至会被指"面目全非"。所以，译写者认为有必要做一些交代。

第一，这部书原本不是写给中国人看的，预期读者对象十分明确——在中国，特别是在华北平津居住的欧美人士，因此写作的策略也很明确——要让洋人读得津津有味，这个"味"就是"洋味儿"。比如英文的幽默感不可或缺，比如频频引用或者化用英美文学典故、成语、谚语，甚至模仿某英语文学名著的句式，连书名（*The Adventures of Wu*）都是"仿制品"。"洋味儿十足"是当年的成功之处，现在要做一本给并不熟谙英语的中国人看的书，就适宜采取另一种策略。

第二，为了引起外国读者的兴趣，原书不时拿北京民俗跟外国的某些类似行为或事物做比较，但谈不上"比较研究"，只是为拉近外国读者的心理距离，也是一种写作的策略。如今面对本国同胞读者，此类枝枝蔓蔓的文字（好在不多）当以删去为好。

第三，原书本来是一天一段在报纸逐日连载的专栏，卖文是为了养家糊口，每天必须写足一定字数才够"买窝头"的，同时还要绘制插图，时间紧迫，不得不快马加鞭，全都是"急就章"，还得小心翼翼规避文祸，粗糙、疏漏、错误在所难免。今天条件大好，理应尽量给予补救，不使缺憾留给今天的读者，是译写者诚恳的愿望。

总而言之，这次译写就是为了把一本写给外国人看的书，改造成一本给中国人看的、有"京味儿"的大众读物，希望这个目的能大体实现。

2017年6月18日

第一章　礼士胡同一人家

世续上朝归来

凡是逛过隆福寺庙会的人，都会记得东四牌楼所在的那条纵贯南北的通衢大道。那条大道南起哈达门（崇文门），在东四牌楼跟齐化门（朝阳门）大街和马市大街相交叉，形成一个十字路口然后继续向北延伸，直抵内城北垣。大道东侧，有一条条东西走向的狭窄胡同，看上去彼此十分相似，简直难以区分。

这众多的胡同当中有一条叫作礼士胡同，其实，"礼士"，即"彬彬有礼的学者"，乃是"驴市"的雅化。这条胡同有点与众不同，西口在米市大街，东口在南小街，全长不过一里多地。整条胡同里商铺顶多四家而已，其余空间都是现已过气的北京上层官僚的宅院，其中位于胡同西口的一座便是辛亥革命前后一直充任清廷内务府总管大臣世续的宅邸。

我幼时正值民国初年，每天上学途中看到世续中堂大人在早晨7点从皇宫下朝回家的情形，场面优雅，如今已不复可见，但在我的记忆中犹如昨天一般清晰。他的轿车由一匹体形高大的纯白色伊犁马牵引，御者和随从都头戴圆形官帽——帽檐向上翻起饰以皮毛，帽顶上饰有大红的帽缨。在轿车前边的是一位骑马的巴图鲁，腋下夹着中堂大人的奏折匣子。此时清帝已经逊位，按"优待条件"住在紫禁城。

礼士胡同西口这座门，其实是世续住宅的后门，就是车门；前门在灯草胡同。中堂大人一行抵达时，在这里要拐个九十度的弯儿才能进入大院，这时轿车的铜铃叮当作响，马匹踏着碎步，扬起一片灰尘。"无风三尺土"是北京特色，原来是驴市的地方尤其显著。我跟学伴一起总是呆呆地观看这个热闹的场面，足有二十秒之久。那位身穿朝服的老人颇有舞台人物的形象：银髯飘拂，长度足有一尺半，面容沉静、高贵，面色憔悴，有几分烟气。他那双曾经炯炯有神的眼睛，充满倦意。这是很久以前的事了。世续中堂已在二十来年之前去世，他出殡时隆重而豪华，我也曾目睹葬礼盛况。

吴家小四合院

礼士胡同路北有一些规模较小的住宅，其中一座引起了我的注意。这是一座不大的中式门楼，无论结构还是样式都再普通不过，灰溜溜的颜色颇为难看。可是再看一眼的话，就会发现这座宅子的门面零星点缀着鲜艳的色彩：油漆的门楣有描金的装饰线，下边是两片对开的门板，一对黄铜门环擦得锃亮，门板上面残留着春联的红纸，这些都平添了几分生气。接着就看见一块姓氏牌——在门框的右上角钉着一块大约十三厘米宽、三十二厘米长的绿漆木牌，上面写着四个朱红的字："渔阳吴寓"。

战国时期，今天北京所在的地方就叫"渔阳"。像吴先生吴广宗这样的饱学之士，特别喜欢将地名诗意化，一位如此熟悉北京的人怎能忽略这一点呢？所以，吴先生乃是一位土生土长的北京人，地道、正宗、纯正！

我们不妨对渔阳吴寓做一番浮光掠影的观察，这座宅院乃是北京庞大人口中的下层中产阶级人士具有典型性和代表性的住所。

在北京，砖砌的影壁是一道抵挡妖氛邪气和邻居们窥探目光的防御工事。吴先生不够富有，雇不起看门人，但是他养了一条名叫"小黑儿"的老狗（不知道为什么给这条狗取名"小黑儿"，它的毛是深棕色的，体形也一点都不小）。"小黑儿"忠于职守，是一道活影壁。

建筑家和房屋设计师从来不曾放弃过把庭院盖成平行四边形的想法。四边各包括三间房子，围成一座四方形的院子，即所谓"四合院"，这种工程方案，盘踞在所有住宅设计家的头脑里，须臾不离。北京有句老话："有钱不住东南房。"东房到了夏天饱受西晒"煎熬"；南房一年到头不见阳光，到了冬天冷似冰窖，只有北房、西房是宜居的。吴先生的住宅当然也恪守常规，一丝不苟，但是当我们进入街门，走过影壁一览小院全景的当儿，我们的成见却被一片意外的景观打破——横在南房与院子之间的竟然是一道竹篱笆！这道篱笆墙爬满了牵牛花浓密的藤蔓，而篱笆墙正中间的位置——牵牛花藤蔓最茂盛喜人之处，吴先生的工人们巧妙地建造了一座竹制的月洞门，取代常规的垂花门。

吴家的房子略显老旧，但是维护得当，状况保持良好。眼下我们能报告的只有这么多了，因为跟吴先生还不熟，还不可能深入了解他家的经济状况。院子的中庭挺漂亮，但也不怎么耐看，因为花卉和绿植都是按常规摆放的，一点也看不出有造景和园艺的效果。

你会说，庭院里如何摆放花卉和陈设，没有个性可言。不然！老北京人对于自家院里花卉摆放的格局是有一套理念的！夏季，要摆放成双成对的石榴树——两棵、四棵或者六棵，拥簇着一口养着金鱼的大陶缸。俗话说："天棚鱼缸石榴树，先生肥狗胖丫头。"

这是老北京人口传心授的庭院装饰理想。吴先生的确属于这一派，不过他脑筋开明，对于"胖丫头"一项，已不在他考虑之内了。至于天棚，我们现在看到的只有用杉篙跟竹竿搭设的架子。顶部水平位置的杉篙共有四根，每一根的顶端钉着一块圆形木板，板上用油漆写着"吉星高照"字样。往里走，在院子东北角是一座砌成花瓶形状的小门，通向后院，后院里有几间当储藏室的小房子，这家人称之为"煤屋子"，再有就是几间仆人住的"下房"了。

我们不便久留，告退。吴先生一再挽留："请进！""请小坐片刻！""请用茶"……我们还是跟主人道辞了。吴太太没有露面，我们并没有被冷落之感，因为我们间接听说吴太太身怀六甲，大喜的日子预计就在一两天之内。

鱼缸、石榴树和肥狗，院子里
必不可少的点缀

吴先生进洋学堂

　　吴先生原先在传统私塾接受教育，成绩平平。上学时，他身着蓝布长袍和马褂，脚蹬黑色缎靴，头戴学生制帽，后脑勺儿拖着长长的发辫——这身打扮独具特色、举世无双。1911年，辛亥革命推翻了清朝政府，推行一系列现代化措施，革命觉悟高涨的中国人民几乎一致拥护。这一年吴先生剪掉辫子，进入大学。吴先生的父亲当时算得上激进分子——他经过仔细盘算，有意识地让自己的儿子进入外国教会办的大学继续深造。不仅如此，老人家给独生儿子制订的"教育计划"也十分精明，不由分说，让儿子按他的好恶选课，先研习经济

吴广宗上学的打扮

学，接下来学化学，最后再研习商业，进入所谓商学系。期满毕业，吴先生进入一家中国人开办的现代化银行，充任初级收账员，后来成了实习出纳员。这是1915年的事。

在吴先生生活的年代，婚姻大事通常是由父母双亲来操办的。吴老先生坚决主张儿子在有本事挣钱养家之前必须坚持单身，因为他根据经验深知过早成婚肯定没好结果。他自己结婚时只有十七岁，新娘二十二岁，大他五岁。但是，吴老太太却另有想法，她不断在吴老先生耳边絮叨，最好给吴少爷娶个媳妇。她有两条理由——一条是表面上的，说吴少爷需要有个媳妇做伴，占住他的心思；另一条是本能性的，她内心里一直在做着"抱孙子"的美梦。

吴先生跟妻子结婚以前是表兄表妹的关系。1900年，即庚子之乱那年，吴先生的妻子位于北京西郊的家遭人抢掠，就到城里吴家来避难。没过多少日子，就有一些朋友和好心人启动了说媒的程序，其中最热心的就是女孩子娘家的二姑妈。没多久就把喜事办了，当时新郎新娘都是二十岁。

这一次吴先生和吴太太已经不是头一回有孩子了。他们以前有过两个孩子，都是女孩儿，生下来还没取乳名就夭折了。那年月女孩儿受欢迎和被珍视的程度，连男孩儿的一半都不到，她们出生不会被当作多么重大的喜事来庆祝。吴先生的母亲总是发表"宏论"说："哎呀！女孩儿就是赔钱货！什么用也没有，光会叫咱们赔本儿！我没有生养女孩子，真是三生有幸。要是有女儿，你就得下功夫把她养大，等她嫁了人，你还得留神别让她成了娘家的包袱。你还保不住她男人会不会娶小老婆或跟下贱女人胡乱搞。要不然呢，把姑娘嫁给有钱的人家，你就得操心自家孩子会不会被那男方家庭看不起遭白眼。要是嫁给穷人呢，你得费多少心让姑娘别受穷？！又费钱，又操心，又耽误工夫，又心疼，太不合算啦！太亏本儿了！一想到我只有一个宝贝儿子，我就高兴，他那两个丫头短命，我可是一点都不心疼！如今广宗媳妇又要当妈了。这回咱们一定得要个儿子！老天爷保佑！要是生儿子，咱们可得大操大办呀！"

本书主人公吴家小秃儿，在他的祖母发表了这篇"宏论"之后第三天就来到了人间。

拴娃娃

女孩儿不受欢迎，理由有的是，根本没有必要援引吴老太太的"宏论"来证明男孩子的确是家庭的宝贝。男孩子长大成人之后会结婚生子传宗接代，可女孩子一结婚便成了别家的人。家庭成员没有男性，乃是人生最大缺憾之一。这一点在过新年和节日期间尤感深切，因为庆祝新年也是一年开始之际祭拜祖先的日子。孟子说："不孝有三，无后为大。"他所说的"无后"就是指没有男性的后代。

吴老太太尽了最大努力要让她的独生儿子吴广宗生养一个男孩儿，她的角色扮演得很漂亮：按时在院子里给子孙娘娘烧香，同时默默地祷告，祈求赐给老吴家子嗣。此外，她还让少奶奶前往东岳庙，举行称为"拴娃娃"的专门仪式。吴家少爷结婚以前，老人家也曾前往东岳庙，给主管婚姻美满的神灵烧香磕头许愿。很明显，她的祷告很是管用！

"拴娃娃"仪式并不复杂。吴少奶奶焚香祷告之后，按照邻居大嫂告诉她的法子，从子孙娘娘殿里摆放着的许多泥娃娃当中挑选出一个她喜欢的，然后往那泥娃娃脖子上拴一条红线，心中祷告让这娃娃跟她一同回家做她的儿子。吴老太太始终在场，细心地观看少奶奶的一举一动。她老人家不时面露微笑，又高兴又认真，表示对这场仪式无保留地认可。从她脸上一看便知，生个男孩儿是板上钉钉了。

吴老太太回到家里就对吴老先生说："子孙娘娘从来都是有求必应,可灵验了!"吴老先生笑而不答。他跟儿子广宗一样不信这些玩意儿,但是他们想要男孩儿的心情跟吴老太太一样的殷切。

接着全家人开始商量,这回生孩子是让接生婆马姥姥来帮忙呢,还是让吴少奶奶住进外国教会开办的医院呢?这一家人中间,新派的影响跟老派的观念势均力敌,谁也说服不了对方,所以他们商量了很长时间。最后决定还是请马姥姥来帮忙接生。

第二天一早,吴老太太就翻开黄历查看,发现这一天正是个好日子。她匆匆吃过中午饭就出发去看望马姥姥了。路程没有多远,没费什么事就找到了。马姥姥家门口有个很显眼的标志——一块十寸宽、十四寸长的木头牌子悬挂在一根木头杆子上,牌子下边点缀着一块红绸子。木牌的一面写着"轻车快马",另一面写着"吉祥姥姥",吴老太太例行公事似的对马姥姥说了她此行的目的,马姥姥也照章办事似的跟吴老太太道喜。马姥姥说她立马就去"认门儿"。"认门儿"一事或多或少只是个形式,马姥姥此行挣了一块锃亮的银圆。

接生姥姥的招牌

接生姥姥算日子

自从吴少奶奶确定是怀了孕，全家人都得到消息之后，关于即将降生的婴儿是男是女的猜测便开始了——带头的当然是吴老太太。吴老太太早就断定是个男孩儿，这已经从一种有待证明的假设变成了坚定不移的信念。吴老太太挺迷信，或者说她老人家坚定地相信，子孙娘娘对他家特别眷顾。不仅如此，妇女们有一套她们自己的产科学知识，某些症状和体征她们一瞧就准，用不着专业化的科学检查、医学诊断。她们自己单有一套语言来描述胎儿在子宫里的某些动作，胎动各有特点，据之可以判断未来婴儿的性别——不过也有不准的时候。有趣的是，每当吴家诸人交头接耳猜测未来婴儿是男是女的时候，他们点头低语的结果越来越趋于一致：是个男孩儿。所以，马姥姥前来看望，根据她的专业知识和经验，以专家姿态给出一些预测之后，全家人便立刻开始准备大举庆贺了。

马姥姥开始检查的第一步是观察吴少奶奶的脸色，然后她用右手拇指和食指捏住产妇中指的根部，一点一点向产妇中指的指尖移动，她屏住呼吸凝神聚气用自己的两根手指仔细触摸产妇手指的脉动。有"跳脉"，有"促脉"，一一默记在心。诊完右手，再诊左手。这时房间里虽然有好几个人，但却安静得连一根缝衣针掉地上都能听得见！

接着，马姥姥开口说话了："小子！后天下午！"

然后她说了些恭维跟道喜的话，就走出了吴少奶奶的卧室。她跟吴老太太一进堂屋，就郑重其事地向老太太解释她所做的预测理由何在。

马姥姥说，接生姥姥什么都清楚，跟瞧一张画似的。胎儿是女

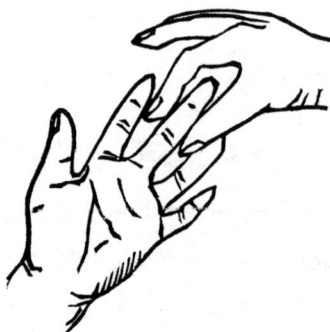

接生姥姥判断分娩时间

孩儿的话，孕妇看上去特别妩媚，要是男孩儿呢，孕妇看上去就会脸色暗淡、苍白，皮肤干燥，这是肯定不会错的。诊脉，就是摸中指的脉象，能预测分娩的时间。离指头尖越近，跳脉越明显，表示分娩时间越近，直到脉跳到了指头尖，分娩的时间就到了。

她压低嗓音表示认真，声音低得快听不见了："男孩儿左手的脉象有力，女孩儿右手的脉象有力，您知道了吧？"

吴老太太说："对，对。可是我也听见过不一样的说法。我说那孩子是个男孩儿也有我的道理——我信子孙娘娘！"

众人都在堂屋就座，茶也端了上来，这时马姥姥接到了付给她的费用——用红纸包着的一块银圆，于是起身告辞。她答应一旦有人送信儿说分娩的时候到了，就立刻前来。

吴老太太说道："您可别来晚喽！"

"老太太，您放心好了，什么都错不了！我在家候着您的信儿。我保证后天下午一准儿来。别忘了我刚才说的那句话——是个大胖小子！"

吴老太太接着说道："阿弥陀佛，老天保佑！"

预备东西

吴少奶奶确定怀孕之后，头一个得到消息的外姓人是少奶奶娘家的二姑妈。几年前热心撮合吴少奶奶（当时的何小姐）与吴少爷这门亲事的，正是这位二姑妈。消息传得飞快，何家人全都听说了。吴少奶奶的娘家妈妈过来看望了好几回。以前，她也来过两趟，那是因为吴少奶奶生养过两回，不过两个女孩儿都没活。

在北京，年轻妇女快要生孩子的时候，娘家妈妈不但满心高兴，还要给产妇送来一连串的礼物，这个仪式称作"催生"。通常这个仪式只是在夫妻头一回生育时举行，但是这一回却要再来一遍，理由有二：第一，虽然不是头生，可是以前生的小孩都没活，所以就把这回当作头生；第二，许多家庭认为只有男孩儿才算数。何况何老太太有闲又有钱，凡是有关各种仪式的事她总是前后张罗，一样不能少。我们不妨说这些都是儿戏，不过这也创造了机会让亲戚们互相走动，保持联系。

因此，早在接生婆马姥姥来"认门儿"之前一个礼拜，何老太太就来到吴家，送来了一包又一包的礼物。其中不妨一提的礼物是一条红缎子做的小棉被，点缀着漂亮的丝绦和花边，若干块红布蓝布裁出的方巾，两套小棉袄，一块围裹小孩儿腹部的绸子，还有若干条软毛巾。

何老太太甚至没有忘记带一个"头挡儿"来。头挡儿是一个用红布剪裁、里头絮上很厚实的棉花缝制成"山"字形的屏风，中间对折，立在婴儿头部两侧，以防穿堂风吹到，使他着凉。这些东西全都是崭新的，拿一大块红布包成个包袱。她还带来很多吃的，品种和数量都是中规中矩：一百枚鲜鸡蛋，个头比平常买的大一圈儿；五斤红糖，两斤白糖；两大包核桃仁，一小包焦枣；一口袋小米儿。何家在西山附近的乡下有一片不小的田地。何老太太认为，吴老太太也同意：何家种的小米儿比城里粮店卖的质量好，味道香。

吴老人人收下这一大堆礼物，连连道谢。她说太给何家添麻烦了，这又不是儿媳妇头一回生小孩儿，何老太太实在太费心了。接着彼此又说了许多体己话。

拿这些实用的东西送礼，体现出亲家娘一种不事豪奢的态度，这是老百姓普遍存在的风俗习惯。这样做不应该被曲解，似乎吴家买不起这些东西似的。吴家早已把该准备的东西都准备齐了，跟何老太太送来的几乎一模一样。在吴老太太本人无微不至的安排之下，早已万事俱备，只等婴儿降生了。虽然吴家大门外并没有天天张贴简报，但是吴家老少以及一大帮至爱亲朋都在引颈期盼着欢乐的高潮了。

送给产妇的礼品

第二章　生了个大胖小子

吴老爷子在家纳福

本书主人公吴小秃儿来到人间那一天，吴老太太尽情享受喜悦心情的好机会全来了。虽然这一幕的主要角色理所应当是吴少奶奶和她的孩子，但总揽全局的导演却非吴老太太莫属！接生婆马姥姥的预测一向准确无误，吴家早已为喜事到来做好了一切准备。大家热情高涨，从清晨开始全家人就都守候在场，只有吴家少爷是例外。吴家少爷忠于职守的精神不可动摇，除非有十分紧要的事，否则他是不会请假的。

吴老爷子每天的日程都有一项是作为晨练——到猪市大街的菜市场，采购一部分当日所需的食物，顺便遛一遛他喂养的两只鸟儿。他每天这趟出行极为准时，也不走岔道儿，可以毫不夸张地说，你完全可以通过观察吴老爷子经过东四牌楼的时间准确判断现在离早上7点还有几分钟。可是这一天吴老爷子改变了计划，他没去菜市场而是待在家里准备跑腿。我们不知他这么做是出于自愿还是听从吴老太太的指令，反正这天上午他也没有到心爱的茶馆去坐坐。他的老伙伴们都为他没来而纳闷儿。

这时，吴老爷子正在为随时有事做着准备，他站在里院中间抽着二尺长的烟袋，时不时瞧一眼他的鸟儿。两只鸟笼挂在屋檐下，沐浴着早晨的阳光。鸟儿因为没有遛，没有享受到鸟笼摇晃的快

房檐下挂着鸟笼

乐，今天都不哨了。他微笑着，嘴角冒出一缕轻烟。老爷子这时的念头从他的面部表情一看便知——越想越开心。要是抱着孙子去逛早市，坐茶馆，让熟人们投来赞美羡慕的目光，那可比提笼遛鸟儿有意思多啦!

胖小子呱呱坠地

吴老爷子在家待命果然不是白操心，临近中午少奶奶出现了分娩的最初征兆，他就被派去请马姥姥了。吴老太太这时无论如何不肯离开一步，她责任重大，得把少奶奶的卧室收拾停当改成临时产房，这可需要一位有足够经验、熟悉情况的人才行——除了吴老太太本人谁也不行! 马姥姥及时赶到，小宝贝顺利降生。

吴少爷傍晚回到家，给他开门的临时帮忙女用人，一迭声地朝他道喜，报告说少奶奶生了个男孩儿。他疾步回屋，那里已经收拾干净，老母亲跟马姥姥坐在炕沿上陪伴着产妇。产妇正躺着休息，身上盖着厚厚的棉被。

他环视屋内，发现窗帘都放了下来，一只小火炉冒出熊熊的火

14

苗。好几支檀香发出袅袅轻烟，为的是驱散异味。他好像瞬间忘记了孩子的事，这时马姥姥跟他道了大喜，说："哎，大少爷，快瞧，你媳妇给你生的大胖小子！"

吴少爷说了声谢谢，就转过身去看小宝贝。只见他上半身包着红薄绸子的四方棉被，直到肩部盖着一条红缎面的被子。头挡儿立在小孩儿头部两侧，离小孩儿脑袋大约十二厘米。吴少爷注意到，所有这些物件，都是岳母何老太太不久前"催生"时送来的。婴儿的一双大眼睛亮晶晶的很好看，当吴少爷弯腰细看时，小宝贝发出了哇哇的哭声。吴少爷把被子稍稍掀起，用行家似的目光一瞧，千真万确是个男孩儿，这时屋里的人都笑出声来了。

吴少爷问道："额吉，为什么不给他穿上小棉袄呢？"

吴老太太答道："现在不行，得等到洗三。"

"妈妈大全"

老百姓有一系列小小的迷信观念被普遍地戏称为"妈妈大全"。这样一本"百科全书"当然从来没人写过，要一一开列出来的话，大概得有上千条吧。

这些"要"和"不要"在妇女们中间一代又一代口耳相传，凡遇必要就去请教这些条条。说句公道话，这些条条去掉迷信的外壳之后，还是有不少实用价值的。

比如说，吴少奶奶临盆真正开始之前，要给她喝一杯热白糖水。大家都不知道这是多久以前形成的风俗习惯。不难解释，在这一时刻喝一些糖水对产妇是有益的。但是谁能解释为什么在这杯糖水里还要放一枚干虾米呢？尤其奇怪的是还给这杯带虾米味的白糖水取了个响当当的名字——"定心汤"。这个习俗非常流行，我们只能说其

定心汤

中必有道理，照办就是了。吴少奶奶因此就喝下了这杯"定心汤"。

还有一个规矩必须遵守——婴儿包裹好了，卧室收拾停当之后，什么人才允许进屋？大家相信，这时应该遵循某些道德禁令，因为新生儿今后一生的品性、智慧以及福气据说都跟头一个进来的外人有直接关系。吴老太太事先早已安排好，请隔壁王家的六岁男童先进来。这项仪式叫"踩生"。这个王姓男童聪明伶俐，吴老太太暗自盼望她的小孙子将来也这么聪明伶俐。不过最后一分钟出了点变故：小王父母把原本答应的事忘记了。幸而没有什么外姓人进来，直到傍晚时分吴少爷下班回家，这才把王家小孩儿叫过来"踩生"。

坐月子

晚上，吴老太太亲自上街买回来一些缸炉和槽子糕，这是坐月子期间允许产妇食用的仅有的两样固体食品。此外，至少有两个礼拜她可以吃的就是加上大量红糖的稠小米粥跟煮鸡蛋了。鸡蛋放在粥锅里煮熟，然后再剥皮食用。小米粥营养丰富，鸡蛋含有大量补养身体的成分，但是吃鸡蛋时不准加盐。这一个月内每天早晨都要吃大把大把的烤核桃仁，嚼碎了用热糖水送下。此外，时不时还得吃些烘焦枣，当作零食。这套食谱吴少奶奶一一照办，她以前生过

16

小孩，早就知道了。

老北京人说话有大量隐晦的委婉语，这里不妨举两个例子。比如说，生孩子叫"坐月子"或"喝粥"。因此，你可能碰巧听见这样的对话，问："你太太是不是快坐月子了？"答："不，她还得过些日子才喝粥呢。"通过这两个说法就能知道，分娩后产妇要有足足一个月的时间足不出户，只管坐着喝小米粥。事实确实如此，不过应该补充一点，吃煮鸡蛋也是基于同样的理由。一般中等收入家庭，平均要消费二百至三百个煮鸡蛋，这是产妇吃掉的，还不算直接赠送给接生姥姥的、洗三那天送出去的，以及作为礼物送给亲戚朋友邻居的。送人的煮鸡蛋要染成鲜亮的红色，这份礼物无不受到欢迎，因为它象征着收到这份礼物的人家将会发生同样的喜事。

分娩当天晚上，吴家请马姥姥共进晚餐，饭后付给她四块银圆的报酬。马姥姥走后，吴家开了一个全体出席的小会，还是由吴老太太主持。会上给吴老爷子下了命令（其实这会没有别的内容），要求他明天早晨去采一些槐树枝条，以备洗三之用。吴少爷则须在上班之前遍访包括岳父岳母在内的所有近亲，向他们报告喜讯，对于长辈必须磕头致敬，从而向他们报告传宗接代的使命已经完成。

吴老太太自己的任务是把一包干艾蒿找出来。那批干艾

采槐枝

蒿是去年五月初五端午节装饰大门用过的，事后她就给收到后院的储藏室去了。这些干艾蒿是准备给新生婴儿洗三用的，当然还有别的用处。她还得预备明天给小孩儿用的甘草汁和白矾。刚刚生下来的婴儿还没有食欲，他的吮吸功能也还没有，须经过差不多二十四个小时才能慢慢激活。中国人使用的手法是拿一小块细布做成一个小小的圆球，里边包上一点细细咀嚼过的核桃仁和焦枣肉，再加上一点甘草汁增加甜味。至于白矾，把它放在炉火上焙酥，研成细粉，就可以用作滑石粉，有吸水作用。

家庭会议开完天色已晚。吴老太太再一次到产房巡视，看看女用人有没有把产妇伺候好，然后才回屋歇息。她满怀欣喜，心满意足，热心地盼望着接待那些在得到喜讯后前来道喜的至爱亲朋并收受大量的贺礼。吴老太太在准备迎接忙碌的一天。

缸炉和槽子糕

庆贺婴儿降生时，至爱亲朋之间赠送糕点一事，是有一些固定不变的惯例的：给诞生婴儿的人家送缸炉和槽子糕。缸炉是用加糖的发酵面团烤制而成的圆饼。槽子糕是用模具烤的蛋糕，质地瓷实，而且用模具做成种种花样——桃形的、石榴形的、扇子形的、银锭形的等等，这种点心在制作时掺入了许多鸡蛋，吃起来十分可口。

送给产妇的礼品，只用这两样。缸炉约五十块、槽子糕四五斤，一起用纸打包再用干菖蒲叶子编的一片圆形小蒲席兜起，上面平铺一张点心铺的大红门票，用细绳捆好，就是"蒲包儿"了。此种场合下，蒲包儿是一个最完美、最合理、最受欢迎的礼物，须在洗三之前送到。

任何收到这份礼品的家庭都必须还礼，当赠礼的家庭将来有婴儿降生时，要回馈同样的礼品。我们迄今尚未看到在洗三前送的礼品不是这两种糕点的，若要表示特别重视的话，唯一办法就是增加数量。

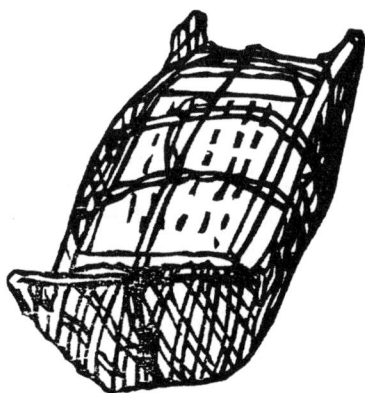

蒲包儿

于是，吴老太太在小孙子洗三的前一天晚上就准备迎接明天前来的客人，收受他们的礼品了。如果预测一番明天来客和礼品的清单，甚至预测一下缸炉和槽子糕的数量，那么实际的结果就不会有太大的出入。

第二天晚上，客人们登门道喜如仪各回各家之后，吴老太太把所有礼品归置起来一数，发现装有缸炉和槽子糕的蒲包儿不多不少共计二十六个。当晚吴家少爷下班回家又拎回两个内容一样的蒲包儿。他在办公室有几位新朋友不便分身前来，就把蒲包儿交给吴少爷了。这么一来，蒲包儿总数达到二十八个，大约是一千多块缸炉和七十多斤槽子糕。吴家交游甚广，而且每当朋友圈中有人喜得贵子之时都送出礼品，所以对于收到如此巨大数量的礼品，吴家人没有一个感到意外。

吴老太太在女用人的帮助之下从后院储藏室找来一个大陶缸，洗刷干净之后，把那些蒲包儿一个一个打开，把一包一包的缸炉和槽子糕码放到缸里，等以后慢慢享用。

吴老太太说："搁缸里就不至于发干发硬了。"她挑出少量的缸炉和槽子糕放在两只红漆食盒里，让女用人放到吴少奶奶屋里以便随时取用。这两样食物，佐以小米粥、煮鸡蛋，就是吴少奶奶坐月子期间的全部饮食了。

第三章　洗三

供神

新生婴儿在出生满三天时才能洗澡，因为大家都相信（或是从经验中发现），婴儿在适应气候条件、周围环境和弱小的躯体"长结实"之前不宜洗浴，这种论调看来颇为合理。洗三仪式里既有许多迷信行为，也有不少合乎情理的做法。仪式性的和表演性的举动，加上滑稽可笑的"废话"，使人难以分清，哪里是迷信的终结，哪里是实用性的开始。

洗三仪式一开始，先给一众印在纸上的神马儿烧香上供，供品是一盘缸炉，这些都摆在桌子上，而在炕上则另单供着"床公床母"的纸马儿。主持烧香上供仪式的最适当人选就是接生姥姥。仪式开始，她把神马儿摆好，点燃蜡烛和高香，向神马儿磕头致敬，然后把所有这些印在纸上的迷信品拿到院子里头烧掉。她独自一人进行这些花样，而雇她来的本家儿主人却不许在场。

与卧室相通的堂屋中间，摆上一张大八仙桌，就是供神的地点了。桌面上立着一个有两根立柱的木架，立柱有纵向的缝隙，用来夹住神马儿，即粗糙的套色木版肖像画。一套神马儿有十几张，它们被摆成一沓，一张压一张，每一张只需露出上头写着神仙名号的一小部分，把它们折成同样宽度夹在木架上，这样一来就节省了不少空间。

仔细观看这些神马儿，从上到下依次是：

1. 灶王爷

2. 家宅六神

3. 痘疹娘娘

4. 引路娘娘

5. 伙伴娘娘

6. 奶母娘娘

7. 接生娘娘

8. 催生娘娘

9. 眼光娘娘

10. 子孙娘娘

11. 天女娘娘

12. 白衣慈悲送子娘娘

13. 天地之神

接着把分别盛有五块的三盘缸炉摆成一排供在神马儿之前。上供不用摆槽子糕，因为神仙娘娘都是吃素的。桌子最前边是香炉和蜡扦。香炉要用一只斗来代替，两个蜡扦置于斗的左右。蜡扦下边挂着三样东西：一串黄色纸钱、一串纸做的银元宝、一串黄色硬纸剪成的"千张"。千张代表一架天梯，神马儿焚烧之后各路神仙就登梯子回到天上去了。

添盆

给新生婴儿洗澡之前举行的仪式中，床公床母享有很高的荣誉地位，被摆放在炕上头。床公床母的神马儿孤零零地靠墙而立。按照传统习俗，此像前头的香炉用比斗小的升来代替，里边装的不是平常用的香灰而是从家中米缸取来的白米。床公床母跟八仙桌上那批神马儿不同，前者享用一股香，有五十二支之多，后者只享用三支香。还供上两盘缸炉。白米跟缸炉有指定用途，过一会儿接生姥姥会斜眼偷窥这些东西。

全家的女性成员一齐出动，跟接生姥姥合作，在炕上摆放一大串洗三必备的道具。产妇本人不许下地活动，她还得在炕上待些日子。

洗三仪式在正午或稍后正式开始，那时阳光（如果晴天的话）是最暖和的。摆出来的东西里可以看到有一束五色彩线、一枚生鸡蛋、一个竹筛子里边放着一朵纸做的石榴花、一个秤砣、一把打开的铜锁、一棵大葱、一把梳子。还有一大盘煮熟的鸡蛋，有的染成红色，有的染成黄色，其余的没染色。

另一边放着一件小棉袄和几块方布裆子、一块新肥皂和白矾粉。正中间是一个锃光瓦亮的大号铜盆，旁边铺着一块红绸子——这是产妇娘家送的礼物。离铜盆不远放着一个大瓷碗，内盛凉水和一只小勺子。另外还有两个瓷碟子，一个盛着切成薄片的鲜姜和揉成脆枣大小的艾蒿球，另一个盛着一些红枣和核桃，叫"喜果儿"。一把剪刀和一把火钳摆放在最后。

预备跟摆放所有这些物件，都由吴老太太一手操办。她一心二用，既预备这些道具，又预备洗澡本身。婴儿洗浴用的不是普通的水，而是用槐树枝条跟艾叶煮沸好几个钟头的药液，把小孩儿从头到脚彻底擦洗一遍。吴老

床公床母

洗三道具

先生没费多少力气，就从自家院子里采到了槐树枝条，而艾蒿一项则多亏了吴老太太富有远见，早就收在自家储藏室里了，否则眼下并不应时当令，岂不麻烦？这盆灰绿色的、冒着泡的洗澡水从清早一直开着，直到马姥姥到来举行洗三仪式时，都坐在炉子上哗哗地开着锅呢。

这一天有好几位客人到场，场场必到的是何家二姑妈和吴少爷的岳母何老太太。还有更多的邻居前来送礼，带来的还是缸炉跟槽子糕。这些人当中有不少是从马姥姥的"小广播"里听到消息的。

吴老太太再次例行公事似的一早就把接生婆马姥姥请到家里来。马姥姥跟其他宾客一起互相寒暄、道喜，然后落座入席吃打卤面。这样的场合必须吃打卤面。面条是手工擀的，筋道，能拉得挺长，象征新生儿福寿绵长。

洗三一事意义重大，一向自视甚高的吴少爷也请了几个钟头的假参加仪式。他做父亲的感情这回战胜了对工作的责任心。他高高兴兴、谈笑风生，使现场气氛大为增色。

打卤面席罢，全家人和宾客们齐聚吴少奶奶房间见证盛事。在吴老太太的提议下，仪式由马姥姥开始。她先在两处神马儿前点起高香，然后把所有纸马儿和纸制品拿到院子里焚化。最后她在炕上中间位置盘腿而坐，如同释迦牟尼的姿势，开始请宾客们"添盆"。

如果你以为添盆只是往盆里添水，那就大错特错了——没有那么简单。每位客人以及全家的人，无论老少，都要拿起小勺从铜盆旁边的碗里舀一点凉水倒入盆里，同时还要把一点钱放进铜盆里摆着的另一个瓷碗中。在洗三仪式上，接生姥姥的临时收入相当多，在场的人放在小碗里的钱都是她合法的"外快"。如果某人没有准备好钱，他就不该露面，否则就要大丢其人了。在比较富裕的人家，接生姥姥收到的除了现钱之外，常常会有一些小首饰和别的小礼物。

二姑妈头一个来添盆。她从盘子里拿了一个红鸡蛋、一个黄鸡蛋、一个白鸡蛋放入铜盆，同时祝愿说："小小子儿结结实实，白里透红，黄金万两！"接着往铜盆里倒了一小勺凉水，说道："跟这水似的清清亮亮！"接着她就送上小费——一枚五角钱的银币，马姥姥连忙道谢。众亲戚依次添盆之后，是诸芳邻上前添盆，最后才轮到本主儿吴家。从吴老太太开始，每位家庭成员都往铜盆里头放了些鸡蛋、"喜果儿"和一些现钱。连女用人都从她挣的辛苦钱里拿出十枚铜板添了盆。给得最多的自然是何老太太——她一个人就给了两块银圆。最后马姥姥把钱全部收拢，收入衣兜，再次道谢（她回家后一数，此行收入总共是四块七角五分银圆，外加十枚铜板）。

接生姥姥的说唱表演

接下来，大铜盆被腾空，里边积攒下来的鸡蛋、核桃统统取出（这也都归接生姥姥所有），把用槐树枝条和艾叶熬制的洗澡水倒入盆中。当婴儿小小的通红的光身子从被窝里抱出来递给马姥姥时，她敲敲盆沿唱道：

"敲敲盆，敲敲盆，兄弟姐妹一大群。"

于是用备好的洗澡水和肥皂给婴儿洗三的过程就开始了。马姥姥洗得相当仔细认真，小家伙的哭声证明那水很热。

马姥姥嘴里说着恭维的话："你好大的身量儿，真沉真沉哪！"同时往小家伙身上某些部位抹白矾做的爽身粉。

只三分钟就洗完了，婴儿生来头一回穿上了衣服——崭新的小棉袄，但下半身只用褯子裹起来。他被包好，平放在马姥姥双腿之上。这时候，焕然一新的小少爷成了客人们又一波争着夸赞的对象。

婴儿下半身裹褯子

洗澡盆从炕上拿开了，但是洗澡水并不泼掉，因为据说有其医学价值而留下备用。

洗完之后，这场仪式的迷信节目便要开演了，这正是聚集在吴少奶奶卧室里的众宾朋眼巴巴等着要看的热闹！

新生儿彻底洗净，穿上衣服之后，便把那些用干艾蒿叶子揉成的小球一个接一个点着，头一个放在他的头顶，第二个放在他的肚脐上，艾蒿球下边垫一片鲜姜，让它燃烧三分多钟。据说这么做就能祛除任何可能存在的疾病。

接着又点燃五个艾蒿球，分别放在剪刀刃上、火钳上、窗台上、炕沿上和卧室门槛上。这项风俗的真正意义已被遗忘，只是一个形式而已，但是显然是多年以来一直忠实执行的惯例。

接生姥姥拿起五色彩线，拧成一个松松的麻花，然后在婴儿脊背上比画几下，据说这可以把残留在他身上的某些毛发除去，否则小宝贝会瘦弱多病。接生姥姥又拿起一个生鸡蛋在婴儿的小脸上滚几下，口中祝愿道："光溜溜小脸蛋儿，活像个鲜鸡蛋儿！"接着，马姥姥把婴儿放在炕上，拿起那只盛着石榴花的竹筛子在小孩儿身体上方摇摆几下，这叫"筛花儿"。她朗声唱道："筛花儿，筛花儿，痘疹娘娘少撒花儿，稀稀拉拉儿的！""天花"俗称为"花儿"，通过这个谐音双关语，祈求小孩儿别生天花。

种牛痘的技术是在两三百年前传入的，在那以前天花被认为是不治之症。中国人相信这种不可避免的疾病完全是由痘疹娘娘掌握的。既然对所有儿童的传播一视同仁，人人有份，无法逃避，他们就用这个"筛花儿"仪式来自我安慰——祈求痘疹娘娘，对这一个小孩子大发慈悲，只给他"稀稀拉拉儿"少撒些"花儿"吧。

这时家人把秤砣拿过来，放在了小孩儿的身上，马姥姥开口唱道："秤砣小，压千斤。"意思是这孩子将来大有出息。

接着表演的是铜锁。马姥姥拿起锁来轻轻地滑过小孩儿的嘴、手和脚，口中吟唱："嘴紧，手紧，脚也紧。"祝愿他嘴严不乱说话，手严不乱花钱，脚严不到不该去的地方。一边说着一边把那把铜锁咔嗒一声锁住了。

紧接着的仪式是那棵大葱"上场"。马姥姥拿起大葱在小宝贝头上轻轻地敲打两下，唱道："一打聪（葱）明，二打伶俐！"

跟着，马姥姥拿起梳子做给小孩儿梳头状，唱道："梳一梳脑瓜顶子，长大了戴个红顶子。"红顶子是一品官员使用的顶戴，这句话的含义也就不用解释了。

吴家新生婴儿的洗三典礼，就这样遵照多年沿袭下来的古老传统习俗，一丝不苟中规中矩地进行了。

洗三仪式结束后，其他道具顺序"退场"，只有那棵大葱使命未完——必须把它扔到房顶上去。这是有其迷信用处的——认为它能预示下一个出生的婴儿是男是女。扔葱时，要仔细看它掉落下来所指的方向：如果大葱的根须朝向屋檐，下一个就是男孩儿；指向屋脊就是女孩儿！也没人深究，如果那棵大葱自作主张横在了房顶上，它预示的又是什么呢？

这一连串用各种道具的表演结束之后，接生姥姥从床公床母像前的"香炉"里取出少许"香灰"，用一小张红纸包起来交给产妇，要她把这小纸包缝进刚刚做好的枕头里。在这之前，是把黄历卷起来然后用布包起来当枕头的。人们相信，黄历里头有那么多法力无边的神仙，一定能打跑一切妖魔鬼怪，叫它们不敢暗中作祟来伤害那幼小的新生婴儿。

此时，该把床公床母送回天宫了，办法就是投入火中一烧了之。马姥姥送床公床母时唱道：

床公床母本姓李，多送男来少送女！
我家孩子交给你，磕着碰着不饶你！

当接生婆马姥姥表演她的最后一幕时，吴老太太发话了："要说这床公床母，还真值得咱们敬重呢！没听说过哪家的小孩儿从炕上掉下来摔成残疾或是受了重伤的。要知道炕可都挺老高的呢。这不神奇吗？"

洗三的仪式，或者说一连串仪式，直到下午3点才完事，马姥姥满载而归。除了吴家诸亲好友添盆给的钱之外，她还带走了许多鸡蛋和上供的缸炉，外加床公床母"香炉"里放的大米（约有一斤半），还有一块几乎原封没动的肥皂，都是接生婆马姥姥应得的报酬。

接生姥姥一走，客人们也相继告辞。都消停了，吴家人开始商量大事。

吴老太太问道："奶下来了吗？"

儿媳妇答道："还是稀。小宝宝一个劲儿地哭，我怕他是饿坏了！"

"不要紧，等过两天奶水就稠了。饿一点没坏处，他现在还没有真饿呢。咱们留神奶水的变化就是了。可是顺便说说，小宝贝哭声够大吗？洗三那会子，大伙儿不是都夸他嗓门儿大吗？"

吴少爷当了爹满心欣喜，他这时插嘴了："啊，实在是太好了。客人们全都那么客气热心。如果他们不那么夸，却说咱们小宝贝哭声虚弱，那岂不是太不会恭维人了，是不是，额吉？"

第四章　满月

十二天

产妇们在分娩前后身体方面几乎人人都会出些毛病，分娩期的杂症十分常见，所以药学上就出现了一些专用的方剂，称为"官方子"。这种方剂包含多种草药和其他药材，各味药材都有一定数量，放在一起用水煎成汤剂，便可包治百病，甚至产妇没有出现什么明显的症状也可以服用，当作预防的措施。有些妇女无须采取这些措施，便能顺利过关，这叫作"服月子"。这类妇女通常体质优于平均水平，吴家少奶奶就属于这一族。

她分娩产子没有遇到任何麻烦，用一句老生常谈的话来说就是"母子平安"。她自己处处小心留神，加上她婆婆随时提供英明指导，就更多了一层保护。产后第十二天很快就到了，这也是一个值得庆贺的日子。

那个时代，民众对妇女产后的生理和卫生的细节方面知之不多，他们多半相信如果产后十二天之内没有发生什么麻烦，那么以后也就会平安度过，一颗悬着的心也可以放下了。对于产妇来说，十二天还另有意义——从此她可以吃日常的饭菜，不必严格限制饮食而只靠小米粥、煮鸡蛋来维持生命了。

十二天也是娘家人来送礼的日子。如果娘家雇不起脚夫用扁担挑着红漆礼盒前来的话，他们就得亲自前来送以下东西：一些羊

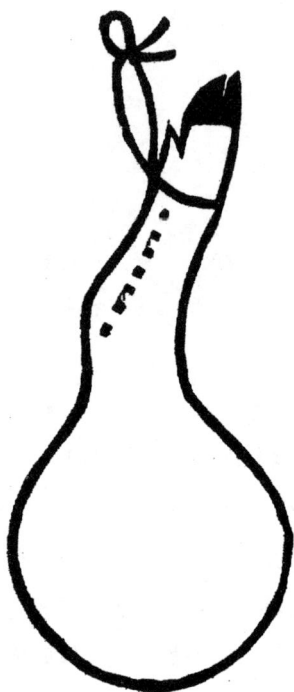

七星肘子

肉、一些白面、两三棵大白菜、一条猪后腿。习俗还要求产妇的母亲最好亲自来，用带来的食材包些饺子给女儿吃。

如果胃口好的话，可以饱吃一顿饺子——经过这些日子限制饮食之后，胃口当然不坏了。但是吃饺子不许蘸醋，据说醋对产妇的牙齿有害。猪腿连着猪蹄，侧面有七个天然的印记，这叫"七星肘子"，用白水在文火上慢慢燺着，连汤保存以备烹制几道容易消化的菜肴。这种长出七颗痣似的猪肘子，据说对产妇分泌量足质优的乳汁十分有帮助。

所有的母亲无疑都希望看到女儿产后迅速恢复体力，所以不放过任何机会给女儿送来一些营养丰富的食物。不过，儿媳妇接受娘家只对她一人有益的礼物似乎有不够礼貌之嫌，于是就给这个行为打出了一个堂皇的旗号——"捏骨缝儿"，就是帮助产妇尽快恢复分娩前的身体状况。

实际上，娘家妈妈"捏"的并不是女儿的骨头，而是羊肉馅饺子！制作饺子的关键工序就在一捏。把饺子皮的边儿捏到一起，象征着把松弛的骨缝"捏"回原位，在医学上有没有科学根据那是另一回事。不管怎么样，女儿吃到了娘家送来的补养品，这才是真的。

何老太太高兴地亲自来了这一趟，她跟吴家人坐在一起吃饺子，亲热无比。吴少奶奶自己吃了一大盘饺子，心满意足。

取小名儿

文化程度高的人，除了正名之外，还有一个"字"和一个"号"。"号"通常十分精妙，比如"菊园老人""清溪钓叟""一灯斋主人""桃园过客"等等。一个人有五六个甚至七个名字毫不奇怪——既不用花钱购买，也无须高价喂养，何乐而不为？有一位大作家竟然使用过三十五个名字。此人仍然健在，再加上三十五个也有可能。这些名字当然都是自行发明使用的。

小孩儿的名字自然是父母给取的。他们长到六七岁时，家里给取一个"大名儿"，不过随着他们长大成人取得正式职位，大名儿也会改变。这一改变叫作把"学名儿"改为"官名儿"，官名儿一般而言都要尽可能取得朗朗上口且意义高尚。

孩子们在取正名的年龄之前有一个"小名儿"，家里人和玩伴就用这个名字来称呼他，在文言文里称为"乳名"。无论是取学名儿还是取官名儿，都是一件大伤脑筋的差使，需要抱着字典苦苦琢磨几个钟头之久，对于人数众多的文盲而言，这项任务至少得村塾先生才能承担。取乳名就容易得多了。

乳名虽然简单直白，但也有点讲究：除了字面上的意思之外，还得具有一定的意义。这可以包括普通的大小多少的顺序、祝愿长命多寿、祈求下一个生男孩子、时间先后的次序或私人密码等。

比如，小孩儿出生时祖父或祖母刚好六十岁，就可以叫他"六十儿"；祖父或祖母刚好七十岁，就可以叫他"七十儿"。小孩子生在秋收时节，就叫他"大秋儿"——"大秋"就是"大丰收"。小女孩儿可以取一些漂亮的乳名："美子""凤儿""金环儿""小玉子"。有时候家里缺少男孩子，就给女孩子取名叫"够儿"——女孩儿够了，别再来了，也可以叫她"换子"——换成男孩子！

也可以按小孩儿的身体状况取乳名，如"胖儿""黑子"。"小豆儿"就是体形较小发育欠充分的孩子。身体壮实的孩子就叫"铁蛋儿""石头儿"。

此外，根据生肖属相，也可以给孩子取乳名，叫"小牛儿""小羊儿""小龙儿""小虎子"等等。不过生在鼠年的孩子没有叫"小老鼠"或者"小耗子"的，生在兔年的孩子没有叫"小兔子"的，生在蛇年的孩子没有叫"小长虫"的，叫"小猪儿"的倒是常见。

还有一个现象跟乳名有关系——就是如何糊弄神佛。人们认为男孩子比较难养活，因为总有一些妖魔鬼怪时时刻刻企图加害于男孩子，其中至少有一部分妖魔鬼怪是归某几位神佛管的，或许是对某几位神佛负责的。这一观念的用意有二：一是女孩儿对那些妖魔鬼怪具有免疫力；二是基于一个古老的思想，即男孩儿比女孩儿金贵。（我想第二种说法才是真实的。）一个糊弄神佛的办法是给男孩儿取个女孩子的名字。为了把邪灵压制住，把它的破坏作用人格化，然后加以愚弄，那就给一个"稀罕的"男孩子扎个耳朵眼儿戴上耳环。于是他看上去就像个女孩子了，让那些头脑简单的妖魔鬼怪把他当成女孩子放过去，不加侵害。为了永远地欺骗所有的妖魔鬼怪，这男孩子要尽可能毕生戴

男孩儿扎耳朵眼儿

着耳环而不可取下。

小男孩儿取名"狗剩儿"的也不少。这起源于一个古老的风俗，六十岁以上的老北京人都能记得：家里的小孩儿如果早早夭折，是不许埋葬到自家坟地的，所以直到清朝末年，民间遇自家幼子夭折，便用市政当局雇的牛车慢腾腾地拉到郊外草草掩埋，贫穷之家连棺材都不用，或者一扔了事，任听当地成群的野狗争抢。一个孩子取名"狗剩儿"，意味着他已经闯过了幼童人生路上的重重关隘，不再遭到种种邪灵的威胁了。

吴家这个小男孩儿取乳名，遵循的是另一条规则。和尚和道士据说是不受阎王爷控制的，名字叫"和尚""老道"的小孩子因此等于上了人寿保险，不会夭折，也不会罹患重病。老百姓相信灾祸和疾病都是由相关神佛负责散布的，因此给孩子取名跟神佛沾上边，就会得到各路神佛的宽待——连神佛都实行裙带主义！

吴家开会讨论给新生儿取什么乳名，提出了若干建议，但都被吴老太太给否决了。她是个虔诚的佛教徒，所以她的孙子也应该信佛，她再一次求助于佛爷，所以早在开会之前就想好了，应该取名"和尚"。虽然也有某种程度的反对意见，但吴老太太最终占了上风，就叫"和尚"。可是，这个主张很快就改掉了。原来吴老爷子有个早已去世的伯父就叫"和尚"。既然无论如何不许晚辈跟长辈重名儿，吴老太太虽然深感无奈也只得收回原议。

最后，多亏了吴老太太脑筋灵活，她提出了一个变通方案，说道："有了！和尚都剃光头是不是？剃了光头就跟秃子一样，是不是？那咱们干脆就叫他'小秃儿'得了。大伙儿都满意吗？"

没人反对，就这么定了。

办满月

婴儿出生满一个月，也是一桩必得大举庆祝的喜事。穷苦人家（我说的不是赤贫）这天也要吃一顿面条，要是没钱就把家里暂时不用的衣服送进当铺去筹措几个钱。富裕人家可就要大操大办了。

小康以上人家，无论小孩子是男是女，也不管是头生还是第几个，都是要办满月的。如果小孩子是头一个，又恰好是男孩儿，这个满月一定得要办，除非家里同时有丧事。

庆祝小孩儿出生整一个月，叫"办满月"。被邀请前来表示庆贺的客人叫"做满月"，通常是家人跟客人一起吃一席酒宴。如果本家儿富裕，或是恰巧有一位阔绰的朋友，那就会举办某种助兴的节目，由本家儿或者那位有钱的朋友付费。这种娱乐节目可能是唱戏，也可能是杂耍，从上午或中午开始一直演到半夜，不管受没受到宾客们足够的注意，演出都要持续进行。同时还有不少人打牌赌钱。

前来祝贺的至爱亲朋，都会送礼。依客人与本家儿之间远近亲疏，送礼的价值便分出等级，其品种和价值，完全可以精确到几元几角。最常见的方式就是改送一笔现金，装在红封套里头，面交主人。这笔现金从四角到一元、两元、四元、十元，甚至更多。而收受礼金的主人，最适当的用途当然是花在办满月上了。

办完满月，付了所有开支之后，算账的结果一般中等人家都是赔钱的。虽然赔了钱，但还是收到了一大堆各式各样的没有用处的常规礼品，没有商业价值，也没法直接变成现钱。这些礼品只有一个用处，就是留着以备亲戚家有小孩儿降生的时候再送出去。不过这时送礼要多个心眼儿，万万不能将某一家的礼品又原封还礼回某一家——那可太丢脸了。两家或多家之间互赠礼物，必须小心留神，能干的家庭主妇必须对每一件礼品的价值心中有数。如果有位朋友送给你价值两元的东西，你却回赠给他价值五元的东西，或者相反，那就失礼了。

满月当天，庆祝宴会的主角必须穿上最体面的衣裳，头发要修剪梳理整齐，脸蛋儿要洗得干干净净，如有必要还给用点扑粉。小孩儿必须安安静静地躺在卧室床上，接受宾客们的观赏和夸奖。有的人如果在洗三之时没有前来看望送礼，那么坐月子期间他就不许再来看小孩儿和产妇了。这样的人，如果不小心跟产妇说了话，就可能造成"踩奶"的后果，产妇的奶水会在某一天莫名其妙就没有了。

满月那天，小孩儿的姥姥要履行一项职责——"满口"。她拿来一大篮子用模子压出"喜"字的扁平馒头，把两个扁平的馒头摞起来，亲自送到产妇口边，让她张开嘴从这两层的馒头上咬下一大口，这就叫"满口"。

满口

大概从小孩儿降生之前，吴家人要大举庆祝的想法就产生了。随着日子一天天临近，这想法日益升温。支持办满月计划的不但有全家人跟近亲们，还有吴老爷子的好朋友，尤其是把兄弟们，也有吴少爷在银行里的年轻同事。即便吴少爷本人愿意悄没声儿地办，那些好热闹的年轻同事也不答应，他们纷纷要来。

官礼

办喜事，甚至办丧事，依常规应送什么礼品，在既定的风俗习惯中有很多不同的变化，所遵循的不成文规矩不妨说是一种固定的教条。百里不同风，千里不同俗。如果某地有特产，必定出现在当地常规的礼物之中。例如广东人在庆贺结婚典礼的时候，通常就是新郎家送一只从猪头到猪尾完完整整的脆皮烤乳猪到新娘家。海外华侨大部分来自广东一带，这个风俗由他们带到了天涯海角，从新加坡到旧金山，华侨办喜事无不如此。可是这个送礼方式一般的北京人极少知道。所以我们在这里讨论的只是在满月庆典中北京一地通行的所谓"官礼"。

满月礼品可分三类：一、现金；二、婴儿衣物；三、婴儿首饰。

赠送现金是最普遍的习俗。习俗规定，这笔钱要装入一个宽约五寸、长约十寸的红封套。封套正中贴一个等长的红纸条，上写"弥敬"二字和钱数，以及赠礼人的姓名。必要时还把赠礼人的住址写在封套背面。有时，还可以在封套上写几句吉祥话，如"长命百岁""福寿绵长"等等。如果来客人数众多，送礼的人一定要把"弥敬"的金额在封套上写清楚。本家儿会请一位临时的账房先生来全程掌管收受现金的事宜，好让主人去招待宾客。他的职责还包括开列所有礼金的清单，所以，必须在每个封套上做明显的标记。

第二类礼物是婴儿衣物。过去这经常是一小卷锦缎，每卷长约一至三米，颜色鲜艳，织有吉祥图案，如象征"幸福"的蝙蝠，象征"长寿"的盘肠儿。近来这种衣料渐不时兴，代之而起的是婴儿用的成衣，包括绣花的裤褂，刺绣或针织的小鞋子、小帽子。这些套装或用红纸包扎得漂漂亮亮，或是装入纸盒，有的还配上透明的玻璃纸，看上去更加珍贵。

喜幛也是一种受欢迎的礼物。一块长度为三十厘米左右，宽度与织物幅宽相同的红绸子，用金纸剪成表示祝贺的字句贴在上头，喜庆当天悬挂出来供来宾们观赏。这些字句都是拿别针别在喜幛上的，仪式一完便能去掉，这块绸布便保留了它固有的价值了。问题在于做喜幛的绸子都是红颜色，所以实际用途有限，聊堪告慰的就是可以先收起来，等到别人家办喜事时再送出去。

婴儿首饰

满月礼品当中，最费钱而又最没用的，当数第三类——婴儿首饰。

约定俗成的一套婴儿首饰是一对手镯和一只饰有流苏的银锁，用红丝绳穿起来如同项链一般挂在小孩儿脖子上头。这种锁形状各异，有的是"麒麟送子"，有的是"五福捧寿"，有的是一个花篮，有的则就像一把中式铜锁，之所以都叫"锁"，意涵就是要把小孩子"锁"在人世，防止他夭折。这锁虽然外形设计酷似真正的锁，但在结构和功用上完全不一样。

还有一套礼品是四件白银打造的小饰品，每个约重五克，仿照升、斗、印、钟的样子。前两件象征丰足的粮食，印则象征权力，但是钟的象征意义好像不那么明确。这四件小玩意儿用一条细细的红丝线穿起来系在小孩子的手腕上。随着小孩子渐渐长大，也许有一天丝线被他咬断了或是磨断了，小饰品在无人看管时被他吃进肚子里，那可就麻烦了！

再有一套礼品是一个或一组约三寸高的银制仙人造型。拿一块很薄的白银片，用模具冲压后施以精细的雕镂，再镀上一层极薄的黄金即成。以前额特大闻名的老寿星是必不可少的题材。出手大方的宾客甚至可能赠送全套的八仙人。几块不大的银片，排列成正方形或八角形，每块上面镌刻着吉祥文字，如"长命百岁""福寿绵长"之类，再加上一座老寿星像，就成了一件完美的而招人喜爱的礼品。这些装在一个织锦或锦缎的匣子里越发显得富丽堂皇。一眼看上去，也许会使人思忖，这匣子是不是比里面摆着的东西更值钱呢？

要说赠送此类礼品是纯属浪费金钱，那也难说公允。乍一瞧好像都是些废物，但是仔细研究就会发现，这些饰物边缘都有很小的孔洞，用来把它们缝到帽子上——如果恰好有帽子的话。其实本来设想的用处就在于此。

一般小康之家，都会收到这类饰品二三十套，那就需要每个月给小宝贝换两回帽子，也就是说每一套都能展示两周之久，机会平等。孩子长到三岁以后，再给他戴这种花里胡哨的帽子，他就坚决不干了。

对于我们这种讲究实际的风俗习惯，应该说句公道话。赠送银首饰，至少在历史上某一时期是完全可以理解的。在古老岁月，这些物件都是用白银制作的，而白银乃是一切交易的合法偿付手段。礼品可以立即兑换，经过熔化又能进入流通了。在此情况下，被消耗掉的只是打造首饰的工钱而已。可是近年来，这种首饰的金属成分已经失准，

婴儿首饰

可以蛮有把握地说，其中至少一半是用黄铜制造的，买来时价格不菲，但是要卖掉几乎一钱不值了。我早就说过，这类东西只有拿它当礼品送人的时候才显得有用！

发请帖，请客人

小秃儿满月前不久的一天晚上，吴老爷子恰巧从家里的旧账册里翻出了几张淡红色的纸——原来是鲜艳的大红色，年深日久褪色了。这是一份吴少爷当年过满月的"份金账"——记录当日所得礼金和礼品的数目。吴老爷子一张一张仔细观看，面带满意的笑容拿给吴老太太，说道：

"嘿，还记得这个吗？"

吴老太太正在做针线活，她抬起头来认出了这本"份金账"，高兴地回答："噢，真好！"

办满月最初始的准备工作是印请帖和拟定所邀宾客的名单。为此，吴老爷子首先忙着找出当年吴少爷满月时候的"份金账"。虽然事隔二十多年，还是能拿它来当拟定邀请宾客名单的可靠依据。

老账簿里共有一百二十条，记录着大约一百二十个人家。现在有些人家由于各种原因已经断了联络，须得删去。而新拟的名单里需要补充若干新条目，包括吴少爷新结交的朋友和几位他仍保持友谊的旧日同窗。

吴少爷跟他父亲共同研究了这份新名单，爷儿俩各自增添或删减了几户人家，又合计了一番出门的日子，因为仅仅给这几家寄去一张请帖是不够的，也不合礼数，按照传统习俗，须亲自登门当面邀请才合乎规矩。父子二人不一会儿就商量好了，由三位代表分头去邀请宾客：吴老爷子请二十四位，吴老太太请十七位，吴少爷只请四位。吴少爷刚刚入职做事，在银行里总是忙忙碌碌的，时间宝贵得很，既然有人分担就让他少辛苦一点好了。

请帖稿子拟好就交给街角的小印字铺，用大红纸印成卡片再配上大红的信封。卡片的尺寸是五寸宽、八寸长，文字如下：

本月十三日为小孙子弥月之日，敬治喜筵恭请阖第光临
吴士仁率子广宗拜席设礼士胡同舍下

请帖一共印了一百张，寄出九十三张。

下一个问题是请什么人来置办酒席，在这一点上意见又有了分歧。吴少爷主张把订单下给北京的一家时髦餐厅，届时由他们采用"行灶儿"方式，指派本餐厅的侍应生把全套宴席送来。而吴老爷子是个老派人物，他主张找"口子"上的厨子来操办，一切菜肴都现场烹制，这是老北京人行之多年的风俗习惯。他的主张得到吴老太太的支持。

最后决定是请"口子"上的大厨周师傅，他听了大致的计划之后就提出了一份初步的菜单，请本家儿核准。吴老太太做了几处微不足道的修改，她这样做无非是要显摆显摆她无所不知罢了。中午一餐是"果子席"，包括"四干果""四鲜果""四冷荤""四热炒""四点心"，最后上"三大件"。因为菜单里有干鲜果品，所以普遍叫"果子席"。晚上一餐有些不同，相对简单——主要的就是打卤面。面条象征长寿，这种宴席上必不可少。订单规定是午餐十八桌，晚餐十桌。酒类由吴家提供，不在合同之内。价钱谈妥，合同双方对所有细节都达成了一致。合同还规定厨师的操作在本宅后院进行，届时在后院搭造临时厨房。

吴老太太这时说了："我们不想用十人一桌的大圆桌，那对客

人不合适。我们还是要用'官座儿'。"

大厨不无恭维地答道："是了。老太太，您事事都按老礼儿办。"

所谓"官座儿"，就是一张方桌只坐六个人，左右两边各放一条长凳，每一长凳坐两个人；上头一边放两把椅子是上座，左边的椅子给贵宾坐；下头一边空着，不放椅凳，供厨子上菜和本家儿主人前来敬酒和道谢。"官座儿"的长处在于尊贵宾客的座位很明显，一看便知，其他普通客人就可随便入座了。如果使用大圆桌，"贵宾席"的规矩就没法讲了。

皮影戏

吴家要办满月的消息一传开，吴少爷的几位同事就商量着想请几个唱大鼓的女艺人来唱堂会给吴家助兴，并开始争取吴少爷的首肯。这项娱乐当时十分流行，现在已经不那么时髦了。唱大鼓的是些年轻女子，她们经过专门训练，用唱曲的形式表演一些古代爱情故事或民间传说，演唱时由一名男士弹奏三弦来伴奏，而她自己则敲击一个直径约一尺的圆形扁鼓来打出节奏。吴少爷对此全无了解，所以没有马上答复，只说会转告父母。二位老人一听，断然否决了这项提议。

吴老爷子提议叫一场杂耍，这包括一系列的表演节目，有变戏法的、说相声的、小丑表演、说书的、抖空竹的、踢毽子的、耍坛子的、打把式的等等。吴老太太不赞成这个主意，以花钱太多为由，给否决了。

吴老太太赞成演皮影戏。此议一出大家全都同意，连站在旁边的吴少奶奶也表示赞成。

吴老太太说道："小秃儿他爹满月那年，咱们不也是叫的皮影

皮影　　　　　　　　　　　影戏人儿

戏嘛。"

　　吴老爷子说道："当然是的。我怎么就没想起来呢！我就去叫那个班子来。价钱也合适。街坊四邻的小孩子们全都要抢着来看热闹呢！"

　　北方皮影起源于滦州（现在属河北省的唐山），至今还有"滦州影戏"，至少在明代就出现了，距今已有数百年之久。简单地说，皮影戏就是用手灵巧地操纵影戏人儿，将影子投射到屏幕上供人观赏。影戏人儿是用驴皮镂刻而成，涂上颜色呈半透明状。人物形象分割成头部、躯干、四肢几个部分，用细线连缀起来，用金属丝固定，再安装在小木棍上。表演时，艺人在屏幕后边操纵驴皮刻的影戏人儿，身后的灯光将其影像投射到屏幕上，观众在屏幕前边欣赏。

　　艺人灵巧的手指紧贴着屏幕操纵影戏人儿，从前边看去，投射到屏幕上的影像十分生动，可以毫不夸张地说，其效果同外国的动画片不相上下。人物形象活动的同时，艺人还伴以说唱，并有音乐伴奏，乐队规模虽小，但是效果不比普通的剧场差。

这种影戏节目在家庭娱乐方面占有特殊地位，因为节目单之中有些剧目内容着重对人的道德说教，往往涉及家庭伦理问题，宣扬某些家庭生活中待人接物的道理和规矩，因此十分适合妇女们观看。当然也有不少喜剧和滑稽逗笑的剧目。因为演员、导演或者艺人常常对剧本做别出心裁的阐释，加进额外的剧情和插科打诨的对白、小曲，掺上一点时兴的讽刺话、牢骚话或笑话，就使得皮影戏成了特别受欢迎的"家庭娱乐节目"。

由于上述原因，皮影戏成了老北京人过生日、办满月必备的助兴节目，就像吴家这回一样。这玩意儿不昂贵，谈不到豪奢，在爱好娱乐消遣的家庭中有深厚的土壤。吴家这回的决定有几代人的传统。吴老爷子跟戏班子安排了所有的细节，班主一下子就认出了他，是多年来的老主顾，吴老爷子是个"北京通"，他对这个班子称赞有加，还给他们撮合过生意。经商定，吴家这次皮影表演从满月当天中午开始，大约午夜结束，费用是银圆八块钱。戏班子届时派一个人早晨前来，搭建戏台。

满月庆典的正日子是农历九月十二，可是诸般活动初十那天就开始了。吴家有天棚，架子一年到头都保持完好，但是苇席只有到了夏天才铺上去。为了办满月，苇席跟一些喜庆的装饰得临时加装，因此得把棚铺叫来。本家儿办事，天棚要做一番装饰，比如过生日，须挂上镶玻璃的窗框，上写红漆"寿"字；如果办丧事也写"寿"字，但用蓝漆。像今天这档子办满月，就挂上红漆写的"喜"字；办结婚喜酒，就挂红漆写的"囍"字。

这点活计很快就干完了，整个庭院和各个房间都已归置停当，只等敞开大门迎接前来道喜的宾客了。客人们驾到一般都在开饭之前，所需桌椅家具已经租来，摆在院中适当位置。后院在头天晚上就有厨师各就各位，改成临时厨房。

第二天一早，皮影戏班主露面了。他跟本家儿商量，把戏台搭在院子中间正对着北房堂屋的空地上。他们抬来几张桌子摆成一个大大的半圆形，四角竖起竹竿，挂上蓝布围起来，正面立起四尺宽、三尺高的白高丽纸屏幕，屏幕两边挂起绣花的帷子，形成台口。

戏班子的装备随即运到。有一摞一摞的驴皮影戏人儿，有全套的乐器，包括胡琴、鼓、钹、唢呐、锣、鼓板等等。此外就是一整套脚本，这是给艺人们演出时在后台瞧着唱念用的。这些细节观众并不知情，不过也可能有好奇心重的家伙，说不定会溜进后台一窥究竟呢。

十二日当天，吴家全体早早起床，全家各处收拾起来，做好了接待宾客的准备。临时会计师请的是吴老爷子的把兄弟能人老赵，他天刚亮就赶到了。临时会计室设在一间厢房，准备了全套的办公用品，自然包括一把必不可少的算盘。吴家还预备了钱箱、一些小额开支用的零钱、红纸订的大账本子、毛笔、砚台，诸如此类，一应俱全。打开账本，老赵发现头一条已经记录在案，是小孩儿的姥姥何老太太送的绸缎和首饰。凡是这种场合，她何老太太是必定要当头一名的！

各个房间的门都挂上了颜色鲜艳的绸条，席棚内部贴满了写着大大"喜"字的红色斗方儿。

不一会儿，客人们三三两两来到。"官客"（男宾）全都穿着焕然一新的最好服装，"堂客"（女宾）全都涂脂抹粉、浓妆艳抹。儿童穿着靓丽新衣。他们无一例外全都笑容满面。他们先给吴老爷子、吴老太太请安，又与吴少爷和少奶奶寒暄。一时间满耳听

44

到的都是笑声跟互相问候的声音。厨师们在后院煎炒烹炸弄出的响动和专职的庆典主持人的声音，以及孩子们的欢声笑语一起加入了这场大合唱。

左邻右舍的孩子们，他们别的都不管，只因看见皮影戏班子把家伙什儿运来了，就凭本能知道这里要有一场免费观看的演出了。兄弟姐妹们全都认认真真地赶来了，到中午皮影戏开演的时候，吴家院子简直挤得水泄不通！

吴老太太最乐见的一件事，就是来赴宴的宾客们在一个体面的座位面前互相推让时表现出来的客气劲儿（哪怕是假装的）。宴席当前，如果事先没有给宾客提供座次表，那谁也说不上客人们来不来，来了以后坐在哪儿，跟谁挨着。"官座儿"是一张桌子坐六个人，为了礼节就得彼此谦让，推来让去能轻易耗去十分钟之久。因为请客并不规定宾客到达的具体时间，而大家都认为宴席将持续一整天，所以客人们何时来何时走各自随心所欲。幸而大自然跟人性相配合形成了一套行之有效的公式：客人来到先去拜见主人夫妇，献上礼品，从聚集在庭院里的人群中找到自己的熟人，就开始聊天，要是没有熟人就随便拉上一位当熟人，同时盯住机会就座入席，吃完了就可以看助兴的表演，没有表演就走人完事。至少六成客人是吃完就走，因为他们来的目的显然就是"喝喜酒"。

前来"喝喜酒"的客人一般都是在开饭前到达，为了对付来客的"高峰"，办法就是租来若干桌椅备用。这次吴家办满月，从中午开始一直有至少七桌同时用餐。四桌摆放在当院，供"官客"入座；两桌摆在厢房，供"堂客"和儿童入座；还有一桌摆在南屋，那是吴少爷跟他的伙伴们的地盘儿。

果子席

这场喜酒吃的是"果子席",花费不太多而且更富有家庭生活的气息。有的宾客可能一瞧没有燕窝鱼翅而感到失望。这类客人显然不怎么了解老北京人家庭生活的风貌,要么就是只跟有钱而奢侈的人交朋友,自己也变得奢侈了。

开席头一道是"四干果":盐焗杏仁、瓜子、核桃粘、炸榛仁。接下来是"四蜜饯":蜜饯海棠、杏脯、莲子、糖渍青梅(这四样是合同签下之后吴老太太跟周大厨额外要来的,她老人家就爱干这种事)。接下来是"四鲜果":苹果、鸭梨、葡萄、香蕉。接下来是"四冷荤":海蜇拌虾仁、松花蛋、糟鸭片、香肠。再下来是"四热炒":烩虾仁、糖醋鲤鱼、熘腰花、烧海参。完了上"四点心":小笼包子、破酥盒子、喇嘛糕、各馅蒸包。最后上来压轴的就是"三大件":红烧肘子、黄焖鸭子、冰糖莲子加鲜百合。

宾客们都对吴家人说太好吃了,太丰盛了,太感谢了。吴老太太最爱听人说恭维话,当然很受用。

高脚碗

她对客人们说:"你们吃好了,我就高兴!我喜欢照老规矩办,在家吃比下馆子可是强多了。这不,我按老礼儿让他们使高脚碗上菜,多受看哪!"

吴老太太这场喜庆宴席办得漂亮,无论菜品还是场面都很成功,真叫露脸!

点戏

宴席进行的同时，皮影戏班子的艺人们也做好了各项准备。悬吊在艺人头顶上的一盏大汽灯已经点燃。他们稍作调整，为的是让灯光以适宜角度投射到屏幕上的适当位置。开戏之前，乐队先演奏一段前奏——这叫"打通儿"。

头一出戏紧扣当日主题——《麒麟送子》。剧情取材于民间传说，讲一个出身高贵的男童如何降生并命中注定成了一位学富五车、位高权重的成功人士。戏中表示这个男孩儿是由王母娘娘派下界的神童，来时骑在麒麟背上，有神龙和青牛护送。这个节目是为庆贺满月而专门安排的，历时七分钟左右。

节目不是由主人事先安排或指定的，观众可以挑选自己喜爱的戏码，多年形成的规矩是由点戏的人付一点"酒钱"。

戏班子全部剧目都写在一块竹板上，这块竹板一头宽一头窄，稍有弧度，漆成白色，看上去有点像古代大臣上朝时双手捧的那个象牙笏板。班主把这个剧目板子呈送给吴老爷子，请他让客人们传看，并点选戏码。班主老李赔笑说："请您示下，尊者。"

大家传看，突出的剧目有《红鬃烈马》《三娘教子》《胡迪骂阎罗》《遍游十八狱》《大过会》《水漫金山寺》《八仙过海》《竹林记》等。

有些客人对皮影戏知之不多，他们没想到剧目竟然这么丰富，人数相对不多的戏班子怎么可能表演这么多节目，颇感惊喜。列出的戏码有七八十出，既有只有一幕的独角戏，也有像《三国演义》那样的连本历史剧，那在戏园子演出得有四五个钟头呢！

不少宾客点了戏，就等着看了。

吴家诸人也点了。吴老太太点的是《母女争辩》，吴老爷子点的是《王小二赶脚》。何老太太的小儿子也来了，他点的是《锯大缸》（也叫《百草山》）。吴少爷的一个小伙伴点了一出男女私情的戏，叫《夜宿花亭》。此人是吴少爷在银行里的好朋友，他急着回办公室，就首先表演他点的戏。

厢房里的"堂客"吵了好一会子，决定点一出《小秃儿闹洞房》。谁也不知道这究竟是谁的主意。很可能就是吴老太太亲自点的。

小秃儿的满月庆典圆满成功。可以说，到来的宾客之多超过预期，收到的礼品数量更是相当可观。大多数"官客"下午就告辞了，而大多数"堂客"吃完晚饭才走。皮影戏一直演到了后半夜。

不用说，吴家诸人事后得休息三天。然后就开始"道乏"了。有的客人只给寄去一张印好的卡片，除了姓名之外就是一个大号的"谢"字；有的客人必须亲自登门问候，"看看累着了没有"。"道乏"意味着主人为操办喜事而请客是对人家的"叨扰"，深感过意不去。

第五章　一百天

一百天

　　吴家小秃儿自打出生以来发育良好，到了庆祝"一百天"时，他长得又白又胖，结结实实的，十分逗人喜爱，别人家的小宝贝似乎略逊一筹。他妈妈奶水充足，保育方面无微不至，营养状况极佳。三个月大时，任何体格检查他都不在话下。

　　出生一百天，要举行更多的仪式。首先小秃儿的姥姥何老太太一定得来送礼。按传统习俗，这回应该送一只熏鸡——当然是上城里最有名的店铺买的——一对对虾，还有一只猪肘子。这一天叫作"百露儿"，意思是说小宝贝已经顺利跨越了一百个有露水的夜晚。

　　姥姥要把那只熏鸡的舌头揪下来在小宝贝的嘴唇上轻轻地比画几下，表示祝愿他口齿伶俐，口才过人（"鸡"是机敏的"机"的谐音）。有个谚语说："好汉长嘴，好马长腿。"这说明我们认为语言能力也是一个人的宝贵资产。

　　接着，何老太太郑重其事

小秃儿百日

地把两只活虾从盘子里取出，也在小宝贝的嘴唇上比画比画，意思是祝福他像虾一样的活泼而富有活力。猪肘子的妙用是煮成清汤，取一点给小宝贝洗脸，让他长出白嫩光滑的好皮肤。所谓洗脸，不过是拿一小块布在肘子汤里一蘸，在小脸蛋儿上轻轻蹭一两下罢了。这几样手续都办得认认真真、诚心诚意。这天自然还是要吃打卤面的。

吴老太太信佛，自然要给这场喜事抹上一笔佛教色彩。按照一个年深日久的古老习俗，她蒸了一锅小馒头，用一根线穿成一串，像项链似的挂在小秃儿脖子上，然后就抱着小秃儿上街。她把街坊四邻的小孩子们叫来，每人给一个小馒头，直到发完了才回来。这一习俗显然是由佛教的报应观念演变而来的。佛教徒说"修好得好"，散发小馒头象征做好事，冥冥之中自有神佛安排，让做好事的人或早或晚必得福报。

还娃娃

吴老太太从一开始就认为小秃儿的降生是子孙娘娘显灵保佑的结果，这个众目睽睽之下出生的胖小子是从东岳庙子孙娘娘殿"拴"回来的娃娃。既然是"拴"回来的，保不齐……想到这里，吴老太太开始心神不宁，犯开了琢磨。

吴老太太不断地回忆起一些特别讨人喜欢的小孩子突然夭折，或者突染怪病不治而亡的悲惨故事。亲戚朋友家里有小孩子死了，别人就来劝慰，说那孩子其实并非他们的子嗣，他只是子孙娘娘殿上的娃娃，偷着跑出来降生人世的。她还听说，小孩子本是从子孙娘娘那儿"借"来的，如果不早日还清，那孩子就可能在你想不到的时刻不辞而别。如此的不幸所以发生，就是因为"借"来了娃娃却忘了归还一个替身之故。想到这里，她老人家心急火燎要赶快采取行动！

这回吴老太太没有跟吴老爷子商量，因为吴老爷子对于这类事情另有想法。吴少爷从来不拦着母亲，她爱怎么干就怎么干，因为让她去花上几个小钱，也无所谓。他想，母亲大概是内心需要某种"信仰"，而且也需要隔三岔五出门溜达一趟。散散步对她没什么坏处嘛。

下个月十五，是烧香上供的好日子，到了这天一早，吴老太太满心虔诚地朝着齐化门外大街的东岳庙出发了，那儿离礼士胡同吴宅不过几里地。庙门外有一家大香烛铺，她买了一封高香，每封五股，每股五十二支，一封香的价钱是五大枚，因为质高所以卖得贵些。在旁边一家摊子上，她又买了一尊高为十六至十八寸的纸糊男童偶像，这个叫"纸童儿"。她不识字，就请摊主在那纸童儿手上的一张小纸条上写下了"吴小秃儿"的名字。一切准备就绪，吴老太太举步走进子孙娘娘殿。在看庙道士的帮助下，她一股接一股烧完了香，就跪下磕了三个头，嘴里不住祈祷称谢，同时把纸童儿交到看庙道士手中，坚持要求当面焚化。这么一来，她向子孙娘娘"借"的就算还清了。吴老太太心情大为轻松，高高兴兴地回家了。

吴老太太解释了她此行的所作所为。"我已经替小秃儿把娃娃'还'给娘娘

纸童儿

了，不用再害怕了。子孙娘娘销了账，小秃儿再也不会回去了。"

她详详细细地跟家人讲了此行的细节，说了她如何买的纸童儿，又如何坚持当面焚烧，她说："你要是不要求当着面烧，那看庙的他们就忘得一干二净，然后把那纸童儿再拿出去卖。他们跟庙门口摆摊儿的，串通好了！"

算命

有一天吃过晚饭后，吴家全体（吴老爷子除外）在吴少爷的卧室聚齐，开始闲谈。他们谈话的中心议题，就像规定好了似的，永远是胖小秃儿，而吴老太太更习惯于日复一日去观察她孙子小秃儿的成长变化，这是她不变的话题。这天晚上，他们提到了一个有意思的事儿：何不拿黄历来给小秃儿算算命呢？

老百姓相信，一个小孩子出生的年份、月份、日期和时辰都有相应的含义，四者排列组合的种种格局，就能预示着他一生命运的穷通吉凶。生辰八字蕴含的意义极其丰富微妙，其万花筒一般的无穷图案，预示着人生一世各个重大节点的状态，比如婚姻、死亡、丧葬等事如何安排，都已经在生辰八字里注定。这股力量强大无比，无法逃避，命运决定的一切无可改变。

那年月，真有不少专以给人看相测字为营生的人，根据他们的说法，他们所从事的乃是一种永远不会出错的艺术（或许也可以称为"科学"呢）。当然也有人并不相信这些东西，他们宁愿遵循自己的良知努力跋涉，不被引诱去窥探未知世界，去打探有没有好运气等在前边。这种人相对较少，而吴家自然是属于多数一边的。

他们很快找到黄历，翻到了按时辰算命的那一页，立刻开始了计算。

小秃儿生在八月十二日，那年是鸡年，鸡年的"命重"是一两六钱。八月是闰八月，"命重"一两五钱。十二日"命重"一两八钱。下午5点到6点之间是酉时，"命重"八钱。四项相加一共是五两七钱。表中最高是七两，最低是二两一钱，因此小秃儿的"命重"比中间值高出许多。接着往下看，是卜辞：

此人吉星照一生，不拘何业占高名。
满腹经纶好才学，千秋荣耀照门庭。

吴少爷朗声念出这几句话，在场的人认真听着，个个高兴得拍起手来。

年轻的父亲开心地说道："咱们小秃儿，他可是肚子装满了学问呀，他可要光宗耀祖呢！"

他的母亲却道："别拿这当笑话！满腹诗书那可是圣人多少年研究的学问，千万不能不当回事儿。我倒是想知道知道给你爸爸是怎么说的，广宗你给我念念好不好？我爱听那段儿。他的'命重'四两四钱。"

吴少爷立刻找到了那一栏，"命重"四两四钱的人，卜辞是：

此命富贵得自天，一生平安体康健。
妻贤子孝孙绕膝，心地善良襟怀宽。

这当儿，吴老爷子恰好走进屋来，他听见大家的笑声就问为什么。听见解释之后，他只摇了摇头就走开了。

挪臊窝儿

新出生的小孩子第一次出行具有一定的仪式性。传统习俗和现实考虑，最佳目的地就是这小宝贝的姥姥家。老北京人称此次出行为"挪臊窝儿"。小宝贝出行并不轻松，虽然不用买车票，但是行李超重。如果他妈妈的奶水不足，为了补充母乳，他必须随身携带一罐奶粉，或是别的代用品。

他得频繁地换衣裳和裤子，多带个大包袱是必须的。既然如此，除了姥姥家大概没有谁家愿意接待这位客人了！小宝贝的妈妈当然也是此行必带的一名随从，她的娘家因此而增添了许多麻烦跟开销。首先要给初为人母的姑奶奶来一个热烈欢迎，紧接着是一场盛大的宴会。如果有便人帮忙照看小外孙，那就可以招待姑奶奶去听戏和下馆子吃饭。诸如此类的赏心乐事到头来就会变成娘家人烦心的负担，不堪其扰了。难怪吴家老太太因为没有生养女儿而深感庆幸了。

自从何老太太全家给外孙子做完满月之后，他们就开始满怀喜悦地盼着外孙子前来做客了。他们专门上吴家去请了一回，可是吴家没有给个准确的回话儿。吴老太太说了，既然小秃儿这个"拴"回来的娃娃还没有"还"给子孙娘娘，他就是个"黑户口"，还是不要张扬为好。其实呢，他们也许想的是另一码事：这孩子太金贵了，一时一刻也舍不得他离开。总而言之，他们的新鲜劲儿还没过去哩！

何老太太另有说法。她说道："您要是不让他们娘儿俩上我们家来'挪臊窝儿'，我也没有话说。可是有个老规矩您是不是忘了？小孩子要是一百天了还不上姥姥家走一趟，那可是不吉利的事，他要被诅咒好些天，直到他长高了能够得着姥姥家门上的铜门环子才能算完，那得等多少日子哪！"

好了，现在既然已经"还了"娃娃，烧了纸童儿，就没有理由不让小秃儿"挪臊窝儿"了。

他们手脚麻利，一会儿就把小秃儿捯饬好了。给他穿上了满月礼品当中最漂亮的一件红缎子绣花上衣，一条绿色绸裤，踝际系上了美丽的腿带儿。头戴老虎帽，脚蹬老虎鞋，披上一件大红缎子镶白兔毛领子的斗篷，全身披挂才完。给他把脸蛋儿洗得干干净净，眉心点上了红胭脂。从满月礼品当中挑出一件最精致的银锁，配上最精致的红丝绳挂在了脖子上。小秃儿真胖，几乎看不出有脖子啦！

何家派来的骡车载着何老太太一早到达吴宅来迎接客人，主客双方匆匆说了一会子话，车就出发了。何家的田庄离香山不远，老年间是皇族打猎的地方。按照吴老爷子跟吴家少爷的吩咐，吴小秃儿跟他妈是何家"娇客"，要在何家住六天。

小秃儿母子临行之前，吴家人往小秃儿鼻子尖上抹了一点黑灰，直到客人上车以后还听到主人一再叮嘱少奶奶，回来时要在小秃儿鼻子尖上抹一点白灰。何老太太跟她女儿齐说，一定照办无误。

这是北京特有的一个风俗。这么做表明小孩子离开奶奶家的时候"又黑又瘦"，从姥姥家回来的时候"又白又胖"，就是说他头一回住姥姥家受到了优厚的待遇和周到的呵护。

没奶了

现在看来，那时民间的许多迷信行为荒唐可笑，但在实际生活中流传下来的某些说法（"老礼儿""老妈妈论儿"）并非没有一点益处。由于科学常识的缺乏，他们在面对紧急危险事态的时候不得不求助于一些盲从盲信的避险方法。这类方法未必有害，而且从长远来看可以把许多麻烦消灭在萌芽状态。例如，在妇女哺乳期间不能做些事情，以免母乳突然中断。不幸的是这种规律性的认识并未系统化，一些禁忌仍处于某种互不相干的状态。

吴家小秃儿跟他妈妈到何老太太的田庄小住之际，吴少奶奶的奶水突然中断了。从第四天起，奶水日渐变得稀薄，到了他们该回婆家的时候，母乳已经减少到断断续续的状态，所以吴少奶奶显然是在心情沉重的情况下回婆家的。原来事有凑巧，那几天何老太太的一家邻居在办丧事，死者生前是吴少奶奶出嫁之前的闺中好友，噩耗传来自然给吴少奶奶带来刺激，可是她的悲伤情绪没有发泄出来，受到某种压抑，于是她的奶水突然就"回去了"，连她自己也不知道原因何在。

雇奶妈子

小秃儿回奶奶家时，按规矩被抹白了鼻子尖，但他那样子显然不是"又白又胖"，令人失望。

此事令吴家人大为惊慌，小秃儿也饿得一直哭个不停。于是家庭会议紧急召开。

吴少爷提议雇个奶妈子。京东一带有些妇女以此为业，专门到北京城来给富裕人家当奶妈。吴少爷认为这么做合乎逻辑。

吴老太太反对，她说："咱们但凡有办法，就别雇什么奶妈子。奶妈子好雇不好辞，她老是想待在咱们家，就是孩子长大了不用她喂了，她还是不想走。她跟孩子假装亲热，好像孩子离不开她，到那时候，这个仆人您就难对付喽！她仗着特殊，一回又一回逼着咱们给她涨钱，她要还不满意就会撂挑子，撇下咱们孩子不管，一点都不心疼！当着咱们的面儿，她能假装又亲热又细心地喂孩子、照看孩子，可一转过脸去她就对咱们孩子冷若冰霜。俗话说得好：'猪肉贴不到羊身上。'另外，等孩子慢慢长大，奶妈就想

奶妈首饰

升级当'看妈'，工钱也得跟着涨。她要是真心喜爱咱家孩子倒也罢了，可这压根儿就不可能。我在大街上亲眼看见过一个奶妈趁主人不在动手打孩子，还吓唬孩子说，你要告诉你爹妈我就更狠狠地打！不成，咱们得另想法子！"

"按月开工钱，奶妈也不满意。习惯上奶妈的工钱是普通女仆人的三倍，要给她吃跟主人家一样的饭，初来时要给她提供全套衣裳跟被褥，逢年过节要多给赏钱。干满一年，就得给她打一套银首饰——镯子、耳环、戒指、簪子，一样不能少。干满两年，这套首饰咱们还得花钱去给它包金。要是不出大错，就不许辞她，否则就得在她老家给他们家买一块地，不买地也行，那就把买地的钱给她。"吴老太太一口气说了这许多的话。

吴少爷听完说道："既然如此，依我看咱们算认倒霉了，是不是？"

吴老太太说："那倒不一定。我刚才问你媳妇了，她说奶还有一点，我想给她用点偏方儿能管用的。"

下奶偏方儿

何老太太对于女儿的奶水突然中断一事同样揪心，因为这事关系到外孙子的成长。因为奶水是在姑奶奶跟外孙子来住的时候突然"回去"的，是在她眼皮子底下出的事，所以她格外着急。她送吴少奶奶母子回到城里之后，并没有立刻回西山，而是多住了一天，希望看到事情好转。可是过了一天还是那样，她只好回去了。

吴老爷子另有想法，所以他比谁都不着急。他想，既然有代替人奶的代食品，那就先凑合着用呗。于是他叫老伴儿买些蒸熟的糕干面儿，又听泡茶馆的老伙伴说东柳树井有一家磨坊卖的老米面儿也挺管用，于是就亲自跑去买回一些。这种米粉加水搅拌煮成稠稠的糊状，拿手指头一口一口喂到小孩儿嘴里就行了。有人说，那里头掺加了极细的茯苓粉，有治疗和滋补的功效。不过，这说法似乎并不可信，因为糕干面儿跟老米面儿价钱不贵，不太可能含有珍贵的药材。

小秃儿饥肠辘辘，像个饥饿的小狼崽似的一口接着一口地吮食妈妈手指头上抹的糕干面儿糊，那样子真是叫人看了心疼。可是孩子吃了并不满意，还是哭个不停。

吴老太太眼看着这令人心碎的场面，知道喂糕干面儿糊绝对

喂糕干面儿糊

58

不是解决问题的好办法，必须赶在孩子病倒之前采取行动。

消息传遍了街坊四邻，隔壁邻居和隔壁的隔壁的邻居，热心肠都来了，出了一大串主意，其中就有一些专管下奶的偏方儿，都是屡试不爽的好办法。

一位太太说，取一对野兔耳朵，夹在两片阴阳瓦中间烤成灰，吃下去肯定有效。另一位主张到子孙娘娘殿前烧香，娘娘一定出手相救。吴老太太觉得这后一个主张言之有理。但是对于前一个吃兔子耳朵灰的法子她觉得必须先征求儿媳妇的意见，看看她愿意不愿意吃那服"药"。吴少奶奶虽然为儿子的安危焦急，但是她不喜欢那个"兔子耳朵烧灰"的偏方儿。可是她没有直说，只拐弯抹角地问，还有没有别的法子。

这工夫接生婆马姥姥来了，她提出了一个偏方儿，说是功效显著，大力推荐。马姥姥是这方面公认的权威，她的偏方儿应该试试。这偏方儿其实挺简单：取螃蟹一对，尖脐团脐各一，捣成糊后加水煮沸，卧鸡蛋二枚于汤中，趁热服下。马姥姥说道："您就瞧吧，那奶水就像泉水似的哗哗流！"吴少奶奶对于这道方子当然喜欢得多了。

吴老太太赶紧上菜市场去买回螃蟹，不出三十分钟就把这碗汤熬好，吴少奶奶一饮而尽，一点没觉得恶心。

当天晚上奶就下来了，源源不断。吴小秃儿又有了充足的口粮供应，全家人都松了一口气。吴老太太跟儿媳妇说，她感觉一身轻松，一下子年轻了十岁！

第六章　周岁

种牛痘

吴少奶奶服下螃蟹浓汤卧鸡蛋的偏方儿，奶水很快就下来了，一场灾难性危机顺利化解。

这次事故给吴少奶奶上了一课，认识到对自己和小儿子必须加倍小心照顾。在不遗余力的呵护照料之下，小秃儿无论是个人习惯还是身体发育，都一切良好。评断幼儿发育有一句谚语："三翻六坐八爬着，迎着生日就会走。"——三个月大能自己翻身，六个月大能坐着，八个月大能爬，到一周岁生日就应该会走了。这套标尺的确很准，家喻户晓。幼儿若达不到这些标准，就算营养不足、发育不良。吴小秃儿不用说是样样达标了。

转眼就到了给小孩子接种疫苗的时候了。对于这件事，吴家人赞成"古法"。

所谓"古法"就是认为只有阴历四月（大体相当阳历五月）才适宜接种，而"新法"不同之处在于任何一天都适宜。"古法"的依据在于四月是各种花儿成长开放的月份，因此也是适于接种疫苗的月份——接种疫苗就是"种花儿"嘛！这个时节天气一天比一天暖和，儿童们穿的衣服一天比一天薄，最适合"种花儿"了。想想看，如果一个小孩子身穿三层棉袄去"种花儿"，的确是不方便。

吴家人当然不想让小秃儿冒生天花的风险，决定给他"种花儿"。但是作为先期准备还是要算一算。他们请来了一位算命先生，提供咨询。算命先生都是盲人，一手拄着探路的竹竿，一手提小铜锣，铜锣跟小木槌相连，边走边敲，走街串巷招揽生意。这位先生说，孩子该"种花儿"了，他又说这小孩儿命相属木，应当在属水的日子接种，水汽丰富，"花儿"才能长得壮实。于是他建议把接种的日子定在芒种与夏至这两个节气之间。

离礼士胡同不远，在东四牌楼往西的猪市大街上有一座坐南朝北的小庙叫地藏庵。多少年来谁也没看见这里有尼姑，所以它不应该叫庵，应该改名叫庙才对。这庵里的一大片地皮出租给一些商铺、团体之类。每年春季都有一批医务人员来此用"古法"免费给儿童接种天花疫苗。他们用黄纸印上木版雕刻的四个大字"施种牛痘"，把这种海报贴遍附近的街头巷尾，召唤有幼儿的家庭前来给孩子登记"种花儿"。

"古法"种牛痘规定儿童一周岁时接种一次，即能终生对天花免疫。菌种直接取自牛的身体，装在小瓶子里保存。接种时在儿童胳臂外侧用锋利的小刀从上往下、从左到右划开，一排三个"十"字，点上菌苗就成了。大夫们并不穿白大褂，也没有护士协助，所用设备十分简单，也不用特别的容器保护，甚至也不消毒。那把小刀一天重复使用四五十次，根本不消毒，甚至也没见过擦洗。

家长把小孩子带来，登记挂号排队等候接种。接种完了，家长（通常

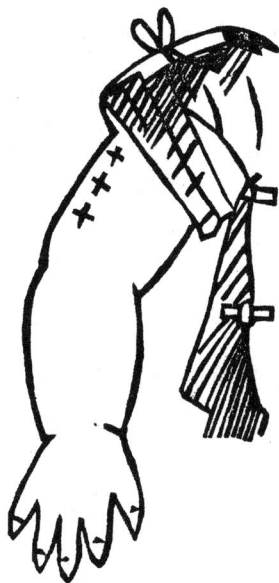

种牛痘

是小孩儿的妈妈）就得注意别让衣服袖子接触伤口。办法就是拿一条红颜色（一定要是红颜色的）的细绳穿过袖子，把它固定在肩膀和腋窝处。七天后孩子前来复查。这项服务广告宣传是"免费"的，实际上还是要花三四角钱。

小秃儿是由妈妈和奶奶带着去的，"种花儿"倒也没有多么可怕，只是把孩子弄得大哭——显然是很疼的。细心的妈妈事先给他特别做了一件只有一只袖子的小褂。而吴老太太一如既往又上东岳庙给子孙娘娘烧香磕头去了。

在"种花儿"之后的六七天中，要给母亲吃一些"发物"，也给小秃儿吃一点。"发物"包括新鲜的黑枣和鲜蘑菇，据信吃了"发物"，种下的"花儿"才能充分"发"起来，医学上认为这是良好的反应。吴老爷子听人说，煮熟的猪拱嘴是非常好的"发物"，但是他的提议没有通过，他老伴儿坚持说："咱们不是有旁的'发物'吗？干吗非得吃那个怪东西。让那些买不起鲜蘑菇的吃去吧！"

小秃儿种牛痘一帆风顺，没有出现任何不适，全家为此而大大高兴。吴老太太适时前去拜谢痘疹娘娘，行礼如仪。

五行阴阳

俗话说"人有七父八母"，这表明一个人处在多么庞大的家庭关系网络之中。这也相应表明，一个人需要承担和履行多么大的责任和义务，这是中国人最崇高的社会关系，即"家庭观念"和"孝道"。

一个人有多少"父"和"母"，要列举无遗的确不容易，因为凡是跟自己的父亲相同年龄段的人都是他的"伯父伯母""叔父婶母"，还要加上亲戚家的"舅父舅母""姨父姨母""姑父姑母"。此外，学生的老师及其妻子也叫"师父师母"。因为中国过去曾经存在一夫多妻制度，所以"母亲"会比"父亲"多。"父亲"的妾，也自动取得"母亲"的地位，称为"姨娘"。

算命的瞎子给小秃儿算的"种花儿"时间挺准的，而且他还给小秃儿一辈子的命相说了个大概其。他讲解了小秃儿生辰八字所注定的一生命运。这位双目失明的先生很可能具有第六感官，他一下子就进入状态，凭着三寸不烂之舌把吴老太太说得心服口服。

他对吴老太太说，小秃儿是木命，不宜在火日出生，事实的确如此。金、木、水、火、土这五行相生相克，相遇可能有益，也可能有害。水生木，水克火，金遇土为吉，遇火为凶。木遇火对小秃儿没有妨害，表明这个孩子命很硬。在他之前之后出生的兄弟姐妹都不能存活。听到这儿，吴老太太不停点头，这让她想起小秃儿的两个姐姐确实都没长大就死了。既然如此，就该给小秃儿找干爹、干妈，至少一对，越多越好，免得这个命硬的孩子"妨"着父母，让他们得病，甚至死亡！

算命先生引经据典对吴老太太说："明朝开国皇帝朱洪武就是个命硬的，所以小小年纪就父母双亡，不过他后来创立的明朝统治中国近三百年。他刚会叫爸，他

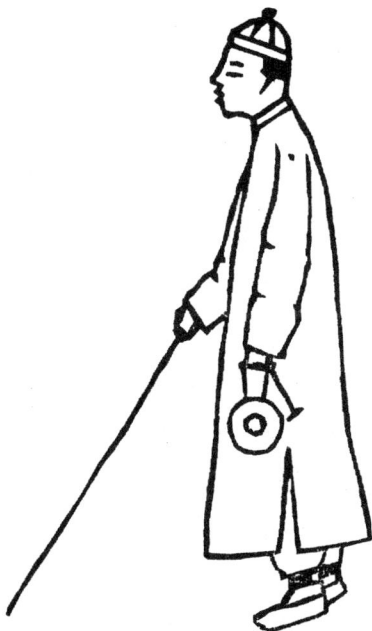

算命先生

63

父亲就死了，他刚会叫妈，他母亲就死了。可见对命硬的人不得不防，这是大家都知道的一个例子。"

吴老太太闻听此言，脸色大变，问道："照您这么说，我们小秃儿要给全家带来许多的凶险？"

瞎子说："不会，不会，不至于的。您只要听我的给他认几门干亲，就什么事情都没有了。不过呢，您要给他认干亲，得找命中属水、属木的人，尤其是干爹必须留意命相。这么着就能逢凶化吉，遇难成祥。您还别忘了，他的生辰八字主大富大贵，不是发大财就是当大官。"

算命先生的一番话深深打动了吴老太太，她付费时额外多给了两角钱。

认干亲

吴家开始行动，给小秃儿物色干亲。跟吴家少爷、少奶奶年龄相近的人，在亲戚朋友当中倒是颇为不少，但是愿意应承此事的并不多，命相相符的更少。最后，他们在吴老爷子的好朋友家中找到了一对合适的夫妇。于是吴老太太就开始跟这对年轻夫妇赵先生、赵太太商量，把实情都对他们讲明白了。

吴家很高兴，因为不是所有的人都愿意给别人当干亲。有一种迷信，认为给别人家的小孩子做干亲，会导致自己家的小孩子遭遇不幸，甚至夭折。为什么呢？如果一个人命中注定有几个孩子，或者没有孩子，那么认干儿子、干女儿就是违背神明的意志，企图改变命运。如果一个人认了干儿子，却失去了自己的亲儿子，那实在太不划算了！所以找干亲一事，并非如想象的那么容易。幸而赵先生、赵太太脑筋与常人不一样，他们俩是属于那种"处处为他人着想"的人。

认干亲的仪式开始操办。

吴家给赵先生买来一顶帽子和一双鞋，给赵太太买了几支发簪和一双鞋，算是小秃儿本人预备的见面礼。作为回报，小秃儿也收到了许多礼物，其中包括一只桦木碗（寓意摔打不破）跟一双象牙筷子。此外还有一套裤褂、一顶帽子、一双鞋。从惯常的象征习惯来看，这

小秃儿收到干爹干妈的礼物

些礼物已经明显地表达了长辈慈爱和小辈孝顺的意思。

吴家按照黄历挑了个黄道吉日，恭恭敬敬地请赵家夫妇前来赴宴，地点就在吴家本宅。吴家特为此事准备了一条尺寸极大的红布宽腿裤子。

赵太太被邀请坐在炕沿上，在她衣裳外边套上这条肥大宽松的裤子，吴少奶奶抱起小秃儿郑重其事地把他塞进大裤裆，随后赵太太把小秃儿连同褪掉的大裤子一起交给吴少奶奶。这表示小秃儿乃是干妈所生。

接着把小秃儿的前额在地上轻轻碰三下，代表磕了三个头，表示他认了干爹干娘，于是礼成。

赵太太说："没有'挂锁'的礼数，所以我们没有预备银锁和锁链。"

吴老太太高兴地说："说得对！咱们小秃儿认干亲跟那个不是一码事，咱们用不着那些个！"

都知道小孩子如果因为害怕活不长而认干亲的话，就需要干爹干娘给他打一把连着银链子的银锁，在仪式上由干娘亲手锁住，表示把孩子紧紧锁在人间。这把银锁要时时刻刻挂在脖子上，至少过生日和出远门的时候必须戴着它。直到孩子长大成人举行结婚典礼的时候，才由干爹干娘亲手打开摘下来，表示他们的保护已经期满。

小儿玩具

普通人家的儿童没有什么像样的玩具，真正称得上体面高级的玩具是富裕家庭那些命定富贵的公子小姐才享有的——人家爹娘有钱，买得起。说实话，价钱比较昂贵的玩具通常是买来送礼的，而不是给自家孩子玩的。您随便到庙会和集市上观察一下就能发现，在儿童们流连忘返的玩具摊位所售卖的货色，大多是双重功能——既能玩，又能吃。典型的代表就是用模子做成各种花样的豌豆糕和造型生动的吹糖人儿。

当然，真正意义上的玩具即只供拿着玩的小东西也是有的。通常都是一些单薄易坏、售价低廉的小东西，价钱必须便宜才有人买。像泥娃娃、花纸球、小竹哨、废铁皮做的小喇叭、用玉米芯（也许是高粱秆）做的小公鸡、鸡毛做的毽子……多数儿童零花钱很少，必须价格很低才能卖得出去。小贩还把这些小玩意儿送到小顾客家门口，任挑任选，每件才卖两大枚。从制造到储运、销售，经历这许多手续才卖这么一点点钱，这个行业是怎么生存的，恐怕全世界最聪明的经济学家也弄不明白。

吴家小秃儿的玩具来源充足。他爸爸吴少爷虽然已经成年，还是对于摆弄小孩子的宝物热情不减，不知这是不是好事。小秃儿刚刚十一个月大，他就买来一辆三个轮子的小自行车，要到他儿子能

走马灯

玩转那玩意儿，还得等四年！

　　小秃儿的爷爷也给他买玩具。他躺在炕上还不会坐的时候，爷爷给他买了一个大大的圆形玻璃缸，里边养着几条自家鱼缸里捞来的金鱼。小家伙哭闹时，一瞧游动的金鱼就安静下来了。可是后来这个新鲜玩意儿还是给撤了。小秃儿长大一点能坐着之后，他可能会打碎玻璃鱼缸，把袖子跟被褥都给弄湿了。

　　何老太太也给外孙子买来玩具。她送来了一盏大红纸糊的龙睛鱼灯，还有一盏走马灯——一个纸糊的花花绿绿的小戏台，"后台"竖立一根轴，轴顶装一个剪出折翼的圆纸盘，"后台"下方横梁上插一根蜡烛，点亮蜡烛热气推动圆盘带动立轴不停旋转，轴上插些纸人纸马，就跟着不停旋转，从小戏台的台口看上去，真像是一台不断连演的戏。

　　小秃儿张着小嘴不眨眼地看着这流光溢彩还会动的灯，高兴得手舞足蹈，两条小胳臂上下扇动，活像一只刚会扇动翅膀的小公鸡。这真是令全家人兴高采烈的一幕。

剁绊脚丝

小孩子的身体发育有一套指标，即俗话说的"三翻六坐八爬着"，这在上文已有介绍。小秃儿的发育状况完全达标。我们又进一步发现，小秃儿一周岁时已经会自己走了，只不过免不了有点摇摇晃晃、磕磕绊绊。他是吴家唯一的孩子，备受父母、祖父祖母的关爱照料，所以体能方面也得到了足够的练习。

那段日子，在一位邻居妇女的建议之下，他学走路的过程中又加上了一道迷信色彩的程序——"剁绊脚丝"，打那以后他的步态才算稳定住了。

年轻的母亲手拉着小秃儿在前头摇摇晃晃地走，奶奶手持一把菜刀紧跟在后，小秃儿每迈一步，奶奶就拿刀假装在他两腿之间剁一下地，这样连剁三次，就把小秃儿两踝上捆着的绊脚丝剁断了。按照事先安排，妈妈问道："您做什么呢？"奶奶回答："我给咱们孩子剁绊脚丝。"

剁绊脚丝这事，还得仔细交代一下。

旧时风俗，就是人死以后入殓之前，用绳子把他的两条腿在踝关节处捆绑在一起，为的是防止死人"诈尸"。据说某年某地发生过死人突然复活起来走动的事情，这场面多么可怖，多么吓

剁绊脚丝

人！这种事件在《聊斋志异》一书中就有记载。

死人"诈尸"总是要追逐活人，谁要是被他捉住了，非吓死不可。因为人死之后要不断轮回，投胎再世，所以新生的婴儿会带着上一辈子捆绑在腿上的绳子，不过那绳子是肉眼看不见的。要是不把这种绳子砍断的话，会妨碍小孩子学走路，导致步态蹒跚，直到长大成人才在潜意识中自己把绊脚丝砍断。

对于这种说法相信与否都无所谓，像吴老爷子跟吴少爷这种人就既不赞成也不反对。但是至少有一个人看到小秃儿走路的步态越来越稳健，就认定那是剁绊脚丝的结果，这个人就是吴老太太。

尽管如此，小秃儿两条腿发育正常，没有长成罗圈儿腿，还是得归功于吴老太太。她一直坚持不懈把小秃儿的两条腿抻直了，再用褓子包得严严实实，还用带子绑住，一直这么绑了整整一百天。小宝贝感到不舒服，表现出明显的反对，要是让软心肠的吴少奶奶管这个事情，小秃儿就很可能长成难看至极的罗圈儿腿了。不说不知道，这个古老习俗是祖辈从故乡白山黑水带来的。

抓周儿

小孩儿满一周岁的时候，一家人又要忙活一阵子。小孩儿一出生就算一岁，以后他的年龄按日历年增加，而不是按实际天数计算。他正好刚满一周岁的那一天，他的年龄已经是两岁了。假如一个小孩儿是1938年12月31日出生的，到1940年1月1日，他就算三岁了。

周岁这一天，按礼数小孩儿姥姥家应该送来一辆婴儿车，此外还得送一些穿的。其实，小秃儿从来不缺衣服，他拥有的衣裳大大超过实际需要，大部分是何老太太送来的。其中有一些是吴少奶奶的妹妹亲手缝制的。她可是设计剪裁婴儿服装的行家里手，像围嘴儿、围裙、鞋子、帽子和"头挡儿"，早在小秃儿降生之前就都送过来了。

好人家少女必须具备四个方面的良好教养——德、容、言、工。何老太太的这个女儿，在母亲言传身教之下，加上她自己又聪慧又勤快，可以说在"工"——女红方面达到了完美的程度。

到了小秃儿一周岁这一天，吴家特意给他吃了一点炸油条。油条是北方城市居民几乎家家都吃的早点，没有什么特别之处。但是周岁当天给小孩儿吃却另有用意。油条做得长些、粗些，炸得焦些，便有了一个美妙的绰号——"黑汉腿"。给小秃儿吃油条，是为了让他长出两条粗壮结实的腿。

下午全家聚齐举行"抓周儿"。大家找来一堆杂七杂八的物件，在炕上随意摆成一圈，这些物件有毛笔、书、砚台、木匠用的墨斗、玩具、吃食、胭脂等。然后他们让小秃儿坐在正中间，十分注意地看他拿起哪一件。根据各种物件暗含的象征意义，就可以看出小秃儿今后一生的脾气秉性、行为职业、习惯爱好。大人们全神贯注地观看着孩子的举动，接下来还要不断地观察他身上有没有出现预测实现的迹象。

小秃儿向前爬了一步，伸出双手把他爸爸的算盘抓起来了。

在场的人都说，这是个好兆头。

吴老爷子显然很高兴，说："不错。小秃儿将来的职业跟算盘有关系，会有出息的。"

他接着说道："前几天我看了一篇文章，说的是宋朝一个叫曹彬的人。家里人让他'抓周儿'，你猜他抓什么东西？他是左手抓起一把'戈'，就是打仗的长矛，右手抓起一只'豆'，就是祭天地用的礼器，这还不算完，过了一会儿他又抓起了一件玉印，这可是位高权重的意思啊！那些吃的、玩的，他可连瞧都没瞧一眼。这就叫大人物，他后来长大成人，果然当了大官。这段故事是上了《宋史》的！"

吴少爷提议再试一次。吴老爷子不同意，他说道："儿子，那可不行。'抓周儿'是一抓定终身，不可以重新来的。"

吓着了

有句俗话说："要得小儿安，须带三分饥与寒。"经验表明，小孩儿身体不适通常都是因为父母给他们吃得太多，穿得太厚。消化不良和捂得太严是小孩子生病的主要原因——二者必居其一，或二者兼而有之。

不过还有另外一类的身体不适，当时人们不知道医学上怎么定义，俗话就叫"吓着了"。突然跌倒摔跤可能会引起惊风，爆炸或呼啸的巨响、家里有人打架或争吵，这类事件都可能引发一系列病症的暴发，首先包括消化不良和睡眠不稳，严重时可能造成惊厥和抽搐。这类毛病如果比较轻微的话，当场急救的办法就是赶快在事件发生的地点，从地上抠起一点尘土，抹到小孩儿的脑门上。这个急救方式很多人都知道，常常能够看到。

另一个救疗方法是由小孩子的母亲在中午12点拿盛饭用的马勺在门楣上敲击三下，同时大声喊那小孩子的乳名，再加上"快回家来！"与此同时让另一位大人或是那小孩子本人答应"我回来啦！"这个举动称为"叫魂儿"，连叫三天就把"跑丢了"的魂儿叫回来了。

要是病情加重，就得在病人卧室里烧香跪拜神佛连续三晚，每晚一次。如果还不见效，那就不是"吓着了"那么简单了，最好就得请大夫或是巫婆来看了。

有一天，小秃儿坐着童车跟奶奶出门，回来之后突然就不舒服了——他拒不吃饭，哭闹不止，发烧，焦躁不安。大人一琢磨，他准是"吓着了"。原来这天小秃儿坐童车出去，路上遭遇了一场狗打架——吴家的"小黑儿"咬了邻居家的京巴儿。经验丰富的吴老太太立马想到，小秃儿这是把魂儿"吓丢了"，必须请一位神仙来帮忙给找回来。

于是她派人上香烛店请回三张"白马先锋"的神马儿，吩咐吴少奶奶连续三晚烧香磕头。吴少奶奶先拿着剪刀把神马儿上印着四条马腿的地方剪开，为的是那马能跑起来，然后把神马儿夹在木头架子上。别人都回屋休息之后，她在炕边摆上一张小桌子，立起神马儿夹子，点上三炷高香，供上一碗凉水磕了三个头。等高香烧完，她把神马儿焚化，表示请"白马先锋"出发去找回孩子被"吓丢了"的魂儿。

到第三天小秃儿果然好了，又精神又快活。吴老太太又得到了强有力的证据——骑白马的神仙把孩子吓丢了的魂儿找回来了。

不过，现代的医学理论相信，时间是医治神经疾患的最佳良药。同样，有一位著名的医生说过：服药治疗感冒要用十四天，而不服药也是两个星期自愈。

爷爷的心肝宝贝

婴儿渐渐长大就要逐步给他吃大人吃的饭食了。多数情况下，如果母亲的奶水不够充足，不能满足婴儿食欲的话——这从婴儿的表现可以清楚地看出来，从六七个月，甚至五个月大开始，就给他喂一些成人的食物了，比如熬得很烂的米粥、煮得很烂看上去像面糊似的面条。食谱的这种改变不可避免，因为母亲的奶水终究是要停止分泌的。

有些人家因母亲接二连三产子，小孩子不管喜不喜欢必须在一周岁时就断奶，有的甚至比这更早些。吴家小秃儿却是例外，他八个月大就长牙了（发育良好的又一证明），从那开始就隔三岔五给他吃平常饭食，同时还享用着他妈妈的奶水。吃奶与吃饭并举，这对他身体的发育当然大有助益。他逐渐习惯于吃饭而放弃母乳，这产生了一个副作用——他对母亲的依恋减少了。

天气晴朗的日子，小秃儿和奶奶睡过午觉之后就是每天必选的节目——奶奶推着童车带他出去逛街。小秃儿的爷爷也一天一天地患上了"恋孙症"，没有比带着小胖孙子去泡茶馆更让他开心满意的了。小孩子长得聪明伶俐活泼可爱，所到之处立刻引来一片夸奖赞美的声浪，使得吴老爷子越发兴高采烈。大伙儿问（多一半是明知故问，只为逗吴老爷子乐）："这小少爷是谁呀？"吴老爷子满怀自豪地回答："我孙子！"把"孙子"二字大大加重了语气。经常逗吴老爷子的是赵四爷，他总是提一只超小尺寸的鸟笼子，里边养着一只极品百灵，这是他的"旗号"和"注册商标"。

不过，有几件小事，吴老爷子在老伴儿谆谆叮嘱之下是从来不敢做的。一件是无论如何不要带小秃儿到庙里去，不能让庙里的神佛看见他。吴老爷子严格遵照老伴儿的吩咐，因为他怕庙里那些丑陋可怖的木雕泥塑把小孙子吓着了。

另一件必须注意的是，无论小秃儿跟别的小孩子多么亲热，也不让他跟别的小孩子挨得太近，也不许拉手，因为有个迷信的说法：这样做的结果两个小孩子都会变成哑巴。此外，还不许用嘴嚼东西给他吃，哪怕孩子馋得直哭也不行。

吴老爷子是个信得过靠得住的人，由他带小秃儿出去逛比谁都好，而他自己也是乐此不疲。茶馆是他爱抱孩子去的唯一地方，左邻右舍的老朋友也时常叫他去，他串门儿也会带着小秃儿信步前往。

如果是第一回到朋友家做客，小秃儿每每会得到一个小小的红包当见面礼——把一点钱包在红纸里头再缠上缕白棉线，挂在小孩儿脖子上。

这些红包里的钱会积攒下来，给小秃儿买糖果跟玩具。也许有人会问，按咱们的风俗习惯，红色表示喜庆，白色表示哀悼，那为什么要用白色的棉线缠红包呢？答案也许可以说这表达一个愿望，白色代表老年人头发的颜色，用白棉线是祝愿小孩子长寿。其实，普通家庭白线比红线容易找到。如此而已！

吴老爷子特意买回一个瓦质的闷葫芦罐儿（扑满）把小秃儿得的钱小心翼翼地塞进去，等到攒够数了就砸碎扑满将钱取出来，给小秃儿买几件衣裳，不辜负朋友们的一片好心。

牙牙学语

那会儿，老四合院房屋的窗户是用细木条做成框子，再糊上高丽纸。在华北，窗户纸糊在屋子里边，在东北三省则是糊在外边的。为了找到证据，心存疑问的读者无须前往沈阳去一看究竟，北京的紫禁城里那些祭祀祖先和皇上大婚住的宫殿，窗户纸都是从外头糊上去的。吴家的窗户都是透亮的玻璃窗，但是玻璃四周围有一圈木头窗框糊着白纸。这种玻璃窗与纸窗相结合的样式有其妙用——小秃儿会说话与此大有关系！

有一天，小秃儿在炕上爬来爬去，爬到了窗台前，只见他站立起来拿手指头在窗户纸上捅出小窟窿来，因为他手指头尖上有口水，一会儿工夫就捅出好几个小窟窿。吴少奶奶见状很生气，她一边嘴里嚷嚷着，一边抬手假装要打他一顿。

吴老太太听见动静赶了过来，她劝住儿媳妇说："别打他，小孩子都这样子。他一捅窗户纸就会说话啦！"

当天晚上吴少爷下班回到家中，一眼就看见窗户被补上了不一样的纸，听说了白天发生的事情。原来一时找不到高丽纸，吴少奶奶就随便拿一块纸临时修补上了。对于捅窗户纸让小孩子会说话这种奇谈怪论，吴少爷难以接受。他后来想明白了：小孩子一旦变得活泼好动而且淘气，会捅窗户纸找乐儿的时候，也正好是他牙牙学语的时候。

捅窗户纸

全家发现，小秃儿说的头一个词是"妈妈"，这是最简单、最容易的。全家人对他开口说话都有点吃惊。小家伙接着会说的是"爸爸"。一天又一天，吴小秃儿开始牙牙学语了。

没用多少日子，小秃儿已经掌握足以应付他活动范围的词汇了。许多小孩子最先会说的字眼是"饽饽"，这代表许多吃的东西，还有"糖""我要"等等。除此之外，他还会发出种种莫名其妙的声音，伴以花样繁多的姿势和表情，好像在使用惊叹号和问号似的。

只有一件事让吴老太太不大高兴，就是无论她多么费劲儿地教，小秃儿还是学不会叫她"太太"。她老人家厌烦之下只好作罢，她抱怨说："比八哥儿还笨！"

讨债鬼

有一种说法：一个人的儿女是上辈子的债权人或债务人转世投胎而来的。这个说法带有浓厚的佛教色彩，常常用来告诫人们不要卷入超出自己偿还能力的债务。这种债务并不仅仅是经济财务上的，更多是欠下的眼泪、心血、痛苦，以及形形色色的不仁不义。在中国人的头脑里，这些都会在下一辈子变成折磨人的痛苦经历。

老百姓得到恩惠时常常会对恩人说："我太谢谢您了，我一定知恩图报。要是这辈子报答不了，下辈子当牛作马也要报答您！"确实不假，关于"天道好还""报应循环"的观念，甚至整个佛教信仰都是建立在这一思想基础上的。这个观念的另一头就演化为"以眼还眼，以牙还牙"，让人处于"取保候审"状态，一辈子还不清。

有个流传甚广的故事是这样说的：

有个人在他老婆临盆之际忽得一梦，他一个已死去多年的熟人来到他家对他说道："你欠我那四万块钱，现在就来取。"说着那人就走进了他老婆的卧室。

这人醒来出了一身冷汗，因为他清清楚楚地记得确实欠那人四万块钱。这时家人报信儿他老婆生下一个男孩儿。这人心中明白，男孩儿是前来向他讨债的。他暗中拿出四万块钱放到一边，专为抚养这个男孩儿之用。后来男孩子染疾而死，出殡埋葬之后他一算账，所有花费正好是四万块钱，当初拿出的那笔专款一分不剩。

有些人就是用这种眼光来看待孩子的。如果儿女不孝顺，或是造成了意外的损失和开支，就说他是来要账的。这个说法有一个用处：如果一个可疼可爱的孩子死了，父母伤心悲痛之余也会自我安慰说，那孩子其实是个"讨债鬼"。这不就是"酸葡萄哲学"嘛！

吴家就是这么一家人，吴老太太尤其如此。她生过六个孩子，只有一个长大成人，无论这是个差错还是事实，她都忘不了那个"讨债，还债"的老话儿。

小秃儿话说得越来越利落了，大人们老是拿一些"是或不是"的简单问题来问他，而他对大人的问话并不甚懂，只是随便按自己的想象说一个"是"或"不是"而已。那些问题有什么区别、有多么严重，他一无所知，只是胡乱作答，于是一问一答之间出现了不少驴唇不对马嘴的对话，成了大家伙的一种乐子。有人老要问小秃儿他是要账的还是还账的，他总是回答说"还账的"，大家听了没有不高兴的。

要知道，只有"还账的"小孩儿才能长大成人，增光耀祖。小秃儿的回答听起来令人欢欣鼓舞！

第七章　请大夫

挂匾

俗话说："人无千日好，花无百日红。"吴家小秃儿虽然长得结结实实，但也不是百病不侵。

有一次他发烧了，两只眼睛湿漉漉的，还发红，鼻涕直流，吃不下饭，满脸病容，还犯困发脾气。这回连经验丰富的吴老太太都没了主心骨，不知道是怎么回事，但她没犯糊涂，决定带小秃儿去瞧病。

附近有好几位大夫，可是去哪一家最好他们都拿不定主意。

有一位大夫姓张，他家门口高悬一块亮闪闪的大木牌，镶着锃亮的白铜包边，显然是他的伙计用了不少擦铜药水才擦出来的。牌子上写着两行大吹大擂的字——"专治男妇小儿内外各科疑难大症"。吴老爷子每经过这儿看见这两行字就忍俊不禁。

这位大夫家的墙上还挂着好几块匾，似乎都是病人家里送来的，表彰这位大夫治病有奇效，把不少人从急难险重的疾病中挽救了回来。这些匾大约三尺高、五尺长，涂着亮丽的油漆，每一块上都写着四字词语，诸如"真乃神医""起死回生""医道精深""救我全家""时疫国手""扁鹊再世"……这些词语对于住得远的病家来说，的确能起到培植信任的作用，可是吴家人压根儿就不信。这个张大夫是吴老爷子的发小儿，他的医道如何，吴老爷子一清二楚，这是个"公开的秘密"。因为有点交情，吴老爷子曾经跟别人一块儿参与过给张大夫送匾挂匾的举动，至少有四次之多。从那些匾上所写赠匾人的姓名来看，吴老爷子几乎认识一半，他们早在张大夫开业之初就参与过广告宣传。作为朋友，吴老爷子没少帮助他，但从来不给他介绍病人。俗话说"远来的和尚会念经"，同样，远来的医生才值得信任。

吴少爷问吴老爷子："张大爷怎么样？"他在家总是称呼"张大爷"，从来不叫"张大夫"的。

吴老爷子断然摇头说："不行。他瞧个'平安脉'还行。小秃儿的病他治不好也治不坏。"

吴少爷又问："天天在报纸上登广告的那位'小孩儿李'怎么样？"

专治百病

吴老爷子回答道："也不行。'小孩儿李'的事我听说得太多了，不能去。他父亲本来医术不错来着，可是已经去世了。这位少爷跟他老爹什么也没学会，只是从他老子那儿得了个空名声罢了。"吴老爷子显然信不过所谓"世医"。

吴老爷子说道："咱们都别着急，我刚才又仔仔细细地瞧了他一会子，他得的只是一种春天的时疫，用不着太过惊慌，只是比较严重一点罢了。咱们先看一看我下的诊断对不对。你们记不记得了，广宗小的时候不是也在春末夏初得过这个病？我不太记得他当时都有些什么症状了，小秃儿得的也像是这个病。"

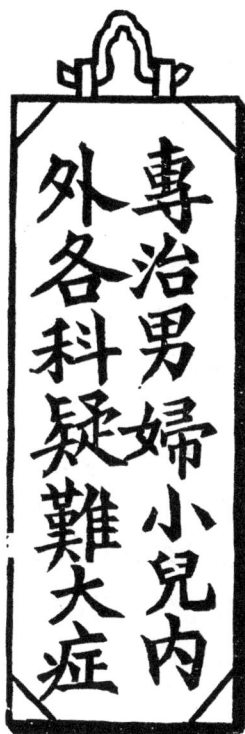

吴老太太说："可不是，我想起来了。咱们还是问问大夫，开些药。近来天时不正，可别把毛病闹大了。"

上门求医

外国的医务工作者一般都满足于当医生，并引以为荣，中国的医生不是这样，他们在行医的同时努力做出一种学者的姿态，他们宁愿被称作诗人、书法家或"理论上的政治家"（如果可以这么说的话）。有些时候医生争取以篆刻家或文人画派的画家而出名。

中国所谓名医们的诊室摆着成排的书架，而书架上摆着的却是跟他的职业毫无关系的各种"杂书"，从古铜镜图鉴到某唐代诗人的全集，到兰花种植法，无奇不有。如果像这些藏书所反映的那样，医生们把精力倾注于这些杂七杂八的兴趣并沉溺其中的话，那就太危险了。所幸事实并非如此。他们并非以收藏图书当作业余爱好，而是要给病人们一个印象，以为他们不单是医生，还是多愁善感的诗人和品味高雅的饱学之士。他们愿意被人称为"儒医"，就如同商人愿意被称为"儒商"、武夫愿意被称为"儒将"一样。

真正的医生，很少有人不把注意力集中在认真治疗疾病上面的。他们的寓所不会以花里胡哨的"店面"为招徕，他们的诊室未必弄成室内装饰的杰作。这种医生不会去吸引乱花钱的上流社会人士频频光顾，那些人把生病看医生当作精致豪华人生的一种标志，而且酬金相当慷慨。

吴老爷子最了解应该找哪些大夫看病，而为了给孙子小秃儿瞧病，他选中了他尊敬的李大夫。李大夫住家离礼士胡同不远，那条小胡同有个可爱的名字——东花厅。

小秃儿被严严实实地裹上一件红缎子棉斗篷，由他妈妈抱着坐上临时雇的洋车，往李大夫家进发，后边跟着一辆洋车坐着吴老太太——她老人家牵肠挂肚，说什么也不能"没事人儿似的"等在家里。吴老爷子已经先行一步，他提前一个钟头到了李大夫家，办理挂号手续，免得病儿排队久等。

办挂号手续主要是交费，共两笔钱：一笔叫"门脉"钱，这是大夫本人应得的酬金；一笔叫"号金"，是大夫的助手们应得之份。李大夫有一辆包月的洋车，车夫兼管挂号。每天上午他负责照料挂号跟收费，算是门童兼出纳。每天下午他拉着李大夫各处出诊，去给"私家患者"看病。这在北京叫"出马"，收取的费用叫"马钱"。诊费，即"门脉"钱，是四角，"号金"是十大枚。而出诊的"马钱"则是四块大洋，只限城内。

望闻问切

中医诊断病情靠四种方法——"望闻问切"。这最后一项"切"，是指诊查病人的脉象。首先，通过观察病人总体表现来确定其一般状况。其次，注意倾听病人的主诉，要病人自己叙说身体有何不适，不随便插话或打断病人思路。如果不足以诊断，就问一些关于症状方面的问题。此时大夫对病人所患的病已经大体有数，再用诊脉来核实，让病人伸出胳臂，手腕平放在小枕头上，大夫伸出三个手指轻轻地按在他的动脉血管上，先切左腕，再切右腕来检查病人的脉搏。

现代医学界人士认为，脉搏的作用只在于它的频率或许还包括强度，脉搏的变化是患者病情的一项表征。但是中医与此不同，中医认为脉象是全身状况的反映——一位优秀的中医大夫仅仅通过把脉就能确定病灶的部位。他们有一套专门的术语来描写脉搏的活动或状态，他们把脉搏分为"寸""关""尺"三个部位。脉搏的状态则分为"浮脉""数脉""沉脉"等。有些脉"洪"，有些脉"大"，有些脉"频"，其感觉的差别非常细微，只有业内专家才懂得。

李大夫把握十足地对吴家人说，小孩儿得的是麻疹，一两天就出来了。他捏起小秃儿细细的腕子诊脉，一直点头。接着他取出一张纸，没有像别的大夫那样在处方笺印上好多文字，只是一张素净的白纸，先写上诊断结果，然后列出十二味草药。其中有霜桑叶、薄荷叶、苦杏仁、蒲公英、竹茹、麦芽等等，每味草药注明需用若干钱。因为病人是婴儿，剂量当然是减量的。最后一味，即第十三味是所谓"药引子"，这张方子用的是芦根五分（中医常用的"药引子"还有生姜三片、大枣五枚、葱白一寸等等）。将这些草药一齐放进砂锅煎煮，取出味道极苦的褐色汤汁给病儿喝下去。

吴少奶奶心中着急，她问李大夫："您看他的病重不重呢？"

李大夫全神贯注，细声细气地回答："不重，离重还远着呢。"

无所不知的吴老太太插嘴了："我看也是。小孩子没有不出疹子的。平时吃的东西都有毒，毒气打肠胃排出来就是疹子，出疹子也是小孩子身体长大了的表示。让疹子自己出干净，顺水行船五天准好。"这一回，吴老太太丰富的儿科知识又大大显摆了一通。

李大夫进一步嘱咐说："注意多给他水喝，要喝热水，他出汗疹子就出来了。不要吃瓜果生冷，不要着

诊脉

凉。要是明天疹子没出来就再来一趟，我给他再开一服药。要是出来了呢，就按原方再服一剂。不是什么重症，放心就是了。"

他们把小秃儿又裹起来，回去了。吴老太太对老伴儿说："我瞧瞧你是怎么叠那张药方子的。行，对了。叠药方子可不能字朝里，字朝里犯忌讳，那么一来病好得慢。"她一向都是在意这些细枝末节的。

一出门，他们就分开了：吴老爷子上药铺去抓药，吴老太太跟儿媳妇带着小秃儿回家。

抓药

吴少奶奶抱着小秃儿在婆婆陪同之下坐洋车回家，而她公公则去抓药。他坐车直奔前门大街，因为全京城最可靠的药铺都开在那儿。

药铺里的药剂师是很有意思的人，他们做生意神秘兮兮，连老北京人都弄不明白。药铺全都装饰得金碧辉煌，店面布满了精雕细刻的细木窗棂。内部装潢特别是最近几年，更是极尽富丽堂皇之能事，其豪华艳丽跟他们从事的严肃行业很不谐调，让人觉得他们跟别的商家大不相同，丝毫没有受到经济萧条的冲击。药铺外的幌子是用木头刻成膏药的形状：有的是折起的三角形，有的是摊开的正方形，膏药正中心位置是个黑色的圆形药饼，那是膏药的精华所在，往往有"包治百病"的功效。

这种幌子每一串顶端是一片荷叶，下部挂着一对涂上金漆的金鱼，全部是木雕成的。铺子的牌匾也很有看头，中间悬挂的一块写的是店铺的名称。药铺的名称都是以"堂"字结尾，如"鹤年堂""庆仁堂"之类。而两边对称悬挂的牌匾并不写出店铺是卖什

药铺幌子

么的，而是表示文学或历史典故的四字词语，如"杏林春暖""橘井泉香"之类。

老北京店铺以四字词语招揽生意的不仅仅是药铺。酒铺写"太白遗风""闻香下马"，饭庄写"含英咀华""调和鼎鼐"，煤铺写"乌金墨玉""石火光恒"，旅店写"安寓客商""车马平安"，澡堂写"澡身浴德"等等，颇有文学趣味。

药铺还有一种独特的招牌，叫"冲天招牌"。这是一种狭长直立的牌匾，从上到下只写一行文字，如"专人采办川广云贵地道生熟药材""秘制汤剂饮片丸散膏丹药到病除"等。这种招牌所写的字句，无不突出所售货色是正宗真品，精心挑选，最要紧的一点是干净。还进一步强调，他们派出专人前往云南、四川、广西、贵州等偏远地方去采购药材。言明药材产地的地理名称至关重要，因为有十几种草药材是当地特产，别处没有，言明产地就证明品质地道了。

用来制作成药的草药大概有上千种之多。有不少分列于不同组别的草药其实是同一植物的不同部分，甚至同一种植物的同一个部分都有不同的疗效。一种植物的叶子可能对某一疾病有效，但是它的根部却绝对有毒性。所有这些药材都放在小抽屉里，小抽屉纵横排列像一堵墙似的，看上去很像邮政总局里的信件分拣柜。每一个抽屉要盛两三种药材，药名写在抽屉脸儿上，要省地方，就写成一横两纵的形式，中间留下的地方用来安拉手。

除了来自植物王国的干制药材之外，还有些草药保持生鲜状态，如薄荷叶、桑叶之类，就种在花盆里以备随时采摘。一些陶瓷罐儿则盛放着干燥的蝎子、蜈蚣、蚕蛹、蛇皮、蝉蜕等等。还有活虫子等爬行动物，以及贝壳化石之类（其中一种药材名称很怪异，叫"龙齿"）。可以毫不夸张地说，药铺的库房就是座植物、动物、地质的博物馆。

吴老爷子正好来到这样一家药铺的柜台前。

他拿出药方交给伙计，那伙计把药方平摊在柜台上，拿过一条硬木镇纸压住，取过戥子开始抓药。他一味一味地到抽屉里去取药，用戥子称好分量，倒在一块白色的方纸上，同时每一味药附送一张寸半见方、红色油墨印的小仿单，有这味草药的图形和药性的简介，显然是从本草书里照抄的。方子简单，不到十分钟就配齐了。接着他把这十几味草药各包成一个小纸包，再把小纸包包成一个大纸包，形状如同没有尖的金字塔，最后把价钱用暗码写在药方上，再把药方折成长条，铺在纸包上方，用一根细麻绳捆绑起来。这剂药的价钱是二角三分钱。

中药铺

有关统一定价的法律，在药铺这一行业是最难推行的。这一行业的成本核算最难，而利润计算最简单。我这样说对药铺行业绝无不敬的意思，不过你要知道每逢星期天和药王诞辰等节日店家都会打五折，还常常施舍成药，居然还能正常营业而且有钱可赚，那就不难想象他们的利润有多高了。成本核算之所以困难，是因为进货时是成百斤地买，而出售时却是几两几钱地卖，既然如此，成本核算的确难以实行了。

进一步说，掌柜的得保证自己药铺里各类药材存货充足齐全，以应付市场供求捉摸不定的变化，还得打出富余弥补存储过程中的损耗和废弃，所以必须有较高的毛利。每一张药方上标明的价钱，都是针对市价可能异动而有所预留，同一张药方就很可能开出不同的价钱。同样地，同一张药方今天可能标价一角，到了明天上午就可能标价四角。同一张药方由甲店员经手标价一角五分，由乙店员经手就可能标价五角五分。这个行业或店铺的定价行为，外行人真是难以理解。店员在药方上标的价钱，全用暗码，顾客还是不摸门儿！

吴老爷子对于中药铺这个行业的内幕心知肚明（至少也是"知其然不知其所以然"），但是他也不会像某些精明的顾客那样，先要求店员算好价钱再下单抓药。这不仅是因为他为人宽宏大量，也是因为他另有隐衷。他相信，家里的小孩子或任何人得了病，必须买药吃，那就叫活该倒霉，既然摊上就得忍着。既然如此，就没必要为了节省几个小钱去跟药铺的伙计讨价还价了。

除此之外，他头脑里还记着另一句中国俗话："穷汉子吃药，富汉子掏钱。"就是说，从慈善的角度来讲，药铺对社会经济地位不同的顾客收取不一样的价款，情有可原。这个事情，虽然看起来店家的经营理念有点怪诞，但是一般的病人都习惯于这样思考。

吴老爷子带着抓好的药回到家中，打开一包一包的草药放进砂锅去煎煮。而吴老太太则把每一味药附送的小仿单仔仔细细地收起

抓药

来放好。她要等吴少爷下班回家后给她一张一张念出来，弄清楚每一味药的药性、功能、主治，看一看大夫开的方子是不是合适。不难猜测，她觉得这么一来下次在大夫面前就更能做出"你别糊弄行家"的姿态了。

可吴老爷子说："你别把自己糊弄喽。怎么能相信广告传单的说辞呢。我也常跟你想的一样，可是你会发现这绝对能把人烦死，因为每一种药材说的功效全都是自相矛盾的，十之八九叫人糊涂。"

吴老太太不再坚持，她说："反正挺有趣的。"

半小时后，药汤煎好，准备给小秃儿喝下去，他们都知道这一关不好过——那药实在太苦了。俗话说"良药苦口利于病"，可小孩子们从来不喜欢"良药"！

以上对中医中药的介绍可能会让人认为中医中药有大量的谬论，一文不值，那我必须马上纠正这种印象。随着现代医学被声势浩大地引进中国，中医理论和中医疗法也吸引着许多科学先进国家大量学者的注意。我接触过中医和西医以及从国外留学回来的医生，发现有些外国医生认为无法医治的病症，在中医看来都不值得惊慌失措。中医所取得的成就难道不值得赞誉？

神农氏是中国第一位农人，他之所以名传千古是因为他"亲尝百草以疗民疾"。据传说，神农氏亲口尝各种各样的植物，观察自己体内产生的反应，依此教导大家用什么草药治疗什么疾病。假定现在中国的植物界跟几千年前完全一样（没有理由怀疑这一点），那就必须承认神农氏的身体构造与众不同，要么就得认定他碰巧没有碰上真正有毒的植物，否则他怎么会没被毒死呢？

药汤煎好要给小秃儿喝了，为了让他老老实实喝下这碗苦水，就把白糖罐子搬来，每喝一小勺药马上给他嘴里塞一口白糖。孩子哭声之苦不亚于那碗药汤，但是他也有小孩子都有的弱点——爱吃甜的。喝下大约三分之二以后，他紧闭嘴唇再也不肯喝了。屋子里的人都没办法了。

吴老太太为打破僵局提议先歇会儿。

吴少奶奶说："最好别再灌他了，我怕他要呕吐，把刚吃下去的又吐出来了。"

吴老太太又援引一句俗话说："好吧。其实他要吐出来，也并不是说那药就白费了，老话儿说了'吐药不吐味'嘛。"

当天下午疹子就出来了，跟李大夫说的一点不差。在"五心"部位出得最明显，"五心"就是心口、两手心、两脚心。疹子颜色发红，略微肿胀，小孩看上去有一点肿的样子。按照医生的嘱咐，第二天又吃了一服药。

疹子出来了，吴家人就都放心了。因为这症候跟吴少爷小时候出疹子一模一样，他们连上大夫家复诊都没有去。他们知道，疹子三天出齐、三天回净，一出净就算好了。他们要做的只是多给病儿喝水，少给他吃东西，善加照料而已。

经过大约一个礼拜闭门不出和吃素，小秃儿病好了，一切如初。

探视病人

我们把探视病人当作一种礼仪。前去看望病人要带上若干礼品，主要是补品跟食物，还要一再显示关切慰勉之情，帮着出主意，如哪儿有好大夫，哪些专门的治疗方法效果好，什么对某一种病特别有帮助，等等。这种探访往往伴随着一种独具特色的讨论和争论，诸如中医跟西医各有什么优缺点之类，一谈就是好几个钟头。如果病人无法接待来访，在场的家属就得替他回答这样那样的询问，绝对令人厌烦。

这许许多多满怀同情心的亲戚朋友虽然个个聪明绝顶，可是他们为何想象不到，这样做不是故意掠夺病人宝贵的休息时间吗？这种假殷勤，装模作样地探询病情，没完没了地打搅，连可能被传染的危险都不顾。提醒他们受传染，结果适得其反，他们反而更待着不走了，说："我们是好朋友。我们友谊深厚，传染也不怕！"这才叫好样儿的。所以难怪新式医院都做出规定，不提倡这种探视病人的方式了。所幸小秃儿只是个小孩子，没有遭到此类彬彬有礼的骚扰。

围绕着这次多少有点严重的事件，最值得注意的就是吴老太太近乎狂热的举动了。正当吴少奶奶在小秃儿发病第一天夜里愁得通宵不眠，大家都围在病儿床前忙碌的时候，吴老太太却在虔诚地举行着上香仪式。她虽然对尚未咨询的大夫抱有信心，但是至少同样相信她的娘娘可保平安。安全第一是她的信条，吴老太太不抱侥幸。

她买来了五股高香，等到接近午夜"星星出全了"的时辰，搬

焚香祷告

出一个茶几摆在院子中间的鱼缸旁边。从灶王爷神龛前取来了最好的香炉，庄严地摆在茶几上开始烧香，一股一股点着之后，她静静地向香火注目祷告，接着就跪倒在地，向东西南北四个方向各磕头三下，祈求各路神仙保佑她那害病的小孙子。最后她点燃了第五股高香，再次跪下祷告，又许了愿。她这回求的是妙峰山大慈大悲有求必应的碧霞元君娘娘。妙峰山在京西百余里的西山深处。吴老太太许愿说，娘娘保佑小秃儿把病治好了，她就在来年阴历四月开山时上山进香。

第八章　妙峰山进香

碧霞元君

　　供奉碧霞元君的金顶妙峰山娘娘庙，是北京、天津以及邻近地区广大信徒的圣地，其宗教地位堪比山东泰山，只不过自然风光稍逊一筹。成千上万男女老幼在庙会期间不辞辛苦、跋山涉水前来进香，有的是祈求长年的保佑，有的是因为以前许过的愿得到实现而前来表示衷心的感恩。

　　娘娘庙正殿供奉着碧霞元君，她的塑像端坐中央。据民间传说，她是泰山之神东岳大帝的女儿，也叫"玉姑娘"。一个被普遍接受的说法是，她是大慈大悲的观音菩萨的化身，普度众生、有求必应，尤其庇佑妇女儿童，拯救他们免于在大灾大难之时遭遇毁灭和厄运。她的灵验神力归结为两个字——"灵感"，这也是这座庙的另一个名称——"灵感宫"得名的缘由。

　　妙峰山娘娘的神迹极多，使她成为北京家喻户晓的一位神仙。大家说她是各路神仙之中最灵的，善男信女哪怕最卑微的祈愿她都一一满足。有传言说，身体虚弱的病人来进香，上山时还得借助于手杖或双拐，到下山时，拐杖等助步工具全都不需要了。

　　娘娘的神迹不仅仅表现在治愈疾病上，她还通过抽签把神谕印在纸上，告诉许多迟疑不决的信众怎样行动。人们都说娘娘的确有预示未来的神通，能指引每一个人如何掌握自己的命运。娘娘对广大信众的福佑还包括生意人如何赚取更多利润、夫妻如何避免琴瑟不调、不孕不育的男女如何喜得贵子。我曾经询问过许多人，为什么对娘娘的无边神力如此笃信不疑，为什么每年朝山进香？其中只有一位承认除了宗教仪式之外，朝山进香也是一次野游踏青、锻炼身体的机会，何况还有许多热闹可看呢？

吴老太太没有被20世纪兴起的"旅游热"所熏染，她筹划的妙峰山进香之行，绝无游山逛水的意思。她一心感念的就是小秃儿害病出疹子的那个满天星斗的夜里，她许下的愿该还了。

小孩子病好之后第二年春天，她向全家表示了她的想法，得到了全家的一致赞成。吴老爷子虽然不信神佛，却也一反常态地认可了，他真心不相信老伴儿进香还愿有什么益处，但是出于正统的"家庭观念"，经过权衡，他认识到任何对吴家有好处的事情都不应遭到他的反对。他想，老伴儿的所作所为是为了子孙后代的福祉，是对祖宗应尽的义务。小秃儿就是这一切的体现。

香会与茶棚

每年，妙峰山开山期间在通往娘娘庙的漫长崎岖的山道上安排的行香走会活动井然有序。从四月初一到十五，各家香会的组织如此之严密、工作如此之有效，使得这场规模庞大、人数众多的朝山进香活动，无论是会众还是香客，都不会感到孤独无助或举目无亲。同时，众多香会为朝山进香的善男信女免费提供食物、饮料和住宿，按各个香会的名称开展各自的相关活动（他们自称"给老娘娘当差"），这就使得朝山进香之旅大大减少了花费，让穷人跟富人都能负担得起。

这些香会在上山的各条香道上搭建临时的席棚，给饥饿口渴的香客提供免费的小米粥、馒头和茶水，一切现场制作，热气腾腾。他们还提供休息场地，让行走异乡的香客感受到亲切好客的情意。席棚都是棚铺公会捐献的，装饰着五颜六色的彩旗，上写各个香会的名称，以及各自的宗旨，如"同心向善""绪善升平"之类，这些席棚真可谓"沙漠里的绿洲"。

有几个席棚竟然是免费修鞋的。中式布鞋，特别是登山穿的鞋子，鞋面鞋底都是用土布做的，两部分用细麻绳缝在一起，这种鞋子常常半路开绽，所以立等可取的免费修鞋服务就成了"给老娘娘当差"的宗教活动。由靴鞋行业公会会员奉献的这项服务，备受好评。人们到各处茶棚免费享受服务，同时也就证明自己是虔诚的香客。妙峰山进香的善男信女用不着拿一块红色或者黄色的布把头包起来，怪吓人的，也不会拒绝给各处茶棚供奉的娘娘磕头。

从港口城市天津来的一批信众成立了一个香会，叫"路灯老会"，每年都送来灯具、煤油等物资。上山的道路狭窄、陡峭，十分危险难行，所以他们的举动对于日夜兼程一心想早些登上金顶烧香的香客来说，真是贴心的服务。

香会的会头都是德高望重的老者，他们手持三角小旗，上写会名。他们是香会的骨干会员，无论是金钱还是时间、精力都是贡献最大者，被称为"老都管"。有一位"清茶老会"的老都管是年已七十的全老爷子，从他姓氏可知是满族旗人。全老爷子住在吴家东边第四个院子，是吴老爷子多年老友。

吴老爷子代表老伴儿找到全老先生对他说明了老伴儿的打算。全老先生对此表示极为高兴。吴老爷子接着通过全老先生给会里捐了一小笔钱作为"香钱"，就是入会的初始会费之意。过了几天，会里的人就来了，他们带来了一张大大的黄纸"报子"，用木版刻

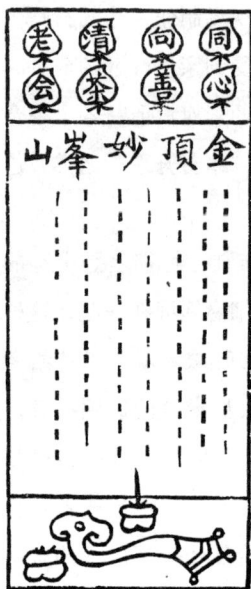

报子

印着本香会活动的预告，包括妙峰山朝山进香的路线，同时对吴老爷子的捐款表示谢意。征得同意之后，他们把那张"报子"贴在了吴家大门旁边的墙上，这时由四名会友敲响四面大铜锣（叫"号"）以壮声势。

这种"报子"每年春季在北京城内大街小巷随处可见，其数量之多足以证明热衷于朝山进香的百姓可谓人多势众。这些"报子"很容易辨认——其装饰图案普遍用荷叶、莲花（佛的象征符号）、仙桃（长寿的象征符号）和柿子与如意（表示"事事如意"）。

文会与武会

香会及其活动名目繁多，花样百出。除了上文提到的之外，不妨再举出几个有趣的例子。先说"文会"。"献花老会"，他们供奉在娘娘殿里的大花篮，夺尽了人们的目光。"巧炉老会"，专事义务修补庙会期间各茶棚、粥棚摔碎的瓷器。"盘香老会"，在本会席棚悬挂香盘，点燃盘香，这种大尺寸的盘香用中草药制成，有净化空气、驱除害虫的功效。"燃灯老会"，免费散发灯笼和蜡烛，为夜行的香客照明。"拜席老会"，免费供应苇席和蒲垫，供香客拜神磕头之用，也可给沿途各茶棚里歇息的香客坐卧休息甚至小睡用。所有这些物资都是各个相关行业公会募捐而来的。在妙峰山庙会全盛时期，各种主题的"文会"有几十家之多，代表着北京城内外各行业、各阶层的信众。

　　与"文会"相对应的是"武会"。参加"武会"和赞助"武会"的是些运动员或演员类型的活跃人物，活动包括形形色色的表演和娱乐，以戏曲和杂耍居多，一方面是为了表现对"老娘娘"的忠诚虔信，另一方面是为了让香客们产生愉悦的心情。

　　"武会"的全盛时期在清朝末年，无疑是慈禧老佛爷提倡鼓励的结果。她热衷观看香会表演，称为"御览"，此种前无古人的行为使香会更加昌盛，出现了若干老佛爷"钦点"的"皇会"，十分风光。"皇会"被授权使用"五爪龙"旗帜，箱笼上写着"万寿无疆"字样，这些标志一直保留下来，令人想起当年老佛爷对香会活动的赞助。

　　香会的表演或许与外国的杂耍有些类似，但区别也很明显——每一档香会一是要举旗宣示会名；二是只表演一个节目。其中有开路、五虎棍、高跷、中幡、狮子、双石头、石锁、杠子、花坛、吵子、杠箱、太平大鼓，还有小车、旱船等。给香会增添现代色彩的"万里云程踏车老会"，是在自行车上表演杂技。来自不同地方的香会之间也有竞争，互相比赛谁家装饰豪华亮丽、谁家设备精良、谁家表演娴熟精彩、谁家出场表演人数众多、谁家吸引的观众多且反应热烈。

　　哪一档香会也不愿意落后，所以必然要制定严格的纪律，要不吝惜金钱，为了排练技艺还要耗费大量时间。香会的一大部分活跃分子来自满族家庭，他们早期得到清廷发给的"钱粮"，实际上是养成了他们游手好闲不务正业，现在清朝已经覆亡，八旗钱粮制度已经废除，那么走会这种无利可图，经济上毫无生产效益的"愚蠢"举动还能进行下去，实在令人费解。热心分子普遍奉行的口号叫作"耗财买脸"，大量挥霍金钱而不讲物质利益，在这里绝对一点不假。

　　当然，香会的基本目的，乃是对法力无边的娘娘表示感恩之情，展示会众对娘娘的虔诚信仰，一心要将娘娘的慈悲胸怀发扬光大。但是香道沿途密集设立的茶棚都要求路过的各档香会进行表演，而表演都有喧天的锣鼓唢呐为之伴奏，以香客居多的旁观者驻足观看，同时也高声喝彩表达内心的喜悦，这就形成了大规模的涌动人群和震耳欲聋的喧哗。说实话，许多"武会"表演的难度相当大，确实值得观众高声叫好。对于长途跋涉、身体疲惫的众香客而言，这营造出了一种鼓舞人心的氛围，在很大程度上给妙峰山庙会的行香走会活动增添了喜庆色彩，成为老北京人生活中的一大亮点。

　　吴老太太为孙子小秃儿朝山还愿，同时她还能看到许多香会的表演。她正眼巴巴地盼望着瞧这场热闹呢。

吴老太太进香去

　　虽然妙峰山进香来回只需三天时间，吴老太太却要做大量的准备，打听许多细节，就像她要做环球旅行一样。女性一般很少出门，不但妇女，很多男人也是一样，活了一辈子连北京城"里九外七"十六个城门都没有出去过。这听起来好像很不可思议，但是向真正的老北京人打听一下，就知道我所言不虚了。

　　吴老太太要朝山进香是个新鲜事，没过多久邻居和朋友就都知道了，他们都来出主意，告诉她一路上应该如何，到了娘娘庙应该如何，老都管全老先生更免不了给出主意了。他的想法是吴老太太应该跟他的香会一同上路，他们会里专门雇了几辆大车，走在香会队伍的中间，先坐车到妙峰山脚下的北安河，剩下的路程步行上山和下山。作为一位虔诚信徒，他认为此行应当尽量节俭朴素，以示对老娘娘的忠诚。而吴老太太虽然岁数比全老先生小，却觉得自己体力不能胜任，所以就婉言谢绝了老都管的美意。

吴老太太为许多细节举棋不定，她感到茫无头绪甚至想到最好今年别去了，推迟到明年再说吧。就在这时，儿媳妇的娘家妈何老太太来了。她听说吴老太太想要朝山进香，作为这方面经验丰富的老手，就来帮忙安排。吴老太太一见亲家自然十分高兴。

何老太太确实经验丰富，在她的参谋之下，拟定上山路线并不麻烦，不大一会儿就都商量妥当。

按何老太太说的，吴老太太应该在四月初七（查看黄历是适宜出行的好日子）吃完午饭就出发，先坐洋车到西直门，何家的骡车跟车把式在那儿恭候，把这位尊贵的客人送到玉泉山以西香山村的何家田庄。第二天清晨，朝山进香的行程正式开始，她先乘坐骡车前往妙峰山脚下的北安河，到达时间估计是上午10点。此时，雇好的山轿"爬山虎"已经到位，由四个山民把吴老太太抬往山顶娘娘庙。她烧香还愿之后稍事游览，就开始回程，由一边守候的"爬山虎"抬着回北安河。

上山下山约需七个钟头。何老太太判断，吴老太太免不了还要在庙门口和几处摊点购买纪念品。何家的骡车在北安河村里等她，"爬山虎"一下来立刻接吴老太太回何家过夜。第三天上午她再乘坐骡车回家，如果愿意的话，也可以在何家田庄小住。一切细节都仔细计划好，整个行程估算下来所费无几。

何老太太道歉说因为另有要紧之事不能陪同吴老太太上山进香，不过要是吴老太太愿意的话，她可以派女儿陪着，因为这个姑娘曾经上过山，可能有点帮助。

吴老太太回答道："那是不是太麻烦您了？不过我还是一样得

谢谢您的美意呢。您府上的刘妈怎么样？我记得她是妙峰山涧沟村当地的人是不是？"

何老太太说："太好了。刘妈给您带路太合适了，她还能侍候您呢是不是？我相信她一定乐意。"

吴老爷子在一些大事上从来都愿意迎合老伴儿的心思，比如这次妙峰山进香就是如此，但是在某些事情上很难跟老伴儿保持一致。吴老爷子对于朝山进香一事并非抱完全反对态度，但是他不能委屈自己陪同老伴儿前去进香，尽管吴老太太一再向他暗示希望他也跟着去。人都有各自的脾气秉性，吴老爷子也不例外，要他给任何偶像磕头是办不到的。吴老太太想，他既然对烧香磕头之类的事儿不感兴趣，当然也就不会去了。正在左右为难之际，何老太太来了，还提供了周全的帮助，这些烦恼也就不存在了。吴老太太既然得到了何家的关心照顾，也就用不着吴老爷子同行了。

吴老太太朝山进香的神圣一天终于到了。这一天天气极好。她的东西早已收拾停当，其中包括她亲自到街上最负盛名的香烛店请来的几封高香。虽然何老太太告诉她庙门口跟各条香道沿途都有许多摆卖香烛的摊位，她还是不愿意到庙门口再买，因为她一心想去最可靠的铺子请质量最佳的货色。其实她也发现这么做除了让自己心里踏实一些之外，并没有多少道理。

吴老爷子坐洋车陪着老伴儿到达西直门，看着她坐上何家的骡车就回家了。一个半钟头之后，吴老太太来到了在乡下的何家田庄，受到热烈欢迎。

第二天一早，吴老太太就出发了。香道上挤满了人，一些"先飞的鸟儿"已经烧完香，走在了下山回家的路上。这些"回香"的人很容易辨认——他们无一例外都带着朝山的纪念品。最多的是桃木拐棍——带着红褐色的树皮，鲜亮闪光，一看就是几天前刚从树上砍下来的，听说此物辟邪，香客们趋之若鹜。还有人举着用麦秆编成的新奇玩物，五颜六色，十分悦目。所有的人都在帽子上、杏黄的背心上别着绒花——用鲜艳夺目的红丝绒做成各种图案，其中最多的一种是一只大大的蝙蝠贴上金纸的亮片，随风摇曳十分受看。"蝠"与"福"字谐音，头戴绒花从庙会回来叫作"戴福还家"，是个充满喜乐的好彩头。

吴老太太问刘妈道："今年走会的人好像不太多，是吗？"

刘妈回答道："是不太多，比咱们早起的在前边。这会儿不定多少人在山上茶棚里忙活呢。'武会'走会的正日子是初八，昨儿个已然过去了。别的香会从打上个月底就从我们村口外过去不少了。'文会'必得在香客大批上山之前各就各位，好给大伙儿舍茶舍粥什么的。"

"咱们还赶得上瞧那些热闹吗？"

"赶得上！吴老太太，咱们明天正好碰上'武会'下山的表演。茶棚跟粥棚要到十五那天才撤，咱们刚好能看见最热闹的场面。各档子'武会'都挑四月初八这一天给老娘娘献艺，因为初八是好日子。年年四月初八从来都不下雨呢。"

吴老太太引经据典说："当然不会下雨的。四月初八是佛祖得道的日子。佛祖释迦牟尼在菩提树下冥想多日才在这一天得道成佛呢。对了，昨天你们都吃素了吗？"

吴老太太夸夸其谈，其实她说得不对，四月初八是佛祖生日，得道日是四月十八。刘妈是底下人，听出来了也不言语。

刘妈答道："当然吃素了。何家按日子吃斋，我们底下人都跟着吃素。"

香客众生相

旧时，百姓对交通运输行业和其他相关行业（如旅店业）的从业人员一向不抱好感。有一句俗话休现着这种态度："车船店脚牙，无罪也该杀。"赶车的、使船的、开旅店的、赶脚的，都可恶可憎，抬"爬山虎"的轿夫也在此列。这是为什么呢？轿夫们从多年经验中得知，那些有钱又有时间来妙峰山或是其他风景点或海边避暑地的人，肯定都是疯子，在轿夫眼里那些人都是在造孽一般地挥霍金钱。这些游客满怀所谓"度假者"的豪情（轿夫们称之为"荒唐"），因此无须争论，抬轿子的永远千方百计赚他们的钱。如果没有得手，那么除了讨价还价、装傻充愣假装听错了价钱之外，他们还有最后一招——奉承你，吹捧你，给你戴高帽，甚至乞求你，让你糊里糊涂地额外再给付一两角钱。坐轿子的一听奉承话，弱点就暴露了。

不过吴老太太用不着担心这些。车把式是何家的多年老仆人，刘妈又是当地人，他们都懂得如何让吴老太太舒适便利。只用几分钟工夫，她跟刘妈都已稳稳当当坐上了"爬山虎"。山上稍冷一点，临出门吴老太太在何老太太力劝之下多穿了一件褂子。

他们头一眼看见的是一位年轻的女香客，她虔诚而专注，每走三步下跪磕头一次，要一直这样从山脚走到娘娘庙的碧霞元君灵感宫，这种方式叫"拜香"。接下来又看见一位男香客，此人全身穿红色衣裤，手脚都系铁链，完全是一副旧时代囚犯的打扮。脖子上还挂着一条铁链和一把一尺来长的大铁锁。由于身负沉重的镣铐，他举步艰难，而且每前进一步都下跪磕头，把前额重重地叩在坚硬的石头道上。他看上去对于显而易见的重负与不适已经失去感觉，什么叫疼痛似乎全然不知，这种方式叫"披枷带锁"。

吴老太太上山路上看见"拜香"的香客，共有十五位之多，"披枷带锁"的有两位。她还看见一位"爬香"的香客。此人除了一身囚服之外，还在背上捆着一副马鞍，从他的相貌派头以及随他同行的伙伴仆人之多不难看出，他是个富贵人家的子弟。

关于这类香客，吴老太太早有耳闻，上山之前何家人也跟她说过，她并没有吃惊，但是，也很难对这些自虐的人表示同情。

听说，用这种方式朝山进香的都是为了还愿，他们曾经为父母罹患重病，或是遭遇到生死攸关的不幸变故而对娘娘许愿，结果还真的得到了灵验。"爬香"的人背负马鞍四肢着地向前爬，是把自己临时变身为负重的牲口来洗刷自己过往的罪孽或心理上的沉重负担，这种自虐行为通常称为"舍身"。山东泰山有个地方叫"舍身崖"，每年都有一个或几个"虔诚"的香客纵身跳下悬崖，摔得粉身碎骨。听说该地专门派驻了一支警队来防止朝山期间发生此种疯狂举动。

香道和粥茶棚

从妙峰山脚下到山顶的娘娘庙，山路崎岖陡峭，颇费脚力，吴老太太这回亲眼得见这段路程的险阻，心中庆幸自己没有跟全老都管他们的香会结伴步行。上山的香道共有四条：一、老北道，起自聂各庄；二、中北道，起自北安河；三、中道，起自徐各庄；四、南道，起自三家店。吴老太太一行走的是距离最短而山势最陡的中北道。这条香道据称全长四十里，沿途许多香会设有粥棚、茶棚，大约每隔三四里地就有一座。

每座茶棚都装饰华丽，棚内正中间一座纸糊的神龛内供奉娘娘画像。棚里高高悬挂着各色彩旗和色彩斑斓的绣片。当然，显眼的地方一定有这档香会的会旗，以及绣着二十八宿、北斗七星等标志的旗帜。神龛前面摆一张长桌，上边正中是一座香炉，两旁是一对花瓶和供品。一面大铜磬不时敲响，由专人敲打，为的是与香客叩头配合。香客经过时，站在门边的会员大声吆喝着请他们到茶棚里来，先给老娘娘行礼，然后坐在苇席上喝茶解乏。

茶棚外头还有一批会员唱茶歌，一人领唱众人齐声合唱，歌词的大意无非就是邀请过路的香客进棚喝茶歇息。棚内高大的蜡烛不停地燃烧，一股一股的高香腾起的火焰足有三尺高。茶歌声、铜磬声、香客之间祝福的"虔诚"声在山间回响，声闻数里之遥，给虔诚的朝山者带来亲切的鼓舞，召唤他们朝着高贵神圣的目的地前进。

茶壶茶碗摆满桌面，弯嘴大铜壶不断地把滚烫的茶水斟满成排的茶碗，请香客们尽情享用。一位老都管站立一旁，专管劝谕喝茶的人节约用水，因为在这险峻的高山上，买水是很困难的。他解释说，水是用驴子从附近山脚下的村子驮上来的，要走好远的山路，每头驴子驮两个不大的水桶，每个桶里只装半桶水，一趟驮来的水并不多。他用手指着炉灶旁边的一口陶缸说，盛满了也不过百十来斤而已。

各个茶棚还配备流动的会员，负责照料那些以"拜香""披枷带锁"等方式朝山的香客，态度恭敬地护送他们，还随时给他们送上茶水。他们说，这些人对信仰如此忠诚，理应受到最大的尊敬。

吴老太太烧香还愿

吴老太太来到庙门前，第一印象是这里人声鼎沸，钟磬锣鼓声响成一片，出售佛香和各种纪念品的临时摊位吆喝着兜售货物，山门前高大的旗杆上悬挂着杏黄色的大旗迎风招展——好一派热闹景象！出现在眼前的娘娘庙令她精神一振，一路上山沿途留下的混乱感觉一扫而光，在刘妈的搀扶下，她下了"爬山虎"的竹椅。

庙里香客挤成一团，她费了好大气力才没有跟刘妈走散。她本来想着要恭恭敬敬地下跪，从从容容地向娘娘祷告，中规中矩地向娘娘谢恩，可是现在一看这儿绝对没有地方给她这样做，每一座殿堂都挤满香客，水泄不通。她买来的最高级的佛香也没法像在东岳庙那样一股烧完再烧一股，静下来看着一封香烧完。心气儿甚高的吴老太太本来是要一板一眼以"贵妇人"的细腻姿态行事来着，可这儿不行！人山人海的善男信女，只要在院子里胡乱找到一小块空地就赶紧跪下朝着大殿方向磕头行礼。带来的高香和纸供连捆都来不及打开就被直接扔进了香炉——这个巨大的铸铁香炉立在院子中间，足有六尺宽、十尺长，众香客不停地扔进去的大量佛香熊熊燃烧，火苗高达好几尺，一团团的浓烟冲上天空。吴老太太等了又等，人流不见减少反而越来越多，她只好跟着众人一样行事——把高香扔进香炉，从远处一角落给娘娘跪拜行礼。

戴福还家

人人喜欢好彩头，妙峰山庙会上的摊贩们把人们普遍都有的这个心理利用到极致。他们售卖一种形似蝙蝠的红丝绒头花，这是几乎每位香客必买的俏货。"红""蝠"二字跟"洪""福"谐音。在头发上、帽子上、衣襟上戴一朵这种大大的红绒花回家，就意味着带回了"洪福"，从老娘娘那里带回这么一个好口彩，何乐而不为？这个举动早已形成风俗习惯，叫"戴福还家"，香客们下山路上互相用这四个字祝福，让人心满意足，忘了疲乏。而庙会上众多摊商的营业额，也被卖绒花的占去了最大一份。

其次是卖桃木拐棍的。这号买卖也不小，因为大量的香客朝山进香之后都已感到疲乏，的确需要在下山的时候有一根拐杖相助。而且，桃木自古以来就被认为具有祛邪除魔的力量，这个强大有力的广告语，让顾客无法不买。

吴老太太买了好几朵绒花，跟众香客一样插在头发里。桃木拐棍她买了四根，这些野生桃树的枝杈比常规的手杖稍长，便宜极了。此外，她还扛回来若干麦秆编的各样玩物，有扇子、花篮、蝙蝠、龙等等。

这时，她们坐上"爬山虎"准备下山了。恰好各档"武会"在娘娘庙前献演完毕，也要下山"回香"了。进香还愿大事已毕，她们舒舒服服地坐在山轿的竹椅里，做好准备要尽情观看走会、欣赏风景了。

太狮少狮

她们看见的头一档香会是太狮少狮。吴老太太以前看过这种会，感觉没什么新鲜的。

狮子的形状和装饰都是通行样式，外观上根本不同于非洲的狮子，倒是很像北京的哈巴狗。纸糊的狮头直径约三尺，两只鼓鼓的大眼睛，两排古怪的獠牙，一双毛茸茸的大耳朵。脖子围绕一条宽宽的彩带，系着一圈铜铃铛，每个大约有半尺长，狮子舞动时铃铛发出清脆的声响。狮子的身体用黄色或蓝色的面料缝制而成，再用绿色或橙色的绸缎加以装饰，一条毛蓬蓬的大尾巴，也是用颜色相配的面料做的。每一头狮子由两个人舞动，一个人在前边负责舞动狮子的头和前腿，另一个人在后边负责舞动狮子的臀部和后腿，整个表演的过程中，后边的这位演员必须弯下腰去。这两个人都穿着与狮子身体颜色相配合的肥大裤子，还要饰以毛发和脚爪，看上去俨然是狮子的腿。装备齐全之后，一对狮子由四个人表演，狮子的动作生动活泼，花样繁多，时而跳跃，时而行走，时而迅跑，时而打滚儿，还会抬起脚爪在身上用力抓挠，模拟狮子挠痒和捉跳蚤的动作。两头狮子在"师傅"指挥下动作高度协调，配合一致。他们甚至在途经小山丘和峭壁时做出优美而惊险的跳跃动作，有时还会停下来表演一段"狮子滚绣球"，精湛的技艺博得观众热烈的喝彩。路过粥棚、茶棚的时候，他们常常被邀请表演，供朝山进香的香客和香会会员一同观看。

舞狮子

箱 笼

每档香会朝山献艺都要随队运送大量的设备，其中包括各种行头和"钱粮"、化装勾脸用的油彩和毛笔等等。这些设备全都装入圆形的箱笼，有两挑四笼的，有四挑八笼的，由雇用的挑夫用扁担

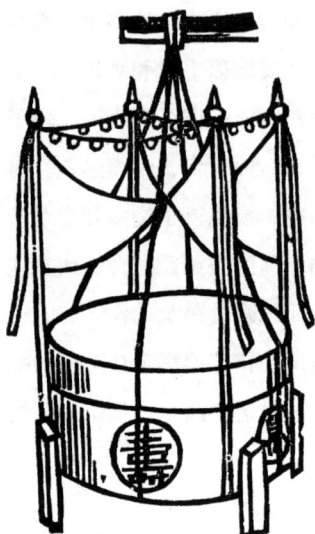

箱笼

挑着，每挑两只箱笼，必须是双数。每只箱笼装有四根小旗杆，每根旗杆上悬挂一面三角小旗，四面小旗的尖部连缀在一起。另外，小旗杆的顶端之间又由细绳相连，细绳上挂着成串的小铜铃。香会的队伍行进时，挑箱笼的人脚步整齐协调，随着扁担和箱笼有节奏地摇摆，小铜铃一路哗哗作响，声音清脆，十分悦耳。

小旗上写着这档香会的名称，会名中常常包括本会的宗旨，如"同心向善""太平同乐""敬惜字纸"等等。曾经被"御览"或"钦点"的香会，授予使用"黄旗黄幌"的资格，箱笼四周用金漆写"万寿无疆"字样，以示对老佛爷的祝福。其他香会一般是蓝色会旗。会旗上绣了"慈禧皇太后御览"的香会，被称为"皇会"，有优先通行的特权，很是体面；得到老佛爷"钦点"和赏赐的，更加光荣。这种气氛直到民国成立以后仍有余绪，这类香会的箱笼一般尺寸较小，高约一尺半，直径约三尺。太狮少狮的箱笼分别被称作"高屏"和"矮屏"。

中幡

吴老太太和刘妈乘坐"爬山虎"下山途中瞧见的下一档香会是中幡。围观的人特别多，吴老太太费了好大劲儿才找到一处有利地形，看了一个痛快。

中幡会主要看点是一根高大的旗杆，全长三丈多，底部直径约有九寸，下粗上细，好像一支笔。用一棵高大的毛竹来制作这根神圣的旗杆，是模拟佛寺山门前的大旗，再增添五颜六色的装饰物，使之成为旗幡的豪华版。幡顶部饰有三层塔刹似的绸伞，每一层绸伞又有几面小彩旗向四外伸展。表演时，整个中幡保持直立状态，但是不允许接触地面，也不是紧握在手里，而是在表演者身体不同部位不停地跳来跳去。这庞然大物像条巨龙在表演者头顶上、肩膀上、前额上、脊背上甚至牙齿上来回游走，却一直笔直挺立，看上去很是惊险刺激，尽显表演者的高超技艺和过人膂力。中幡从上到下挂着一块长条的黄色绸布，上面绣着黑色的大字，如"风调雨顺，国泰民安"之类的吉祥话。巨大的绸布迎着山风哗哗作响，在风吹拂之下还能保持平衡，这增加了表演的难度，自是赢得了热烈的鼓掌和喝彩。

吴老太太观看中幡表演连叹精彩，只见那青年汉子轻松潇洒地把中幡托在手掌上，又顶在指尖上，接着一抖腕子把那幡抛向空中，这时另一青年走过来用事先绑上毡垫的脑门子稳稳接住，一抛一接间中幡仍保持笔直。有几次可谓千钧一发！那旗杆在观众头顶上晃晃悠悠，眼看就要歪倒砸向观众，在这惊悚吓人的一刹那，表演者靠技巧和胆量又恢复了旗杆平衡。表演中幡的都是业余爱好者，是香会的忠实会员。他们为这场表演而投入的练习必定极为可观。一条中幡的重量当在百斤以上，万一重心不稳失手掉落，那肯定是亵渎神佛的严重罪过。中幡砸中人脑袋，会酿成颅骨碎裂的重大事故，这真是对神经系统的严峻考验！

这些胆量过人的表演者，他们坚信享有老娘娘的佑护，所以他们无所畏惧，把握十足！

高跷

　　高跷会是华北和东北广泛流行、深受喜爱的走会表演，这是一种农民的休闲娱乐，在老北京人生活中并没有太明显的"地方特色"，但是就装备的豪华和剧目的丰富而言，河北一带的高跷表演首屈一指。跷用坚固的木材制成，高三四尺，中间有踏脚的横木，用结实的带子绑在两腿膝盖以下的外侧。

　　高跷会的演员按规定是十二人，扮演不同角色，脸谱和戏装各有不同，人物性格各异。这十二个角色是：打鼓的和打锣的各两人，渔翁、渔婆、樵夫、卖药先生、头陀、公子、老坐子、小二哥各一人。

　　走会表演中有时也会临时增加一两个角色，打鼓的是男性角色，身穿黑衣黑裤，头戴遍插绒线球的高筒帽，身上自肩至腰斜挎花鼓，两手各持一根木头鼓槌，上下翻飞击打。打锣的化装成女性角色，身穿彩衣彩裤，头戴绒球帽，脸上涂抹浓厚的脂粉。一手持小铜锣，一手持小木片敲击。简单的打击乐器在演唱间隔时敲出过门儿，在行进时敲出步伐的节奏，同时，宣告他们到达的信息。

　　演员们因为高跷加长了腿，所以行进速度比较快。表演中也有一些惊险动作，比如忽然劈开两腿，身体平躺地面，然后不需借助外力再跃起恢复直立的姿势。演唱的曲目有时相当长，题材取自历史故事或乡村民间传说，有

高跷

时独唱，有时合唱，代表性的有《渔樵对话》《青蛇白蛇会许仙》等等。

吴老太太看到的是《长亭送别》。这是古典名剧《西厢记》里的一折——张生进京赶考，美丽的崔莺莺在十里长亭送别。张生的书童和崔莺莺的丫鬟红娘也一同前来。这两个人在主人结婚前的交往中扮演了来回传递情书的重要角色。在锣鼓伴奏下，长长的唱段表演得极为出色，把大群的香客和观众牢牢地吸引住了。吴老太太跟刘妈从头看到尾，最后才坐上"爬山虎"继续下山。

吴老太太问刘妈："咱们怎么没瞧见练杠子的呢？"

刘妈答道："杠子肯定是来了，不过这边的香道不好走。杠子是架在骡子拉的敞篷大车上，随时开演。他们也许走三家店那边的南道上来的，那边好走。"

五虎棍

这次吴老太太上金顶妙峰山碧霞元君祠进香还愿，给了她一个近距离观看香会表演的绝好机会。各档香会朝山献艺履行宗教仪式后下山"回香"，路经茶棚、粥棚大都应邀表演，吴老太太正好赶上好几场，得以一看究竟。

她看到的第四档香会是五虎棍。这是由一组武生表演的近身肉搏，他们使用相同的武器——木棍。剧情根据的是宋太祖赵匡胤年轻时候的一件逸事，说的是他在家乡一处花街柳巷杀人后逃亡，路经一片枣园，又饥又渴正要饱餐一顿之时，一位董姓年轻女子出来阻止，于是二人起了冲突。那女子被他痛打，就叫来她的三个兄弟和丈夫，大家联手来打赵匡胤。几个回合下来，才发现这姓董的一家人原来是赵匡胤的舅和姨，于是大家言归于好。

这场表演没有唱，完全是武打，所有男角都勾了大花脸，面目狰狞，出手狠、重，看上去惊心动魄。其实这只是一场精彩的武术杂技演出，其动作复杂，配合严密，舞台效果极佳。

吴老太太沿途还遇上几档子香会的表演，但是她急着回家，没有停下细看。下午3点多钟她们才回到北安河。

给了抬"爬山虎"的轿夫们满意的脚钱，她们就坐上了何家派来的骡车。往玉泉山方向道路漫长，景色单调，她们开始聊天。

刘妈问道："吴太太，您以前瞧过别的'武会'吗？"

吴老太太答道："不多。看过一档子开路会，主要就是耍叉，还看过一两档别的。我们城里头的妇道人家不像乡下人那么随便。自从我学做针线活（也就是到了出嫁的年纪），就不许出门了。我看过的香会走会，不是很小的时候，就是稍大以后从街门缝里偷着瞧一两眼，再不就是坐骡子车上街从纱窗里瞧瞧罢了。再说了，打从小时爹妈就说，香会里头人杂。正经人家的大姑娘小媳妇，确实不瞧这种热闹。"

刘妈说："香会里头有很多规矩，谁都必须得按规矩来。比如中幡走会经过牌楼的话，那条中幡是不许从牌楼下头穿过去的，必须立着扔起来，从牌楼顶上飞过去，到了另一边再稳稳当当把它接住才行。"

吴老太太不肯承认自己无知，说道："这我倒是没有听说过，可是我知道太狮少狮过河，是必须要表演喝水的。"

第九章　童谣

童谣

吴老太太妙峰山进香还愿之行功德圆满回到家中，她发现孙子小秃儿见她回来高兴至极。大家对她说，自打她一走，小秃儿就不停地问太太（奶奶）上哪儿去了，什么时候回来。吴老太太听了感到莫大的愉快。祖孙二人眷念如此之深，令吴老太太甚感有造化。

小秃儿很快就长成一个又聪明又爱说话的孩子，因为培养得好，还不到四岁就已经拥有了极强的记忆力。日复一日，在奶奶的亲自传授之下，他已经会说好几首童谣了。

一开始是比较简单的一首，小秃儿没费什么劲儿就记住了：

> 马四眼儿，开茶馆儿。
>
> 一个茶壶，俩茶碗儿。

他很喜欢说的是《一个小孩儿上庙台儿》：

> 一个小孩儿，上庙台儿，
>
> 摔了个跟头，捡个小钱儿。
>
> 又打油，又买盐儿，
>
> 又娶媳妇儿，又过年儿。

还有一首《小小子儿坐门墩儿》：

小小子儿，坐门墩儿，哭哭啼啼要媳妇儿。
要媳妇儿做什么？
做饭做菜儿，
缝裤补袜儿，
点灯说话儿，吹灯做伴儿，
明儿早起来给我梳小辫儿。

有的比较长，他经过一番努力也会说了，比如这首《黄狗，黄狗，你看家》：

黄狗，黄狗，你看家，
我上南山采梅花。
一朵梅花没采了，
亲戚朋友到我家。
我家媳妇儿会擀面，
擀到锅里团团转。
公一碗，婆一碗，
案板底下藏一碗。
猫儿过来砸了碗，
狗儿过来舔了碗，
小耗子儿过来镉上碗。

有一首童谣小秃儿最爱，因为说唱的同时伴有动作。祖孙二人对面而坐，双手互拉做前俯后仰的动作：

拉大锯，扯大锯，

姥姥家，唱大戏。

接姑娘，请女婿，

小外孙子也要去。

谜 语

小秃儿学得真快，没过多少日子，奶奶"库存"的童谣就见了底儿。有些歌谣老人家不是不知道，而是不愿意教给小孙子，比如有的太悲伤，有的内容孩子太小还不能理解。一些歌谣里有几句超出小孩儿智力的话，跟他解释又没法让他满足，这就会让他失去背诵的乐趣。旧时，老北京民间歌谣往往带有浓重的社会生活色彩，尤其是家庭生活不幸的悲剧色彩，诸如小女孩儿受后娘虐待、儿媳妇得不到婆婆欢心之类。尽管这类歌谣本身也是民间文学的一个独具特色的支派，但是故事悲惨、言辞忧伤，小孩子不喜欢。

吴老太太很快就找到了一种饶有兴味的替代品。

她跟小秃儿说："来，我说个谜语你破吧。"接着跟他讲了什么是谜语，怎么去"破"——就是猜。小秃儿听懂了，跃跃欲试。

先听这个：

打南来了群黑大汉，

脑袋上两把黑大扇，

走一步，扇一扇，

阿弥陀佛好热的天！

小秃儿认真思考片刻，答道："是猪。"

吴老太太挺高兴："对啦！再给你说一个。"这是打四样东西：

> 一条腿，土里生；
>
> 两条腿，叫五更；
>
> 三条腿，佛前站；
>
> 四条腿，挖窟窿。

这回也没把小秃儿难住，他稍事思考就猜出来了，一条腿是蘑菇，两条腿是公鸡，三条腿是香炉，四条腿是老鼠。

吴老太太乘兴又叫他猜四样水果：

> 大姐红又美，
>
> 二姐歪着嘴，
>
> 三姐露着牙，
>
> 四姐含眼泪。

小秃儿这回也猜对了，谜底是苹果、桃子、石榴、葡萄。

小秃儿缠着奶奶又说了一个，这回是四种动物：

> 头一个滑下山，
>
> 二一个滚绣球，
>
> 三一个摇头梆子响，
>
> 四一个洗脸不梳头。

这个谜实在难猜，吴老太太只好自己说了，是蛇、刺猬、啄木鸟、家猫。

灯 谜

　　拟制谜语和破解谜语是一项高度发达的文学活动，也是所有读书士子中间最广泛流行的一种消遣。这种谜语称为"灯谜"，因为最初是一条条的谜语写在纸条上，挂在纸糊的灯笼上，悬挂出来给大家来猜，这是文人学士特别喜好的一项户外休闲活动。灯笼必不可少，因为猜灯谜都是在晚间举行的。老北京这种猜灯谜的聚会，多在夏天晚上，一些偏街背巷里能见得到。

　　写在纸条上供人观看的，叫"谜面"，相当于一个问题，而答案则要求猜谜的人动脑筋去思索，叫"谜底"。对于初学者来说，猜灯谜有相当的难度，要开动脑筋冥思苦想，却又极其引人入胜，比起外国的字谜和填字游戏来毫不逊色。谜面往往是借用古典诗词的字句，而谜底则常常是古典小说的书名、古书里的一句话、一则成语、一出名剧或演员的名字等等。眼下，猜灯谜的活动已经转移到室内，一年到头随时可以举行，不像从前那样只限于夏季了。在民间，这项活动另有一个俗名——"打灯虎"。

童 话 故 事

　　小孩子没有不爱听人讲故事的，小秃儿格外幸运，因为他奶奶是个"故事篓子"。无论夏天晚饭后当院乘凉，还是冬天黑夜临睡之际，常见老祖母絮絮而谈，小孙子支颐静听，时不时问："后来呢？"

　　学龄前后的小孩子几乎人人都听过一个关于傻小子的故事，这个傻小子是一连串类似故事的主角，小秃儿很快就会说了。

"从前有个傻小子跟他媳妇一块儿过日子。这个傻小子又傻又笨，连最简单的生活能力都没有，结果没过多久就把祖上留下的家业败尽，成了一个贫汉。最后他家里就只剩下五匹马了。

"有一天，媳妇说：'你得学着做买卖，不然咱们可就要挨饿了。你把这几匹马牵出去想想法子吧。'傻小子想也是，就牵着那五匹马出门去了。

"路上他碰见一个人，赶着六只羊。他想六比五多呀，就提议互相交换，这笔买卖一下子就做成了。

"傻小子接着赶路，又碰见一个人拿着七只兔子。他想七比六多呀，就跟那人说：'我拿我的羊换你的兔子好不好？'这笔买卖当然又做成了。

"傻小子满心高兴接着往前走，又碰上一个人挎着一个篮子，里边装的全是小鸡雏，看上去有八到十只的样子。他一算计，挺合算呀，就拿他的兔子换了小鸡。

"他挎着一篮子小鸡继续赶路，这时候头顶上乌云滚滚，要下雨了。他离家挺远不知道怎么办才好。忽然他瞧见对面走过来一个人，腋下夹着一把破伞，他立马拿一篮子小鸡换来了破伞。

"过一会儿雨住了。可是他肚子饿了。正好前边有一家饭馆，肉包子刚刚出锅。他进去把包子饱吃一顿。

"等他吃光了包子，伙计过来跟他要钱。他哪儿有钱呀！那伙计气得不行，就打了他好几个大耳光。路人过来劝架，让伙计收下那把破伞，就算顶了包子钱。

"傻小子头一回做买卖，结果是两手空空回了家。"

这个童话故事叫《五马换六羊》，小孩子都听大人们讲过。

幼童心智

小秃儿是全家人的心肝宝贝，无论他上哪儿，大家都如同众星拱月一般围着他转，对于他来说，每一天都是"好日子"。他不但是爸爸妈妈爷爷奶奶百般疼爱的对象，连吴家的邻居和朋友，也没有不喜欢他的。他活泼但是不淘气，文静而心细，但不胆小怯懦，无论走到哪里都是一位备受欢迎的小客人。

他的心智跟身体同步成长。他是全家人的贴心良伴，尤其是跟满头银发的吴老爷子，这一老一小简直形影不离，不是一起玩"耍货儿"（玩具），就是妙趣横生地对话。老人家对他是全心全意的好。小秃儿日渐长大，成了吴老爷子每天早晨遛弯儿的伙伴，时不时带他出去走亲访友游山逛水。每逢礼拜天，吴少爷不去上班，就整天在家里陪伴小秃儿，这不但是他最好的休息，也是他最大的人生乐趣。他也跟所有的望子成龙的父亲一样，要给他的儿子提供力所能及的最佳成长环境。他经常往孩子的小小头脑里灌输一些他认为必要的观念，为不久之后就要开始的学校生活打下基础。

他给儿子讲餐桌礼仪，比如说拿筷子必须用右手。他告诉儿子，跟人说话要用正确的称呼，比如"爸爸""妈妈""爷爷""太太"等等。他给儿子讲一些古代名人如何成长的故事。比如司马光小时候为了救小伙伴搬起石头砸破水缸，就是他讲的头一段故事。小秃儿完完全全听懂了，记住了这些故事，因为他现在已经六岁，长得强壮又俊秀，转眼就七岁。他听到的故事还包括那个懂得谦让的孔融。

"从前有个小孩子名叫孔融。他四岁那年，有一天跟哥哥们在一起吃梨。梨子摆在一个盘子里，大家叫孔融给自己先挑一个，孔融就

小秃儿

从盘子里挑了一个最小的，人家问他为什么不挑一个大的，孔融回答道：'我最小所以挑一个小的。'"

另有一回，吴少爷给小秃儿讲了王祥的故事。他说："九岁的王祥是个极好的孩子。他非常爱他父亲，夏天他总是拿扇子把父亲的枕席扇凉，让父亲舒舒服服地睡觉，冬天他提前上床用自己的身体把父亲的被窝焐暖和了。"

吴少爷对儿子的热心与日俱增，他显然对儿子抱有极高的期许，他还给小秃儿讲了唐代诗人骆宾王的故事：骆宾王七岁那年跟父亲一起在池塘边上看鹅。父亲是一位诗人，他要骆宾王以"鹅"为题作一首诗，骆宾王没费多少工夫就作好了：

鹅，鹅，鹅，曲项向天歌。
白毛浮绿水，红掌拨清波。

吴少爷凭记忆朗诵完了这首诗，说道："这就是骆宾王作的诗。"
小秃儿问道："诗是什么呢？"
"诗好像是一支歌，但是没有曲调，只能吟诵，听起来也很美。"
小秃儿说："那不难。我今年六岁了，明年七岁也能作诗。"
吴少爷大笑着说："得啦！别逗我乐了，小秃儿！"

第十章　北京花事

但凡事涉饮食问题及其相关的"艺术"，老北京人乃是全世界最富于聪明才智、最不辞辛苦的一群。他们注重口腹之欲的满足，重视程度不亚于孔夫子。儒家名著《论语》一书第十章《乡党篇》中一遍又一遍谈论吃的问题。他说道："吃饭，粮食舂得越精越好，肉切得越细越好。粮食陈旧了和变味了，鱼和肉不新鲜了，不吃。食物的颜色变坏了，不吃。色味不好，不吃。烹调不当，不吃。不当季的蔬菜，不吃。肉切得不方正，不吃。作料放得不适当，不吃。席上的肉虽多，但吃得不超过米面的量。只有酒没有限制，但不喝醉。从市上买来的酒和熟肉，不吃。每餐必须有姜，但也不多吃。"孔老夫子若生活在今天，那么他一定会要求喝酒必须用正宗品牌的瓶装名酒，不要街边小铺打来的零卖品。如果不能拿些新鲜猪肉在家亲自烹煮，也绝对不会上街角熟食店去买些成品来凑合。

如果从许多角度来观察老北京人，我们不禁要痛心哀叹：孔夫子的整个生活方式早已被人抛诸脑后了。不过至少还有一点仍然得到遵循——"不时不食"。老北京人把很多东西当作应节食品拿来吃，可是哪里知道这正是孔夫子喜欢的吃法。许多应节当令的食品，并不是为解饥而吃，而是当作一种"奢侈品"来消费的。享用这类食品乃是一种"诗意的姿态"，即所谓"赏心乐事"。表示人们注意到了某些事物的存在和出现乃是节令与物候的象征，不该被忽略。

吴家属于所谓有闲阶级，他们这样的家庭有资格享受这类代代相传的赏心乐事，小秃儿当然也享受着这种"富有诗意的氛围"。

榆树在春末长出树叶以前会结出扁圆形翅果——种子周围有一圈薄薄的翅膜，形如小铜钱，为的是种子随风播撒。这种叫作榆钱儿的嫩绿翅果，是北京人喜爱的应节食物——把榆钱儿趁嫩时采摘下来，拌上面粉蒸熟或烙熟，就成了榆钱儿糕。采摘榆钱儿做成糕饼在北京十分盛行。菜市场有一筐一筐的榆钱儿出售，可见这一年一见的应节食材是多么受欢迎了。

榆钱儿这东西，吴家用不着花钱去买，他们家后院就长着一棵高大的榆树，每年春天都贡献大量的榆钱儿。吴家人年年都要做几次榆钱儿糕，吃了一回又一回，不过说实话，那东西口感寡淡，味同嚼蜡。

吴老爷子总是说："咱们吃榆钱儿糕，可别忘了榆树是老天爷赏赐的救命食。碰上灾荒年没有粮食吃的时候，榆树皮能救饥民的命！谢天谢地咱们家不用扒榆树皮当饭吃，可是咱们多少也应该体会体会那份儿艰难哪！我每次吃完了榆钱儿糕，到了吃下一顿饭的时候，胃口就特别好！"

玫瑰饼·藤萝饼

榆钱儿不过是饥荒来袭时勉强果腹充饥的一种退而求其次的代食品而已，谈不到是什么美食。不过，每年初夏，北京饽饽铺推出的两种应节糕点——藤萝饼和玫瑰饼，可是不折不扣的美食。

老北京的大街上有许多老式的饽饽铺，门前悬挂的幌子是一串串的木头牌子，金漆黑字，写着所售货品的诱人名字。到了春末夏初，还会另外挂出海报宣布一年一度的应节点心上市——用新鲜藤萝花瓣、玫瑰花瓣拌上蜂蜜做馅料烘焙而成的小块甜点，名叫藤萝饼、玫瑰饼。这种点心价钱并不昂贵，在行的老北京人一见饽饽铺门前挂出海报就会踅入店中，买上二十来块，以应节令。

采摘藤萝花要趁花朵完全绽放之前，整穗摘下，只取花瓣；花朵若完全开放香味就消失了。花的其他部位如雄蕊、雌蕊、花萼，一概弃之不用，然后将花瓣拌上白糖和蜂蜜，以之为馅，做成直径三寸左右的圆饼，烘焙而成，每块零售价在三分钱上下。

玫瑰饼的制作方法跟藤萝饼一样，二者不同之处在于，藤萝饼销售时间比较短，每年只有花期两个礼拜左右；而玫瑰饼应节时间长得多，一年到头都有。玫瑰花期从五月中旬持续到六月中旬，而且玫瑰花瓣可以用糖浆腌起来长久储存。

包括吴家在内，老北京住家户除了在店家购买，还会在自己家制作这种甜点，而且用料不尽相同。他们也用藤萝花瓣拌馅，但是会把鲜猪油切成黄豆大小的方丁添加到馅里。吴家没有藤萝树，每年春天隔壁邻居都记得送来一些藤萝花当礼物。这位邻居院子里有一棵藤萝树，缠绕的藤蔓爬满了大木架，整座院子有三分之二笼罩在浓密的藤荫之下。

至于玫瑰花，不费什么事就能买来。有走街串巷的小贩出售新鲜的玫瑰花，每五十朵或一百朵为一包，并不昂贵。这些小贩属于花农中单独的一类，他们把玫瑰花摆在竹篮子里，上面放一些冰块保鲜，用胳膊挎着竹篮，在胡同里叫卖。

谈到藤萝花和玫瑰花，在今日的糕点师们看来，这种美味食材巨大的经济价值和可观的心理享受被白白损失掉了——全世界

饽饽铺幌子

千千万万的人在欣赏名花的颜色与芳香，却没有像老北京人一样想到把它们当作烹饪用的食材，这是多么大的浪费呀！

赏花胜地

春季赏花，是北京人审美活动中一件最受欢迎的乐事。除去少数例外，外出观赏花卉的机会对富人穷人一样，所以这就成了古都北京一个花费不多的盛事。对北京的花事麻木不仁，简直是对北京城最严重的不公，无可饶恕！说没有时间，那是最站不住脚的托词，因为北京的赏花季节并不短暂，从2月下旬一直持续到5月底，正如诗中所说"开到荼蘼花事了"。有人会说，供人观赏的花卉都是很普通的品种，用不着每年都跑去看，何况也没人期待你去发现新品种的植物，也没人考查你能否辨认每一种属，给出拉丁学名，像撰写植物学方面的论文那样下功夫。

你需要做的仅仅是如同真正的老北京那样，依循传统风俗的指引，前往一个出了名的赏花胜地，要么大张旗鼓，要么默然独行，都无所谓。你只需前去那里欣赏一番就是了。不过有些人会坐下来默念几首古人的诗词，要么就自己作上一两首。当然，不可用钢笔跟洋纸哦！请主人（通常是庙里的老方丈）给你预备几张旧年宣纸、湖笔徽墨（墨汁一定要刚刚研好的！）、砚台当然要宋代之物。除此之外，还可以安排一场品茶或饮酒的雅聚，在盛开的名花树荫下推杯换盏。至少也得在赏花之地流连半个多钟头，诗情满怀，尽享赏心乐事。此时心中充满着无量的快乐，与天地自然做一番心灵的交通。

吴老爷子年轻的时候常常跟同学结伴到一些名胜之地赏花。比如，西山深处离温泉不远的黑龙潭便是其中一处。此地离城六十里，他们骑驴前往。满山杏花怒放，他们围坐在树下，免不了享受一些杯中物，也确实各有吟咏。随着年龄增长，吴老爷子这份儿热情已经消退，但他老人家心里仍旧保存着温馨的记忆。

不过，还有一些地点是吴家人可以轻易到达的，比如颐和园。这座皇家园囿的位置正好在吴家与吴少奶奶娘家田庄所在的香山之间，已经在1914年对公众开放，入门券售价大洋一元二角，园内景点另行售票：排云殿五角，谐趣园二角，玉泉山二角。游人可以前去观赏那一株闻名遐迩的巨大玉兰树开花的胜景。值得一去的另一个地方是宣武门外的法源寺，那儿有著名的大片丁香花吸引着人们前去观赏。寺里丁香树极多，得一美名——"香雪海"，据说是某位有钱有势的大施主给题的名。

再有一个赏花胜地是南城的崇效寺。这也是一座极其古老的佛寺，青苔遍布。饱受风雨侵蚀而略显破败的古刹，却是一批自称代表京城知识分子的文人墨客心爱的聚会地点——每当寺内著名的牡丹花盛放的时候，他们就会光顾。

城内还有一些地点可以看荷花、看火红的枫叶，以及其他一些应节当令的花卉。这些都使得北京的生活更富色彩。即使你不能从观花中得到任何特别愉悦的体验，也没有从中获得任何启示或灵感，那么仅仅亲自观看这样或那样一种著名花卉，也足以令你心满意足了。

崇效寺

吴老爷子学着京城所谓文化人的样子，决定再一次前往崇效寺，去观赏寺中僧人多年来栽培的那些脍炙人口的牡丹花。时值5月上旬，牡丹花正在盛开，他这回要带着小秃儿同去。

崇效寺无疑是一座古老的寺庙，庙的前院有一座古老的石碑，足以证明此寺历史悠久，但是因风雨侵蚀，碑文漫漶，几乎无法辨认了。当初立这座石碑，是为了铭记明朝嘉靖年间对此庙进行的一次修缮。在这座石碑被立起以前，崇效寺已经存在了多少年呢？谁也说不上来。

崇效寺的位置，粗略而言是在北京外城的西南角附近。前去观赏牡丹花的人，从广安门大街往南，沿着牛街前行，这里是回族居住区，有一座著名的清真寺。出了牛街南口，就是空旷的野地，继续向南走一段距离，就到崇效寺了。

这座大庙的院子里种满了牡丹。每一丛都悬挂着一块小木牌，上写这丛花的雅号：有的叫"金龙"，有的叫"莲衣"，有的叫"粉冰池"，等等。不过最名贵的一些品种，都藏身在大殿边的侧院里，有绿牡丹和黑牡丹。前者名副其实，花瓣的确是十分鲜艳的绿色，而后者则有冒名顶替的嫌疑——其花瓣不过是暗紫色而已。为了让花朵能多坚持几日，不要太快凋谢，寺院的僧人搭建了席棚来对抗风吹日晒，以免迟来的访客扫兴。据说有些牡丹植株寿命已超过二百年，但长势依旧旺盛，其谱系受到僧人们的悉心保护，以供有心的访客研究。花朵盛开时，其直径可达七八寸，植株看来都被人为地矮化了，高度只有三尺左右。

崇效寺另一脍炙人口之处，是珍藏着一件传世宝物——一幅古老的绘画，画中一位老和尚倚松而立，观看溪边繁花似锦的杏树。据说，此画出自清朝初年一位僧人手笔。这幅题名《红杏青松图》的古画，成了一件名气很大的艺术作品，凡是前来造访的知名人士，如艺术家、学者都要来观赏一番。观赏之余，就会要来纸笔在画后题跋，以抒发他们油然而生的情愫。风气一开，文人墨客群起仿效，画幅原本不大，为了容纳接连不断的题跋，僧人们就不断添加纸张，结果将这幅画变成了看不见头的长卷，这才使北京数以千计的文人骚客得以一展才情。三百年过去了，这幅长卷的长度竟达三十丈！

任何人想要在这幅长卷上留下题诗，只需大大方方捐出一小笔香钱就行；任何人想要借用寺中客房举行聚会，也只需付给一些钱当作捐赠。僧人会带领访客在寺内"随喜"，还会奉上一盏清茶供他解渴。捐赠金钱是功德之举，当然会受到以佛陀的名义赐予的嘉许。僧人们用这些钱可以做许多事情，比如培植养护那些牡丹花。

牡丹和芍药都是多年生植物，但前者是木本，后者是草本。牡丹的茎秆是木质的，芍药的茎则是绿色的像草一样的质地。还有其他一些方法来区分牡丹和芍药，不过对于非专业人士来说，以上所说的特点最为显著。吸引成千上万北京人络绎不绝前往崇效寺观赏的，是木本的牡丹花，而不是草本的芍药花，虽然二者都是北京名产。

中国文化习惯于用花卉植物来象征性地指称某些性格品质，存在着一整套的"花语"。例如，牡丹被称作"百花之王"，别号"国色天香"，牡丹象征富贵，古人说"牡丹，花之富贵者也"。荷花象征高洁的气质，说"莲，花之君子者也"。兰花则是"王者之香"。

牡丹和芍药，二者虽然花形同样美观，在颜色上也不相上下，但是芍药受到的重视却远远不及牡丹。芍药花的价钱很得人心，谁都买得起，因此成了大众化的花卉。每一枝花茎上是一朵含苞待放的花蕾，花上一角钱就能买到一束，有八至十朵即将绽放的美丽花蕾。

人们无须劳烦腿脚前去赏花，因为一些走街串巷的小贩会把芍药花送到家家户户门前，就像送货上门的蔬菜一样。每到花开时节，听着卖花小贩的吆喝声在一条又一条小巷里回荡，也是一种饶有风味的享受呢！这些芍药花的产地是城西南部的丰台，有大片花田养花，花农将一枝枝的鲜花剪切下来，运到批发花卉的市场批量销售。

吴家是地道北京人，所以也用应节当令的鲜花来装点自家居室，买些价钱便宜而赏心悦目的花儿来增添美感。吴老太太买来大量的鲜花，把每个房间里摆设的花瓶都插得满满的，从初春的山桃花开始，一批又一批不断更新。中国小康家庭的孩子就是在这样的环境里成长的，小秃儿也不例外。

蛤蟆骨朵儿

春天还有一样新鲜玩意儿，深受小秃儿之辈的喜爱，那就是一种叫"蛤蟆骨朵儿"的小动物，即蝌蚪。

有些农村孩童春天无所事事，为了不白白浪费光阴，就把捕捉和售卖小蝌蚪当作一种有利可图的营生。他肩挑扁担，一头挂着圆形木盆，另一头吊着一只篮子或其他重物，以便保持平衡。木盆直径九十厘米左右，用木板隔成几格，注满清水，把待售"商品"放入。除蝌蚪外，还有田螺蛳和"大眼贼儿"。"大眼贼儿"是野外河沟坑塘里刚刚孵化出来的野生小鱼苗，身长不满一寸，腹小头大，两只眼睛大得与身躯不成比例，这种小鱼苗活力十足，动作敏捷，"贼"性十足，因此得名"大眼贼儿"。小小生意人需要的唯一装备，只是一只自家制作的小漏勺而已。他的买卖完全自己做主，一切自己说了算。比如价格，同样花一个铜板，他给一个买主可能多一些，给另一个买主可能少一些。每当有人喊他过来买一两个铜板的蝌蚪，他的两眼充满着喜悦——他家旁边的小河沟和水坑

卖蝌蚪的

里，这玩意儿密密麻麻，伸手一捞就得！他这份生意不仅有钱可赚，还给他带来无限的快乐——谁家的小男孩儿不喜欢在春天暖暖的阳光下到河边水畔跟大自然母亲来一番亲密接触呢？

买蛤蟆骨朵儿可不仅仅是为了好玩儿。它们还具有某种药用价值：人的身体会上火，可以拿它来防治。至少有一半买主是买来去火的——放在瓷碗或玻璃杯子里欣赏片刻之后就"服用"了。办法很简单：买上一个铜板的蛤蟆骨朵儿，连水一块儿喝。大部分嗜此成瘾者，连水都不用换，可那水是从乡下河沟或护城河里直接取来的！

田螺蛳据说对小孩子有益处，只是吃法有讲究：得去壳捣烂。

小秃儿得到一小盆蛤蟆骨朵儿，很得意。他满怀兴致地盼望着这些蝌蚪变成青蛙。奶奶对他说，天上头一回打雷，它们的尾巴就掉了。几天过后，他果然看见小蝌蚪长出来两条后腿。他想，要是把它们放到金鱼缸里不是更有意思吗？第二天一大早，小秃儿头一档子事就是奔金鱼缸。左瞧右瞧，蛤蟆骨朵儿全都不见了——成了金鱼们的美餐。

第十一章　朝阳门外三座庙

东岳庙

位于内城东侧齐化门之外的东岳庙是北京最重要的寺庙之一，是大量香客云集之地。阴历每月初一、十五两天开门接待前来烧香的善男信女，但三月下半月整整半个月期间，庙中殿堂全部开放给一切香客参拜，其间有特定几日由各个香会举办各种仪式和表演（跟妙峰山香会同中有异）。

东岳庙与北京其他几十上百寺庙的不同之处在于，它虽然是一座道教寺观，但实际上却是佛教与道教的混合体。这两种宗教信仰在这里彻底混合，是中国宗教的多神信仰这一特色集中体现之地。这座寺庙并没有专门供奉佛教神祇观世音菩萨和弥勒佛的殿堂。大殿供奉的是东岳大帝，这位道教主神的"总部"设在山东省泰安县境内的名山——泰山。

可是另一方面，在人类生活与活动的几乎所有方面，这儿都能找到一位专司其职的神。比如有战争之神、文学之神、医药之神、财富之神、手艺之神，以及婚姻之神（即月下老人）。有一些神是女性，如子孙娘娘、眼光娘娘等。吴老太太对于这些娘娘的信仰是坚不可摧的。

这还不算完。在寺庙中线的大院四周，依次排列着"七十二司"（另有一说是"七十六司"）。各司分工掌管阴间事务，都有真人大小的神龛和主事的神像。这是一个完整的体系，显示着中国人的宗教观念和神话故事的最高境界。通过各不相同的神和"天道好还"的机制，实行奖善罚恶。每一个司都悬挂着牌匾和解说词，说明阴曹地府里一整套治理职能的条例法规，让善男信女都能明了每一个司里边是如何执行其职能的。七十二司的塑像都堪称雕塑艺术的杰作——每个司的判官即"冥判"都有各自的性格特征和面部表情。有的表情慈祥而愉快，有的面貌凶狠可怖。

像吴老太太这样的善男信女，每次开庙的时候都会前来参拜，各座大殿都去烧香磕头。最拥挤的自然是财神殿，以及月下老人殿门前，但是也有队形散乱的少数人，他们不敢对诸多神佛有所偏向，害怕漏掉哪一处而惹恼了被轻慢的神佛，于是就点燃大把大把的线香，在七十二司的每一司的香炉里各插上三根，以示一视同仁，这种做法称为"散司"。

东岳庙有许多香会团体为其宗教活动增光添彩，提供协助，每一香会都有自己特定的分工。比如"掸尘会"为佛像掸掉灰尘；"放生会"把各种小动物放归自然；"字纸会"收集印有文字的废纸集中焚化。每一香会在阴历三月下半月的开庙进香期间都有固定的活动日期。

"掸尘会"是一批志愿者义务给庙中各处殿堂进行春季大扫除。他们捐献扫帚、簸箕、鸡毛掸子等进行扫除的一切工具设备，在庙中各处做一年一度的扫除活动。当然，庙里也雇用了专门的勤杂工，保持各自负责的殿堂整洁，比如收集佛香的包装纸，以及保持香炉整洁，以免在大批香客涌来之后把香炉弄得脏乱不堪。

事实上，这座大庙乃是万神齐聚的所在，神殿神龛数不胜数，尺寸大小不一，体貌姿势各异的塑像极多，要保持清洁不被灰尘沾染简直就是不可能之事。此外，规模较小的殿堂根本没有帘幕遮掩，而北京城素以尘土飞扬著称，每逢春季起风之时，灰尘便长驱直入。因此，"掸尘会"的工作的确解决了一大难题！

"放生会"专门致力提倡挽救动物生命，作为一种慈悲为怀的宗教活动。他们笃信佛教关于轮回转世的观念，所以推行一种将被捕获的鸟类、鱼类等动物放归自然的行动，因为这些动物乃是上天所创造的自由而平等的人类伙伴。据说当我们给动物放生的时候，就可能在无意中拯救了一位密友甚至亲戚，使他免除惨死的厄运。因为，按照佛家关于"六道轮回"的说法，这些动物很可能是被无形而万能的天道从我们的亲戚朋友的灵魂转化而来的。

在东岳庙，我们能看到一些虔诚的信徒从鸟贩子手中购买一笼又一笼的麻雀、喜鹊、乌鸦，有时多达数百只（这个行业实际上是由于放生的信仰而催生的）。付钱之后，信徒便打开笼门，怀着巨大的满足看着那些羽族小生命奔向自由，同时口中轻轻念诵佛经，祝愿鸟儿们不要再一次被诡计多端的捕鸟人捉到！

"字纸会"是一个为了宣扬敬惜字纸的主张而成立的团体。有一位天才的外交家曾在一个重要的国际会议上向全世界宣布：中国已经"消灭"了文盲，但是事实上数亿中国人还有相当一部分不会阅读和书写。而中国比任何其他地方更承认知识就是力量——阅读和书写的知识更是双重的力量。因此，即使一片印着或写着中国文字的碎纸也被看作崇拜的对象，无论是一张被撕碎的草稿纸，还是一件印有文字的包装纸，全都受到尊敬。敬惜字纸，这是对文学之神文昌帝君表示尊重的姿态，后者因此会对他们赐予慷慨的回报，要么安排虔诚信徒的家庭在"读书人"的路上不断上进，要么让一个"非读书人"的家庭转变为"读书人"的家庭。"字纸会"出钱雇用的劳工，会时不时出现在街道上，他们背着一只黄布缝制的大口袋，口袋上写着"字纸会"的信条——"敬惜字纸"。他们沿途捡拾印有文字的破碎纸张，收集到足够数量后点火焚化，用这种最佳方式将其消灭。

这些宗教性的点点滴滴无论有益有害，对于小孩子个性的成长都有潜移默化的影响，吴家小秃儿也不例外。

道教的主要教义之一就是凡在人力所能及的范围之内，尽力保护动物的生命。所以道士都是最坚定的身体力行的素食主义者，不过也有不少的道士难以抗拒肉食的诱惑。道家在理论上都是珍惜生命的，例证之一就是许多道教宫观的殿堂大柱子上都高悬一副常见的楹联，词句是："扫地不伤蝼蚁命，为救飞蛾纱罩灯。"为了普及"自己活也允许别人活"的主张，就提出了一种警示：是否珍惜生命以及其他各种或善或恶的行为都是由天上的全能之神时刻监视着，明察秋毫、铁面无私。

道教相信，神对于人世间发生的一切大小事情全都一清二楚，为此有一整套查看和记录的系统，把人们的所作所为一件不落地写进没有尽头的日志，然后把每一笔记入总账。神的眼睛穿透一切，无远弗届，人类休想遮蔽自己的言行而不被查看、不被记录，更休想赖掉。是非善恶如同一笔一笔的账目，每个人死后到了阴间都必须为每一笔欠账做出交代。在阴曹地府的各个部门（司）里为生前罪恶行为接受酷刑惩罚，或者在来生接受惩罚。

敬惜字纸

令神仙感到高兴的良好行为，也都记录在案，让该人得到福报，在来生享有富裕的生活，以及各种优越的条件和机遇。虽然我们不知道上天使用的是什么计算单位，也不知道通行的是何种货币，但是我们早已听说，像会计簿里记的借方和贷方一般泾渭分明。这一理论有一个形象化的体现——在东岳庙的墙上悬挂着一些长、宽五六尺的巨大木头算盘，时时刻刻警示着芸芸众生。

不仅如此，人们还相信善恶报应不一定要轮回到来生才实现。许多故事都说，即使卑微如昆虫那样的小动物，也会对于在世间受到的保护给予回报。

有一段故事是这样说的：有位秀才在刻苦钻研典籍之余，看见书房门外一群蚂蚁被困在雨水坑里出不来。他找来一块竹片给蚂蚁搭了个桥，让它们逃出生天，事后就将此事忘掉了。过了许多年之后，书生进京赶考，正坐在考场里专心致志赶写应试的文章。读者诸君大概都知道，中文方块字是由笔画构成的，写字遗漏一个圆点，就能铸成大错。文章写得再好也无济于事，不但科考失败，还会招来天下人的耻笑。话说这书生忙着做文章的时候，发现有一只黑色的小蚂蚁一直不断地分散他的注意力。他把小蚂蚁抖掉，它却一次又一次爬回来，顽强地停在文章的某一点上不再移动。最后书生终于注意到了——他在这个地方漏掉了一个点。于是他添上这个点，挽救了这篇差点作废的文章，考取了功名。

吴家小秃儿听到过不少类似的传说故事，慢慢长大以后他就能品味到其中的教益。如人所愿，小秃儿成为一个心地善良、对一切小动物爱护有加的孩子。

九天宫·十八狱

除了东岳庙，朝阳门外大街稍东还有两座庙——九天宫和十八狱。这两座庙规模较小，跟东岳庙同时开庙，但是香客不多，尤其是九天宫，年久失修快要坍塌了。

九天宫有好几进大殿，最后边的一座大殿有一幅尺寸极大的艺术作品，可称"壁画杰作"，表现着佛家"极乐世界"的壮丽景象。整整一面墙上画满了人物肖像，背景则是一片一片的五彩祥云。不过这幅美轮美奂的天堂全景图已经不复可见，人为的轻视和自然力的破坏造成不可挽回的后果。不难想象，庙里的穷道士和他们的穷邻居们把坏事干到了底。

不过，至少在几年前，在庙门附近还能看到雷公电母的塑像。假如这两座泥塑木雕会说话，它们一定会滔滔不绝地告诉你此庙被破坏的故事，它们目睹了这座庙宇历史上的每一个阶段。

雷公单身立姿，形象怪异，极具特色，与众不同：他脸色漆黑，一双吓死人的巨眼之下长着鹰隼一般的勾鼻子和鸟嘴，还在背上长出一对蝙蝠一般的翅膀。中国人总是把魔怪的脸画成黑色，而令人惊奇的是这个中国魔怪跟外国的远房表兄弟一样，也长着一对翅膀，只是位置不大一样。

装备方面，雷公的形象是左手举着一把凿子，右手举着一把大锤子，好像随时要狠狠地锤向凿子。每次锤下去，就发出一阵轰隆隆的雷鸣。

电母，俗称闪电娘娘，形象则是一位漂亮的年轻女士。她身穿粉红色上衣和一袭海蓝色的飘逸长裙，双手各执一面圆镜，镜后有纽带，形状跟青铜古镜一模一样。据传说，电母值班的时候，会操控手中闪闪发光的镜子，或"聚焦"或"散焦"，于是就产生了我们见到的闪电。

一代又一代的儿童从母亲口中得知，雷和闪电都是神仙手中的武器，用以对世间有罪之人实行严厉的惩罚。雷电会"劈死"罪犯、逆子、淫妇，以及"不服从父母指令的坏孩了"。当闪电指向坏人藏身的黑暗角落，轰鸣的雷随之而至。雷只有一种，闪电却有红、白两种。红色的闪电能追查到假扮人形的兽类，将之变回原形，白色的闪电只追踪人类。雷和闪电二者配合，就形成令人生畏的威力。

吴老太太就是这样给小秃儿解释雷和闪电的。有一次遇到雷雨天气，小秃儿问奶奶打雷闪电是怎么回事。

奶奶对他说："打雷闪电是归雷公和闪电娘娘管的。"她许诺道："九天宫有这两位神仙的塑像，等你长大了，我带你上九天宫瞧瞧去。"

东岳庙以东的另一座小庙，老北京都知道叫十八狱——十八层地狱。佛教经典里那些深奥的教条如何"改写"成未开悟的大众都能领会的概念，这里展现的场景就是出色的例证。正统的佛学专家对这种玩意儿抱有无言的轻蔑，一些高僧当然也有同感。但是这种做法显然抱有"从最底层做起"的用意，目的在于迎合那些相信"眼见为实""百闻不如一见"的头脑简单的"施主"。

这座庙，形象地展示人在死后的经历。第一层院子有一座阴间衙门的复制品，人死之后他的灵魂首先来此报到，然后是洗罪大堂附设的一间账目室，他会在此看到一生所作所为的善恶账单。技艺高超的塑像匠人把每一尊塑像都做得栩栩如生，只见那死人惴惴地查看自己的账单，有的似乎要找到理由为自己申辩，有的则张口结舌凝视着账单上那些欠下的债。

进入第二层院子，就会感觉置身于一片人类头脑所能想象到的名目繁多的各种刑罚的丛林。各种刑罚正在一个个的小单间房舍里执行着，阴曹地府里五花八门的执法单位，一个一个地演示给大家观看，不论你是深信不疑，还是心存怀疑。

有一处地方叫割舌狱，在典狱长监督下，把生前令天神不快者的舌头从嘴里拉出一刀割掉。下一个是剜眼狱，因为某种原因而把人的两只眼睛挖掉。还有上刀山、下油锅的地方，有个地方把罪人平放在烧红的铁床上受炮烙之刑。有个地方把有罪之人夹在两片木板中间锯成两半。还有个地方把罪人用石磨研磨成肉泥烂酱，或许是粉末。最吓人的景象是几只像狗一样的动物正在舔受刑或肢解者身上流下的鲜血！

一整套这类塑像向公众展示的同时，还挂着一系列字牌，写着阴曹地府里由泥塑演示的刑罚，以解释那里实行的刑法条文。

按佛教说法，人们在阳世犯下的罪过，都要在十八层地狱里领受各种各样的酷刑惩罚，这与天主教所说的炼狱异曲同工。有些人的记录太糟糕，那就得接受好几样甚至全套的刑罚。

所有这些刑罚的程序认真执行之后，无所不在的老天爷就把受刑之后的残余之物——不管是肉泥烂酱、骨肉粉末，还是肢体残缺不全的尸块——再变回原先的形状。

在领受完了判官的全部审讯刑罚之后，那死人就轮回转世了，有的变作了虫豸鸟兽，有的重新做人——当乞丐、当穷汉、当苦力……什么都有。转世成为最高等级的一类人，是生前积德行善、声誉上佳的一群，他们可以当秀才、当大官、当大元帅、当国王。而来生要当畜类的，是那些不认罪悔改的恶人，有一间殿堂里悬挂着各种各样的兽皮，就是准备强行往他们身上套的。凡是获准来世托生做人的，有一位慈眉善目的王妈妈给他们喝一碗"迷魂汤"，他们就会忘掉前生一切经历，在转世重生重新做人时不再透露于人。

十八狱对小孩子的一生也有潜移默化之力，有些家长带孩子前来逛庙，一半严肃、一半玩笑似的对孩子讲解那些酷刑惩罚的含义，实行某种此前还没有办法让孩子铭记在心的家庭教育。

吴家小秃儿是个乖孩子，从来没有被父母责罚过，所以这种家庭教育措施根本没有必要。

第十二章　赏心乐事

老北京人的家庭生活丰富多彩，而且随着季节变换的节奏和笔触而分为既连续又分开的许多时段。不同季节有不同的点缀，如家庭餐桌的菜肴、因节令而不同的衣着、专门的宗教崇拜活动。最当先的一样是孩童们会得到应节当令的各种玩具。

初夏时节的气候，我们不妨引用南宋诗人杨万里写的一首七言绝句：

> 梅子留酸软齿牙，芭蕉分绿与窗纱。
> 日长睡起无情思，闲看儿童捉柳花。

诗人笔下这几行诗句让读者强烈地感受到节令、物候对人们日常生活的心态、情绪变化发生的影响。这时一阵悠扬的苇笛儿声突然响起，卖苇笛儿的小贩已经来到门前。

苇笛儿

芦苇是一种多年生草本植物。夏天，大片大片的沼泽地长满茂盛的芦苇。一到冬天只剩下了光秃秃的枯黄苇秆和光秃秃的地面。但是春天一到，芦苇丛又冒出新芽一如雨后春笋，钻出曾经干硬而后又变回湿润的土地，长成一簇簇的嫩茎。这些鲜嫩的苇芽是北京美食家的一道著名菜肴，吃法跟芦笋差不多。

随着天气渐暖，昨天的嫩芽今天就变成了整棵芦苇。头脑聪明又富有进取精神的乡下人，采来芦苇的嫩叶制作一种玩具——他们把这宽约一寸、长约八至十寸的苇叶巧妙地折折卷卷就做成了小喇叭，叫作苇笛儿。他们把原料装进篮子，走街串巷售卖，有人买时当场制作立等可取。制作一支苇笛儿要用四五片苇叶，价钱在两大枚左右。为了不让苇叶散开，苇笛儿损坏，在苇笛儿尾端用酸枣刺别紧——乡下到处都有野生的酸枣树。最后再用一根细竹签将一面三角形的彩色小纸旗插在苇笛儿头上，于是这件玩具就更加赏心悦目了。

卖苇笛儿的走街串巷兜售他的货品，一边走一边吹奏，用笛声吸引买主，他吹奏的这一支跟他出售的那些是一模一样的吗？其实不然。小贩们掌握了一个诀窍，既能放大音量，又能改善音色——他用一只敲掉底的陶瓷小酒瓶套在笛子口上，再用手掌在笛子口上一开一合就能奏出几个音符，拿这个手工的扬声器调节共鸣箱，吹出来的声音就有了高低起伏的变化，而不那么单调乏味了。小孩子买了苇笛儿，却怎么也模仿不出那些好听的曲调和旋律，只能乱吹一通。这时那个卖苇笛儿的小贩在一旁带着几分狡黠的表情看热闹。这可真是个颇有兴味的场面！

小秃儿从来不拒绝也不放过任何一次给他买玩具的机会，尤其是像苇笛儿那么便宜的东西。他拥有了一支漂亮的苇笛儿，于是兴高采烈地大吹特吹，吹遍全家里里外外，全家人不胜其扰。不过有一点是肯定的——这一番"扰民"并没有让他为此而付出什么代价。

苇笛儿做得很不结实，不等全家失尽耐心它就报废了。不过既然小孩子从中得到了愉悦，也就算物有所值了。

小秃儿从来不缺少玩具来保持他丰富的爱好，这一点他比一般的小孩子更加幸运。他是全家人的最爱，所以不仅享受着吴家人一贯的关爱，也享受着吴少奶奶娘家人的疼爱，他姥姥何老太太对他的疼爱更是倍于他人。这是个普遍现象，俗话说外孙子是"肉上肉"，就是证明。

另一个时常送来玩具的是小秃儿的干爹干妈赵姓夫妇。再一个来源就是走街串巷叫卖玩具的流动小贩，他们总会带来各式各样的新鲜玩意儿。

屎壳郎车

小秃儿刚把苇笛儿玩够了本儿，就听见一阵吆喝声传入耳鼓："好肥的骡子来，好暖和的车来！"北京人一听就知道这是卖屎壳郎车的来了。

屎壳郎车，是老北京交通工具骡子拉的轿车的小模型。车身是用去皮的高粱秆截成小段扦插成骨架，用小竹钉加以固定，再糊上颜色鲜艳的彩纸。车篷子和上层物件是用高粱秆的外皮卷弯做架，糊上花纸。这辆花里胡哨的小车车身全长不过六寸左右，仔细观察就会发现，车身装饰的图案竟然是木版刻印的，而两侧的车轮子则是由用过的婚礼请柬、贺年片之类的大红硬纸壳剪成的。这些废物利用恰到好处，把个小玩具装点得富丽堂皇，小孩子一瞧就着迷。这辆车的重量只有十克上下，为什么尽量减轻重量呢？只要看一看它的动力来源就明白了。

做好的车子装在一个行李箱大小的纸箱子里，上头立着一个用高粱秆做的货架，三四条横梁上挂着十来辆车，展示给人看。有些是正在消失的老北京骡拉轿车，有些是老北京卖水的水车——几乎与车身等长的一只大木桶装在车上。

卖车的打开纸箱侧面一个小门，取出了一个装着一些甲虫的小铁皮盒子。吃牲口粪的甲壳虫！学名是"蜣螂"，北京话叫"屎壳郎"。铁皮盒子里有大约一百只屎壳郎挤作一团，个头最大的有两厘米长短。小贩们是怎么弄到这么多只虫子的呢？或许他轮番作业——一天卖车、一天到田间粪堆去捉虫，或许他采用的最新技术，用暖箱自行繁殖。（这种技术北京话叫"分"。）

小顾客挑好一只个头最大的"骡子"，那人就给它装"鞍子"——拿一截高粱秆芯绑在它胸部，再拿一根竹签，一头插进"鞍子"，另一头插进纸车前头的"挡泥板"上，一件成品立马做好，就等一手交钱，一手交货了。

那只屎壳郎可不是情愿干活的，它虽然已经被迫"套"上车，还是想展翅高飞投奔自由！无奈屡试不成，只好明智地放弃了。

吴老太太拿出一只带盖子的小瓦罐儿，对孙子说："这屎壳郎车你几时玩腻了就把车啊什么的给卸下来，把屎壳郎搁这罐儿里。我给搁里一点乏茶叶喂它吃。只要小心对付，这只屎壳郎能玩不少日子呢。"

北京的街道和胡同纵横交叉形成的网络，是各种各样的小商贩和手艺人来来往往的大舞台，可以毫不夸张地说，他们给这座大城市的生活平添了五彩缤纷、变化无穷的景色。事实上，这是妇女们平日大门不出二门不迈的封闭生活造成的直接后果。对于她们而言，逛街购物也好，到城里消磨一个下午也好，全都是做梦。这种状况直到晚近才开始有所改变。

购物方不可能走向售卖方，于是售卖方只得迈动双脚来寻求购物方了。走街串巷的流动商贩经营范围极其广泛多样，因为全家男女老幼所需一切商品和服务都要在家门口获取。整体而言，流动商贩是整个商业活动一支巨大的生力军，每年的经济总量之中他们占据很可观的百分比。老北京城内的民居都是砖墙围起的院落，头脑精明的买卖人就创造了一种办法把他们的广告宣传"有声化"——要么吆喝他们所卖货品的名称，要么用各自独有的响器宣告到来。买主一听声音就知道卖什么的到了，无须开门观看。不过有几种声音，儿童们总是竖耳细听不会放过，如卖苇笛儿的和卖屎壳郎车的。

猴戏

　　这里还要说到猴戏艺人——耍猴的和鼠戏艺人——耍耗子的。耍猴的边走边敲打一面大铜锣，耍耗子的边走边吹一把唢呐。还有傀儡戏艺人——耍"苟利子"的。他们手提大小两面铜锣，轮番敲打。他们的全套装备就在肩上一条扁担上，担起来就走。这种种的艺人给居住在四合院里的人们提供各自表演的娱乐，所图报酬只相当于十个或五个大枚而已。

　　一天，小秃儿跟全家人一起观看了一场猴戏，跟许多戏班子一样，一共有两个人、一只经过训练的猴子、一只北京巴儿狗、一只山羊。这三只动物在主人手中鞭子不断的吓唬之下，都学会了表演。它们听着锣声敲出的节奏，一个接着一个表演了一连串的把戏。猴子身穿红袄，从木箱里依次取出面具或小帽子，戴在头上，每表演一个动作就站直身躯亮相，让观众仔细观瞧取乐。那猴子又模仿推独轮车、拉洋车，然后又在一根竹竿挑起的绳索上翻跟头。每次表演都把所有道具耍弄一遍。每演完一个节目，艺人就敲一阵锣，然后开口再唱。猴子对主人的唱词早已烂熟于心，一听就知道主人的意图。主人唱道："开开柜，打开箱，毛猴儿你把那老头儿装一装。"猴子马上跑到木箱跟前掀开盖子取出一顶老人帽子戴在

猴戏

头上，一副白胡子挂耳朵上，再取出一根木头棍儿当拐杖拄起来，弯腰蹒跚而行。此时艺人开口唱道："老汉今年八十八，嘴里没有一颗牙。豆腐脑儿嚼不动，爱吃秤砣铁犁铧。人老猫腰把头低，树老梢焦叶儿稀。老了老了不中用，离了拐棍儿寸步难移。"

然后是小狗表演，主要是用各种花样钻竹圈。最后的节目是猴子骑山羊在院子里跑圈圈，就像马术和赛马似的。

这些表演看上去未免粗糙，不怎么值得惊叹，可是对于家庭妇女那些无尽无休的家务操劳来说，又何尝不是片刻欢愉的休息呢？

鼠戏

鼠戏，即耍耗子，也是中国北方城市尤其北京城里一种乡土娱乐表演。周边各县各乡的农民每当农闲或没钱可挣的日子，就会涌入城里卖艺，赚取一点副业收入。要观察老北京各种娱乐表演的话，最佳时节就是阴历新年。此时农闲无事，农民正好进城挣钱，而城里人欢欢喜喜过大年花钱大手大脚，两方面的配合再好没有了。

鼠戏艺人的全部装备是一只四四方方的木头箱子，用一条宽带挎在肩膀上。箱子上立着一根六十厘米来长的木头杆子，上头有几条横梁，安装着表演用的种种道具：木头刻的佛塔、木头刻的空心桃子、一只小水桶、一条吊着的鱼、一个木头做的甜瓜等等，最后就是一架用小竹条和细绳做的软梯，从木架上垂挂下来。表演用的小老鼠身长只有十厘米左右，通体雪白，长着两只红眼睛和一条可爱的尾巴，它们一共有三四只，被养在一个小木匣里，匣里铺着棉絮，又舒服又暖和。

鼠戏艺人跟主顾谈好价钱，就被请进院子。开始表演之前，他先问主人家里有没有养猫，如果有的话请主人把猫关起来——他可不愿意看着自家的演艺明星遭杀身之祸！然后他打开小木匣把小白鼠一只一只放出来，轮番表演。同时那卖艺人口中说说唱唱，道出一些短小的民间故事笑话，多少跟小白鼠表演的动作有些关联，从而提高表演的趣味性。这时，小白鼠一只接着一只沿软梯爬上木架，朝各自目标而去，钻进木头刻制的道具里，表演完成。这整场节目耗时十五分钟左右，付给的报酬相当于五个大枚。

看完耍耗子，吴老太太对前来观看的家人（包括小秃儿在内）说，有好几年没瞧见耍狗熊的了。耍狗熊比耍耗子有趣多了，因为那笨手笨脚的黑家伙被训练得会表演许多傻乎乎的玩意儿，看起来更逗乐儿。那狗熊来回来去地翻跟

鼠戏

143

头，把脑袋顶着地，举起沉重的身体拿大顶。它抢着一把长柄的木头大刀要来耍去，还会举起一根两头穿着一对圆形石头板的木头杠子。它会穿上囚衣扮演罪犯，扛着沉重的木枷，同时咆哮着表示反抗。表演的高潮是让黑熊扮演江湖医生。它后腿直立，一根"手指头"摇动串铃。卖艺者不时戳痛狗熊后腿惹它吼叫，于是那人就假装听懂了狗熊的语言，向观众们翻译道："我叫大老黑"，"我是卖膏药的"，"一贴膏药卖二百五。"

吴老太太对孙子说道："等耍傀儡戏的跟跑旱船的过来，咱们就叫他们给咱们表演。"

小秃儿说："太好啦！"他满怀期望地瞪大了双眼。

傀儡戏

北京人家的小孩子绝不是"被上帝遗忘的一群"，因为他们足够幸运，可以享受五花八门的玩具和娱乐。不过，你不可以因此而推论说其他地方的儿童也一样享有诸多的娱乐——因为北京城可是天子脚下的福地呀！我们的小主人公吴家小秃儿享有的许多特殊机会，并不能代表社会底层千千万万的穷孩子。

一天下午天气晴朗，吴家跟一位路过的傀儡戏艺人谈妥价钱，请他进院子来献艺。那位卖艺的人肩挑一条长长的扁担，扁担两头就是他的全部装备。他扛来的不仅是全部的傀儡木偶，还有全部演出用的道具，所有这一切都井井有条地装在一只十厘米左右高的圆形箱笼里头，另外就是一个折叠得整整齐齐的"戏台"了。一切都拆卸开，码放整齐如同一个使用方便的工具箱，任何一位包装专家都得夸赞他高超的本领！

吴家挑选大门以内二门以外的影壁前头当作演出场地，只见那心灵手巧多才多艺的卖艺人很快就把戏台搭好了。戏台大约有一尺八宽、二尺四长，跟一般的戏台一样左右各开一个小门挂着门帘，供角色上场下场之用。木头做的柱子、天花和屋顶，涂着色彩鲜艳的油漆，富丽堂皇，跟一般的戏园子一模一样，只是尺寸缩小了而已。他那条扁担靠墙立起来就成了支撑戏台的唯一支柱。从戏台底部挂上一块蓝布，垂下来形成一个隐蔽空间，正好把他的箱笼遮住。蓝布幔子高约五尺，艺人站在里边正合适。他钻进蓝布幔子先敲打几下铜锣，接着又用含在嘴里的一个小哨子咿咿呀呀学了一会儿戏园子里的胡琴声，就等于宣布演出开始了。

开场表演的是一连串的短小剧目。有些戏内容简单，只有一两个角色，而另一些剧情复杂，要有十来个人物出场，小小的舞台上会同时出现十个八个木偶。这些木偶安装在一根细小的木棒上，通过上边的机关或转或摇，就巧妙地操纵了剧中人物的种种动作。有人物在台上采取坐姿的时候，艺人就把它插进一块木板上的圆孔——那块木板上事先早已钻了一些圆形的孔洞，当作插座。

木偶都穿着或画或绣的戏服，脸上则准确地勾出脸谱，与正规表演丝毫不差，大部分木偶安装着活动的眼球，使角色更加生动而表情丰富，让演出看上去好玩得多了。卖艺的从下边以巧妙娴熟的手法操纵木偶，为观众演出五花八门的剧目，有取自历史故事的剧情，也有插科打诨热热闹闹的笑剧。剧中人物的唱念都由艺人担任——男性角色嗓音粗犷洪亮，女性角色改用尖声尖气的假嗓子，他一个人全包了。同时伴奏的音乐来自一大一小两面铜锣，还有他忙碌的嘴里含着的一个小哨子模仿胡琴的声音。据说可供表演的全本大戏有八部之多，短小的剧目只多不少。

短剧里最有趣的一出或许就是《王小儿打老虎》了。剧情大意是：有个以卖豆腐为生的人叫王小儿，有一天他卖完豆腐一高兴多喝了几杯，结果迷迷糊糊在回家的半路上就碰上一条大虫。有位邻居看见立马通知了他的老婆和儿子。他们立刻抄起家伙赶去救援。他们找到那只吃饱了正在路旁打呼噜的老虎，就发起突然袭击把它打死了。紧接着的场面最具喜剧性——他们从那只凶恶的老虎大嘴里把王小儿拉了出来，那人虽然吓得半死，却毫发无损！

吴家老老少少欣赏这场傀儡戏表演，个个十分开心。

傀儡戏虽然多少带有乡村风味，但是在北京城却是一项很受欢迎的民间娱乐，艺人所到之处都可以得到公众的支持，尤其有小孩子的人家会不断地照顾他们。他们的节目绝非趣味索然，但是收费很低，收入有限。不过他们本人就是一个完整的商业单位，这项一人包办的营生，从组织、管理到运营、维修的所有环节以及许多其他方面来看，他们的这种地位确实令人羡慕和赞叹。营业额虽然不大，但是自食其力也就不用给别人发放随时有断档危险的工钱了。他们不用害怕劳工危机，也不用害怕公会闹事。他们不用缴纳不菲的娱乐税，当外国影片因汇率波动而租金上涨时，也无须设法应对。

作为自力更生的独立艺人，演傀儡戏者所处的优势地位，至少会受到他的朋友——跑旱船艺人的羡慕。跑旱船的艺人跟耍傀儡戏的艺人不一样——他们必须给自己的班子物色演员，有主角还有配角，另外还得配置由两个人组成的乐队，这些都得考虑周全。不管怎么凑合，他们的班子绝对不能少于三个人，再少就没法干了。相形之下，傀儡戏的确是一个人就能干的表演。

跑旱船

跑旱船艺人的两个伙计，看起来是拿走大部分的利润，不过他俩也的确很卖力气，绝非白白拿钱。演出时，他俩分别扮演女角和丑角，沿街巷行进时，则一个敲鼓、一个打钹，招揽生意。其实，这两个伙计根本就是跑旱船艺人的兄弟，也许是他的堂兄弟，按照"家族至上"的规矩，他们跟班搭伙挣饭吃也是天经地义的。

这几个人沿街行进，抬着一只竹竿搭架、四周围着花布的小船仿制品。事实上，那小船大部分时间是扛在跑旱船艺人的肩膀上，其他各种道具也装在里边。

既然做生意需要如此，那么堂堂老板干这种苦力差事就不会有丢人之感。那个扮演女角的伙计脑袋上戴着假的头饰，插着纸花，身穿女人衣裤，脸上涂着厚厚的脂粉，勉强遮盖住晒得黝黑的皮肤。但他精神抖擞地打着鼓，一路前行，其风头之健是那位丑角无论如何比不过的。

吴家在礼士胡同的院子相当宽敞，把跑旱船的班子叫进来表演再好不过。现场不太拥挤，只有一帮邻居家的小孩子来看热闹。刚才吴老爷子喊住跑旱船艺人讲价钱的时候，街坊家的小孩子都瞧见了，吴老爷子就也把他们放了进来。让街坊邻居一块儿分享这点乐子，既热闹又体面，再好不过。

表演一开始，先来几段用鼓和钹伴奏的民歌对口唱。有丈夫怕老婆的小曲，有关于"小二妹妹"的逗乐小调，有头戴大面具的《大头和尚逗柳翠》，还有粗线条的《昭君出塞》——说的是汉元帝把宫女王嫱嫁给匈奴单于的故事。在《昭君出塞》这出小戏里头，扮演王昭君的艺人"骑"一匹纸糊的马。那马一分两截，前半截是脑袋、脖子和前腿，后半截是马屁股、尾巴和后腿，前后两截都挂在演员肩膀上。那纸马或走或跑，当然都是由演员操纵的，而那个扮丑角的演员则手持小鞭子跟在旁边不时做抽打状，同时二位演员不断对唱。

最后，"旱船"表演开始了。那女角稳坐花船，船的两舷其实

跑旱船

是她双手轻轻提着的。船周围有花布垂挂，遮挡住了演员的双腿。她缓步行进，看上去就像那船在湖面上平稳划行一般。同时那男演员扮的丑角则操一长竹竿，做摇橹状。一双男女心醉神痴似的泛舟水面的样子，确实使人觉得真的来到了苏杭水乡绿荫环绕的河里呢！摇橹人对着船上的少妇——一眼看去觉得他俩一定是情人——唱起某些船歌，其中不乏挑逗性的情歌小调。

不大一会儿，演出结束了。邻居孩子们各自回家，这时吴家人付给卖艺者事先谈好的三十大枚报酬，又额外给了几大枚的"酒钱"，他们就道谢告辞了。

第十三章　家庭园艺

为了要讲述吴家人，特别是小秃儿的日常生活情形，我们常常要提到一本居家必备的奇书——黄历。因为这本书往往是很多家庭拥有的唯一书籍，大家几乎每一天都要翻看，从中查找权威的说法和行动指南。这本书据说具有某种积德行善的功能，所以"夜观无忌"——夜晚阅读也不用顾忌，这四个字经常印在它的封面上头。我一直想给这句特别的话找到合理的解释，但迄今未能如愿。唯一可能接近合理的解释或许可以说，由于这本书里很多地方提到各色各样的妖魔鬼怪，所以有人顾虑会在读者心中造成恐惧，害怕那些妖魔鬼怪加害于读者——它们总是喜欢趁夜幕降临之际出来兴妖作祟的。卖黄历的商人不乏精明之辈，他们想出这四个字来印在封面上，肯定会帮助读者战胜晚上翻看某几页犯忌内容的恐惧心理。

黄历与节气

黄历一书在日常生活中占有根深蒂固的重要地位，而且至今此书仍然不断有新发现问世，内容神秘莫测，无法做出任何解释。迄今没有一个人能把这本"畅销书"翻译成外语，这一点就足以证明它是多么神秘深奥了。这样一本信息量丰富的有趣读物，外国人却无缘阅读，真是一件可惜的事！

还别说，这本书的内容并非完全是蒙人的胡说八道，因为它的一个主要用途是准确无误地提示农时，是农事日历。

中国人早已发现，某些植物需按照季节和气候的变化进行栽培，此种季节和气候的变化表示为一年当中的二十四个节气。节气的具体日期每年都不一样，头脑聪明的人每年进行计算，准确到某天某时某分，写进黄历。我们不妨以葫芦为例：这种瓜类蔓生植物必须在"谷雨"节气之前播种。要是种晚了的话，就结不出浑圆饱满的果实，而结出丑陋扁平的怪东西！

像吴家这种典型的中国式庭院里常见的盆栽如石榴树和夹竹桃，在冬天的几个月里都得搬走，交给花匠照料，或者收到一个方便而有遮盖的地方。等到天气转暖，再把这些植物搬回来，摆放到露天的适当位置，做此事的正确时间是"清明"节气，大约是在"雨水"节气之后第四十五天。"雨水"这个名称的意思就是说，从这一天往后就不会再有大风暴雪的天气了。

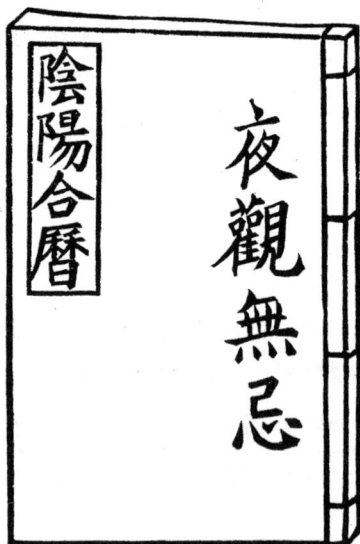

黄历——居家必备的百科全书

再过上十五天，黄历就会特别标明"土王用事"四个字，表示土地爷当令的时候到了，大地已经准备好，应该播种了，这个节气叫"谷雨"，俗谚"谷雨前后，种瓜点豆"，正表示春耕大忙开始了。随后的四十五天涵盖三个节气——"立夏""小满""芒种"，这是播种、插秧、栽培等农事活动密集的时期。"芒种"二字指的就是栽插水稻。过了这一天再种就晚了，所以农谚说"过了芒种，不可强种"。再过约两个礼拜，到了"夏至"节气，就该收获大蒜了，"夏至起蒜"也是一句农谚。

中国是农业大国，上述所有按时序排列的规定，显然都与指导农业生产活动有关。中国人的家庭生活同样严格地遵循这些规定，自然也就成了坚定不移的习惯。

吴家人动手准备种花卉植物了，他们不仅会查看黄历，还会查考全家每个人的命相，命属"五行"中的哪一个，以便选出最适宜种花的人。要想栽种的花卉生长茂盛，就得找个命相属"土"的人来干，找不到的话，找个"水"命的人也行。同样好用的还有命相属"木"的人——小秃儿正好是"木"命。至于命相属"火"和"金"的人，栽花种树的事就免谈了。

你会说，这不全都是迷信吗？没错，不过这还不算完！栽种花草还必须挑"好日子"。因为照黄历说，每个月有随意安排的几个日子是适宜"动土"的，其他日子"不宜动土"。除了适宜动土的日子之外，明白事理的人都不敢挖掘土地。理由很简单：这种行为太像是为了埋葬死人而挖坑了——这可不是什么好兆头！

家庭园艺

吴家最先培育的植物是几种草花，其中包括几种品色的牵牛花。牵牛花通过杂交的办法培育出许多变种，其中有的俗名叫"勤娘子"，因为每天清晨天一亮就开花，懒惰贪睡是赶不上观赏的。牵牛花种在南屋与正房之间的竹篱笆脚下，到了夏秋雨季，特别是晚秋时节，藤蔓长得极为繁盛茂密，竹篱笆全被覆盖，红、粉、紫、白各色喇叭状花朵点缀其间，十分悦目。今年，吴家人又在竹篱笆旁边种下了一些扁豆，也是爬蔓的植物，开漂亮的紫色蝴蝶状

151

草茉莉，几乎每家都种的一年生
草本花卉

花，结实很多。

他们还在篱笆墙下种下了一行草茉莉，每天下午接近日落时开花，颜色绚丽，是一种很皮实的一年生草本植物。

前院拾掇停当，就动手来美化正房前边这片开阔的空间了。正院有一棵大榆树，这对种植花卉很不利，俗话说："宁在人下为人，不在树下为树。"大树对于任何生长在其下的植物都是有害的，因为按老百姓的说法，大树会夺走人家的"气"。这说法并不准确，把"气"改成"阳光"就对了。

在正院西半边，他们种下了一行向日葵，这种俗名叫"转日莲"的植物经过一季能长得高大粗壮，巨大的花盘结出许多饱满的种子。

还有一小块地仔细翻耕之后播下了玉米种子，他们有不少朋友也都习惯这么做。初来乍到京城的人对于此举有难以理解之感，可是从自家院子里刚刚掰下来的鲜嫩玉米，难道不香甜吗？连吴小秃儿都说比从街上小贩手里买来的好吃呢。

吴家在自家庭院进行的园艺工作费时不多，很快就大功告成了。他们用的种子不是那些昂贵的分别包在指定的小袋子里，袋子上面印有原色印刷的花卉图片，注明品系纯正的著名产品，而是跟大多数业余园艺爱好者一样，全都是上一年从自己种植的作物上采集的，在籽粒饱满成熟之际，总能采集到品质优良的种子，下一年再种肯定成绩优异。吴老太太每年都亲自操办，亲自采集，把种子包成一个个的小纸包，请吴老爷子分别做上记号，为的是到用时分辨无误。这样做其实并非必要，因为她已有多年经验，成了无师自通的专家，何况需要她管理的品种本来就不多。她还通过与邻居朋友交换，得到了几个新品种，这在街坊四邻之间也是相当普遍的。

当然了，也有一小批专业的种子商贩在春季的庙会和集市上摆摊经营。这批人各有摊位，跟一般的常年花店不一样，不过肯定跟花店有某种关系。摊位上摆放一个或几个方形木盘，用木板隔成若干大约五厘米见方的小格子，每个格子都装满种子，插着一个小竹牌，上头写着品种和名称、开花的颜色等等。他们也有专用的幌子——挂在架子上的几个葫芦和几穗带皮的老玉米，如果有人想买的话，他们也卖。价钱倒也靠谱，可供挑选的花色品种也蛮多，这一点从一排又一排的小方格子就能看得出来了。除去靠球茎或其他器官繁殖的植物以外，所有的开花植物这里都有种子出售，甚至还能找到玉米和扁豆的种子，由此可见这两样作物在家庭园艺方面是多么受欢迎了。每有顾客来查看他那些像蜜蜂窝一般密密麻麻的小格子里陈列的各色种子，琢磨着买些去试种的时候，卖种子的摊贩总是笑脸相迎。虽然有买主被他们蒙骗的消息时有所闻，但是前来光顾的还是未见减少。吴老太太就是一位常客，

种子摊贩的幌子——葫芦和玉米

虽然这些年来也颇有几次被小小地蒙骗过，但她对卖种子的依然信任如初。有一年，她买回一包据信是五色短牵牛的种子，种下去却长出一片碧绿的菠菜！

小秃儿也认认真真地参加了这场园艺活动。他拿铲子和火筷子在地里掘出一些小坑，又拿长嘴喷壶浇了水。

不过，更加愉快的是吴老爷子。他兴趣益然地在旁边看着，不禁想起了南宋诗人范成大的一首名诗，他脸带微笑吟诵道：

> 昼出耘田夜绩麻，村庄儿女各当家。
> 童孙未解供耕织，也傍桑阴学种瓜。

老北京那些富贵人家，都拥有自家的温室（花房），雇用专职的花匠（花把式），来伺候他们收集的稀有昂贵的名花异卉，把他们府邸宅院里每一间房屋和每一座庭院都用鲜花绿植装饰起来。每年维持花费肯定不在少数，但是他们觉得这钱花得值，而且认为这样做并非奢靡而是必需。品种名贵的花卉许多场合下是一种体面的礼品，而拥有价格高昂的名花，当然也是富贵的象征。何况，名花异卉也是文化教养和人生品位的象征呢！另外，喜好园艺劳作对于一个人性情趣味的养成也有举足轻重的作用。正如孔夫子所说，研习著名经典《诗经》的益处之一是可以"多识于鸟兽草木之名"。诗人把花卉看作无穷无尽的灵感源泉，花朵就是美丽、优雅、光彩、高贵的代名词，成为他们所有情感表达的不可代替的对象。

大凡殷实之家乃至普通百姓家庭，他们都有着一本"赏花日历"，例如每年正月必须摆设山茶花和水仙花等等。对于这一群"品位不俗"的鉴赏家来说，观赏花卉的雅好意味着大把花钱。甚至有些家族，由于培育出本城最优品质的牡丹、荷花或兰花而享有盛名，他们负有传承家族名声的责任，一代又一代努力养花是他们对先辈应尽的义务。

不过吴家并不属于这类家庭。他们养花并不是为了达到某种特别的目的，也不是为了实现某种抱负，只是养成了跟大家相同的习惯而已。吴老爷子当年也是一位培育西番莲，即大丽花的热心家。但是有一年天气特别寒冷，冻死了他的稀有品种，打那往后他就灰心罢手了。当小秃儿开始注意花花草草的时候，他老人家的兴趣又复活了。每当有卖花人路过，他总会买上两三盆。礼士胡同附近的隆福寺庙会开设着北京有名的花卉市场，他们每回逛庙会都不会空手回家。

吴家一直养着石榴树和夹竹桃，后者有毒尽人皆知。吴家还年复一年养着几种有药用价值的植物，其中之一就是金银花。南屋台阶下边栽着一排玉簪花，那里潮湿凉爽，很适合这种宿根植物生长，每年春天自己就长出地面，无须特别照料。大门之内，影壁周围铺满浓密绿荫的是一丛叫爬山虎的藤蔓植物，跟葡萄是近亲。

这些就是吴家"植物园"的主体，此外还有一些附加的品种，每年随节令按时出现。

北京的居民都是爱花的人，他们爱花的目的和理由并不重要。早在汉代，甚至更早，皇帝家族就已经充分表现了对花卉的喜好，不惜重金。清朝的皇太后慈禧，昏庸地"统治"中国近半个世纪，也是一位出了名的爱花人。于是，大臣们和贵族们、王爷和福晋们以拥有高级花卉为荣，彼此展开竞争。这种风气给花卉产业的扩张注入了很大的活力。从事此业的人赚得盆满钵满，大受鼓励，他们的"势力范围"随之不断扩大，从北京城里，蔓延到右安门外的草桥村，推进到柳村，又延扩到了丰台一带十八个村子。这片面积广大的郊区至少有七成土地用于大规模种养花卉，显然是北京城里的爱花人士的需求创造了这个产业，将它"养肥"了，直接或间接地给许多人提供了衣食保障。如果有科学的统计数字，北京人人均每年会消费大约二十五棵植物，还不算少量的球茎和鲜切瓶花。

惠顾花卉商店的人相对较少，流动商贩肩挑扁担箩筐每天走街串巷叫卖，是这个行业主要的商业形态，跟其他一些商贩是一样的。大多数买主自己备有花盆，有乾隆官窑的瓷花盆，也有简陋的瓦盆，不过瓦盆更有利于植物生长。植株售卖时，根部由一团湿润的泥土包裹着，一则可以保护根系，二则可以在它适应新的土壤之前，提供过渡期的营养。不过这团泥土也可能包藏着骗局——买主眼瞧着欣欣向荣的一株花买回家没两天工夫却枯萎凋谢了，这才知道上当了——原来根子是假的。

花卉植物的名称都很招人喜爱，很多植物的俗名比学名更受人欢迎。比如，三色堇的俗名叫"蝴蝶花"，石竹花民间叫"剪秋罗"，百日草俗称"五彩莲"，海寿花叫"凤眼蓝"，灯笼海棠叫"倒挂金钟"，樱草花俗称"夜来香"，唐菖蒲的俗名则是"美人蕉"。有几种花卉的名称是从外文音译过来的，翻得很巧妙，比如仙客来、康乃馨、玻璃翠。

查看一下华北地区花卉植物的名单，有一种植物英文名称跟中文名称可谓相差十万八千里——英文叫作"流血的心"，学名"龙吐珠"，中文俗名却是"荷包牡丹"。有一种植物的蒴果成熟时，一被触碰就会爆破，里边的种子弹出四处乱飞，这种植物在英文里叫"勿碰我"，在中文里则称为"凤仙花"。它也叫"指甲草"，因为它的红色花瓣捣成糊状加上白矾，敷在女孩指甲盖上就能把指甲染红。许多外国植物的中文名称并不是翻译得来的，而是各自分别命名的结果。中文叫"马蹄莲"的植物，其英文名称跟"马蹄"毫无关系。"一品红"的英文名称是"猩猩木"。"令箭荷花"在英文里是一种仙人掌。中国人叫"铁树"的植物，英文里叫"百年树"，因为一百年开一次花。不过中国人早已发现，铁树开花不是一百年一次，而是六十年一次，"百年树"应该"打六折"！

吴家小秃儿善于观察，记性非凡，很快就成了花卉植物的小行家，能准确叫出许多植物的名字。他的父母和爷爷奶奶当然很开心了。

第十四章　幼童游戏

玩伴

吴家小秃儿是吴家的独苗儿，少有机会跟别的小孩子来往，享受不到更加丰富充实的童年生活。尽管他的父母和祖父母，按照自己对"快乐"二字的理解也一直想方设法给他单调的生活提供一些令人愉快的消遣，但他还是常常不快乐。在吴家小秃儿的童年现代化的幼儿园还没有得到普及。当时，这样的设施只有一处，给取了个特别的名称叫"幼稚园"。吴家人并不是顽固不化的死脑筋，也不爱听吴老太太那套育儿方面的"老理儿"，他们本打算送小秃儿去那家幼稚园，只不过那儿实在离礼士胡同的家太远了，只得作罢。

小秃儿的父亲年轻气盛，迫不及待地想做些初步的准备，亲自引领儿子走上"领受知识洗礼"的道路，无奈他的父母一次又一次站出来阻止。他们说，孩子还太小，脑筋还没有长结实，不应该给他增加负担。不过，小秃儿深居简出的生活还是得到了一些补救——每天的游戏时间他可以去跟邻居的孩子们厮混在一起，过了些日子这就成了他日常生活的固定节目了。就是这么一点事儿也免不了遭到吴老太太的反对，她老是说："小秃儿是我的'掌上明珠'，是高贵人家的子弟，怎么能跟张三李四王五家的那些孩子掺和呢。"在她心目中，那些孩子不过是一帮"野孩子"罢了。不过她还是一点一点地退让了，她绝对禁止小秃儿去跟有任何小女孩儿在内的伙伴一块儿玩，除非是她自家的亲友。

她说："男孩儿永远不许跟女孩儿一块儿玩儿。"

小秃儿问道："为什么，太太？"

吴老太太回答道："因为跟她们一块儿玩就要烂脚巴丫儿！"

小秃儿刨根问底，问道："是男孩儿烂脚巴丫儿，还是女孩儿烂脚巴丫儿呢？"

吴老太太脱口而出："都烂！"

别的家长不许女孩儿跟男孩儿玩，提出的理由也是这一条。

儿童一长到要命的七岁，家长就把他们男女分开，这是古老的风俗，起源于蒙昧的古代，固化在意识中，与其说它是一种"必须遵循的律令"，不如说它是"历史留下的先例"。北京首次引进男女同校的教育制度时，许多家庭干脆让孩子退学了。不过后来大多数家长发现男女同校显然没有多大害处，也就改变了自己的决定。

首先前来跟小秃儿结伴玩耍的，是隔壁王家的两个孩子，其中一个就是当初小秃儿刚出生几个钟头被领来"踩生"的小男孩儿。他是个十分讨人喜欢的孩子，吴老太太满心希望小秃儿也长得像他一样可爱，就刻意把他找来了。现在，王家这个男孩子已经十岁，比吴家小秃儿大三岁，正在私塾念书——那是一个只有一个班却分成好几级的私立

王家兄弟是小秃儿第一批玩伴

学校，就设在塾师的家里。他每次到吴家来找小秃儿一块儿玩儿都带着他弟弟——一个五岁的"小大人儿"（有点早慧的孩子），小名儿叫二福子。他们有个妹妹叫珠子。王家也信守不许女孩儿跟男孩儿玩的老规矩，所以珠子不能来。

王家两兄弟习惯于到吴家来。小秃儿自从跟他们交往，再也没有郁闷的日子了。

磕泥饽饽

吴家小秃儿和小伙伴最喜欢玩的游戏之一是"磕泥饽饽"。王家兄弟把他们的模子给小秃儿看，他一见就喜欢上了。他跟爷爷说想要些模子。第二天上午，爷爷就给他买来一大堆模子，大大小小什么花样都有，小秃儿开心极了。

这种模子加工制造的过程跟烧制砖瓦一样。这是一种季节性的儿童玩具，生产者出售时价钱很便宜，一大枚能买三四个比较小的，另有一些尺寸较大、制作精美的模子成套售卖，每套最高售价可达二十来大枚。不成套的单个模子是些小房子、小庙、小塔之类。有些成套的模子多达十五个甚至二十个，能做出小说或戏曲里诸多人物的群像。

有一套极受欢迎的模子，是著名小说《西游记》里的人物——唐僧和他的三个徒弟的泥像。唐僧玄奘是大唐皇帝派去西天取经的高僧，随他前往的徒弟是孙悟空、猪八戒和沙和尚。另外，他们还收了一匹白马，当唐僧的坐骑，免得他受徒步跋涉之苦。

细心的小手艺人只要稍加小心和耐心，就能用这种模子"磕"出这些人像，然后再做一只大乌龟，把这些人加上那匹马放在乌龟背上摆成渡河的场景。河，可能就是印度著名的恒河吧。此外，还有许多别的模子，能用泥巴"磕"出种种妙趣横生的杰作。

这里使用的泥土叫"黄土"，来自中国北部著名的黄土层。这是一种肥沃土壤，很可能是蒙古戈壁沙漠的高原大风吹来的细沙常年沉降积累而成。这种黄土黏性很强，质地细腻，广泛应用于制作陶器。此种"胶泥"不单单适合于小孩子"磕泥饽饽"，事实上供商业销售的许多泥娃娃和泥玩具都是用它生产的。小孩子如果在乡下有亲戚的话，就能弄到最好的"胶泥"，不过大多数孩子是从大人买煤球的煤铺寻来的。北京城的煤铺必须有大量的黄土才能营业，因为煤球的成分有四成是黄土，其余六成据煤铺掌柜的说完全是煤粉。

先把黄土碾成细末，然后一点一点加水，直到和成黏度适宜的泥巴，就可以开始"磕模子"了。小孩子根本没有制作成套人物的雄心，他们只会一个劲儿地磕呀磕，直到弄出一大堆"泥饽饽"才住手，然后就把它们摆放在洗衣服的搓板上晾干。接下来就是另一场游戏了。

玩黄土泥在养育幼童的家庭很受欢迎，特别是在春末夏初之际。据老辈儿传下来的经验，经过一个冬季之后身体里积蓄了很多的"火气"，让热乎乎的手心接触泥巴，就把"火"去掉了。

俗话说得好："舌头不黑就不是真正的潮州狗。"如果有人说他不记得小时候玩过"磕泥饽饽"，那他就不是个地道的北京孩子。

模子是北京儿童最欢迎的玩具

哑拳

　　北京的儿童有一种赌输赢的游戏，叫"拳"。这跟成年人聚餐饮酒时灌人多喝的"划拳"是一个道理，只不过是简化了的儿童版本而已。酒宴上的"划拳"，往往很复杂，需要瞬间掌握对手的习惯性手法，迅速地随机应变，不然就会输了，被罚喝酒若干杯（为什么不是赢家获得奖品呢？），儿童玩的仅仅是一种简单的比赛罢了。

　　有一种玩法叫"哑拳"。小秃儿学会之后，跟隔壁王家两兄弟以及其他熟人家的男孩子热心地玩过好多次。

　　一共只有三个手势：紧握拳头代表"石头"，伸开五指代表"水"，手心朝上五指弯曲代表"碗"。两个孩子心中默数"一、二、三"，数到"三"时，同时伸出手，摆成以上三种姿势之一，决定胜负。水能冲走石头，碗能盛起水，石头能砸破碗，一个制服另一个；如果两人出示的手势相同，就不算数，再来。

　　另外一个类似的游戏也很流行。三种手势是"鸡""虫""棍"。鸡吃虫，虫咬棍，棍打鸡，如此比出输赢。

哑拳的手势：石头、水、碗

老虎棋

小秃儿还跟隔壁王家兄弟学会了下"老虎棋"。

这种棋有十六颗棋子：一颗是"老虎"，十五颗是"羊"。棋盘由五个方格组成，每个方格里画一个"米"字形的线格。

开始前先把棋子摆好：十五颗"羊"在棋盘底部摆成三排，"老虎"摆在棋盘顶端方格的正中心，是它的"窝"。"羊"的一方先走，可以沿直线按任何方向走一步，"老虎"则朝"羊"那边走一步。"老虎"看见一只"羊"后边有空就可以从它上边跳过去，把它吃掉。"羊"的走法必须互相协调配合，不给"老虎"跳的机会，压迫"老虎"只能往后退，直到把它挤进"窝"，动弹不得。"老虎"要设法把"羊"一只一只地吃掉，削弱敌方实力；而"羊"则努力两两配合默契，不给"老虎"吃的机会。规则很简单："老虎"每次只能吃一只"羊"。

小秃儿又学会了一种"连儿棋"。拿一张纸来先画上三个正方形的空格，一个比另一个略大，套在一起，然后在三个方格的四角和中间画上直线和斜线，棋盘就画好了。双方各有八颗或十二颗棋子，轮流向棋盘上直线交点置一颗子，力求己方有三颗棋子连成一条直线，叫一

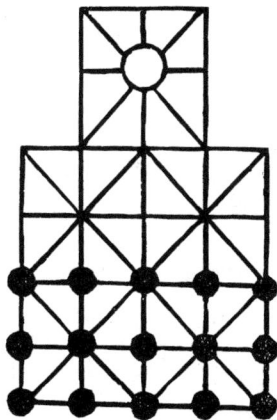

老虎棋的棋盘和棋子，一共十六颗

"连儿"。每成一"连儿",就把对方已放置到棋盘上的一颗棋子吃掉,从棋盘上拿下,但是已经成"连儿"的不许吃。这种棋可以走得很快,技高一筹的一方会摆成"拉棋",即形成很容易成"连儿"的格局,这样他就能很快地把对方棋子吃光。

吴家从玩具铺子给小秃儿买来了这两种棋的棋盘和棋子,他没费多少工夫就掌握了规则,兴致盎然,见着谁都想跟人家下棋。

他总是说:"来跟我下一盘老虎棋吧,连儿棋也行。"

吴老爷子一次也没答应过,说:"得了吧!谁跟你玩那种傻瓜玩意儿!"

户外游戏

公共的儿童游戏场是近代才引进北京的。孩子们游戏的空间可以在任何空地上,北京常见的则是狭窄的胡同忽然出现比较宽敞的一段,他们的父辈祖父辈一代又一代都是在这种地方游戏的。孩子们凑到一起游玩的理想时间在晚上,最好是吃过晚饭以后。夏季晚上差不多9点钟天才黑透,而一般家庭在6点至7点之间吃晚饭。四面砖墙围起的院子都不怎么凉快,更不会有小凉风,所以孩子们自然会到街上去玩。连家教严格的父母这时候也会放松管制让孩子走出院门,等到露天里东一群西一伙的小孩子聚齐后,当街游戏立即开始。

一群群的儿童喧哗嘈杂,而且确实不乏"捣乱"的倾向,如果恰巧有较大的男孩子混迹其中就尤其明显。俗话称此类活泼好动,尤爱调皮捣蛋的孩子是"羊群里跑骆驼"。孩子们玩起来自然忘形,当街游戏真保不齐出个意外,疾驰而过的洋车和鲁莽的自行车骑士在照明欠佳的胡同里穿行,险象环生啊。

小秃儿爸爸本来倒也愿意他去参加邻居男孩儿们的当街游戏，但是小秃儿实在太金贵了，吴家人都舍不得他出去，所以就在自家相当宽敞的院子里安排游戏，度过了好几个愉快的傍晚。

　　有一次，他们玩了"捉迷藏"，北京话叫"藏蒙哥儿"。隔壁王家孩子最大，当领头儿的，由他先挑选头一个"管找的"人。他把褂子的大襟撩起来两手一抻把它抻开抻平，让每一个小孩子都伸出一只手来用两个指头一上一下夹住大襟的边儿。小孩子一共是八九个，八九个人的小手指头差不多正好把大襟的下摆占满了。

　　然后他就开始数"走路"。他按次序点手指头，口中念一歌诀："一路十路，茶汤果露，有钱吃喝，没钱走路。"

　　这支歌诀每两个字代表一个数，一共是八个数。念一遍是八个数。每当最后的"走路"二字落到某个人手指头上，这只手就去掉，淘汰一个人。直到最后只剩下一个人，他就是被蒙上眼睛等大家藏好了再去"找"的人了。这个程序很公道，没法舞弊。小王叉开两腿，让这个"管找的"孩子弯下腰，脖子伸直，低头朝下，小王用两腿夹住那孩子的脑袋，让他什么也瞧不见，同时发令让所有其他孩子去找自己认为最隐秘的地方藏起来。有的藏在了影壁后头，有的蹲在金鱼缸后边，有的跑到后院躲到大榆树背后……每个人藏好了就喊一声"得了"。这时，小王就把那个"管找的"放了，叫他去找，想法捉住一

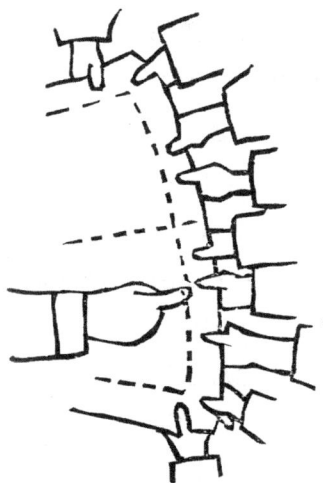

开始藏蒙哥儿

165

个，把他轮换下来。

这个游戏有些"章程"。被发现的孩子逃跑时，有个规矩叫"没家没业，蹲下就睡"，他一蹲下就表示睡着了，此时那"管找的"孩子就不可以再追他了。还有一条规矩是：年岁太小的孩子不能胜任"管找的"，就免除了他这项资格，但仍允许他参加，只当"管藏的"，这种小孩儿叫"小菜碟儿"。

"管找的"捉住一个"管藏的"，就被替换下来，下一局就开始了。

又热热闹闹地玩了几场之后，天色已晚，大伙儿就散了，各回各家，吴家院子重回一片静悄悄。

另一个广受欢迎的游戏叫"打瞎虎儿"。

一个大孩子充当仲裁人和见证人。"瞎虎儿"用逐个淘汰的办法从参加游戏的全体儿童当中产生，程序跟"捉迷藏"游戏一样。选出之后，由仲裁人用双手捂住"瞎虎儿"的眼睛，并且把他的脑袋按下来贴着仲裁人胸膛，防止他偷看。然后让他撅起屁股准备挨打——事先说好只许打大腿上半截。仲裁人叫某一个孩子过来轻轻打一下。这时候仲裁人要负起责任，不允许发生"捣乱"行为。然后仲裁人把手放开，让"瞎虎儿"找出刚才打他的是哪一个。如果猜对了，就叫刚才那个打人的孩子接替他充当下一个"瞎虎儿"，如果猜错了，就接着挨打。这个游戏有趣之处在于，刚才打人的那个孩子可能忍不住露出马脚从而出卖自己，他必须装作若无其事的样子来掩饰自己。比较大一点的孩子也热衷这个游戏。

小秃儿玩了几轮之后，奶奶就叫他们换个别的游戏，因为这帮孩子年纪太小，不能领会其中的微妙，玩一会儿就烦了。

吴老太太就给他们讲了怎么玩"点果子名儿"。

先分成人数一样多的两队，每队有一个队长。两队脸对脸蹲下，中间隔开六尺左右的距离。两队的队长商量好，一队如果用水果当名字，另一队就拿蔬菜当名字，也可以用花儿的名字、鸟儿的名字。然后队长给自己的队员起名字，告诉每个队员他叫什么名字，告诉的时候要悄悄地说，不能让别人听见，当然了，名字不可以重复。

吴老太太一边说着，一边就把两队的孩子摆好了位置。小孩子一共十个，两队正好各有五个人，很快就排好了。然后，每队的四名队员都知道了自己的名字。小秃儿当了一个队的队长，小王当了另一个队的队长。

游戏从小秃儿这一队开始。小王走过来，挑了一个孩子，用两只手把他的眼睛捂住，就喊："我的桃子过来轻轻打三下，回去一齐拍巴掌！"于是小王队里那个叫"桃子"的孩子走过来，在那个被捂住眼睛的孩子头顶轻轻地拍打三下，就回到自己原先的位子，大家一齐拍巴掌。这时候小王放开双手，让这边被打的孩子猜，刚才打他的"桃子"是哪一个。他若猜对了，那个"桃子"就得让小秃儿捂住双眼，准备挨打……

这个游戏蛮有趣味，但是每次猜对之后都要重新再起一次名字，比较麻烦。玩的规则很公道，谁都没有作弊的机会。

小秃儿非常喜欢跟街坊的孩子们一起做各式各样的游戏，一有机会就高高兴兴地参加。他参加的另一个游戏京味儿十足，叫"锢露锅"。这里需要说明一下，北京人煮饭炒菜用的锅都是铸铁制造的，常常会破损，就得叫走街串巷的补锅工匠来修理，这叫"锢露锅"。游戏是受此启发而来的。

如果一群小孩子商量好了玩这个"锢露锅"的游戏，他们就首先推举出两个较大的孩子，一个当破锅的主人，另一个当补锅的。这个游戏要求参加的人数必须是单数，双数不行，当破锅主人的那个大孩子还要在游戏过程中充当见证人和监督人的角色。

其余的孩子围成一个圆圈，他们先把双手向前平举，向圆心聚拢，形成像辐条由车轴向外辐射的形状。这时，补锅匠来到，他模仿补锅匠把一只手捂在耳朵上高声吆喝："锔露锅！"这时，破锅主人就把他叫住，请他补锅。

依照惯例，那补锅的首先会抱怨锅太小，说："您这锅怎么这么小啊！"

锅主人应声回答："要大就大！"孩子们一听立刻后退，同时大家手拉手就变成了一个大圆圈。

这时，补锅的就走进圈子，仔细检查哪些地方漏了，以便估价，跟主人讨价还价。补锅匠郑重其事地认真检查，他一个接一个地细看孩子们的牵手处，找出"漏"处。他会突然喊道："青豆，黄豆，嘎嘣就漏！"这如同一声令下，孩子们听了立刻撒开手，四散跑开。孩子们急忙找一个伴儿结成对子，但是总有一个反应迟钝、动作缓慢的孩子落了单，这时再想找个伴儿已经晚了。在大家一片哄笑声中，这个不幸的"单崩儿"只得认输，在下一轮游戏里扮演补锅匠了。

这林林总总的儿童游戏，虽然不能说全都充满乐趣，但大多数儿童一有机会就玩得兴高采烈。这类游戏确实能够让孩子们培养团队合作精神和竞争意识，以及培养敏捷行动的习惯，使他们熟悉公平的概念，这是走向"社会正义"的第一步。

第十五章　五月端午

　　"五月节"的正式名称叫"端午节"，"端午"二字是"正午"的意思，所以这个节日又叫"天中节"。端午节的正日子是五月初五。这一天江河码头都举行一年一度的龙舟竞渡。所用船只都装饰以龙的形象——船头装上一具龙头，船尾则装一条向上翘起的龙尾巴。赛龙舟一向都是万众喧哗人声鼎沸的盛大场面，河岸上聚集的人群大声喝彩助威，欢呼声一浪高过一浪，船上的桨手在燃烧身体里所有的能量，鼓手则把鼓擂得震耳欲聋。这个节日无论是参与者还是看热闹的，都已经翘首盼望好几个月了。

　　龙舟竞渡多由当地富有钱财、广有威望的商业公会和宗教团体赞助，它们每一家都有自己的名号。参加赛龙舟的人们心气极高，他们的字典里根本没有"失败"二字。一旦赛而不赢，他们就会把"体育道德"的信条抛诸脑后，千方百计捞回面子，不惜跟对方拳脚相向，械斗因之而起。久而久之，事故成了传统，以致一场赛龙舟过后要是没有跟上一场绵延数月之久的群殴，都不够完美了。这件事，咱们就不多谈了。

　　北京没有龙舟竞渡，但是过五月端午节的习俗一样不少。中国人一年当中有三次清偿债务的日期，统称"三节"——春节、端午节和中秋节。表面看来，过节是家家户户"寻欢作乐"的时候，然而残酷的现实大异其趣——节期是对商人是否敏捷、诚信的严峻考验，因为大家都在观察他能不能按"三节"清偿债务，以此来证明他的信用是否可靠。如果一个商人或一家之主不能在"三节"的清偿期内给债权人一个满意的交代，那他就成了"小人"，从此名声扫地，处处碰壁。

吴家幸而没有这种忧虑，所以端午节对于他们来说是个快乐时光，全家人跟北京所有人家一样，都按过节风俗欢天喜地吃吃喝喝。

葫芦花儿

节日不紧不慢如期而至，头一个迹象就是吴老太太给孙子小秃儿做了一串"葫芦花儿"，准备叫他在五月初五那天佩戴在大襟上头。这是用极薄的各色丝绸、极细的丝线、极小的绣花针缝制的各式各样美丽的小物件，用一条丝线穿成一串，大约有八寸长。虽然同样的物件在市场庙会也有卖的，但是吴家人总是自己亲手制作。仔细一瞧，这一串小玩意儿包括一粒红色的樱桃、白色和紫色的桑葚、一根嫩葱、一条黄瓜、一个茄子……五颜六色，漂亮极了。这些小物件，每个不到一寸长，用一条丝线穿成一串，间隔半寸左右。最下头还有两件小东西——一个绣有小男孩儿骑在老虎背上形象的荷包和一个葫芦形状缀着黄穗子的香袋，里边塞了少许香料粉末。

这件叫"葫芦花儿"的饰物，在五月初五那天每个小孩子都会佩戴起来。女孩子是别在发辫上，有时会再加上一朵小老虎状的绒花之类，男孩子则挂在纽扣上。

还有一种与此完全不同的装饰物也叫"葫芦花儿"，吴老太太是从串胡同的小贩手里买的，那实际上是一种上供用的"供花儿"。

端午当天，除了小孩子佩戴"葫芦花儿"，家里的所有女眷也都在头发上佩戴一些花花绿绿的小饰物。除了用发卡别在头发上的小老虎绒花之外，还有一种叫"符"的东西。这是用红白两种颜色的细窄纸条巧妙折叠而成若干方形和三角形，构成一个复杂图案，用发卡别在头发上。它代表经过简化的道教神符，具有降妖驱祟的作用，在古代很流行。

钟馗

节日到来之前的几天，小贩开始出售黄纸印的画像，每家至少"请"一张贴在街门上。宽约一尺、长约二尺的画面上是木版印制的粗糙图画，内容各有不同。有的是"五毒图"——蝎子、长翅膀的蜈蚣（中国南方的蜈蚣是有翅膀的）、壁虎、蟾蜍和毒蛇，这些毒虫正被一只老虎消灭，而老虎乃是道教中一位宗师张天师的化身。张天师是一切驱妖降魔神力的最高权威，他在下界的永久驻地是江西省的龙虎山。还有一些图画表现"五毒"被法术所降服，被一团烟气吸进一只匣子或一个葫芦，就像灰土被吸尘器除掉一样。这些图案一律印在黄纸上，因为黄色是中国宗教装饰常用的官式颜色。

有一幅更受欢迎的木版画是"判儿"的粗略肖像——这个"判儿"挥舞着宝剑，怒目圆睁，盯住一只正向他飞来的蝙蝠，他正勃然大怒，头发胡子根根竖立。这个大家熟知的姿势叫作"喝福来迟"，"蝠"与"福"字谐音，意思是指责"福气"为什么来得这么晚。这个神话人物身穿绛红官袍，腰系玉带，表明他是一位级别很高的大官。这是中国艺术作品中一个广为流传的形象，用来驱除和压制家里一切的邪祟和"毒气"，这幅肖像画因此随处可见。

那么，这个信仰到底是怎么开始的呢？

传说有一回，唐明皇得了病（多半是疟疾），白天睡觉忽得一梦：一个身躯壮硕的恶鬼正在捉拿并吞吃那些折磨他身体的小妖怪。唐明皇问他是什么人，那人说，他本是终南山的一名举子，名叫钟馗，因为参加科举考试名落孙山，羞愤之极就头撞皇宫丹陛而死。（皇宫怎么可能让他进去？）奇怪的是，唐明皇一觉醒来病完全好了。为了纪念这位叫钟馗的举子，唐明皇命令著名宫廷画家吴道子按他梦中所见绘制了钟馗的肖像。从那以后，钟馗像就有了驱妖除魔的法力，会消灭家宅里的一切邪祟，逐渐普及千家万户。

不用说，吴家也"请"了一幅俗称"判儿"的钟馗像，作为节日的装饰。为了表示威力加倍，这张"判儿"上方还盖上了"天师之印"。

端午节不但是中国商界一个清偿债务的节点，也是一场大规模的家家户户参与其中的公共卫生运动，大家用形形色色的图形、招贴画和口号向一切疾病和邪祟示威。虽然花费很大气力对付各种"毒虫"，包括使用"天师之印"这种幼稚的手法，但是也采取了一些讲求实际的防范措施。上文已经提到，日常生活中的现实精神和迷信行为是杂糅在一起的，试图将二者分清楚是没有用的，端午节形形色色的习俗也是如此。

端午节必备装饰品——"判儿"，上方加盖了"天师之印"

为了预防即将到来的夏季几个月的瘟疫肆虐，百姓们充分利用雄黄。这味中药有一种独特的气味，在室内是强力的消毒剂，在室外则是防止昆虫入侵的杀虫剂。这种黄色的药粉在所有中药铺都有出售，价格便宜。在古代，节日饮酒时会在酒里放上一点雄黄。一个广泛流行的风俗是用少量雄黄溶于酒中，点在儿童的鼻尖和耳朵上，用以防范"毒氛"入侵和害虫叮咬。

此种行为再前进一步，就跨进了迷信或幻想的天地。不少人开始在小孩子的前额上用雄黄酒写一个"王"字。"王"字当然是"王者"之意，而老虎按中国人说法是"百兽之王"。老虎有个自然生成的标志——前额上有一个很像三横一竖的"王"字的花纹。老虎象征降魔除妖的神威，所以这个标志本身就能消灭妖魔邪祟了。如果一个小孩子画上了老虎的记号，而且还是用一种强效的药物画上去的，那么二者结合肯定会形成安全保障，自然会吓跑所有的危险——包括蝎子、蜈蚣、壁虎、蟾蜍和毒蛇。

宅院内外大大小小的门全都做了五颜六色的装饰。五月初五大清早，大门两边的门框上就挂上了一小束艾蒿和一小束菖蒲。这两样东西要挂上一整天，菖蒲没有别的用处，最后也就扔掉了，而艾蒿则挑出来收拾整齐，晾干保存，家里或邻居有婴儿诞生时可拿来"洗三"时使用。

除了这两件装饰品之外，各屋门窗都贴上了尺寸不大的剪纸窗花——用红纸剪成的"五毒"、葫芦、宝匣等花样，衬上白纸。这些剪纸作品也叫"葫芦花儿"，剪纸作品由乡下妇女制作出来挨家挨户售卖，十分便宜。这些好看的小玩意儿也参与渲染节日气氛，可是一过完节就

五毒窗花

173

被扯下来撕得粉碎，扔到当街，表示"把这一年的晦气全带走了"。

吴老太太安排妥当并亲自动手，由孙子小秃儿帮忙，里里外外收拾停当。好奇的小秃儿跟奶奶一边干活一边傻乎乎地提出各式各样的问题。

粽子

端午节也叫粽子节，如果端午节取消粽子的话，这个节日的魅力肯定要大打折扣。制作粽子用一种有黏性的稻米——糯米，北方人叫江米，把这种米用苇叶包成一个一个的小三角，煮熟或蒸熟，热吃或凉吃都可以，吃时加白糖或黑糖浆。粽子常常冰镇了再吃，的确是美味的夏季消暑佳品，别具风味。小孩子们尤其爱吃粽子，但是吃得太多比其他食物更伤身。

在端午节前两三天，如果到北京各处市场溜达，你鼻子闻到的是粽子的香味，眼睛看到的是成堆的粽子，耳朵听到的是苇叶包粽子的沙沙声。所有的店铺都在推销粽子，所有的亲戚朋友在互相赠送粽子，所有的家庭在包粽子、煮粽子、吃粽子，所有的垃圾箱都塞满了剥下来的粽子皮。总而言之，粽子无所不在。

粽子花样繁多，有最廉价的小枣粽子，也有奢侈型的粽子，里边包的馅儿包括甜豆沙、珍贵的果脯甚至切成方丁的火腿。形形色色的粽子，由形形色色的商贩销售。走街串巷的小贩卖粽子；给干苦力的劳动阶级提供饭食的小吃店卖粽子，杂货店卖粽子，连那些北京时髦人士出入的最势利的高级餐饮饭庄也都提供特殊风味的粽子。吃粽子的风俗，穿透所有阶层的樊篱，流行千百年势头不减。

吴家虔诚信佛，家中设有佛堂供奉神佛，还有一个特别的房间祭拜祖先，他们总是亲手制作粽子当作献给佛爷和祖宗的应节供品。孔子给他的门徒讲解孝道时说过："生，事之以礼；死，葬之以礼，祭之以礼。"

吴家以极其虔敬的态度在五月初五清晨就把粽子做好了，上供的庄严仪式由吴老爷子主持，吴老太太在旁扶助。他们把粽子剥去苇叶摆在碟子里，每碟五个，撒上白糖。为了进一步表示应节当令，每个碟子里再添上几颗樱桃，几个黑白桑葚。这些供品都被极其庄严隆重地摆在每一座佛龛前边，单有一小碟摆到了灶王爷的小龛之前。平民百姓笃信，灶王是居住在三十三层天最上一层的玉皇大帝派到每一家来的常驻全权代表。

供品用毕，就撤供了，碟子里的粽子等物大家分而食之。他们要把所有的黑桑葚都给小秃儿吃掉，因为大家都相信，小孩子在端午节当天吃了黑桑葚，以后整个夏季都不会发生把苍蝇吃下肚子的不愉快事件。

屈原故事

端午节这天，吴家人团聚会餐，最后一道佳肴当然是粽子。

饭后，全家人围坐谈天，讨论了吃粽子风俗的起源问题。小秃儿听得入迷连小嘴都闭不上了。

故事发生在战国时期，当时各地的封建诸侯势力壮大起来，把姬姓周朝的大权瓜分殆尽，这些割据各地的诸侯相继宣布自立为王。位于现今湖南、湖北和河南南部的楚国就是其中之一。

当时楚国有一位名叫屈原的青年政治家，年纪刚刚三十出头，他出生在有钱有势的贵族家庭，很快就赢得了楚国怀王的信任，任命他做地位显赫的高官——三闾大夫。他向楚怀王呈上长篇奏折，建言在楚国臣民中间推行严明廉洁的新政。楚怀王拿他当作有力助手，赋予政治军事方面便宜行事的大权。鉴于他有出色的外交才干，楚怀王便派他出使各国，主要是齐国（在今山东省一带），游说各国联手抵抗秦国（今陕西省一带）的扩张图谋。

秦国的人很快就听到了风声，采取了针锋相对的措施。权威史书记载，秦国秘密派谋士前往楚国。此人到了楚国大施金钱攻势，在楚国朝廷搅起一股针对屈原和他一切主张的敌对风浪。与齐国结盟的计划遭到失败，屈原成了这场政治阴谋的牺牲品。他被解除官职，更被逐出国都。屈原失去了脸面、财产和名誉，他的从政生涯彻底破灭再无恢复的可能，成了一介平民。

屈原大感失望，但是并没有灰心丧气。他安慰自己说有朝一日还会时来运转，他会再度施展政治才干。他不满足于在无所事事中等待时机，便开始写诗来抒发自己的主张。他的作品大受欢迎，卷帙浩繁的诗作世代传承，成为中国古典文学的代表作。他的诗抒发着不平之鸣，以及与自己的辩论和对自己的劝慰，很像一个失恋的年轻人。然而，楚王仍旧对他不予理睬。

屈原等候多年也没有等到官复原职的消息，最后他终于绝望了。这时他对一切表示悲观，在充满悲伤的诗句里对自己说，人生已经不再真实可信，空虚如梦，不值得再活下去了。在五月初五的夏日清晨，他写下遗言告别故土，走出汨罗江畔的住所，跳入江水之中，结束了自己的生命，以此来向冷酷无常的世界给予他的种种痛苦表示抗议。

吴老爷子说："咱们每年五月初五吃粽子，后来又演变出龙舟比赛，就是为了纪念我们那位聪明的好人屈原。"

中国人都认为端午节吃粽子是为了纪念楚国的政治家屈原，他的自杀是为了表达道义上的抗议——东方人以自杀作为表示抗议的姿态，是举世闻名的。但这并不是故事的全部。

屈原自沉汨罗江的消息传开以后，楚国全境仰慕他的人纷纷悼念，备极哀荣。

附近一些地方的楚国人民开始设法搜寻他的遗体，以期为他举行隆重的葬礼，但是没能取得预期的结果。（不妨说，龙舟竞渡中的船只就是救生船的简化版本，而船头装饰龙首，本来是表示参与搜救的船只有些是皇家所有。）人们为了保护屈原的遗体不被江中的鱼吃掉，就拿来一些稻米大把大把地抛入江中，让鱼儿有的可吃就不去搅扰屈原了。为了让稻米能在江水里保存更长久，当地就发明了拿苇叶把稻米包裹起来的办法——于是历史上头一批粽子就诞生了。

不过，还有些人另有说法。他们说，楚国人往江水里抛撒稻米是为了给屈原的亡灵献上供品。这么做了一些年月之后，忽然有些人出来宣称，他们做了一个梦（讲故事就爱托梦），梦中屈原大夫对各种供品表示感谢，可是又抱怨说，抛撒到江水里的稻米是分散开的，全都被鱼儿吃掉了，他自己吃不着。他对做梦的人说，如果不太麻烦的话，请把稻米包成小包，包装材料就用一种防水而不容易损毁的东西，或许不妨就用江边生长的芦苇叶子吧。既然各项技术性能都符合要求，又不会给大家带来太大的经济负担，而且制作简易，原料用之不竭，何乐而不为呢？他又进一步提出了一条同样有价值的建议——把稻米装入中空的竹筒，效果一样好。屈原本人就是一位才能卓越的大政治家，他的聪明智慧当然不负众望。大家一致商定就按屈原大夫所叮嘱的去做。

吴老爷子说道："现在，粽子已经成了千家万户盘中的美食，哪里还记得粽子当初是为了纪念一位为了拯救国家而牺牲性命的人呢！"

他说："祭品也罢，不是祭品也罢，反正今天下午我有我的事。卧佛寺今天开庙，我想带小秃儿去看看。小秃儿，你想不想去？"小秃儿回答道："当然想去啦！您几时走我几时跟着！"

第十六章 哈达门外一座庙

北京有两座名为"卧佛寺"的庙宇。一座在西山,离城三十多里,有汽车路可达;另一座在哈达门外花市大街东头。花市大街曾经是制作人造花的工人定期举办集市的所在。这些工人大多只有规模很小的家庭作坊,全家人特别是妇女儿童都参与这项很辛苦的营生,他们在家手工制作各种绢花,与外界的一切交往都在集市上进行。早年间,女士们特别是年轻而且追求时髦的满族妇女,大量使用绢花装扮头饰,需求量巨大,因此绢花行业兴旺不衰。绢花业作为当地一项制造业,如今已丧失其经济地位,但是花市一带仍然是各种小手工业的集中之地。

好像是绢花行业萧条衰落的一个写照,与之同时还发生了一件更加令人痛心伤怀的事——作为妇女儿童节日游憩场所的卧佛寺,长期以来门前冷落,并最终坍塌。卧佛从那以后日益破败,从睡眠状态落入昏睡状态,好像患上了某种嗜睡的热带传染病一般。它甚至懒得再睁开眼睛看看周围的人群有没有好好对待它的迹象。

作为端午节下午的节日消遣,吴老爷子带着孙子小秃儿来到卧佛寺,他们没有看见什么香客,只有几个神情木然的"观光客"。几座佛殿已经没有了佛像,还勉强能够住人的殿堂都租给了贪图房租低廉的贫民,这些租房户经济状况不相上下,处境相同,所以大家相安无事。

吴老爷子吃惊地发现那座巨大卧佛塑像所在的大殿居然还没有

178

倒塌，只不过屋顶上有几个窟窿，被芦席遮盖着。四面墙壁还有三面多未倒。一个看似看庙人的老头儿，向前来给佛像烧香的香客收取小费。他可能因为与卧佛常年密切相处，也传染上了轻度的嗜睡症，他盼不来出手大方的虔诚信徒，就找地方睡觉去了。卧佛塑像倒还完好无损，善男信女捐献过不计其数豪华的绸缎刺绣锦被，如今只剩下破破烂烂的一件还留在原地，抵抗着风风雨雨的侵蚀。佛像长约三丈，向外侧卧，一只胳臂弯起似枕头般支着头部，佛像的底座顽强地支持着佛像。佛像面部表情沉静，安详自得，一丝微笑似有若无，表现出不一般的平静，雕塑家以此表现出长期刻苦修行的成果，下一步就是"涅槃"，即灵魂最终解放而进入天界。

卧佛寺的破败景象令吴老爷子深感忧伤，他所看到的变化实在太强烈、太彻底了。几年前他也来过，那时的状况还没有这么糟糕呢。小秃儿也很失望，说："咱们回家吧。"

在回家的路上，小秃儿心里开始纳闷儿，终于忍不住对爷爷说：

"爷爷，咱们走这么远的路就是来看这座老破庙吗？天气这么热，实在不值得啊。"

"谁说不是呢，孩子，我也是很吃惊的。就在几年前这座庙还好好的呢。每逢开庙的五天里，香客和游人都很多呢。

"你爸爸像你这么大的时候，我们每年都定期来逛。跟别的庙会一样，道路两旁摆满了卖艺的、卖糖果的小摊子，还有一些'抓彩'的小摊子吸引着成群的小孩子来赌一小把，试试手气，反正最后都是几个舍不得花的铜子儿都输给人家了。要紧好看的是城里头的阔人都到这庙后头的空场来赛马跑车。"

赛马跑车

小秃儿一听很觉得新奇,就问道:"什么叫赛马跑车?那一定很有趣吧?"

"有趣!跟南方各省赛龙船差不多一样有趣。就是满族的王公贵胄和有钱的富商们,他们年年来这儿赛马跑车,当作一种显摆阔气的消遣。现在堆满垃圾污物的那片空场,当年就是赛马的跑道。一到时候,先把场子画出来,靠北边土墙边上用苇席圈出'看台',给受邀前来的宾客和大众观看。天气好的话整个场地挤满了人,一排又一排的人从远处一看,只见一大片黑压压的脑袋,小孩子爬上树占据视线最佳的位子。观众们一边看热闹一边高声叫好,而小商小贩和茶馆掌柜的趁机大赚一笔。"

小秃儿问道:"他们来瞧赛马跑车是要看看哪匹马跑得最快吗?"

吴老爷子一听就乐了,笑着说:

"不然。他们根本就不比马的速度,他们来只是显摆显摆主人骑来的马外观多么漂亮。骑马的人大部分骑术并不高明,他仅仅是要向朋友和对手展示一下他的马有多么聪明灵巧,修饰得多么漂亮,马鞍、缰绳、笼头等等一应配件华丽名贵绝不逊于任何人。那些马匹根本不比赛奔跑,也不叫它们跑快,那年头儿讲究的压根儿不是速度而是步态。每个主子都有自己的专职马夫,不但充当马把式,还要充当仆人和保护人——他得紧跟在主人和主人的坐骑旁边,手里紧握挽具控制马匹,并调节行进的快慢。

"然后骡拉轿车进场了,用同样的方式展示给大家,一辆接着一辆由主人赶着走一圈,让众人仔细观看。这种车有圆顶的车篷,两只大车轮包着铁轮箍，所有木头构件都涂着漆，大小配件一应俱全，擦洗得锃光瓦亮，连那个用来给车轴膏油的小罐儿都是名贵瓷器。为了最后再加上一些色彩，他们把一些艳俗的绸布条儿编进马匹和骡子的鬃毛和尾巴，跟轿车上锃亮的黄铜饰品交相辉映。

"观众的欢腾并不完全是由于表演精彩、骑术高超值得大家高声喝彩而引起的。恰恰相反，大家的欢腾往往是一种嘲笑挖苦的表示，因为马匹有时候会在众目睽睽之下忽然动作失常，要么就是某一位高傲自负的主人不知怎的从坐骑上跌落，这场面往往引起一阵倒彩。为了挽回面子，一帮花钱雇来的打手、职业的强人就会从天而降，他们身强体壮、面目狰狞。他们要报复嘲笑者，就先挑起口角，接着大打出手，不过大抵只是做做样子，不会比那些'赛马的人'更认真。在那些骑手和业余车把式当中，的确能认出不少年轻气盛、头脑轻浮的满族贝勒阿哥。而花钱雇来的打手之间，由于各自的主子出乖露丑也会互相斗殴。"

小秃儿听了说道："哎呀！真够没意思的。"

吴老爷子说："是够无聊的，可是再也看不见了。"言下似乎有些伤感。

第十七章　北京茶馆

谈北京人的生活，是不能抛开茶馆的。这座大城市里里外外大街小巷以及一切名胜所在的适宜之地，茶馆无所不在；各阶层民众日常生活方方面面都有茶馆渗入其中。有的茶馆属于豪华型，摆放着藤柳编制的椅子，甚至躺椅，让前来茶叙的时尚人士倍觉舒适。这种茶馆还供应各色精美可口的小碟佳肴供"高档次"的主顾品尝。应该肯定这一类的高级茶室的确是某种外国做派的变种，但是用小口啜饮热茶的办法消磨漫长的夏日"永昼"，或者到景色幽静的地方一边品茗一边享受习习的晚风，则是国人千百年不变的本土习俗。从这类高级茶室往下数，较低档次的要算劳动阶级"喝水"的地方了。这种地方，茶水只是食谱的一部分，跟其他供应劳动大众的廉价食品同样低档。再往下就是由半大小子抬着粗陶瓦罐，抓一把"茶叶末儿"，冲上热水，沏成一罐子热气腾腾的茶水，倒入粗瓷大碗——这就叫"大碗茶"。洋车夫和卖力气的人，在忙里偷闲稍事喘息时刻花一大枚买两大碗"大碗茶"解渴消暑，不失为一种享受。"饮茶"之事的最低一档，不过如此了。

茶馆众生相

茶馆众生相千姿百态，最为令人神往之处，乃是城市里的有闲者云集于此，形形色色的闲言碎语，从时政新闻的谣言到家长里短的丑事，拉拉杂杂全都在茶馆里汇集交流。还有那些闲来无事养上一两只鸟儿做伴的也都到这里来互相观摩彼此的爱鸟，来一番品评。茶馆门前悬挂的幌子是几块下边缀着红布条的长方形木板，写着各种茶叶的名称，如"雀舌""雨前"等。茶馆是观察老北京生活方式的好地方。大堂里摆着几张长方桌子，与桌子等长的板凳分列两侧，客人们依次坐在板凳上，好像是来参加一场大型集会。有的客人有自己的"常坐"。不用招呼，茶博士就把一壶沏好的热茶端来，摆放在他的面前，包茶叶的纸被叠起来别在茶壶把上，当作算账的凭据。这位茶博士每隔一小会儿提来一大铜壶的热开水给客人续

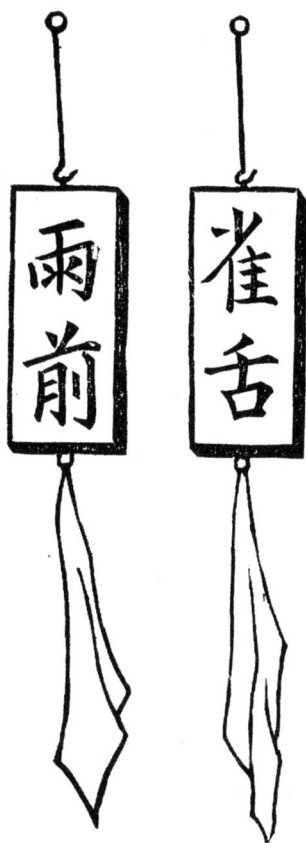

茶馆门前的幌子

上，让他从容欣赏一壶香茶，直到喝足为止。卖花生瓜子的小贩不时光临，让少数爱花钱的人增加开销，而大多数客人的兴趣只是喝茶。

客人们各自就座，跟旁边的常客聊天，同时给自己的爱鸟喂食。季节相当时要喂"活食"——把蚱蜢、蝉捉来扯掉翅膀和腿，装入小小的纱网笼子，定时取出来投喂。鸟儿得到精心喂养，于是一展歌喉，而自豪的主人开始击节欣赏，周围那些客人都竖起耳朵

来听。有几位"个中老手"就来奉承说，这只百灵真聪明，它这是在模仿夜猫子、鸱鹰、山喜鹊、蓝靛颏儿、过冬的蛐蛐儿，甚至一只猫……说什么的都有。

于是，客人随意分成或大或小的小组开始闲聊，话题飘来飘去，互不关联，大家看来意气相投，开诚布公，不无交情。话题可能从养鸟开始，进而谈到某一只具体的鸟儿，接着就谈到某位先生花大价钱买了一只红靛颏儿，然后又谈到某几位出了名的外行花钱上当，接着又说如何在护城河旁边水洼子逮鸟以及为争夺一只稀罕的鸟儿大打出手的新闻，下边不知怎的又说开了两年前隔壁切面铺发生的打群架事件……话题又一转，说开了最近时事的谣传和评论的长短，最后还是到了老题目——天气：前天下的那场小雨。如此等等，诸如此类。

茶馆还是个谈生意的地方，某人要出售一处房产，就把买方跟一干人等约到茶馆来谈判。参加人到来的具体时间并无约定，有先有后，有早有迟，间隔当然也很随意，直到最后到齐为止。交易的细节重复一遍又一遍，直到茶馆里几乎所有人都与主角本人知道得一样详细才算完。此时，烟袋和纸烟散发出来的浓烟和鼻烟粉末散发的呛人气味已经充满了空间，热茶也不知道喝掉了多少壶。

正事早已商量妥当，他们却还不散，闲聊的劲头有增无减。到了最后，每把茶壶里的茶叶经过一次又一次的续水之后，早就泡得既没有颜色也谈不上味道了（只有少数几位来得晚的客人是例外）。这会子客人们才会付钱，每人两三大枚的水钱；至于茶叶则价格不同，从两三大枚到十大枚不等。付完钱这才三三两两相继离去。晚饭时间接近，茶馆暂时显得空空荡荡，客人寥寥无几。不过再过片刻，来喝晚茶的客人又要光临——其中有些白天已经来过了。

吴老爷子在孙子小秃儿出世以前，是茶馆的常客，准时来去，差不多风雨无阻。虽然日常生活中也有其他一些消遣方式，但是坐茶馆这个多年养成的习惯还是难以完全戒除的。后来大家发现，小秃儿常常跟着爷爷一同前来，只是随着时间的推移，次数越来越少了。

评书艺人

有些规模较大的茶馆在大厅中间能看到一个用灰砖砌的小台子，台上摆放着一张不大的方桌，朝向观众一边挂着一块红布。这个地方到了事先宣布的钟点，就有一位颇有书卷气的男士上台献艺，给喝茶的客人们提供一种很受欢迎的娱乐——说评书。

节目内容写成海报，张贴在茶馆的大门上，如果有玻璃窗子就贴在窗户上。这个娱乐节目看似免费提供，其实不然，虽然听众无须购买入场券，但是说书人每隔一段时间就会走下台子或者派一个徒弟手举一个柳条编的小簸箩，绕场收钱，这叫"打赏"或"打钱"。价码一点也不高，每次给一个大枚足矣，只有少数大手大脚的外行才会多给两三大枚。说书的艺人称为"先生"，无论冬夏他手中挥舞一柄细竹片和白纸糊成的折扇，当然不是为了扇风解暑，而是为了突出强调

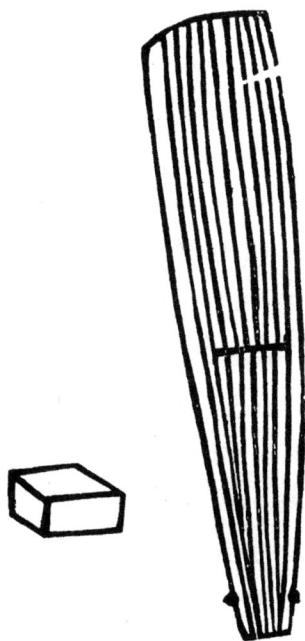

评书艺人必备的道具——折扇和醒木

185

某个动作姿态以引起注意，或者是用它象征性地模拟某一武士使用的长枪大刀等武器，表现他在比武和战场上的雄姿。说书先生桌子上放着一小块方方正正的黑色硬木，叫作"醒木"，他时不时拿起"醒木"猛击桌面而发出清脆的声音，以加强话语的震惊效果。也会在节目开头之前敲击"醒木"宣告演出即将开始，要求大家安静下来。

听专业艺人在大庭广众之间演说故事，是北京有闲阶级很欢迎的一种消遣，老少咸宜。这种故事称为"评书"，因为说书人夹叙夹议，在说故事的过程中发一些恰到好处的评论，如同看金圣叹批的才子书一般。

评书故事大都取材于卷帙浩繁的历史小说，如《三国演义》之类，采取一天一段、连续多天的"系列连载"的形式。其他小说还有关于绿林好汉的《水浒传》。在此不妨多说一句，《三国演义》《水浒传》《红楼梦》三部著作被公认为中国古典文学的最佳名作，都已经译为外文享誉世界了。

茶馆客人欢迎的另一类小说是公案小说，这是侦探故事与武侠故事的混合体。武侠——会武功的侠客，他们武艺卓绝，行侠仗义、除暴安良，有的保护清正廉洁的官员，使之免于邪恶势力的伤害，有的借助秘密帮会活动，甚至采取暗杀手段来对付贪官酷吏的恶行。公案小说往往特别突出地讲述地方官员在侦破一些穷凶极恶的抢劫案、情节复杂的凶杀案、轰动一时的官场丑闻案等案件时展现出的高超的智慧和机警，令人叫绝。原书作者以笔墨功夫所做的夸张描写，说书先生则须以口舌功夫予以再现，有些时候他还会额外添加一些惊悚吓人、扣人心弦的情节来吸引和打动听众，比如审案子的官员被赋予神奇的法力让死人复活，从阴间召唤死者的魂灵前来出庭做证或者给故事的主人公提供保护。这一类小说的代表性作品有《包公案》《施公案》等。

此外还有一种评书作品以神话故事为蓝本，讲述一些道教或佛教的高僧以及某些男女神仙的神秘而引人入胜的经历。这一类小说可以举《封神演义》为代表。

专业的评书艺人为数不多，因为许多人认为学习这门技艺有失体面。但是从事这个职业的人虽然少，却个个都称得上是响当当的伟大艺术家。他们无一例外都具有当众演说的口才天赋，善于把众人的注意力牢牢吸引住。何况他们所讲的故事虽已被人讲过多次，大家耳熟能详，如何把故事说得百听不厌，肯定不像一眼看去那么容易。再说，观众当中至少有一部分人压根儿就没什么兴趣，有些人所以前来本是为了谈一桩生意，就是说他们是在一边商议事情一边听评书的。除此之外，到茶馆里的客人随时进进出出，对于节目进行当中自由来去去的行为，本来就没有什么规矩加以阻止嘛！

专业的评书艺人还应该善于模仿中国各地的方言，这样才能跟书中人物的身份相吻合。比如，故事里的一个山东人跟一个山西人对话，说书人必须把他们二人的谈话用两种差异明显的方言模仿得惟妙惟肖，既不显丝毫的勉强费力，又把故事情节自然推进，不发生任何错乱，这样他才能得到听众的首肯和捧场。只有对中国话和纷繁多变的方言有所了解的人，才能理解说书人这个差使有多么麻烦。他还有一种本领肯定应该受到称赞，就是他高超的记忆力——他能把一部篇幅冗长的书分成几十段，每天用两个钟头说一段，互相衔接，连续表演整整两个月（这在业内叫"一轮"，由茶馆和说书艺人商妥实行），每天演出时既不用查看脚本或原书，也不用写下提纲。他也没有"提词人"，从边幕后边或台口的小"包厢"里边悄悄告诉他忘掉的"台词"。

评书艺人还得精于算计，把他讲的故事分成若干小段，每段结束于一个"扣子"，把听众吸引住，免得他们在每十分钟或十五分钟"打钱"的时候散掉。每天在这场表演结束时，他得安排一个大"扣子"，让听众不忘第二天准时回来继续听书。说书人总能设法在故事情节最紧张危险的关口做"扣子"，比如一位声名显赫的将军被敌方生擒了，比如一个江洋大盗在密室里中了机关，比如一位万人仰慕的清官被黑帮陷害生死未卜，等等。说书人就在这种千钧一发、令听众紧张窒息的时候，一拍醒木说："要知后事如何，且听下回分解。"

听评书艺人讲故事，叫"听书"。自从小秃儿跟爷爷听了一两次之后，他很快也上瘾了。每当烈日炎炎的漫长下午，无处可去的时刻，常常能看到小秃儿跟着爷爷在茶馆里一边听书，一边嗑茶馆提供的瓜子。

小秃儿听过的书里头，他最喜欢《济公传》。这部小说讲的是宋代一位神通广大的和尚的故事。济公的故事给小秃儿年幼的心灵影响极深，后来他无论在国内还是在国外，常常提起济公。还有人发现他一上学就特别勤勉用功，其原因之一就是希望阅读《济公传》原著。

第十八章　荷花市场

早先，人们认为刮风、下雨等现象都是由各路神仙控制的。上文已经介绍过一些人对闪电和雷击的理解，依照同样的道理，雨、云、风等也都是由相关的神管控的。这些神都有各自的神庙，皇家每年按特定日子派高官去举行祭祀仪式，祈求"风调雨顺"。至于雹灾，则另有一位特殊的雹神来掌管，他的职责是按照玉皇大帝的旨意摧毁某些地方的庄稼以示惩罚。

司雨之神诸多职责之中，有一项规定：他必须每年在阴历五月十三这一天下一场小雨。有一句流传久远的俗话说"大旱不过五月十三"，这句话广受推崇，可见很是准确，已经"应验"多次了。北京人还爱说"八月十五云遮月，正月十五雪打灯"，似乎也"应验"很多次了。

磨刀雨

吴老爷子原先安排好带小秃儿外出的计划就推迟了。老人家说："咱们今天不能出去，因为下午要下雨。今天五月十三是下磨刀雨的日子，别瞧早晨是晴天。"

磨刀雨的来历跟关羽的一段故事有关系。关羽是三国时期蜀国大将，民间称他"关老爷"，尊为"武圣"。关羽是蜀国君主刘备的盟兄弟，他跟盟兄刘备同甘共苦，坚贞不渝。故事发生之际，吴

189

国为了与蜀国联手抗击北方的共同敌人魏国，把荆州借给蜀国当作军事基地。随着时间的推移，蜀国占据的地盘越来越大，于是吴国开始酝酿使蜀国把荆州归还吴国的计划。为了避免为实现这个计划而开启战端，吴国邀请蜀国的大将军关羽前往庐口赴宴。吴国军师鲁肃埋伏部将，企图胁迫关羽交还荆州。关羽只带周仓一人，手持青龙偃月大刀前去赴宴。他看破吴国的计谋，对鲁肃索讨荆州的话不理睬，却历数自己的赫赫战功，加以威慑，同时假装醉酒，一手持刀一手坚执鲁肃臂腕，直到江边登舟而去。吴国部将不敢妄动，眼睁睁看着关羽远去。这段故事叫"单刀赴会"，突显关公的忠勇和青龙偃月大刀的威风。而故事发生的日子正是五月十三。

为了纪念这位勇武的大将军，在中国神仙的谱系中，关羽被赋予了崇高的地位，他是老百姓最崇敬、享受香火最多的神仙——"关圣帝君"。玉皇大帝下令每年五月十三这一天要降下雨水，给关圣帝君磨他的青龙偃月刀用。

赏荷胜地什刹海

在炎炎夏日，小秃儿十分喜欢跟爷爷一块儿消磨时间的地方是什刹海荷花市场。什刹海是一片遍植荷花的湖水，这片水域当初显然是为了供周边的皇家宫殿用水而设计的，直到民国后才对公众开放。据说，这片"海"的北岸散布着十座大小不一的佛寺，因此得名。这片水域因荷花而闻名，是大群闲暇又爱好美景的北京人夏天必到之地。对于有文化教养的中国人而言，荷花是"君子"的象征。宋朝的周敦颐说"莲，花之君子者也"，而君子乃是儒家认为的模范人物，是介乎"富贵者"与"隐逸者"之间的最佳位置。所谓"富贵者"，是指腰缠万贯的成功人士；所谓"隐逸者"是指把尘俗世界看得一钱不值的清高人士。周敦颐说："予谓菊，花之隐逸者也；牡丹，花之富贵者也；莲，花之君子者也。"他自称爱莲，是想与君子看齐，但是市井中人同样懂得喜爱。那一连几十上百亩盛开的荷花，不但有清雅脱俗的姿色，更随风送来阵阵清香，驻足观赏，这是一幅多么令人心旷神怡的景色啊。

水面开阔的什刹海布满田田荷叶，其间点缀着粉红清香的荷花，四面岸边树龄百年的老柳环

荷花极为美丽，直径可达七八寸

绕，稍远一点就是红墙黄瓦的皇城城墙，这一片幽静的所在，离人群拥挤、尘土飞扬的喧嚣街市只有咫尺之遥，令人感到意外惊喜。这风景如画之地北边的背景是高耸的钟楼和鼓楼，南边则是北海琼岛上的白塔。如果这样一个地方都算不上散步游憩的理想去处，那就找不到更理想的地方了。

荷花市场

每年阴历五月到八月中旬，这儿都举办季节性的临时市场——荷花市场。沿着荷塘中间的土堤两侧，精明的生意人各占地势，架起席棚，开办漂亮的茶馆，他们搭起高出水面的木台，让顾客一边品茗，一边饱览四周风景。有撂地卖艺的杂耍表演，有售卖各色小吃的摊档，以及水果摊和各色各样出人意料的小生意，这些小生意

看上去似乎不是为赚钱，而是来玩耍的。

一些戏班子也来了，在席棚戏院里献艺，有钱有势的人物在女眷陪伴之下安坐凉棚，啜饮龙井茗茶，品食摆在细瓷小碟里的糖果、花生瓜子等各色零食，观看二流演员在临时搭建的戏台上演出。这时湖面上吹过来凉爽的微风，盛开的荷花送来阵阵清香，从席棚向水面敞开的一侧，欣赏荷花只有几尺之遥。这些寻欢作乐的人们，远离劳作的艰辛和炎日的炙烤，好不逍遥自在，不知他们心中可曾念及只能困坐家中的邻居或"因职责所系"而在令人窒息的工作地点苦熬的工人们。

这里不啻另一个世界，相当于一个小型北戴河……北京各界之人都来此游逛，少数人当它作避暑别墅。形形色色杂耍表演的演唱和伴奏声，茶馆伙计招徕顾客的喊叫声，摊主商贩的吆喝声，柳树枝头传来单调乏味、令人昏昏欲睡的蝉鸣声，这些夹杂一起构成了喧闹的音响效果。同时那些生意兴隆的餐馆和出售各色应节美味小吃的小铺子、花花绿绿的儿童玩具、甜美鲜艳的瓜果、打扮得光鲜照人的红男绿女，又构成了夺目的画面，有如一卷彩色影片一般。这就是什刹海荷花市场五光十色的转花筒，每逢星期天下午，络绎不绝的人力车把市民载来此地。

什刹海夏日集市的美妙，正是老北京魅力之一斑。明朝皇帝在元大都基础上建造北京城，后来清朝把北京城完整保留，并且在二百六十多年中不断增益其光彩。尤其是近郊皇家园林的建造，使北京成为举世无双的最壮观、最美丽的城市。据记载，连那位威严的慈禧皇太后本人都曾不无艳羡地从远处观赏过什刹海的荷花。她在一群贵妇人陪同下登上了皇城内北海御苑的土丘，从那里观看了古柳夹岸的什刹海荷塘美景。不难想象，她当时的心情一定是既心满意足又不无嫉妒。

变戏法的

吴老爷子每次到什刹海游逛都不禁触发思古之幽情，但是吴小秃儿感到的只不过是好玩而已。

这个地方还有几拨路边做露天表演的班子，他们拿几条窄长的板凳圈出四四方方的场子，给观众坐下来欣赏节目。有的艺人把自己装扮成马戏团小丑的样子，说一些逗乐的段子，穿插着对口相声，逗得满场观众哄堂大笑，每次"打钱"都有铜子儿和小面额的纸币抛下，如同下雨一般。用艺人的行话来说，这叫"撂地卖艺"，看客们把钱扔到地面上，由他们自己捡拾起来。

另一批观众被变戏法的艺人所吸引，他的节目一开始只是先表演几个比较简单的小把戏，诸如"巧变玻璃球""越倒越有的小酒壶"之类。观众越聚越多了，他就开始表演一些比较复杂的节目。小伙计敲响铜锣，师父口中念念有词，又说又唱，都是些神秘兮兮让人似懂非懂的话。接下来，师父拿出一只小白鼠，扣在茶碗下边，转眼之间掀开茶碗竟变成了一只绿青蛙。他拿来一只罐子让大家看清是空的，又拿来一顶破草帽也让大家看清是空的，接着草帽扣在罐子上，转眼之间却从罐子里拿出一条二尺来长的蛇，他故意举着这条蛇送到众人面前，那蛇不断吐出血红的芯子，吓得众人踉跄后退。紧接着，他一伸手从平铺地面上的一块布下头提出一只足有四五斤重的白兔，又一伸手从平铺地面上的一方包袱皮下边变出一只直径一尺多的玻璃鱼缸来，那鱼缸盛着满满的清水，水里还游着两条红金鱼。此时观众已经看得目瞪口呆，如同中了催眠术一样，相信此人确实神通广大、无所不能，凡是他说到的肯定都能做到。就在这节骨眼儿上，变戏法的宣布下一个节目是把一束老鹰毛变成一只活鹰。他说："待会儿我一掀这顶破草帽，老鹰就飞出来。我再放出这只兔子，老鹰一瞧见兔子，就红了眼，就跟兔子打起来了，当着咱们大伙儿的面儿，上演一场鹰兔大战。到那会儿诸位就给我叫好儿吧！不过还得稍微等几分钟，恳请各位赏给几个铜子儿，给我买碗面吃。"

这几句话等于通知看客该给钱了。于是有些人就往场子中间扔几枚铜板，可是也有些"厚脸皮"的主儿悄悄溜走，脸上装出一副漫不经心的样子，似乎他"刚刚给过了"，其实是为了掩饰自己"坑了人家"的负罪感。卖艺人并不介意，只是默默地把散落地上的钱拾起来收进钱匣子。

这时卖艺人口中不断侃侃而谈，看着观众来来去去，直到上一场观众只剩下寥寥几个，还在等"老鹰大战白兔"好戏上演。这时观众的注意力已经转移，看他又一轮戏法的精彩表演，而所谓老鹰的节目也就不了了之了。其实，这一套关于老鹰的说辞，完全是耍嘴皮子。俗话说："天桥的把式——光说不练。"这个"说"也是节目必要的一部分，听他口若悬河瞎白话，也是乐子。

明白世事的人，不会指责那变戏法的艺人扯谎骗人，没有人会愚蠢得去较真。如果有人认真对待，去问那变戏法的艺人他承诺的老鹰兔子大战怎么没有了，那么一半观众不但不支持他，还会站在变戏法的一边指责他"添乱"呢。

吴家小秃儿可说是京城儿童的典型代表，他之所以喜爱什刹海荷花市场，有多方面的原因：比如夹岸老柳凉爽的树荫、自在逍遥的气氛、各色的露天表演、美丽的风景等等，上文已经介绍过了。现在要三言两语说一说这里售卖的种种吃食，多多少少都是有地方特色的小吃。

应节小吃

　　人们会看到最先上市的应节水果和其他农产品，其中最突出的一种莫过于鲜玉米了。玉米是华北一带的主粮作物，而鲜嫩的玉米穗则被当作一种应时的美味。按照大自然的节律，玉米本应在每年八月才成熟，但是食不厌精、口味精致的老北京人却要跟时间赛跑，一入五月就要设法食用软嫩鲜香的玉米穗子，满怀诗情的人还为其取了个名字——"珍珠笋"。那些长到八寸甚至十寸的玉米棒子是平民百姓享用的廉价食物，而提前上市的"珍珠笋"价钱要贵得多。将带着嫩皮的玉米穗放入清水煮熟，直接入口，一穗"珍珠笋"只有二三十粒种子可吃。农民为了多赚钱，尽量提前采摘上市，这叫"抢鲜儿"。

　　还有一类应时的小食品，统称"河鲜儿"，是指鲜菱角、鲜莲子、鲜杏仁、鲜核桃仁，以及鲜鸡头米（芡实）。这些东西都是手工剥皮、手工拣选，然后摆放在细瓷小碟里冰镇，专供豪华宴会上当作佐酒小吃，名叫"冰碟儿"，售价不菲。

　　这种店铺还出售当年新鲜生长的嫩藕，因其酥脆香甜的口感而深受欢迎。将莲藕长得匀称的两节切成对称的薄片，用直径一尺左右的鲜嫩荷叶包起来出售。这种多孔的地下茎，填入糯米蒸熟，浇上糖渍桂花，自古就是我国一道名吃——"江米藕"。

　　街边小店都有各自的独创，用大字写在广告牌上立在门口："新添荷叶粥""今日上市莲子粥"，吸引食客们进店尝鲜。

　　荷叶粥是日常厨房里熬的大米粥的改良品种——用上好西贡米熬煮成粥，然后拿一张鲜荷叶像锅盖似的扣在锅口之上，热气把荷叶的香味和浅绿颜色吸到粥里，放冰之后加白糖享用，真是消暑妙品。

莲子粥价钱昂贵，并非贵在它的主体大米粥，而是粥里添加了贵得多的辅料，首先是煮熟的莲子。这种莲子是从南方福建等省运来的干制品，但是店主却坚称是什刹海当地土产，显然是广告宣传的噱头。再加上什锦干果，如葡萄干、瓜子仁、核桃肉以及各种浆果的干制品，再加上大量白糖、红糖的浇汁，冰镇后享用，此物味道如何不难想象。不过，莲子本身的味道就不用操心了，实不相瞒：莲子本身什么味道都没有——主要是些淀粉罢了。

连小秃儿这样的小孩子都懂得只有在连续几天都是晴好天气的情况下，才会"点"这两样美食，因为下雨天食肆没有生意，味蕾敏锐的美食家们就会嫌它不够新鲜了。

扒糕·凉粉·灌肠·豆汁

各地的大型集市总有一片地盘是划归各种小吃摊档的。集市和庙会举办期间，这种摊档绝大多数都摆设于固定地点。本地百姓光顾这些小吃摊档，是一种乐子，是长期形成的独特的癖好。前来游逛的主儿，吃东西绝对不是为了疗饥，但是板凳时常坐得满满当当，食客们大都穿戴体面，是诚心实意要来捧场的。

除了"新派家庭"的孩子以外，孩子们都处处认成人为榜样，比如逛什刹海荷花市场，自然包括品尝几样小吃。也不妨说吴家小秃儿是他这个阶层的众多儿童的典型代表。

这里有卖扒糕和凉粉的摊子。扒糕是用荞麦粉熬成极稠的面糊，然后用手捏成一个个灰褐色的扁圆小饼，等其凝固冷却之后，放入凉水待用。凉粉的外观比较悦目，是用绿豆淀粉熬成稠糊，冷却凝固成白玉色半透明的块状。扒糕和凉粉放在大块天然冰上"冰

196

镇"，有人来买时，摊主取下一块用小刀切成薄片，放入碗里浇上调料：醋、酱油、芝麻酱、芥末、蒜泥和辣椒油，最后用两个手指头捏起少许盐腌胡萝卜丝摆在中间，碗里再放上一把小勺子，就送到顾客面前了。这最后摆上去的咸菜丝是画龙点睛之笔，是这种小吃的灵魂，皆因所用原料叫"鞭杆红"胡萝卜，北京特产，扒糕和凉粉专用，味香品脆，颜色鲜红，艳如珊瑚，妙处就在只用很少一点却回味无穷。

另一些人更喜欢吃灌肠。这种小吃起初是用肠衣灌入掺上猪肝之类下水的粗糙淀粉制成，食用时切成薄片用猪油煎炸。现今只用淀粉一种原料，染作粉红色来模仿真品的颜色。灌肠食用时切为薄片，放入直径约三尺的大铁铛，用猪网油（即猪肠系膜上的油脂，有异香）煎得焦脆，浇上烂蒜盐水。特别之处在于吃的时候既不用刀叉也不用筷子，而是用一头削尖的竹签。

更多的人直奔卖豆汁的摊位而去。豆汁这种灰绿色的汤汁，是用绿豆生产粉丝和淀粉的副产品，卖时煮沸盛入碗中，赠送一小碟咸菜。有些口刁的顾客会额外点些酱萝卜、酱白菜之类的"细菜"来丰富口感，但须另外付费。而一般顾客通常都满足于附送的咸菜，即切成细丝或薄片的腌萝卜，往往掺上一些切成细丝的腌芥蓝、芹菜，还有不可或缺的红辣椒。辣椒的辛辣跟豆汁的滚烫一齐入口，二者结合就成了高效的发汗剂，力量足以治感冒。北京风味小吃林林总总不下几十种，唯独豆汁"地方性"最强，外地人说它是"泔水"，见之掩鼻，退避三舍。有人冒充"老北京"，看他能不能喝豆汁，便知真假。

吴家小秃儿是地道的北京土著，喝豆汁一事他是当仁不让的鉴赏家，每喝必定三碗才够。豆汁无论多么受北京人喜爱，外省人都是连尝一口都不愿意，他们说那压根儿就是喂猪的东西！许多已经

"入乡随俗"多年的新北京人，说起北京千奇百怪的食品来，唯独豆汁一物还是无论如何不能容忍。如果分析一下豆汁的成分，除了水之外，无非就是发酵的绿豆皮和渣而已。假如将来有一天豆汁时来运转，到那时候一定会有科学家出来告诉咱们：豆汁富含多种维生素，完全可以取代牛奶、香蕉汁、番茄汁等保健食品。

凉糕·豌豆黄儿·酸梅汤

庙会、集市、路边小摊提供特色小吃，满足北京人的口腹之欲。广大民众对豆汁、扒糕之类特色食品的拥戴短期内是不可能有衰落消亡之虞的。他们说，既然来到北京，就入乡随俗吧。

不过，庙会、集市上出售的某些食品还是不难接受和欣赏的。

比如"凉糕"。把上等糯米碾成细粉，和水蒸熟，以豌豆或红小豆做成豆沙当馅，包裹成卷，然后切成小段，冰镇之后浇上糖浆或撒上白糖，装进瓷碟食用。

再比如"豌豆黄儿"。干豌豆煮熟去皮碾成糊状加上白糖，凝固之后冰镇切块。北京的豌豆黄儿分粗细两种——粗豌豆黄儿用小枣调味，在砂锅里凝固，卖时切成半斤多的船形块，用竹签插起来。边走边吃，廉价实惠。阴历三月初一到初三的蟠桃宫庙会，推独轮车卖这种粗豌豆黄儿的小贩接踵而来，生意火爆。看来这种小吃跟春末夏初的节令气候十分契合。至于细豌豆黄儿，是不会露天摆卖的。它细腻秀气，不加小枣，只用白糖调味，切成一寸来厚、四寸见方的一块，装进彩纸糊的小盒子，面上摆几片鲜红的金糕（就是山楂糕）。卖给顾客时，铺上大红门票，用彩色细麻绳捆扎，无论送礼还是自用，都极体面。东安市场正街的一家经营细豌豆黄儿、冰糖葫芦、炒红果、榅桲、蜜饯海棠的摊铺是贵妇人阔小姐时常光顾的所在。

"酸梅汤"可算是京城"标志性"的消夏冷饮。酸梅即梅子，是南方出产的干果，北京有两种——一种是糖腌并染成红色和绿色的蜜饯，称为"红梅青梅"，切成细丝或碎屑做糕点的装饰品；另一种是脱水干制品，颜色乌黑，故称乌梅，都可以在"姜店"买到。这种出售各种食材杂货的店铺，因为货品种类越来越丰富，特别是来到北京的南方人带来了南方的饮食烹饪习惯，像金华火腿、南京板鸭、绍兴霉干菜，甚至广东龙虱等等食材纷纷登场亮相，"姜店"二字遂成陈迹，而以"南味"为招徕了。前门大街路东五牌楼根儿的"通三益"大概可以算是此类食材杂货店的代表了。酸梅汤做法并不复杂——取乌梅适量用水熬煮，直到煮透，此时果肉虽然还附着在果核上，但酸味已经完全融入汤汁。把汤汁倒进瓷缸，加入用大量白糖（冰糖、砂糖更佳）调制的糖浆，再加入少量"桂花母子"，即糖渍桂花搅拌均匀，再添加开水调和浓度，最后用细密的笼筛滤去渣滓即成。做成的酸梅汤灌瓶冰镇，即可以随时饮用了。

酸梅汤是北京人极为欢迎的消暑饮品，儿童们更是加倍喜欢。无论街头巷尾的小贩，还是通衢大道上的店铺，随地都能买到。为了保证清洁卫生，像吴家这样的住户都在家里自己动手熬制，反正做法十分简单。俗话说得好：要买好东西，得找对地方。要买最好的酸梅汤，就得去百年老字号信远斋。这家老铺子开设在以古玩店集中而闻名遐迩的琉璃厂大街东段路南，店面不大却十分秀雅，里里外外收拾得干干净净、窗明几净、纤尘不染，店堂里摆着清一色的硬木桌椅，所售酸梅汤都装在擦拭得明镜一般的青花细瓷大罐里，盛在薄胎瓷碗里端给顾客。信远斋全年营业，无论冬夏只卖一样东西——酸梅汤。

奶酪

　　众所周知，中国人，或者说汉族人，本来是不喝牛奶的。喝牛奶一事显然是被外国人和他们的医学理论带进中国来的。中国人认为用牛奶代替母乳来哺育幼儿，这种做法不合情理，因为牛奶"火气"太重，一般小孩子的体质不能适应。其实，牛奶和奶制品在中国的内蒙古和西藏早已大量食用了好多世代，只是我们自己不了解事实罢了。这种状况直到西风东渐，才慢慢地让一小部分城市居民逐渐接受了喝牛奶这个习惯。至于食用黄油、干酪更是后来的事了。

　　说来令人好奇，京城却是这方面的例外。喝牛奶的习惯是从内蒙古传播过来的，而中介则是借道山海关而来的满族人。满族人有"喝牛奶意识"，三百年前他们就把"奶茶"跟"饽子饽饽"一起带进了北京。有一首老北京民谣里说"饽子饽饽就奶茶，烫你狗儿的小龅牙"，讲的就是满族人的饮食习惯。北京有些饽饽铺擅长制作奶油糕点，如奶油萨其马、奶油元宵。东四牌楼迤西猪市大街路北的芙蓉斋是其中佼佼者。

　　北京人食用牛奶不是拿来直接喝，而是加上配料做成种种富有特色的食品，其中最常见的一种就是"酪"。取全脂鲜奶倒进大锅加糖用旺火煮开，加入几滴米酒，米酒中的酒精成分在有机化学反应下，使牛奶变得浓稠起来，到了一定程度便凝固了。然后盛入碗中冰镇，即可以吃了。

　　卖酪的铺子在四九城星罗棋布，这些铺子虽然不挂幌子，但是很好辨认，因为京城卖酪的都有自己的"奶牛场"，就设在铺子后边。每一座奶牛场最多可能有十头奶牛，外加几头小牛。并不需要牧场，因为给牛吃的是一种特别的饲料——醋糟。这是用米谷发酵酿醋剩下的下脚料。挤奶的时辰一到，先把小牛牵来让它们吸吮母牛的乳头，把奶水引下来之后就把小牛拉开，换上挤奶人贪得无厌的木桶。

小秃儿的父亲或是爷爷只要一提议上"牛棚"——酪铺子去喝碗酪，都会得到他的附议，欣然前往。

北京也有走街串巷吆喝着卖酪的小贩，但是他们的货色通常品质不佳，不是掺了面粉，就是用了脱脂奶。留意孩子成长的家长都特别注意不跟这种小贩打交道，因为他们常常为了多赚钱而兼营赌博。他会变戏法似的从怀里掏出骰子，让你花三碗酪的钱也喝不上一碗酪！

第十九章 夏日消遣

有一句俗话叫"有买就有卖",没有任何地方比北京更能证明这句话。北京的流动小贩五花八门,无奇不有,在北京的大街小巷闲逛,你随时都能有意外发现。

卖草虫儿的

某个礼拜天下午,小秃儿跟着爸爸在天安门前千步廊的林荫道上散步,迎头碰上了一个北京特有的生意人——"卖草虫儿的"。

卖草虫儿的小贩并不多见,谁碰上就算大饱眼福。这人臂弯挎一个柳条编的篮子,铺着一块湿布,篮子装满绿油油茎叶的猪尾巴草,这种草细嫩柔软,富含水分,用在这里特别合适。另一块湿布盖在上面用细绳捆住,下边放着一些从城外坑塘采来的苇子梢儿。

篮子里藏着不知其数的美丽昆虫,都是那人在乡下捉来的,有时用网子,有时用别的巧妙工具,都是针对某一种昆虫专门设计的。我很想某一天把他拦住做一长篇访谈,请他披露是用什么巧妙办法捉到这么多漂亮昆虫的。不过他十有八九会客客气气地婉拒,不愿泄露自己的独门绝技。

篮子里藏着一大批各种各样的蜻蜓,有黄的(叫"小黄儿")、有灰的(叫"小灰儿")、有红的(叫"红秦椒"),有体形很大的绿蜻蜓。体形大的蜻蜓叫"蚂螂",这可能源自满语,北京土话叫"老琉璃"，有一种墨绿色的大蜻蜓尾巴上长着两片直立的鳞片，因此叫"老膏药"。篮子一角还珍藏着一种极少捉到的黑色蜻蜓，通体深黑，四只黑翅膀短而宽，看上去有点像蝴蝶，人称"黑老婆儿"。这种罕见的黑蜻蜓似乎自视清高，不愿在水面上与其他蜻蜓为伍，而是在最高的树梢周围三三两两盘旋追逐，舞姿轻盈。小孩子看见喊："黑老婆儿！黑老婆儿！光洗脸，不洗脖儿！"卖草虫儿的篮子里收着的各色蜻蜓全都整齐码放着，翅膀并拢向上理齐，用一层一层的猪尾巴草轻轻压住，免得翅膀折断，损坏品相。篮子里的蜻蜓想必不少，每当那人伸手去取某一只的时候，都能听见从里边传出的轻轻的嗡嗡声；众多虫儿扇动翅膀想远走高飞，好像小飞机起飞之前给引擎预热一般。

他还有其他品种的虫儿，比如天牛。这是一种体形瘦长，长着一对黑质白斑的角质硬翅，里边又包着一对薄薄软翅的美丽昆虫，头顶上有对长长的触角，这种昆虫力气大，所以用一截玉米秸秆从中间劈开把它夹住。天牛们并不扇动翅膀表示抗议或企图逃跑，而是不断张开两只强壮锐利的大牙，好像是在互相鼓励：咱们绝对不束手就擒。

另有一些劈开的玉米秸秆夹着的是蝴蝶——一种体形很大、色彩艳丽的凤蝶，俗名"大豆青"。它们布满细小鳞片呈金属光泽的豆青色翅膀，装饰着天鹅绒似的黑色斑点；左右两片翅膀末端

蜻蜓和蝴蝶拴在尖细的苇子叶上，每只卖一大枚

各长出一小片襟翼，大概是起平衡或转向的作用。人们只管欣赏其飘逸的美感，给这个好看的配饰取了个好听的名字，叫"灯儿"。北京田野园林常见的蝴蝶有三大类——凤蝶、蛱蝶、粉蝶，其中数凤蝶最大最美，最具观赏价值，因而也最不幸。这不，给人捉住成了待决的囚徒！它们看来明了自己的境遇，无数前辈结局都不外因美丽而牺牲——饿死之后拿去给贵妇人闺房陈设的宝石盆景当装饰品！它们似乎想说："无所谓！那总比一辈子当个丑陋的毛毛虫在豆秧上爬来爬去好多啦！"

吴少爷虽然内心十分不情愿，还是花两个铜板给小秃儿买了两只蜻蜓。那卖草虫儿的从篮子里抽出两株莛子，用莛子最上端的细小嫩"芯"绾了个扣儿，把蜻蜓拦腰拴住，既不让它逃跑又让它能偶尔活动活动。

小秃儿问："爸爸，蜻蜓吃什么啊？"

吴少爷答道："吃蚊子……可是咱们别管它吃什么了。你是个乖孩子，待会玩够了，就把它放了好不好？下回我再给你买。"

小秃儿欣然同意说："好的，爸爸。"

养金鱼

养金鱼用的瓦缸，是普通人家院中常备的一件摆设，"天棚鱼缸石榴树，先生肥狗胖丫头"，是中等收入以上人家四合院生活的标准"配置"。在宽大院子中心摆放一只瓦制或陶制的鱼缸已经成了沿袭多年的习俗。在满族人眼中，这可能是赞赏的对象，也可能是嘲笑的对象，见仁见智。不过，随着岁月流逝，满族人渐渐地改变了态度，金鱼缸这个新鲜东西也在他们的宅院里落了户。

喂养珍稀品种的金鱼曾经是吴老爷子的业余消遣，他的儿子吴家少爷上学的时候也曾热衷此道。后来吴少爷专心致志用功读书，就放手了。因为不愿意放弃传统习俗，又觉得院子里没有鱼缸装点显得不伦不类，于是就把鱼缸留在原地，旁边摆放几盆夹竹桃和石榴树。鱼缸里养了几条草鱼，以防滋生蚊子。

小秃儿喂草鱼，起初是用厨房里的饭粒或碎面条，日久天长这几条鱼一见他来就浮出水面，甚至会直接从他手心里吃食。小秃儿早些时候养的蝌蚪，也成了这几条草鱼的美餐。

草鱼皮实健壮，小孩子要是粗暴对待或是漫不经心，它们甚至会报复。不过小秃儿关于养鱼的知识并没有局限在草鱼范围，因为吴老爷子的一位朋友给他送来了一些名贵的金鱼幼苗。

它们是盛在水桶里送来的，跟留声机唱针大小差不多。吴老爷子这位朋友养殖了许多珍稀名贵的金鱼。有一种叫"龙睛鱼"，因为长着对圆鼓鼓的大眼睛而得名，它的尾巴宽宽展开，分成四叉，在水中摆动摇曳，如舞女的罗裙。有一种体形胖乎乎、没有背鳍的金鱼，在触须部位长出一团畸形的絮状物，行话叫它"绒球鱼"；有一种金鱼的鳃几乎全部长成里外相反的样子，叫"翻鳃鱼"；有一种金鱼通体白色，布满绿豆大小的圆球，叫"珍珠鱼"；有一种鱼的名字就很奇妙，叫"望天儿"，它的两只眼睛不像一般鱼类那样长在头部左右两侧，也不像比目鱼那样两只眼睛都长在一侧，而是两只眼睛都对称地长在头顶上……吴老爷子受邀前往这位朋友家去参观一排排长满青苔的古色古香的鱼缸里喂养着的各色各样的珍稀金鱼，交流养鱼的经验。

"这几种稀罕的金鱼，像'鸭蛋'啦、'红帽儿'啦，都是在肇公府①当差的鱼把式送给我的，这可是好大的面子呢。他跟我说，

① "肇公府"，肇祥的府邸，他是慈禧太后娘家弟弟，被封公爵。

当初的种鱼是宫里头一位公公送给他的，那位公公专职伺候皇上在御花园亲自收集的金鱼。您看这几种鱼，市面儿上有卖的吗？没有，是不是？"

吴老爷子回应说："确实没有，以前我养过一对'红帽儿'，跟您这几条差不多，也是头顶上有着血红的绒球儿，可不知怎么回事，有一天突然间就死了，可惜呀！"

像龙睛鱼这些珍贵的金鱼，都在春天产卵——"甩子"。母鱼肚子鼓胀了，就得把一对亲鱼从"集体"的鱼缸里移进较小的鱼缸分开饲养了。这时要在鱼缸里放置一种特殊品种的水草——灯笼闸草。这种水草是在红色的细茎上长着一簇一簇碧绿的像松针一样的叶子。成千颗鱼卵附着在草茎上，公鱼就来授精，然后，亲鱼都要移出去，缸里只留鱼卵，放到太阳地里孵化。几天之后，小鱼秧子就出来了，一开始用肉眼几乎看不见，太小了。只有专家和经验丰富的老手才有希望一步一步地完成繁育金鱼的各个步骤。

吴老爷子的朋友送来的就是一大批小鱼秧子，说是给小秃儿的礼物。老爷子本是个中老手，一眼就分清了都是些什么品种，可是在小秃儿眼里，全都一个模样儿。

祖孙二人从后院堆放杂物的煤屋子里搬出几个鱼盆，刷洗干净之后倒满清水。老爷子说："咱们先得把这些水搁太阳地儿晒一阵子，然后再把鱼秧子放进去。现在水还太凉，会把鱼秧子冻死的。"

然后，吴老爷子拿出几枚鸡蛋煮熟煮老，把鸡蛋黄剥出来碾成细末，用来喂那些小鱼秧子——它们打卵一出来就没吃东西，像饿狼似的。

几天以后，鱼苗长大些了，就按品种分开，放进各自的鱼缸，数数一共是五缸。

吴家院里新增加了这许多活物儿需要照料，这自然而然落在了吴老爷子肩上，给他添了不少活计和乐子。他每天去捞鱼虫，给金鱼准备足够的口粮，还要用一件专门工具清除鱼盆底部沉积的污物——这种工具是一条直径半寸、三四尺长、弯成弓形的铜管子，利用虹吸的作用把鱼盆底部的污物抽吸出去，而不扰动上层的水和鱼，行家称它为"鱼撒子"或"过山龙"。他还得每天给鱼换水、晒水，既要保持水体清洁又要防止小鱼秧子着凉感冒。小秃儿时不时前来帮忙，吴老爷子干得更起劲了。

　　金鱼秧子越长越大，食量与日俱增，吴老爷子捞鱼虫的差使日益沉重。喂鱼的鱼虫，学名"水蚤"，是一种体形极小的节肢动物，用放大镜看有五对脚，两片透明椭圆形的壳，成群生活在坑塘水洼不太流动又不完全静止的浅水里，数量庞大，常常把一片水域染成红色。捞鱼虫的人不难发现猎物的踪迹，但是也需要一定的技术——既要把鱼虫捞上来，又不能带上污泥杂物。这也需要专门的设备——一个用细布缝制的长长的袋状网子，安在一根长柄上。值得庆幸的是，水蚤离水后绝大多数不会干渴而死，所以不必放在有水的容器里拿回家。到家之后，先把它们放到水盆里，挑出杂质污物和死虫，就可以喂金鱼了。捞鱼虫必须赶早上太阳刚出的时刻，因为太阳升高水温上升，鱼虫就躲到较深处去了。

　　小秃儿起初很愿意跟爷爷去捞鱼虫，可是时间一长他就腻味了，吴老爷子只好独自

捞鱼虫（水蚤）用的网

一人前去，不久他也烦了。多亏北京有个完备的小贩系统，谁家养的金鱼都不会饿死——很容易就能找到一个人跟他签下合同，每月只付给不多几个钱就按时把鱼虫送上门来。这些人都是捞鱼虫的行家，他们在乡下的坑塘水沟成斤成斤地捕捞，按月发卖。他们每天早晨送货上门，准时无误、风雨无阻。他们还会在闲聊中给主顾一些养鱼的建议。

金鱼虽然好看却很娇嫩，从鱼秧子喂养成成鱼要经历许多阶段，必须持续不断地小心伺候，马虎不得，这还需要相当的经验，一个闲人会因此而变得忙忙碌碌。拥有若干名贵金鱼令人感觉自豪，但是金鱼也会突然成批死亡，好像它们之间订有契约，只要主人稍有大意，它们就集体自杀，这着实令人烦恼！不过吴老爷子并非外行新手，他的金鱼全都发育良好，他的辛勤劳作得到了充足的回报。

金鱼池

小秃儿也从串胡同的小贩挑子上买了几条金鱼，吴老爷子表示强烈反对。老人家的亲身经验告诉他：这些貌似忠厚的乡下人（全都自称文安县人）兜售的龙睛鱼和其他名贵金鱼往往都是专业养鱼户拣选剩下的有缺陷的病残鱼，是从天桥附近那个叫金鱼池的地方低价趸来的。

这些小贩肩挑一副扁担吆喝着："买大小，小金鱼来唉！"他们要价极低，花上一分钱就能买他五六条龙睛鱼，但是这些鱼往往是人家淘汰的次鱼，行家认为根本长不大的。有些鱼还患了鱼类的传染病，必须在病死之前赶紧超低价卖掉。买回这种鱼再跟其他原本健康的鱼混在一起必定招来麻烦，会引起鱼瘟暴发。主人眼睁睁看着鱼成批死去，束手无策！所以小秃儿买回来的鱼，被严格命令必须隔离单养观察几天，就像通过海关检疫程序一样，直到确实证明身体健康之后，才准许跟其他的鱼接触。

为了让小孙子了解北京有怎样一个金鱼养殖行业，吴老爷子带他去参观金鱼池。

金鱼池紧靠天坛北墙，分成若干个四四方方的鱼塘，里边挤满了形形色色的各种金鱼。有粗笨的草鱼，有大有小成群在水面游来游去，供游客观赏。另有一些池塘养着供食用的淡水鱼，如鲤鱼、黑鱼之类，暂时在这里用水草增肥，随时供应给饭庄餐馆。名贵品种的金鱼娇嫩怕晒怕热，都分开单养在大瓦缸里头，上边还有席棚遮阳避雨。整个这片地方由五六家商户共同拥有，他们实际上垄断了北方各省的金鱼行业，有些廉价品种批发到内蒙古一些地方，由当地商人高价零售，利润可观。

吴老爷子把金鱼池这个地方环视一遍之后，禁不住感慨起来："变化太大啦！"

小秃儿问道："怎么变化了，爷爷？"

"想当初我像你这么大的时候，这金鱼池是个大批游客前来观光的名胜地，就像眼下成群结队的人逛公园一样。过去树比现在多得多，都是些百年开外的老柳树，成排环绕水畔，树荫之下是些宜人的酒肆茶馆，供人小憩。当年那些风雅人士纷纷携同漂亮'女眷'前来'观鱼'。路旁有些小摊子专门做些小小的圆圆的能漂在水面上的发面饼，卖给游人去喂鱼。游客们买了抛入池中，看那些大条红草鱼浮出来争食，是个乐子。现在这些全都没有了，看不见喽！老北京变喽！老北京，变喽！"

乘船郊游

老北京土著居民的生活色彩丰富、动感十足。有形形色色的户外活动——从放风筝，到跑遍荒郊野地去猎獾，什么都有。这些游乐活动一般只有成年人参加，各有一帮热心人士，小孩儿是不让加入的，尤其荒郊野外，谁也难保不出意外。

吴老爷子虽然年事已高，仍然十分喜欢这些户外活动。每到夏天，他必定到乡下去溜达，有时带着鸟笼，有时不带，找一间"野茶馆"安安静静一坐就是一个下午，听农人和乡下人聊天，偶尔也加入这种闲聊，尽情享受悠闲的美好时光——人人暮年最珍惜的就是这恬淡的时刻。他的孙子小秃儿乐于陪伴，是老人家的"活拐棍儿"。

赏心乐事之一就是到东便门外来一次当地风味的"野餐"。东便门是北京外城的一座城门，在内城东南角，护城河在此地拐了个弯向东流去，汇入闻名世界的京杭大运河。这儿是北京最凉爽的地点之一，壮观的大通桥横跨河上，一条旱路由此通向北京的东北郊。吴老爷子有位多年至交住在附近，他在清朝是管理皇家漕运和粮仓"仓户"的小官吏，退休之后就在这块地界开了一家茶馆——不是为赚钱，而是对这地方太有感情了。他曾在数十年漫长岁月中，亲自参加了漕运事务，管理南方各省为朝廷征集的稻米。

民国初年，从朝阳门到东便门的护城河上还有船只通航，这段航程大约有四五里地。一位船夫双手持一根二丈长的竹竿站在船上，用竹竿撑着河底向后用力推动船身前进，同时有几条纤绳系在苇席遮盖的"船舱"顶上，由两三名纤夫在岸上背着纤绳吃力地拉船前进。这种纤夫拉船是千百年来中国水路运输的典型方式，到了今天大概只有在重庆下游的长江航道上还偶能见到，再有就是在宋朝的山水画里边了。

这种船是旧时漕运制度遗留下来的，到了吴老爷子乘坐的时候已经破旧了，勉强还能凑合着下水，曾经有过风光无限的日月，但是早已成为过去。乘船的费用成人两大枚、儿童一大枚，往返票价不打折扣，每次航程差不多都有两个"坐蹭儿"的。

为了消磨乘船的沉闷时光，有民间艺人中途上船表演，他站在船尾舵手的旁边表演"快书"，北京俗称"数来宝"，也叫"快板儿"，用一种合辙押韵、长短交错的句式和疾徐有致的节奏演说一段一段的历史故事、民间传说，诸如《武松打虎》《桃园结义》之类。他自己"伴奏"，用一种打击乐器——"呱嗒板儿"：右手高举两块大而厚、连缀在一起的大竹板，左手用指头夹着一串小而薄的小竹板，前者发声浑厚，后者发声清脆，两手交互穿插演奏，听起来热闹而不乱，把口中的说白衬托得更加生动而引人入胜。这场表演收费每人一大枚，但是不交的也不强取，悉听客人之便。我不了解船主与艺人之间有没有签下收入分成的协议，我敢说船主是免不了要分一些的。

整个下午过得闲适惬意，先是乘船游河，然后坐在野茶馆享受从水面上随风飘来的凉爽空气。野茶馆一半露天，头上只有一片席棚，没有木头桌椅，取而代之的是砖头砌的台子，

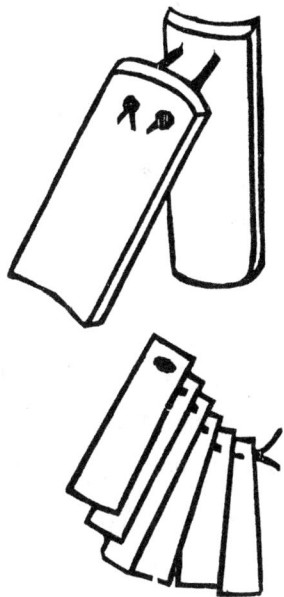

表演快板书的艺人用两串竹板给自己伴奏

高的当桌，矮的当凳，一样的舒适好用，既不怕闹天儿，也不怕损坏和被偷。

喝了几杯茶之后，天色已到下午五六点，老人家跟小孙子一块儿吃一顿"乡下饭"。最常见的就是"芝麻酱面"了。面条是用当年刚收的麦子碾的面粉，而且麦子就是在当地种的。调料就三样——芝麻酱、盐和醋。仅有的一样青菜是一条一尺来长的黄瓜，鲜嫩翠绿，刚刚从旁边的园子里照客人的吩咐摘下来，又在园子里的水井打上来的"井拔凉"洗得干干净净。吴老爷子吃得很开心，小秃儿也添了两三次。

紧接着，太阳西沉了。游人们登上了开往朝阳门的木船，他们舒舒服服地坐下，身心轻松愉快。在凉爽的南风吹送之下，木船加快了速度，一转眼就在朝阳门外下了船。黄昏时分，吴老爷子带着孙子进了城，尘土飞扬、喧哗吵闹的老北京城立刻把他们吞没了。

野茶馆

北京城外头的"野茶馆"，每年生意最火的旺季差不多是跟炎热的天气同时开始的，到了"三伏"天就是最高峰。"三伏"是初伏（头伏）、中伏和末伏（三伏）的统称。夏至（阳历6月21日或22日）之后第三个庚日是初伏第一天，第四个庚日是中伏第一天，立秋（阳历8月7日或8日）之后第一个庚日是末伏的第一天。初伏和末伏各十天，中伏十天或二十天。"三伏"是一年中天气最热的日子。所谓"伏"是"降伏"的意思，天气如此炎热，反抗也没用，不如在热浪袭来之际，老老实实待着，如同蛰伏。"伏"还有一个意思是"受罪"，三伏天里有个普遍的生理现象——体重下降，叫作"苦夏"。这时，就要加强营养——"吃好的"。有句流传极广的谚语家喻户晓："头伏饺子，二伏面，三伏烙饼摊鸡蛋。"

不过，炎热的三伏天却是"野茶馆"生意兴旺的日子。光顾野茶馆的顾客大部分是养鸟消遣的主儿，是这座大城市里幸运的有闲阶级。他们嫌城里的茶馆又挤又闷，就出城坐"野茶馆"去了。东便门外的二闸、朝阳门外的菱角坑、西直门外的高粱桥、长河北岸的万寿寺都有这种野茶馆，饶有野趣。野茶馆是露天经营，受制于天气，所以绰号"风来吹，雨来散"。各城门外关厢也有野茶馆，但是略嫌嘈杂。夏天午后步行一段不太远的路到乡下去，是个很不错的消遣。到了乡下，他们养的鸟儿就有机会听到自然界里各种"野鸟"的鸣唱，学上几段儿，据说百灵鸟能学会十三种鸟叫呢，不妨说这是带自己的鸟儿去上声乐课。此行还有一条充足的理由，甚至因之而显得更加重要——就是给鸟儿捉几样昆虫当"活食"。鸟儿一般在伏天脱毛换羽，这些日子就得给它们加强营养，喂"活食"必不可少。最常用的"活食"就是"唧鸟儿"——蝉。

养鸟人带着一根长长的竹竿，像钓鱼竿似的分成几节可以伸缩，能伸到很高处。因为蝉总是栖息在离地面很远的树枝上，足有两丈高。竹竿尖细的顶端安上一小块面筋，这东西极黏，蝉的翅膀一粘上就跑不掉。制备小量面筋方法并不复杂：取一小碗白面加水和成面团，然后用水冲洗，洗去淀粉剩下的蛋白质就是面筋了。这个法子老北京人连小孩子都会。

蝉的幼虫在地面下的泥土里生活很长时间，凭着本能一直往下钻，靠吸食植物根系的营养物质慢慢长大，一旦到了成蛹阶段又掉头朝上钻出地面，这个阶段有十三年之久。北京还能见到一种体形小得多、颜色偏灰的蝉，俗称"伏天儿"，在地下生活也有七年。它们很善于拿捏时机，绝对不会在白天钻出地面，只会在黑夜钻出来。它们这时的模样很丑：没有翅膀、长着六条短腿、身形滚圆、颜色灰暗，北京人给取了个再恰当不过的诨名——"唧鸟猴儿"。"猴儿"一钻出来立刻找一棵树，爬上树干，开始蜕皮，片刻之后华丽转身变作了成虫，背上很快长出了一对透明的翅膀。"唧鸟猴儿"蜕下来一具皮，还留在树皮上，这个叫"蝉蜕"，是药材。有心灵手巧的手艺人竟用这味中药，加上另两味中草药——辛夷和白芨，做成了一种极受欢迎的工艺品——"毛猴儿"，这种微型雕塑作品趣味隽永、物美价廉，在东安市场和三大庙会都有人摆摊售卖，人见人爱。还有不少人自己动手制作，于是药铺就把少量的三种药材包成一包出售，叫"毛猴料儿"。

雄性的蝉用藏在身上某处的发声器官鸣叫，以此来吸引雌性，但是常常无疾而终——粘唧鸟儿的人手举长竿支起耳朵睁大双眼正在树底下盯着呢！他把抹着面筋的细竹竿朝着唧鸟儿悄悄伸去，又准又稳。那唧鸟儿叫得正欢，一心想着好事，还没回过神儿来，翅膀已经给结结实实地粘住。它被塞进一个蒙着纱布罩子的小筐，只等壮烈牺牲的一刻。

到了家，养鸟人先把翅膀跟腿揪掉，接着拿一把锋利的折刀从头到尾一切两半，送进鸟笼。百灵鸟最好这一口，在脱毛换羽时期，平均每天吃十五只，连续三个礼拜。

有一次小秃儿瞧见了这个场面，显然感到很恶心。他问爷爷："您养的鸟儿也吃这个吗？"

吴老爷子答道："不，孩子，我从来不养吃活食的鸟儿。太残忍了，看不下去，所以我只养黄雀和交嘴。"

第二十章　开蒙

从吴家人种种作为来看，小秃儿过的是一种优哉游哉充满游戏玩乐的日子。他整天跟着年事已高只管自得其乐的爷爷可着四九城游逛。"老是这样下去用不了多久这孩子就要惯坏了。"——这正是小秃儿的父亲，年轻有为胸怀大志的吴家少爷深感忧虑的一件事。他几次三番试图让儿子开蒙学习，但是每回在家庭会议上提及此事，都叫吴老爷子否定了。直到孩子长到七岁（这是虚岁，实足年龄只有五岁），爷爷终于开始教孙子认字了，每天教他认几个字。

认方字

吴老爷子找来一张厚纸，裁成二寸见方的纸片，拿起毛笔，用饱满的笔画在每个纸片上写一个字，先写笔画少的，再写笔画多的，这就叫"字号儿"，还有个文绉绉的叫法——"方字"。最后，吴老爷子制作的"字号儿"有不少十四五笔甚至二十笔的汉字。一开始，只给小秃儿介绍笔画很少的字，随后慢慢增加难度。小秃儿记忆力极佳，每天的任务都出色完成了。开始时，一天只认三个，很快就增加到一天十个。小家伙并不感觉有多么困难，尤其是那些象形符号性质的字，比如"马""鸟""象"这类，他不费什么劲就记住了，比那些表意的字容易得多。

全家任何人都没必要催促他"上课"，他本身就对这活计抱有

215

兴趣，他自动把"字号儿"分门别类，包成纸包，每包十个，没用多少日子就已经认得二三百字了。

他亲自动手整理"字号儿"，请爷爷帮忙在小纸包上写一、二、三等编号，每天一"下课"就把书案上的杂物归置干净，专心致志地清点整理他越来越多的"字号儿"。

小秃儿"上课"的时间每天早晚各一次。上午十点来钟，吴老爷子从菜市场买菜回来就开始了。下午的一次是在他爸爸下班回到家，给他做一次温习和练习。每天检查的结果都令人十分满意，年轻的父亲感到很欣慰。

认识汉字

汉语汉字在语文学科当中独具特色。汉字不是由字母拼出来的，而是由"部首偏旁"组成的。"部首偏旁"总共有二百五十多个①。一个中学生必须认识大约三千八百个字，其中至少一半是必须靠死记硬背来掌握的。汉语的发音也不容易学。每一个字都是一个音节，这样的音节总共有三百多个，而每一个音又各有四个声调——阴平、阳平、上声、去声。（有的方言声调不止四个！）有个别的字要发出两个甚至三个不同的声调，比如"一、七、八、不"这四个字在不同语义环境下有不同的声调，如："统一""一块钱""一双鞋"里的"一"字声调都不一样。外国人和方言区的人学习标准国语，音节相对容易，声调则比较难。他们说国语听起来别别扭扭的，主要是声调拿不准的结果。为了帮助学习标准国语的人慢慢体会和掌握声调这个难啃的硬骨头，有个妙法不妨一试：

---

① 由于标准不同，偏旁数目各家说法有些出入。

找一些按四声次序排列而成的四字成语，反复诵读，如："飞禽走兽""鸡鸣狗盗""飞檐走壁"，也可以请他们去寻找或拼凑这样的四字词组，如："酥油炒面""真诚悔过"。

汉语只有三四百个音节，汉字却有成千上万个，所以同音词特别多，这是汉语难以改成拼音文字的原因——需要借助字形来区别音同义不同的字。

汉语可以说没有严格的语法，连词成句只要按大家习惯的先后顺序说或写出来就行，这倒是个优点。另外，汉语没有屈折变化，给学生省去了不少麻烦。学习作文和写作，研习的与其说是语法，不如说是修辞之术。

小孩子识字读书求学是一条漫长乏味而又险象环生的道路。首先是因为汉字复杂，汉字起初是一套象形符号，但是由于后来产生的需要又掺进来很多表音符号，但是这些表音符号并没有坚持忠实于原本的语音，变成了与声音无关而胡乱拼凑的元素，这一掺就乱得没法办了。然后又加进来一些"假借"的字，以及一系列不规则现象，连专家学者都头痛。汉代许慎写了《说文解字》，想把汉字的体系整理出来，他采用部首表意、偏旁表音的办法，把大部分汉字组织起来了，形成两千年连续使用的"部首检字"系统，给字典辞书的编撰工作提供了规范。但是还有大量的字难以处理，无处可去，所以中文字典都得附上一个长长的"难检字表"。许慎在《说文解字·序》中提出汉字构成的方法有：指事、象形、形声、会意、转注、假借，是为"六书"。由此可见汉字的复杂纷繁。"六书"的理论对于幼儿认字没有多少帮助。一个人要从小消耗好几年大好光阴去认字，开始阶段只有一个一个地死记硬背。识字读书如此地费时费力，对于经济条件不佳的人家来说，实在成了一种奢侈的消费。识字读书既然这么昂贵，也就不是人人都能拥有的技能，俗话说"物以稀为贵"，可以毫不夸张地说，识字，进而会写字，已经成了少数幸运儿独享的特权。文盲的大量存在，跟经济的贫困密不可分。

这还不算完！学习之难又跟迷信观念掺和起来了，学问被抹上了神秘色彩，被拔高到高不可攀的地位，连头脑聪明、机会优越者都难以企及。有句俗语说："一德二命三风水，四积阴功五读书。"只有前四项具备，才谈得到读书。许许多多的人有心读书，但是一遇困难就打退堂鼓，而困难所在多有，归根结底还是全国普遍存在的经济条件不佳。德行、命运、风水、阴功，这一大套无形又混乱的抽象观念，竟然强大得足以影响到为人父母者是否愿意让孩子走上读书求学之路。许多家庭听信这些迷信的说辞，老早就扑灭了读书的热情。战斗尚未打响就败下阵来了，常常可以听到愤怒的家长责骂在学校成绩欠佳的孩子："咱们家没有那份德行！"

职是之故，我们随时随地可以看到，那些信仰神佛的人为了让子孙后代在"读书人"的行列中占有一席之地，而十分虔诚恭谨地供奉"文昌帝君"。

正是这类观念，使得吴家诸人对于小秃儿开蒙之初，入学之前取得的上佳进步而对他的前途大感乐观。

家庭教师

吴老太太说："我看老爷子教孙子认字号儿成绩挺好，咱们就不用再去找先生了。以前给广宗请先生，可没少费事呢！"

吴老爷子接着说："我看也是，就省点麻烦吧。"

当初吴家少爷年幼的时候，给他请了一位熟识的老秀才当先生，全家人叫他"胡老师"。这位胡先生是清朝末年吴老爷子在某政府部门当官时的幕宾，也是他很信赖的朋友。胡先生比吴老爷子年长好几岁，他来自三百多年来以盛产"绍兴师爷"闻名的浙江省。他连年参加科考，名落孙山，又没有"门路"可走，只得靠给官员当幕宾，给有钱人家当先生，挣几个钱维持生存，只为下次再考。

最终，他连最低等的官职都没混上，倒不是因为学问不够，而显然是不够"德才兼备"。光绪三十二年（1906年），科举考试制度彻底废除，他满怀惆怅离开北京回老家去了。离京之前，胡先生一直是吴老爷子的多年知交，吴老爷子告老退休之后，还以吴少爷老师的名义从吴家领薪水，每年只取十两银子，但吴家包吃包住，这是当时的惯例。爱发脾气的胡老师跟娇生惯养的吴少爷二人之间没少发生不愉快，但是吴家还是对胡先生尊敬有加，因为中国有一句老话："一日为师，终身为父。"

胡老师是有钱人家雇请家庭老师的一个典型，像他这样的人物，直到如今北京城里也还不乏其人。

描红模子

自打吴老爷子开始教小秃儿认字号儿，把他领到了知识源泉的水边，他就爱上了这个活计，如鱼得水一般。按照事物的自然顺序，没过多久，老爷子就领他上了一层台阶——学写字。

老人家说："我要教给你写字了。"

"是像您一样用毛笔跟墨汁写字吗？"

"没错！"

"不是像我爸爸教我的用粉笔跟石笔写，太有意思啦！"爷爷的提议令小秃儿喜出望外乐不可支。

老人家从书案抽屉里拿出一卷纸来，打开一摞"红模子"。吴老爷子从文具店买回来的"红模子"，是木版雕刻、用红色水印的中文方块字，每张印十六个或二十个字，每字约一寸见方。这都是些笔画少、结构简单的字，相互之间没有意思上的关系，仅仅是为了让初学儿童练习写字而已。这种教写字用的"红模子"已经使用了若干世代。接着，老人家又打开一个小纸包，取出三样东西：一支崭新的毛笔、一锭墨和一方砚台（也叫"墨海"）。他说道："这叫'红模子'，上边都是简单好写、笔画不多的字。这些文具也都是我刚才上街给你买的，用红模子学习写字，就是拿毛笔蘸墨汁把红颜色的字描成黑的。一笔一笔地描，一笔到头，中间别抬笔，要不然笔画就断了。不许来回来去地添，每个笔画都得一笔写下来。还得按笔顺描，笔顺就是先写哪笔后写哪笔的次序，不能随便乱来。先上后下，先左后右，先撇后捺，先四周后中间……这些规矩我以后慢慢教给你。笔画多的字一定得按笔顺写，要不然写不

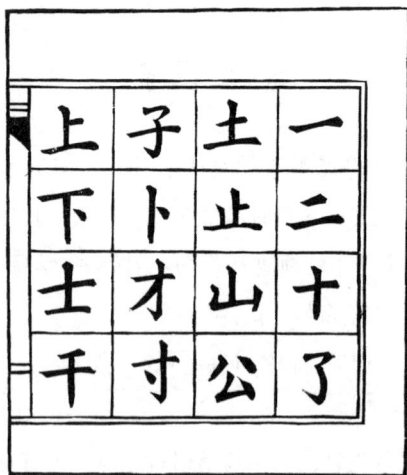

"红模子"。一格一字，每格约一寸见方。用这个教儿童写毛笔字

好的。你每天描一张就够了，这一沓写完了，我再给你买新的。描红模子是学习写字的入门功夫，还能教给你进一步了解字的结构。

"咱们不要用现成的墨汁，每一次都要亲自动手拿那块墨锭加水在墨海里研墨。自己研墨，就是在开始写字之前用这几分钟的时间把心静下来，同时提前仔细看一看每一个字，提前做好开描的准备。你明白了吗？

"记住，横的笔画从左到右，竖的笔画从上到下。笔画要写直，跟着红模子走。笔尖秃了、劈了的时候，不要拿嘴去舔，免得把嘴唇弄脏，也不要把墨到处乱抹，弄脏了衣服。写字的纸要保持干净。现在我就先写几个给你看，仔细瞧着我是怎么写的，然后你自己就可以开始描，我来看着。

"现在这张红模子上的字，都很简单。你都认得吗？"

"认得。可是这些字没有表示什么意思啊。"

"挑选这几个字只是为了给初学的孩子练习写字，就别管表示什么意思了。等你把这些字练好了，我再给你练些复杂一点的。"

小秃儿初学写字不怎么顺利。他的小手一时学不会握笔的姿势，手腕子哆哆嗦嗦，描出的笔画不直也不流畅。

有一天，小秃儿爸爸下班回来一看儿子描的红模子就说："这张不太好，这么多字没有表示一点意思！"第二天他就买回来一沓新鲜的。小秃儿一看拍手叫好，只见这张红模子有二十个字：

一去二三里，烟村四五家。
亭台六七座，八九十枝花。

第二十一章　消夏

冰箱·冰窖

炎热的夏季一到，多数人家就动手归置冰箱了。

老北京人用的冰箱跟许多别的物件一样，背后有漫长的光荣历史。当然，不知道典籍里什么时候第一次有了关于冰箱的记载，但是至少在唐朝的时候冰箱就已经是人们熟知的物件了。大诗人杜甫写的五言律诗《携妓纳凉晚际遇雨》，就提到了冰镇饮料：

> 落日放船好，轻风生浪迟。
> 竹深留客处，荷净纳凉时。
> 公子调冰水，佳人雪藕丝。
> 片云头上黑，应是雨催诗。

大约同一时期，中国有一位家喻户晓、艳闻不断的大美女——唐明皇的宠妃杨玉环。据记载，杨贵妃有个几乎让她失宠的毛病——口臭。为了掩盖口臭，她要不断地吃荔枝。这种名贵的水果出产在广东一带，远离长安，要派专职的信使骑上快马日夜兼程长途飞奔，沿着驿道把荔枝从南方运送到长安来。而荔枝偏偏十分娇嫩多汁容易腐坏，必须盛在讲究的漆盒里埋在碎冰之下，才能长时间冷藏保鲜。这件事足以证明，早在一千年前中国人就使用冰箱了。

这种冰箱只不过是盛冰的箱子，不是制冷的机器。冰箱通常是一个硬木打造的四四方方的大盒子，像高丽橱柜一样有锃亮的黄铜饰件，内侧则是一层讲究的铅锡合金，掀开盖子，里面有一个木头架子，架子上安放一块天然冰。

吴家就拥有这么一件老物件，吴老爷子跟一家冰窖签了合同，按月收钱给送来天然冰。这不仅给房间降了点温，还给全家人提供了冰镇茶水之类的饮料。天气特别炎热的日子，还可以敲下小冰块来直接吃。直接食用天然冰一直没觉得有什么不对，直到最近因为现代科学知识的普及，才慢慢改掉了。

在北京城，为餐厨和其他用途而供应天然冰是一项颇具规模的生意，由一个庞大的组织来进行。有一伙"冰霸"专门安排此事。他们每年跟水利当局达成协议——当初肯定是要大肆行贿的——让主管官员按一定日期把北京周围水系的若干处闸口开启，把玉泉山和昆明湖的水放下来。先是把河道冲洗干净，然后在晚秋时节大量放水，把护城河和城里的三海、前后海灌满，到了三九严寒结下二尺厚的天然冰。冰窖在岸边不远处，先构筑大土坑，再雇人把冰凿成大小一样的方块窖藏坑中，上头盖一层厚厚的稻草和泥土。冰窖全年营业，生意最红火的旺季当然是炎热的夏天。

冰窖的生意不乏皇家的眷顾。根据史籍记载，清朝的内务府每年伏天都通过工部给各大衙门和王公大臣们发放"冰票"。凭票就可以到护城河或海子旁边的冰窖去领冰，让衙门里和家里的冰箱有冰可用。

扇子有风

蒙童之间暗地里传诵一首《懒学谣》：

> 春天不是读书天，夏日炎炎正好眠。
>
> 秋有蚊虫冬有雪，收拾书包好过年。

家长们说，没出息的孩子不爱念书，才编这种坏人心志的玩意儿。大人们给孩子编写了许多"劝学诗"，其中有一首说：

> 人皆苦炎热，我爱夏日长。
>
> 读书并习字，心静自然凉。

这话听起来不坏，可是能够如此从容应对炎炎夏日的人尤其是小孩子，恐怕比较少。战胜酷暑的一件武器是上文说过的"冰箱"，但是对付热浪还有一件更常见的物件——扇子。

最普及的扇子是用竹子和宣纸制作的折扇。买折扇，无论是批发还是零售，要到南纸店和文具店，这种铺子都是直接或间接地从南方进货，主要是苏州和杭州，它们门前的幌子和牌匾都写着"苏杭雅扇"四个大字，有不多几家专营扇子的店家，也兼营纱灯和宫灯。最著名的一家是开设在前门外廊房头条的华美斋，所售货品属于艺术品级别，用料考究，做工精致。所用的"扇骨"，可能是请名家雕刻的，而用料则是名贵稀有的竹子，如生有圆环形水纹的"凤眼竹"或者蜂蜡底色上布满纤细纹理的"湘妃竹"，弥足珍贵。还有些"扇骨"是用檀香木刻制的，另有一些则是用鸡血石色的福州大漆。

供女性使用的折扇更加奢侈豪华，除上述几种之外，更有精雕细刻的象牙"扇骨"。折扇的纸质部分称为"扇面"。制作扇面的纸张，有宣纸、东昌纸、高丽纸，取其既能作画写字，又持久耐用。

一般来说，购买折扇是一件伤脑筋的差使。首先得仔细考虑到哪家店铺去买，挑选怎样一把扇子。然后得动脑筋想去请哪一位有名气的画家朋友在扇面一面给画一幅画，请哪一位书法名家在扇面另一面给题写几句诗。都做好了，就该仔细掂量这把扇子是用还是不用，因为这把扇子现在已经不再是扇子，而是一件货真价实的艺术珍品。想来想去，还是应当把它收进锦匣，当作一件珍贵的文玩收藏起来，表示自己品味高雅。

决定把那把扇子收藏起来的话，烦恼也就到此为止了。可是要决心把它使用起来，伤脑筋的事又来了。若是有位朋友在你正需要扇凉的当时却提出要拿去观看和欣赏，作为一种友谊和礼仪的表示，你怎么办呢？如何设法把扇子要回来又不伤朋友的感情呢？

不过像吴家小秃儿那样的小孩子，是不会有此烦恼的，他的扇子不是什么高级品。有一天，他在

出售和修理各种扇子的流动商贩

225

南纸店门前看见一把足有三尺多长的巨大折扇高高悬挂在店铺门口当幌子，还看见一张海报写着"苏杭名扇新品上市"几个大字，就跟父亲说想要一把扇子，父亲答应了。那天下午正好有个卖扇子的从家门口经过，吴少爷就给他买了一把价钱便宜的扇子，他很感满足。

走街串巷卖扇子的商贩都是独行侠，他用一条宽带子将一个装满扇子的小型木制柜子挎在肩上，柜子外侧竖立一根木柱，木柱顶端是一条横梁，从横梁往下到木柜上缘绷着几条细绳，每一条细绳上都挂着一串小铜铃铛。那人走起路来，几十个小铜铃铛摇出清脆悦耳的乐声，宣告他的到来。立柱的顶尖上还有一个漆成红色的木头小塔，一丛璎珞或是一面彩色小旗十分吸引眼球。商贩不但售卖扇子，还修理旧扇子，扇面破了也能帮你粘上新的，还能给你换扇轴。

扇子家族还有另外一些成员。比如芭蕉扇，这是各种扇子当中最好使的一种：结实、轻便、便宜。比如蒲草编的牛心扇。比如羽毛扇，这是诗人骚客和富人所必备。《三国演义》里的诸葛孔明手中不离此物，所以羽毛扇成了聪明过人足智多谋的象征物。女士们使用的羽毛扇，有用柔软的天鹅毛制作的，甚至有用孔雀毛制作的。至于劳动阶级用的羽毛扇，则是一根木头柄钉上几根鸡毛而已。羽毛这东西本来是保暖的，现在却用来扇凉，全看怎么用了。

甜瓜·西瓜

甜瓜和西瓜是北方分布最广、最受百姓欢迎的水果，这一大批属于葫芦科的作物产量极大，价钱都在大家的购买力范围以内，因此每到夏天家家户户都能享受吃瓜的口福。

甜瓜品种很多，按口味和特点每一种都有个好听的名字。比如"羊角蜜"，形如浅黄色的羊犄角，个个都很甜；"蛤蟆酥"，柔和的浅绿色瓜皮有深绿色条纹，好像田鸡的脊背；"三白"的瓜皮、瓜瓤和瓜子都是象牙白色的。其他价钱便宜的有"倭瓜瓤"和"老头乐"，这两种瓜口感软面，只有没牙的人才喜欢吃。还有一种口感绵软的，叫"面猴儿"，也叫"一窝猴儿"。卖瓜小贩肩挑两只荆条筐串胡同叫卖，有人来讨价还价，他立刻拿起一个瓜当场切开让买主尝，这种手法使得买主不得不买下。他切瓜用的不是刀，而是一枚铜钱，在瓜"脑袋"上横着划开，因为瓜都是"脑袋"甜而"尾巴"苦。他怎么能让顾客尝甜瓜的"尾巴"呢？甜瓜皮薄，卫生当局特别反对生吃甜瓜，因为已有证据表明即使甜瓜没有明显的裂口，也会有霍乱病菌轻易侵入到瓜里边去。

西瓜从各个方面看肯定占有很大优势。吴家的人虽然不怎么吃甜瓜，西瓜却是吃得很勤，大量消费。大约每天两次把西瓜从冰箱拿出来切成块，大家吃个痛快，北京人就是这个吃法。吃西瓜绝对不讲究"餐桌礼仪"，这才能尽兴。

西瓜，意思是"来自西域的瓜"。这个名称等于宣示了它的原产地——西瓜是两千年前才从中亚传入中国的，从科学观点看，这段历史并不长，西瓜的祖先从远在中国西部边陲以外的地方沿着丝绸之路北线向东长途跋涉，来到了当时的都城洛阳。这绝不是凭空编造的故事，也不是大胆的猜测，因为中国的历史学家早有明确的记载：汉明帝时派遣班超出使西域，他访问了五十多个国家，其中包括现今撒马尔罕、塔什干和相邻一些地区，带回了第一批西瓜种子。

随着时光流逝，西瓜渐渐普及，从朝廷专享变成商贩以低廉价格销售给广大民众的水果，他们把西瓜切成块沿街摆卖，给炎炎夏日之下劳苦工作的芸芸众生带来了消暑佳品。吴家人知道路边小摊卫生状况不佳，所以很少去光顾，但是觉得卖西瓜的吆喝声听起来蛮有意思：

"吃来呗，闹块尝！斗大的西瓜，船大的块儿，一尺高的瓤儿来！吃来呗，我的脆沙瓤，吃到嘴里赛冰糖！一个大一块，闹块尝！"

晾经·洗象

吴家位于驴市（礼士胡同）的庭院，每到夏天都有足够的设备（苇席天棚）来保证热浪滚滚的三伏天尽可能过得舒服一些，但是吴老爷子可不是那种为了躲避炎热而游手好闲浪费时间的人。恰恰相反，他每天都有正事要做，尤其是当了孙子的家庭教师以后，杂七杂八的家务琐事排得满满当当，而且他还得养金鱼、喂黄鸟儿呢。其实他的家务活儿是可有可无的，每天的日程当中还有许多空闲时间是可以用来找乐子、享清福的。做人一是要为生计努力奋斗，二是要有权利"追求快乐"，眼下吴老爷子更关心的是第二项。

一个炎热的漫长下午，吴老爷子正睡眼惺忪地坐在天棚阴凉儿下的藤椅上享受午睡醒来之后的清凉，他忽然想起：今天是六月初六。他习惯性地回想起当初那些趣事，对坐在身旁的小秃儿一五一十说起来了。

"小秃儿，我像你这么大的时候，六月初六那可是个要紧的日子。我父亲就是你的太爷爷，总是带着我上彰义门（广安门）里报国寺后边的善果寺去看'晾经'，方丈很有学问，我父亲跟他相熟，让我叫他'和尚大伯'。每次去都照例跟别的来宾一起在庙里吃一餐素斋，然后开始参观'晾经'。只见小和尚们把一卷卷一摞摞的佛经搬出来做一年一度的'晾经'仪式，就是让那些经书吹吹风，见见阳光，去掉潮湿和霉气吧。看完'晾经'，我们就去顺承门（宣武门）外护城河去瞧洗象。

"在内城西南角有个皇家的'象房'，养着一些大象。每年六月初六这天，就把大象牵出来洗澡，一年一回。这一年才有一次的仪式吸引了上千的看客。那些大象被朝廷专门雇用的'象奴'驱赶出来，个个营养不良，饱受虐待，无精打采。大象是安南国王献给朝廷的贡品。这件事是从明朝开始有的，一直延续到清朝，同治年间送到北京最后一批，是六头。这些驯养的大象都学会了表演一些表示忠顺的动作。朝廷在举行一些重大的国事活动的时候，比如迎接前来进献贡品的土著部落的使节，就用大象来给豪华气派的盛大仪式助威。大象成对站在午门前边，拦住前来宫禁的可疑人士——当时流行一种普遍的看法：大象具有一种独特的感知力，能看出人的品性，分辨出好人和坏人。"

吴老爷子感叹道："啊，这都是多少年以前的旧事了，大象没有了，象房也没有了，只剩下了一个地名，就是顺承门里的'象来街'。

"好像是大清亡国的不祥之兆，有一头大象突然疯了，挣脱了铁链子，一路狂奔，跑到东单牌楼附近弄死了两个人。有两个路过的行人来不及逃走，被那头疯象用鼻子卷住了，简直就是给活活勒死了。这件事发生于光绪十年（1884年），当时我十八岁上下。这件事等于宣判了所有大象的无期徒刑，过了两三年几头大象就都关死了。大象一死，北京人津津乐道的'洗象'也就彻底完了。"

城郊垂钓

　　吴老爷子说的"洗象"，小秃儿聚精会神地听着，说完忽然想起了他和小孙子都喜爱的一项消遣，就叫着孙子一块儿到后院去找他那套钓鱼的家什。

　　他说："咱们虽然看不着大象洗澡了，可是咱们可以去钓鱼。走，咱们先去把渔竿找出来。"

　　小秃儿提醒爷爷说："您的渔竿不在后院，在您屋里墙上挂着呢。"

　　"我说的不是那副。那副太贵重，不能使。我有几副普通渔竿单收着，可以用的。"

　　老人家不愿意使用那副精致的渔具，怕弄坏了，因为那是一位年纪更大的朋友送的，那位老朋友早已过世，他要好好留着当纪念。

　　用渔竿和渔线钓鱼古已有之，爱好这种消遣的人多得很，各行各业老少贫富都乐在其中。垂钓很消耗时间，是个"慢功夫"，不适合性急的人。老北京人流行一句俗话："人生三大慢：等人、钓鱼、坐牛车。"这都是最需要耐心的事儿。钓鱼的爱好不分社会等级高低贵贱，连乾隆皇帝都乐之好之，每年春秋两季都驾临平则门（阜成门）外去垂钓，那地方有专门给他建造的钓鱼台离宫，富丽堂皇，至今犹存。

　　平常使用的渔具相当简单原始，包括渔竿、渔线、鱼钩、渔篓。渔篓就是一个长筒状的网，用来把钓来的鱼装进去，放到水里，流动的活水可以保持篓里的鱼鲜活不死。另外，还要准备的是一只老旧的小瓷罐，用来装引诱鱼上钩的蚯蚓。用作钓饵的蚯蚓是一种红色的细长蠕虫，老旧的瓷罐没有"火气"，免得把蚯蚓"烧死"，另外还得在罐里铺垫浸湿的草纸，给蚯蚓提供一个湿润的环境。除去蚯蚓之外，小虾也可以当钓饵，某几种鱼则要活的青蛙做钓饵。有时候用小面团也一样有效。

适宜制作钓竿的材料当数竹子或芦苇的茎。通常使用的"手竿"是三节一副，一节比一节细，用扦插方式连接起来，能有一丈多长。为了避免接头处开裂，用细丝线缠绕再涂上一层黑漆，就很结实了。一般使用的钓鱼线是十二股或十六股的生丝线，强度足够把比较大的鱼钓上岸。钓鱼钩通常是自己动手做的，设计精巧各有特色。钓鱼线上加装的"鱼漂"，通常是用一截鸟毛管做成的，更常见的一种是用孔雀毛管做的，既贵重又好用。说来奇怪，孔雀毛并不难买到，因为现在已经垮台的清政府表示官员的职级地位而普遍使用的"顶戴花翎"，即官帽上的装饰物，就普遍使用孔雀的羽毛。渔线下端靠近鱼钩处还要用一个小小的铅坠儿来保持鱼漂以下的渔线垂直地落到水底。以上各项就是钓客必不可少的主要装备了。此外还有两样东西常常被大家忽略不谈：一是自然长成的分杈状的一段榆树枝，插在河边泥土里支撑渔竿，免得钓客长时间把渔竿拿在手里，手腕酸痛（尤其是久久没有鱼来咬钩的时候，难免使人士气低落）。还有一样有用的物件，便是马扎儿了。

吴老爷子是个办事井井有条、讲究"动物归原"的老先生，他没费多大

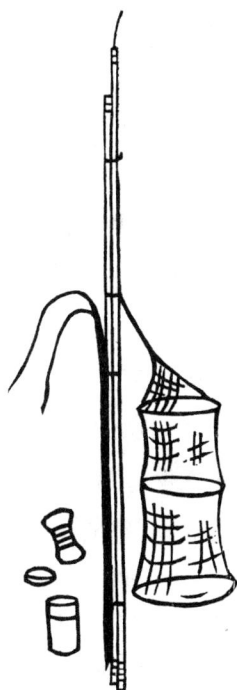

吴老爷子的渔具

工夫就从后院储藏间里把全套的渔具找出来了。

老人家解释说："现在咱们得去挖些蚯蚓来。这个月份用蚯蚓做钓饵钓鲫瓜子，最容易上钩。"

说着，他上厨房找出一把铲子就在院子里几个潮湿地方开挖，果然挖到了不少二寸来长的红色蚯蚓。

老人家说："明天你不上课，现在这天气最合适了，咱们一早就出发去钓鱼，看看手气怎么样。"

小秃儿说："希望能钓着几条大的。"

他爷爷回答道："有可能。"

长河烟柳

一切准备停当，吴老爷子把家中每天上午的杂务一一交代好，就带着小秃儿悄悄地溜出家门，从礼士胡同出发开始了这趟钓鱼之行。

别忘了，在吴老爷子钓鱼的年代，北京的皇家禁苑还没有对大众开放，在紫禁城地带更不允许外界闲人去垂钓。钓鱼迷们要在城里头找个适合钓鱼的理想地点，那真是少之又少。于是西直门外离城门只有一里多地，步行十来分钟就到的高梁桥就成了钓友们的乐园。高梁桥是一座汉白玉栏杆的石拱桥，横跨于从颐和园昆明湖流出来的长河之上。长河流到此处河道展宽，形成一片深水区域，为的是慈禧太后和她的随从在这里弃轿登船，溯流而上前往颐和园。皇上家富丽堂皇的平底船平时便停泊在这儿，形成了一座码头，盖了船坞。（此处水深流急，也因投河自尽的人多而出名。）紧靠船坞建有倚虹堂，便是慈禧太后和她上几辈皇上，以及频频来往于京城与颐和园之间的皇亲贵戚们登船的地方了。这一带河宽水深，鲤鱼、鲫鱼极多，沿河南岸钓鱼的人也一样多。

此地风景绝佳，长河两岸伸展出一望无际的水稻田，犹如大片大片的碧绿绒毯，田埂上老柳成行洒下浓荫，细细长长的柳条随风摇摆，好似美丽的舞娘挥舞长袖一般。幽静迷人的美丽景色沿着曲曲弯弯的河道一路延伸，过五塔寺、过白石桥、过广源闸、过万寿寺、过蓝靛厂，在浓荫遮蔽之下向西向北，向万寿山下昆明湖迤逦而去……

吴老爷子当年常常约上几位钓友到此垂钓闲谈，消磨夏日漫长的午后时光。他还跟诗社里的文友一起登上酒肆二楼，把盏吟诗。酒楼四周一片乡村景致，凭窗眺望，西山秀色尽收眼底，雨天大片粉青黛绿，笼罩水汽更加妩媚。长河烟柳，人在画中。诗社的聚会不定期举行，有的诗友还会吹起洞箫，唱起昆曲，这个古老的剧种跟戏园子里表演的京戏大有不同——曲调优美，语言风格典雅，感情丰富细腻，不是什么人都能学得来的。当然，他们也常常临时指定题材韵脚，即兴赋诗。

诗人们一提笔就有人点燃一支线香来计时，他们必须在线香烧完之前把诗作好念给大家听，谁没作好就按事先约定的杯数罚他喝白干酒。赛诗进行的同时，有人就下楼到稻田里去捕田鸡。田鸡是一种绿色的青蛙，背上有三条金线，学名叫"金线蛙"。它们天生有一种要命的习性——咬住吃的东西就至死不撒嘴。捉田鸡只须用一根不长的竹竿或树枝，拴上一条三四尺长的细绳，细绳末端拴上一小块生肉（羊肉最好），到稻田边上，很容易把藏身水中的田鸡引诱出来。它们纵身一跳死死咬住诱饵，只待片刻之后给诗人们下酒了。

另一些诗友去钓鱼，这个地方鱼多得像粥里的米一样，很容易得手。有经验的钓客都知道：长河产的鲫鱼最好，甚至有人专钓鲫鱼，其他一律扔回河里去。这里的鲫鱼通体银白闪亮，不像窑坑的鲫鱼那么黑乎乎的，吃起来特别鲜香嫩滑，没有土腥味，这一定是跟长河的水质优良大有关系——人家是在"天下第一泉"玉泉山的水里长大的。老北京钓鱼爱好者称之为"长河银鳞鲫"，三寸来长，烹制"酥鱼"最好不过。

把又肥又嫩的田鸡腿交给酒铺伙计，转眼就做成了美味佳肴，白干跟黄酒一壶接一壶，有时候还会把白酒跟黄酒掺着喝，美其名曰"风搅雪"。偶尔会有一场突如其来的倾盆大雨从天而降，似乎要把诗人的雅聚搅散，但这种事很少成真，因为诗人不在乎天气变化——雨下得越大，诗兴就越高，"片云头上黑，应是雨催诗"嘛！最后差不多有一半诗人已经醉得东倒西歪，不得不让另一半诗人搀扶回家，其实这后一半人也已经醺醺然，一脚深一脚浅了。"家家扶得醉人归"，古人说得太好了。

吴老爷子起初本来是想带他孙子到高梁桥去钓鱼的，可是他很快就变卦了——那个地方让他想起许许多多的往事，有高兴的，也有悲伤的，尤其是因为好多"相熟的面孔"，再也见不到了。

窑坑得鲫

吴老爷子带着小秃儿胡乱吃过早点，坐上洋车出了哈达门，这回他们要去的地方是"窑坑"，位置在哈达门外往东南，过了火车道就是旧时蓝旗营房附近。

北京这座城市的发展是自北向南逐渐推进的。城市的北边一半即内城，人口密集，满布横平竖直的街道和居住区；而南边一半即外城，虽然也在城墙范围以内，却相对荒凉，只有天坛和先农坛两组皇家祭坛雄踞于此，没有什么像样的建筑物。凡是到过这儿的人都不会忘记那地旷人稀的乡村景象。铁道以东以南，是大片大片的苇塘，横横竖竖的小河沟纵横其中。

这片地方统称"窑坑"，因为早年间修筑北京高大的城墙时，取土烧砖，挖了许多大坑，如同人造的火山口一般，至今还能看到若干一丈五六高的土堆，那是砖窑留下的遗址。随着时间流逝，坑里蓄积的雨水越来越多，以及靠近地下"水脉"引起某些地质变化，这些窑坑演变成了常年存在的湖泊。这地方除了冬季结冰不算，春夏秋三季都是钓鱼迷的乐园，因为各种鱼类极多，既没有围墙，也没有篱笆，完全对大众开放。还有人曾看见一位居留北京的外国人到窑坑来打野鸭子呢。

祖孙二人相中一个"有戏"的地点，整理好渔具，就在岸边坐下了。老人家从瓷罐里取出一条蚯蚓放到左手手心上，用右手轻轻地拍打几下，把它震僵，拿鱼钩穿过全身，就把它装在钩上成了钓饵，接着就把渔竿一甩，把渔线投入蓝蓝的深水里去了。

静等片刻之后，吴老爷子发觉有咬钩的迹象。老人家喃喃地说道："跑了！"提起渔线一看蚯蚓没有了。他根据经验知道那是一条小麦穗鱼偷吃了蚯蚓而没有碰到鱼钩！换上新的钓饵之后，又把渔线甩出去了。

这一次等了很久，吴老爷子拿出他的竹竿烟袋抽着烟等鱼上钩。开始在鱼漂旁边出现了几个小水泡，接着就是一次向下猛拉。吴老爷子看得仔细，知道这回有戏了，他用力甩竿，猛提渔线，一条漂亮的鲫瓜子钓上来了。他摘下鱼钩，把鱼交给小秃儿，叫他搁到渔罟里去。

小秃儿说："这条应该有六两呢！"

老人家笑着答道："连三两都不到，你真不会看分量，我的孩子！"

这一天上午他们钓鱼的收获相当令人满意，还没到中午已经收拾停当，准备回家了。

小秃儿抱怨说："咱们今天一条大鱼也没钓着。"

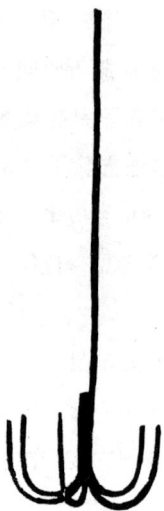

钓鱼诀窍是先"搭窝子",即用一个锚状的铁钩除掉河底的水草,在清理出来的地方撒些小米

老人家说:"没错,今天上午只钓着了一些小鲫瓜子,不过鲫鱼都不能长多大。要想钓着大条的鲫鱼,必须先'搭窝子'才行。找五根粗铅丝弯成钩子,每个钩子的内侧开刃,然后把五个钩子捆在一起做成一个锚状的抓钩,用比较粗而结实的麻绳吊在一根丈把长的竹竿头上,搭窝子的工具就做好了。找好下钩的地点,先用这抓钩沉下水底,把水草连拔带切清除干净,在河底清理出一片大约二尺的空地,然后拿些小米装在小铁罐里,用竹竿把小米撒在那片空地上,窝子就搭好了。大一点的鲫鱼很容易被引诱到窝子来,钓鱼的人只要看准窝子下钩,肯定会得手。但是必须测量好水的深度,让鱼钩准确地下沉到底,不能悬在半道,也不可以离底很远,否则你无论用多么香气诱人的钓饵,那些成年的鲫鱼也勾不起胃口,它们精得很!"

吴老爷子说:"小秃儿,你别以为我是个外行呀。"

小秃儿答道:"我认为您是个行家。"

蹲黑鱼·钓鲇鱼

吴老爷子和孙子尽享垂钓之乐以后,沿着窑坑岸边散步,观看其他钓客的动静。

有些人是来"蹲"黑鱼棒子的。黑鱼又叫狗鱼，通体暗绿，有黑色条纹，两只邪恶的眼睛长得很靠后，从头算起大约在全身四分之一的位置上，所以它的嘴可以张得很大。黑鱼是淡水鱼类里最凶猛的一种，是河流湖泊最能跟钓鱼高手缠斗的猎物。

北京人不说"钓"黑鱼，而说"蹲"黑鱼，用词的微妙变化也许从使用的工具和方法能看出些许道理。不用渔线，用两股以上的粗麻绳；不用渔竿，而用顶端直径达一寸、不分节的竹竿，麻绳上拴的鱼钩比普通钓钩大好几倍。钓饵用一只二寸多长的田鸡。把田鸡拿来先用钝物砸脑袋把它弄死，然后把钓钩从后往前穿进田鸡身体，直达头部隐藏在它的嘴里，并且顶起它的脑袋，看上去好像正要跳起来的姿势。田鸡两条后腿用细线捆在一起，固定到粗麻绳上。一切就绪就看黑鱼如何上钩了。

黑鱼有时能长到两三尺长、五六斤重，是公认最难对付的好战分子。还有人见过，黑鱼只要一看见鱼饵立刻就咬。有经验的钓客在咬钩之后会放出二三丈长的麻绳，让鱼咬住鱼钩吞深吞结实，把它"遛"得筋疲力尽之后才提上岸来。这是一场殊死战斗，听说有过这样的事：黑鱼拼命挣扎不但弄断了麻绳，还拉跑了竹竿！黑鱼大嘴里长着极其锋利的牙齿，会吃掉体形较小的同类。

蹲黑鱼用田鸡做饵，鱼钩很大，用粗麻绳当渔线，拴在结实的竹竿上

有些人是来钓鲇鱼的，这种鱼能做成美味佳肴，很受欢迎。吴老爷子打眼一瞅就知道哪些人是来钓鲇鱼的，因为他们的小罐子里头是一些鲇鱼最爱吃的蓝色蚯蚓。蚯蚓饿上几天就变成蓝颜色了！

还有些儿童是来捉河虾的，用的工具是用油绿的细柳条编的"虾米篓儿"，一种圆桶状的网，虾米进得去出不来。上羊肉床子弄几小块羊骨头塞到篓儿里，沉入水中，片刻之后提起来一定不会落空。没有虾米篓儿也可以用普通的水桶代替，只要有羊骨头，成绩也差不到哪里去。

小秃儿停下脚步，仔细观察各路钓鱼人的办法，大开眼界。

魁星阁·夕照寺

小秃儿指着远处土丘上的一座亭子和它北边一片红墙围绕的房子问道："东边那是什么地方呀？"

老人家答道："那是有名的魁星阁。过去各地进京赶考的士子都要到那儿去烧香祭拜文昌帝君，这是掌管士人功名禄位的神。这本来是星名，即文曲星，古时认为是主持文运功名的星宿，后来具体化为一位神，成为读书人崇拜的对象。据说文昌帝君会在科举考试发榜之前托梦给应试的举子，向他们透露考试结果是否落榜。给他烧香上供就有希望提前得到消息。旁边那座庙叫夕照寺，万柳堂所在的地方。过去风景秀丽，在北京的文人墨客间，也很有名气的。"

吴老爷子接着说："过去有父老相传，顺治皇上登基之前，在这边读过书什么的，这说法我觉得不太靠谱……"小秃儿问为什么。老人家说："顺治在入关之前，怎么可能在北京读书呢？"小秃儿又问："这种事还能有假？"老人家答道："有，有！西山和八达岭长城一带有好多杨家将在那里打仗的传说，还造出好几个地名，像望儿山和穆桂英点将台，都是编故事编出来的。"

吴老爷子最后提议说："咱们别去了，现在那里成了停灵的地方。外地人死在北京，在运回老家埋葬之前，他们的棺材就暂时存放在那儿。那里堆着一排一排装着死人的棺材。"

第二十二章　小秃儿上学了

　　小秃儿跟着他爷爷上课念书，其实是三天打鱼两天晒网的事情。虽然刚开始的时候也做了计划和进度表，规定每天上课两次，每次一个钟头，但是取消上课的理由多得很。家里来了客人，天气太坏，出门办事，前去探亲访友，无论学生还是老师，一遇这些情况，当天的课程就取消了。在家上课灵活性太大，规则富有弹性，难以保证持续地进步。小秃儿在开头两个月认下了三百五十个字，可是到了第六个月，他认得的字只有四百到四百五十个。这证明吴老爷子的热情没有持久，而是在走下坡路。这个现象并不奇怪，必须承认由家长亲自授课就把孩子的课业教好，绝非易事。

　　全家人开始考虑是不是应该把小秃儿送到学堂去念书。于是又召开了一次家庭会议，经过讨论达成决议：小秃儿应该去念永先生的私塾，隔壁王家的小男孩儿就在那里念书。他们又进一步商定让小秃儿跟王家孩子结伴上学回家，这一点前些日子王家的人已经试探性地提议过了。

　　其实，这个计划早在家庭会议举行之前就已经定了，因为小秃儿的祖母吴老太太有许多关于永先生私塾的现成信息提供给大家。她老人家在这一天来到之前频频跟王家人聊天，收集了大量资料。

　　吴老太太说道："我想送咱们孩子上永先生那儿去念书，是个好法子。我没有亲眼见过永先生本人，但是他似乎是一位有才能的塾师。王家那孩子才跟他念了两年多一点儿，已经把《论语》念完了。前天他母亲给我瞧那孩子写的大仿，满篇都是红圈儿，我看写得相当不错。"学生哪个字写得好，老师就在哪个字上画红圈儿，表示鼓励。如果写得极好，就画双红圈儿。

吴少爷问："永先生的私塾远不远？"

吴老太太蛮有把握地说："挺近的，就在咱们这条胡同后头竹竿胡同的土地庙，一点都不远。隔壁王家孩子每天自己上学，不用接送。"

这时候小秃儿他爸又开口了："我看这个办法不好，我已经考虑了另一种安排——我有一位朋友，他给自己的儿子请了一位家庭教师，还跟我说他愿意让咱家孩子上他们家去上学，这叫'专馆外附'，不知道你们以为怎么样？永先生的私塾也很不错，毕竟离咱们家挺近嘛。"

吴老爷子本来一直在听别人说话，这会儿他发话了："不行，不行。我坚决反对私人教师，我可知道那对于咱家孩子是怎么一回事了。咱们得分担费用，可是享受不到一点好处。老师为了取悦本家儿，就不可能对咱们孩子跟本家儿孩子一视同仁。相反，那一家子跟那老师都会瞧不起咱们孩子，日久天长非出麻烦不可。我自己早年就当过这种'陪读'，太知道其中的种种情形了。我还是愿意让小秃儿上土地庙的私塾，这样可以过渡一下，叫他先熟悉熟悉学校生活，然后再送他去读公立学堂，先找点感觉就好。那间私塾地点离这儿挺近便，这也可我的心。咱们可以随时留神了解情况，看着咱们孩子有没有受学伴欺负。"

西方的新式教育原理一点一滴地介绍到中国之前，私塾是中国男性儿童获取知识成长的唯一教育机构。我说"男性儿童"，是因为私塾仅仅是给男孩子开办的。几乎所有的人都觉得读书不是女孩子的事，连起码的识字都不用学。俗话说"女子无才便是德"，书

241

籍有好有坏，女孩子学会读书就可能打开了罪恶之门。确实有些女孩子得到了学习的机会，但大都是富裕而有文化的家庭恰好又没有男孩子才让女孩子念书的。再有就是一些富有叛逆精神的家庭，敢于特立独行跟传统习俗唱反调，就让女孩子去读书了。女子学堂根本不存在，男女合校更是绝对不可思议。

普及新式教育之前，没有为当学校教员而进行的师范教育，也没听说过有谁尝试去研究教育学和教学法。教书是任何人不到迫不得已就不愿意干的事情，一些命运不济的读书人到了穷途末路之时，才会利用卖不出去的古代经典知识混饭吃，这是为免挨饿受冻而采取的权宜之计。所有读书人公开的志向就是当官，读了书有朝一日在政府机关谋上一官半职——"学而优则仕"。而那些仕途不顺最终失去幻想的，就只有把教书当作稳定的"饭碗"了。想做生意的只需要接受很少的教育，紧接着就到店铺去学徒了，不管他以后经商成败如何，他那点文化知识是远远达不到教书的水平的。至于农夫和工匠，根本就跟学校教育不发生关系。

学校的教学方法很简单，而且几百年来没有采取任何行之有效的改革措施，学校生活应该说是严酷，有时甚至是没有人性的。在读、写、算这三项技能之中，学校只教读和写，至于算学，那是低贱卑劣的买卖人干的勾当，在商店学徒时学会打算盘即可。入学的头一两年，只让学一件事——念，而念的本身是一套三部曲：念、背、打。念了要背，背不下来就打——应该是挨打。

课文里说了些什么，老师从来不给讲解清楚，至于文字的结构以及其中包含的思想观念也是不讲解的，因为老师自己都不一定懂得，而那远远超出学生的智力，讲也没用，反倒把事情弄得更复杂了。从书里头摘出来的文章片段，只要求学生通过一遍又一遍的高声朗读把它背下来。一班二三十个学生，齐声朗读课本，的确是个喧哗吵闹的场面。经过一段时间用心朗读，熟能生巧，这篇课文最终能完全背下来。自始至终大声朗读直到会背的课文，其大概的主旨学生们并不知道，只是偶尔有些星星点点的文字，因为恰巧比较容易理解，或是跟口头语言相似，这才使学生多少有些明白。但是不幸得很，这种情形太少了，中文的书面文字与口头语言二者之间的差异实在太大。

学生们用心学习，不吝惜精力对待课文，其结果无非表现在他们如何善于背书，如何把书合起来如同留声机一般高声背诵。

读书的第三步就是"打"，即挨打，课文背不下来的学生就得接受这样的惩罚。老师惩罚学生的方式通常是用一条木板（戒尺）或藤条打他的左手心，左手没用只供挨打，而右手不能打，因为还得拿右手写字呢。所以要不想把孩子宠坏，棍棒是免不了的。

看起来小秃儿今后的日子注定不会太好过了。

寒窗苦读

旧朝代的小学生生活，即曾经唯一存在的私塾教育，确实是一幅色彩阴暗的图画。传统的教育方法也许令人难以置信，但却是千真万确的事实。读书人追求文化知识的过程充分体现在一句名言之中——"十年寒窗苦"。有句俗话说"吃得苦中苦，方成人上人"，"人上人"就是当官，要当官就得先吃下"苦中苦"。虽然旧时儿童教育的根本原则是粗暴的，大有改进的余地，但是我们也早已发现，在学习方面发挥个人能力又是多么重要，所以说"师父领进门，修行在个人"。

在多大年龄开始自觉地学习，这是个因人而异的事情，孔夫子说他"十五而志于学"，这个年龄的少年早已超过了"学多少是多少"的阶段，他的想象能力和推理能力已经充分发展。到了这个年龄要是还"举一隅不以三隅反"，那就别再跟他费劲了。这是学习的第二阶段，叫"开讲"，是以解释和分析为主要特征的。而在这之前的几年都是做准备工作，就好比把牛牵到水边按着牛脑袋喝水。小秃儿眼下面临的正是这个以强制为主的教育阶段。

永先生设在土地庙里的私塾颇有代表性。土地庙前院的三间厢房，隔成一小间一大间，小间是永先生夫妇的卧室，大间是教室兼会客室。冬天这里还兼作厨房，因为屋里的砖灶既供暖又煮饭，但是一到夏天厨房就得搬到院子里去了。教室里没有课桌椅，而是用普通的家具代替。方桌和方凳摆成几组，按所用课本把学生分成四至六个人的小组就座。一张小桌子加上一把硬背木椅就是先生的

教室墙上悬挂着一幅孔夫子石刻肖像的拓片

"杏坛"了。所谓"杏坛"，就是孔夫子给弟子们讲课的书桌。先生桌子旁边墙上悬挂着一幅孔夫子古代石刻捶拓下来的拓片，装裱而成卷轴。只见孔老夫子留着长长的胡须，头上一顶样式古雅的帽子，正以圣人的眼光注视着下边这帮淘气的学生呢。据王家孩子说，原先教室里供着一张木头牌位，上头从上往下写着十个字"大成至圣先师孔子神位"，因为太破旧了，简直成了铺子里卖不出去的旧货底子，就给拿去修理了。说它是"铺子里的旧货"倒也恰当，因为这类私塾有个讽刺性的绰号，就叫"学房铺子"，点出了它的商业性质。

按手续，首先让王家小孩去问老师接收不接收新学生，然后小秃儿就由爷爷领到私塾来办理入学了。

私塾内景

吴老爷子按礼数跟永先生讨教小秃儿入学读书的种种事项，这时小秃儿就把教室里的情形扫视一遍。

时值清晨，学生们正陆续来到。第一个露面的是大个儿，后来知道他是"大学长"，学生的头儿。接着是不同年龄和个头的学生，三三两两进了教室。隔壁王家孩子也是来得早的一个，因为他想看看自己的小伙伴来上学的样子。

每个学生都夹着一个"书包"，就是一块四四方方的布包，里面是他的书，另外还有一个家里自己缝制的小布口袋，里边装着写字的毛笔、黄铜墨盒或一小块石砚。他们一边交头接耳，一边拿眼睛瞟这个新来的同学，同时就开始练习写字。小秃儿还注意到，每个学生一进教室先对孔子像深鞠一躬，然后才就座。以后，小秃儿也要这样做的。

永先生随便问了小秃儿几个问题，他都对答如流吐字清楚，老师至少表面上对第一印象表示认可，转过脸去对吴老爷子说，他觉得这孩子有出息，"天分很高"，而且"很老实"。谁都明白，这种夸奖的话其实只是应景的表示而已。

吴老爷子答道："不然，这孩子又笨又顽皮，必须严加管教，不然就毁了。"谈话讲究这种自我贬损和抬高对方，不过大家都懂得，对方说的话得打着折扣听。

小秃儿遵循全中国通行的学习模式，先学"蒙学三书"——《三字经》《百家姓》《千字文》。按规矩，每天教三行，要求会念会背，但是不加解释。他还要每天早晨练习写字，不是像以前那样"描红模子"，也不是像王家孩子那样放手自写，而是写"影格"——把白纸铺在印好黑字的"影"上拿毛笔照写。据说这现在对他最为适宜。他每天早晨8点到校，11点回家吃中午饭，下午1点上课，3点放学。阴历每月初一跟十五放假，其他假期由老师提前告知。所有这些都是吴老爷子跟永先生商定的，另外就是请老师看着让小秃儿跟王家孩子同来同往。至于费用多少，这里就不便透露了。

　　老人家还说："不管什么时候，您只要发现这孩子犯规矩了，就请您立刻惩戒。罚跪也行，打他也行。我一定完全支持您给他的惩罚，请您别以为他是我们家独苗儿就可以不受惩罚。"

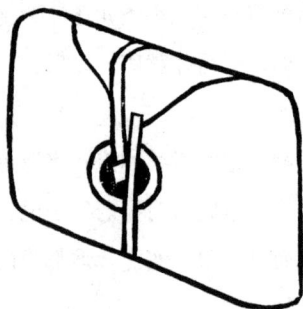

书包就是一块四方蓝布，缝上一条带子，带子头上拴上一枚方孔铜钱当扣子用

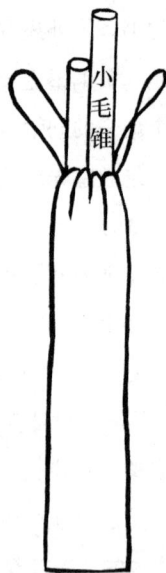

学生用一只小布袋装毛笔

老师回答道："我相信这孩子一定是个好学生，您就放心把他交给我好了。"他立刻明白了：这孩子是人家的独苗儿，不要动用体罚。

吴家人给小秃儿备齐了上学所需的一切装备，包括课本等等，裁了一块四方蓝布来包这些物件。蓝布的一角缝上了一根带子，带子头上拴上一枚方孔大铜钱，当扣子用。

现在一项使命落到了吴老爷子肩上——给小秃儿取个"学名"，孩子既然上学了，就不能再叫他的"乳名"了。老人家查看"家谱"，免得跟祖辈的名字发生冲突。他最后写下了三个临时备选的名字，让儿子定夺，他觉得这件事最好把决定权留给年轻的父亲。他们最后一起商定给孩子取名叫"学文"。"学文"二字来自古代经典，意思是说，学习文学是"君子"在美德完善的前提下锦上添花的一步，《名贤集》说"行有余力，则以学文"。

全家人再一次查阅黄历，发现次日恰好是个大吉大利的好日子，黄历在这一天的栏目之下列举了一连串的"宜"字，即适宜事项：不但"宜入学"，还"宜祭祀""宜会友""宜出行""宜婚嫁"。"宜修家谱""宜沐浴""宜剃须""宜裁衣""宜动土""宜立柱上梁""宜求医""宜开仓""宜置产""宜埋葬"等等。同时还列出最佳时辰，如"辰时"，即上午7时至9时，黄历也列明当天不适宜做的事项，如"不宜渡河""不宜会猎"之类，这些当然跟吴家没有关系。

关于学费问题，无论吴老爷子还是永先生都没有达成明确的"一致"，他们都以为头一回礼节性谈话就提这件事是不合适的。不过，吴家人已经从隔壁王家小孩口中打听到他付给多少，他们已经心中有数了。王家小孩每月交六角钱，月初先付，在改行银本位以前，是二百大枚。

吴老爷子可不是那种招人笑话的粗人，他把钱整整齐齐地装进红信封，写上"束脩"两个大字，又写了一行小字："愚生吴学文谨具"。"束脩"的字面意思是一捆干肉条，是古时候学生送给老师的通行礼物。这个古老的名词至今仍然是"学费"的代名词。

他另拿一个信封放进两块银圆，写上"贽敬"二字，这代表纪念初次结识开始友好交往的纪念品。

吴少爷问道："额玛，这'贽敬'两个字是什么意思呢？"

吴老爷子答道："这是新学生应该送给老师的一个礼节性的表示。古时候，男士们初次见面互赠美玉、丝绸和禽鸟，女士们互赠核桃、束脩。现在这些礼物都拿钱代替了。"

"我想学费交够了吧。"

"不然。咱们时不时还得给老师送别的钱。比如按规矩'三节两寿'都是要送钱的。'三节'就是元旦、端午、中秋，'两寿'就是老师和师母的生日。春丁秋丁祭孔咱们也得给香火钱。冬天得出烤火钱。这些费用不会直接跟咱们要，可是咱们老吴家不能叫人说不懂事，那太丢脸了。"

蒙学三书

小秃儿在永先生私塾接受启蒙教育的第一阶段就是诵读三本篇幅不大的"蒙学三书"：《三字经》《百家姓》《千字文》。这里不妨对这三本"小书"做一番研究。

《三字经》是一本古老的识字用书，其最初的撰著人是宋代学者王应麟，后来经过众手增订，民间流传过程中又不断完善，到明清时已经成为应用最广的蒙童识字教材，即使并不识字的贩夫走卒，引车卖浆者流，也能说上几行，影响之广可见一斑。全书自始至终用三字句写成，合辙押韵，声调铿锵，朗朗上口，特别适合学童集体朗读背诵（其他两种蒙学书《百家姓》和《千字文》也都是韵文）。此书不仅为做人行事的伦理规范做了全盘介绍，而且列出大量的知识要点，特别是按朝代更迭的顺序提纲挈领地讲述了悠久绵长的中国历史。

《三字经》扼要介绍了儒家经典"四书"（《论语》《孟子》《大学》《中庸》）和"五经"（《诗经》《尚书》《礼记》《易经》《春秋》）的重要内容。书中也提到了诸子百家的著作和历代著名文人学士的逸事。最后是劝勉学生专心致志努力学习。全书的文辞艰深难懂，仅用一千零六十八个字浓缩了大量的知识，可以毫不夸张地说，要弄懂全书的意思，恐怕需要有一本厚厚的注解，其篇幅必将超过《三字经》本身许多倍。比如开头的八行：

人之初，性本善。

性相近，习相远。

苟不教，性乃迁。

教之道，贵以专。

一个刚刚上学的小孩子，哪里能理解这么复杂深奥又抽象的道理！无怪乎要求他们唯一要做的便是高声喊叫、死记硬背了。

下一本书叫《千字文》，这本书的难度即便成年人要学懂也毫不轻松。这本小书是用整整一千字写成的，全书都是押韵的四言诗体，有确切记载，是出自于南朝梁国（502—557年）学者周兴嗣的手笔。梁武帝自己也是一个文学造诣颇深的人，他为了教子弟识字，亲自从王羲之字帖挑选一千个互不关联的字，指示周兴嗣编成韵文，文意要畅达，每字只用一次不得重复。周兴嗣为写这篇区区一千字的奇文绞尽脑汁。唐朝有人写道"一夕编缀进上，鬓发皆白"。这样的文学难题，只有中文汉字才能破解，世罕其匹，日本的《伊吕波歌》与之体裁相似，但只用了四十七个假名，可谓小巫见大巫了。

《千字文》开头的八行四言诗是：

> 天地玄黄，宇宙洪荒。
> 日月盈昃，辰宿列张。
> 寒来暑往，秋收冬藏。
> 闰余成岁，律吕调阳。

足见其知识的密集浓炼，所包含的信息比《三字经》还要广阔，所以普遍采用《千字文》做课本是有充足理由的——因为没有重复使用的字，所以学童通过念《千字文》来扩大词汇量，要比使用别的课本效果好得多。

最后一种课本是《百家姓》，念这本书主要是让学童认识人们的姓氏。书名《百家姓》也许会引人误解，因为书中所列的姓氏不止一百个。实际上全书一共有四百七十二个字，其中单字姓氏四百一十二个，复姓三十个，末尾还有"百家姓终"四个额外的字，只是为填满空白而已。

每天上学只要求念和背，并不要求理解其中的意思，所以小秃儿的功课完成得很漂亮。何况他上学之前已经学会了五百多个字，现在都用上了。

学伴之间

没过多久小秃儿就适应了永先生私塾的学习生活。隔壁邻居王家孩子原本是他的玩伴，现在又成了他的同学，每天都来找他一块儿上学。学业虽说不怎么好玩，但还能承受。大人一直对他说，求学之路并不轻松，但是他发现上学是如此平淡无趣，内心不免感到失望。

学校没有定出规则给学生定时休息，但老师常常会有意无意地给孩子们提供机会，让他们从繁重的课业当中抽暇放松片刻。有时他会离开教室一小会儿，有时个别学生提前完成了习字作业，有时个别学生把该背的书背下来了，有时则是学生准备好了当天的考试，轻松地"听天由命"了。他们有的跟邻座的同学低声聊天，有的取出偷偷带来的玩具避开老师无孔不入的眼光，跟同学分享快乐。这些兴味十足的短暂时光只有亲身经历过的人才能懂得其珍贵。

小秃儿从学伴手中看见了一套"七巧图"，这是一种精心设计，用来帮助小孩子开发想象力和智慧的玩具。一块四方形的薄木板切割成七片大小形状不同的小板，灵活机智地移动和拼排就可以组成无数各不相同的图形，如宝剑、老式油灯、小船等等。小秃儿当然渴望自己也拥有一套"七巧

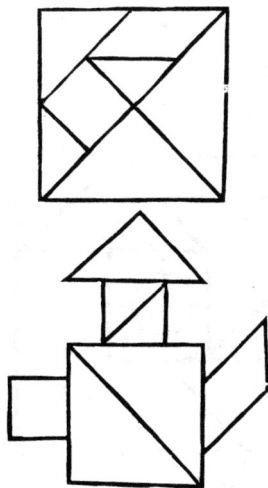

"七巧图"能拼出许多简单的图形

图"，就向爸爸提出了这个要求。他听那位同学说，集市上就有卖的。

爸爸答应说："好，我给你买一套，可是不许跟那个学伴似的给带到学校去。"

吴少爷不仅给孩子买了一套"七巧图"，还给他买了一套有十五块木板的"益智图"，这一套更加复杂精妙得多，可以拼出更多的图形。这套玩具还附送一本用竹纸印的书，列出大量的图形，据说是由清代一位著名学者经过多年努力拼出来的，一共有二百来个。当然这些也只是"示例"，十五块小木板可以组成的图形，其实是无穷尽的。书中给出的图形，有一部分附有文字，或是古诗名句，或是文学故事，不但适合学童，成人也一样感觉趣味盎然。

"益智图"里有的图形把每一块小板的边线都画出来了，很容易照着样子去摆，但是更多的图形并没有这样画，只有外边的轮廓。为了解开这些难题，小秃儿可是没少动脑筋！

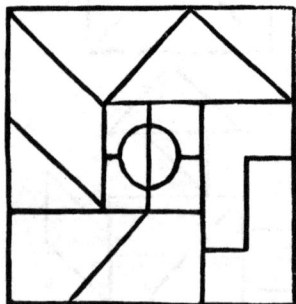

"益智图"的十五块小板是由一块正方形木板切割而成的

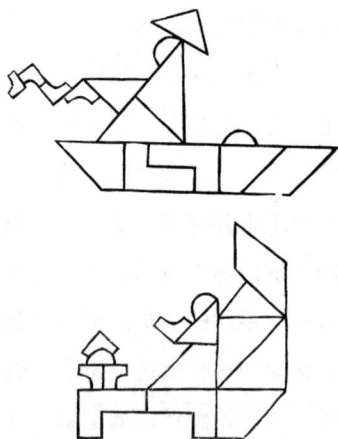

"益智图"共十五块，能拼出许多复杂的图形。这是两个例子

有一个图形附的是两句诗：

孤舟蓑笠翁，
独钓寒江雪。

另一个图形附的诗句是：

池如水晶月如银，
比得佛家净禅心。

第二十三章　过生日

　　中国流行的多神论信仰本身就是一篇十分有趣的故事——各行各业以及人生的各个阶段，都能找到一位备受崇拜的神，如同保护神一样受人膜拜。各种各样大大小小的神，不是一天里创造出来的，因为他们大部分本来都是人，但在所从事的某一特定行业有特殊成就或卓越贡献，类似于现代社会将荣誉学术称号颁发在世的伟大人物，中国人则是把伟大的荣誉称号赋予一些死去的人，将他们神圣化，尊崇为神。

　　这个做法本来是为了鼓励活着的人去追求富有价值的人生，因此应该说是个好办法。所以众神殿堂里大部分并不是纯粹想象的产物，而是大众公认的创造，一方面众多的神集体接受崇拜；另一方面每一位神也在其诞辰接受各自相关群体的祝贺。

马王爷·火神爷

　　马王爷和火神爷的生日恰好赶上同一天，都是阴历的六月二十三。马王爷独具特色，至今只受养马人、马贩子和兽医大夫的供奉。兽医诊所兼营兽药，在北京的街道上还能看到，通常都是开设在通往乡下的大道上。标志很显眼——一副很结实的木头架子，上边挂着铁的吊环和粗麻绳，立在店门前。牲口得了病需要服药，就把它牢牢地捆绑在那木头架子上用大木头勺子往嘴里灌。给爱踢人、抗拒的牲口灌药，场面很吸引人，比钉马掌要好看多了。这两件趣事看起来差不多，都是在路边露天进行的。

木版印刷的马王爷神马儿，如果忠实可信地表达了这位神的形象，那样子真是吓人。他巨口獠牙，三只眼睛，多出来的一只眼睛竖着长在前额上。胳膊不是两条，而是四条，多出来的两条胳膊举着一对大刀。给马王爷上供用一大块半生不熟的羊肉、几盘馒头，外加三盅烧酒。高香点燃之后，再把三盅烧酒点着，发出蓝色的火苗。据说，马王爷本来是位穆斯林，这个猜测看来是合理的，因为中国的第一匹马肯定是从伊斯兰教发源地阿拉伯或毗邻地区经过长途跋涉走过来的。直到现代化的不用马拉的车辆革命性地改变了交通运输业，淘汰了各家各户普遍使用的马车、骡车、驴车以前，对马王爷的祭拜一直是京城家家户户都要举行的仪式。在乡村，马匹、骡子和毛驴仍然用来耕作，内地省份仍然照老样子崇拜马王爷。

至于火神爷，历史上确有其人，在被奉为神仙之前，他的名字叫祝融，这个说法起源很早，汉代人根据周朝资料编纂而成的《礼记》一书，就已经有这方面的记载了。有理由推测，当初创造火神是为了纪念一位发明用火、使人类进入熟食时代的人。火的使用及其种种益处，的确值得铭记，所以民间对火神的信仰还有另一个版本，说发明取火用火的是上古钻木取火的燧人氏，封号是"火德真君"。但是，随着时间的推移，人们相信，火神的职责是执行惩罚，把恶人的房屋放火烧毁。于是对火神的崇拜就演变成为一种预防措施，在火灾频频发生的地方对火神顶礼膜拜，请他不要光顾自己的房舍。火神的画像有两只凶恶的眼睛和像火焰一样燃烧的头发，令人望而生畏，教会人类取火用火的恩德好像跟火神没有关系了。祭拜火神爷的方式是请来一张神马儿，贴在纸糊的神龛里，行礼如仪之后一烧了之。

北京城叫"马神庙"和"火神庙"的街巷胡同颇有一些,说明祭拜这两位神仙的庙宇,过去比现在多。

六月二十三这一天,吴家没有举行特别的祭拜仪式,但是小秃儿吴学文的私塾还是放了一天假。

关圣帝君

阴历六月二十四是关公诞辰。关公、关老爷是民间对三国时期蜀国名将关羽的尊称,他跟宋将岳飞一样是中国历史上赫赫有名的武将,被尊崇为"武圣人"。这一天是家家户户都要烧香上供的。

在四亿中国人心目之中,关羽将军既是英勇作战的典范,也是忠于朋友的典范。他身上体现着超越凡人的力量,足以战胜一切邪恶和破坏性的势力。他死后千百年来,无数神奇事迹不断加强他的精神感召力。他的头衔是"武圣",但是更多的人叫他"关老爷",供祀他的庙宇大大小小遍布各地,称为"老爷庙"。他是一切美德和"正义"的人格化象征,是一切邪恶的克星。他还被一些人尊称为"伟大爱国者",不过"爱国"二字的意义是模糊不清的。他死后的"谥号"越来越庄严高尚,字数越来越多,持续加码,到光绪五年(1879年)时成了"忠义神武灵佑仁勇威显护国保民精诚绥靖翊赞宣德关圣大帝",共二十六个字,比慈禧太后还多出一个字,比孔夫子更多得多了。如果说孔夫子是读书人的圣人,那么关老爷无疑是最广大的市井江湖贩夫走卒的圣人了。一文一武各有各的用处!

关羽是山西人,因为杀人负案在逃被当地政府通缉,在河北涿州附近巧遇刘备,当时他们正在浏览朝廷发布的征兵告示。刘备是

关羽的画像是丹凤眼、卧蚕眉、赤面、长髯，身穿绿袍。秉烛夜读《春秋》是他忠义二字的表征

汉朝皇室远亲，以打草鞋编草席为生。二人一见如故，同去酒肆饮酒，恰巧张飞也来了。三人边喝边谈，就当下政局交换看法，很快商定了决策。他们来到张飞的桃园，杀了一头牛和一匹白马，祭拜天地，歃血为盟结为兄弟，关羽和张飞发誓帮助刘备，"复兴"摇摇欲坠的汉王朝。

三兄弟结盟后，招募了自己的军队，在遍及全中国的混乱局面之中，他们打了许多场血腥的战斗。三兄弟在复兴汉室的事业中各有成就，但是诡计多端的奸相曹操却推翻了朝廷，自立魏国。刘备不得已只得自立为蜀国皇帝，与魏国及吴国相抗衡。"魏蜀吴，争汉鼎"，这一时期历史上称为"三国"。关羽的故事又多又精彩，他人格出众，品性正直，道德高尚，不畏牺牲，对义兄皇帝刘备无比忠诚，在战场上和和平环境中对一切正义事业表现出大无畏的勇

敢精神。

有一次，关羽中了奸计，跟刘备的两位夫人一起被曹操劫持，曹操想要对他施加影响，离间他与刘备的情谊，就向他展示各种珍贵物品，包括良马、金银和美女。他表面上表示谢意，用一些空话来应付对方，内心却是一直跟刘备在一起。在得知刘备的行踪之后，他就下定决心不怕路途遥远和危险，前去寻找盟兄刘备。他把曹操送来的礼物抛下，只骑走了那匹"赤兔马"，以便尽快回到"刘皇叔"身边。他小心翼翼护送刘备的两位夫人，逃走途中过夜时，他都不肯休息，每到夜晚他就点亮蜡烛阅读《春秋》，直到天亮。

与刘备重新团聚之后，他继续为盟兄皇叔的霸业忠诚服务，他身历多次血腥战斗，好几次危急关头挺身而出替刘备主事。最后与吴国大将在麦城发生战斗，他中了埋伏战败而亡，为刘备的霸业献出了生命。

过 生 日

人人重视生日，家庭里每个成员的生日都会庆祝一番。当然了，庆祝的隆重和豪华程度一是要看那位"寿星老儿"在家里的地位高低，二是要看家庭的经济条件如何。

中国人十分看重人的年龄，认为品德优秀的人一定长寿，又相信一个人的寿数在他生前就已经决定了，可是做善事就能增添寿数，干坏事就能减损寿数。所以中国人不论男女不忌讳别人问自己多大年纪，而且觉得是一种客气的表示。我们时不时能听到这样的对话：

问："您高寿？"

答："还小哪，八十六啦。"

老年人尤其不想对自己的年龄保守秘密，因为寿高乃是自己积德行善的结果，年岁越大越应该受到众人的尊重和敬爱，他的生日也相应地成为一家人的大喜事。

小孩子就不一样了。在大人眼里，小孩子的生日，不过是他"长尾巴的日子"而已。长大成人，尤其是结婚成家之后，生日就越来越重要了。年轻夫妻结婚喜事办过之后，他和她第一次过生日的时候，新婚妻子的娘家都要给小夫妻致送礼物，从这以后他们的生日就开始受到重视了。

通常情况下，庆祝生日的方式倒也简单，在全家人行礼如仪之外，当然要安排寿宴和一些娱乐活动。行礼就是一连串的叩首磕头，首先是过生日的人下跪对祖宗牌位磕三个头，然后他再向辈分比他大的人磕头，再后是向同辈而年纪比他大（哪怕只大几天或几个钟头）的人一一磕头。他磕完头之后就坐下来接受所有辈分和年龄比他小的人次第磕头。在十五人、二十人或更多人的大家庭，这一轮的磕头仪式不但耗时颇久，而且严肃认真，场面壮观，笑语喧哗十分热闹。因为大家在磕头的同时都要说些吉祥话儿，向"寿星老儿"表示祝福，大家免不了互相说些道谢的话。

至爱亲朋还会送给"寿星老儿"一些礼物，称颂他是"老寿星"。

最通行的礼物是寿桃和寿面。寿桃是若干个做成桃形的馒头，寿面是一盘子面条。寿桃所代表的是王母娘娘园中长的使人长生不老的仙桃，这是个流传久远的美丽神话。而面条象征绵长而没有尽头的寿数，面条的白色则象征长寿老者头发的颜色。祝愿过生日的人寿命像面条那么绵长，愿他的头发像面条那么白！

小秃儿见过许多次家里人过生日，每次情形都差不多一样，

259

寿桃和寿面是传统的生日礼品

每一次都吃一顿必不可少的打卤面，每一次全家都洋溢着温暖的亲情，大家脸上满布笑容，笑脸之多赶上了过年的日子。他父亲和母亲的生日也都是这么过的，跟家里其他的人一样。但是小秃儿生日那天，他却害怕了一整天——那是他"长尾巴"的日子！乖乖，万一长出个尾巴来就太丑了，他内心恐惧，不止一次伸手去摸那个地方有没有长出尾巴来。直到确定自己并没有长出尾巴来，他才放心了。

整寿

生日每年都过，但是十年一度的"整寿"更加隆重得多，因为不难理解，十年是一个人从摇篮到坟墓的漫长旅途中的里程碑，既然庆贺生日的主张是可行的，那么十年一次的盛大庆祝当然更有其价值了。以十年为尺度不仅是为了计算年龄，也是为了衡量一个人成长和成就，孔夫子就是一个很值得注意的范例，他在《论语》里说："吾十有五而志于学，三十而立，四十而不惑，五十而知天命，六十而耳顺，七十而从心所欲不逾矩。"这位大师对"十年为期"偏好成瘾，他在《论语》另一章里又说："四十、五十而无闻焉，斯亦不足畏也已。"在孔圣人眼中，一个人活到四五十岁还籍籍无名，简直就是个废物！可见，中国人也早已发现"人生从四十岁开始"，以前那些年不过是漫长前奏曲罢了。

我们说了，每十年要为过生日大举庆贺一番，北京话称之为做"整寿"。每逢"整寿"都要开动脑筋认真操办，相比之下"零寿"就简单多了，一般只在家庭内部过一过，除非有重大的社交需要才会"大办"。过了六十岁之后，"整寿"的意义就更加重大，因为人生一满六十岁，就意味着他活过了一个"甲子"。中国自古用干支纪年，即十天干与十二地支相配，共得六十组符号，是一个周期，即"甲子"，也叫"花甲"。

一个人活到六十岁，一辈子诸事停当，是成是败都已成为过去，俗世的烦恼已经不再打搅他，只要准备充分，以后的年月就全是赚头了。这是一个重要的转折点，从此以后就是自由自在地享受生活了。甚至有一种说法：阎王爷已经按规矩把他的姓名从"生死簿"勾销，以后是死是活全由他自己裁量！要是一个人能顺顺当当地退休颐养天年的话，那么十年整寿的生日真是有理由红红火火大操大办呀！

吴老爷子早已过了六十大寿，现在七十整寿就在眼前。如何体体面面地庆贺一番的计划很快就定好了。吴少爷是推动所有这些计划的主力，因为作为事业成功的年轻人的父亲，老爷子脸上有光，令人赞赏羡慕，而吴少爷是个典型的乐于尽责的孝顺儿子，所以操办生日庆典的大事自然落在了他的肩上。

寿诞庆典的主要内容，一是举行家宴，二是举办堂会，跟小秃儿满月那次大同小异。用红纸印的请帖早早发给了至爱亲朋。吴家朋友众多，礼品提前好几天纷纷送到。有些人送来了寿幛，就是一块整幅丝绸，上面贴着金纸剪出的祝词，诸如"寿比南山""福寿绵长"之类。有的人送来几瓶名酒，几盒名茶。有的人给老人家买来了缝制新衣的面料；还有的人送祝寿的字画卷轴，等等。总之凡是漂亮和有用的东西都是好礼品。

老人家很高兴。

到了吴老爷子七十寿辰这一天，吴家北屋中间的堂屋布置成了寿堂，一切按北京的正统老礼儿安排。一张大八仙桌摆在正中间，桌子后面悬挂一幅红色的缎幛，上头是一个金灿灿的巨大寿字。桌上中间摆着一个画满吉祥纹饰瓷香炉，两边立着一对擦得锃亮的黄铜蜡扦。大红蜡烛插在蜡扦上，这天一直燃着。香炉里插着徐徐燃烧的檀香。这是供奉寿星的祭坛，后来在大金寿字前边又挂起了一幅精心刺绣、价值不菲的寿星神像，这是吴少爷的同事赠送给吴老爷子的意外惊喜。

南极星君·麻姑

寿星的形象广受欢迎、招人喜爱，是瓷器、家具、挂毯等日常用具中广泛采用的艺术题材。寿星又叫"南极星君"，据说他掌管着人类生育和寿数。他的肖像画作一位慈祥老人，满面笑容，白色眉毛胡须，前额又高又宽与面部不成比例，上额皱纹横生表明他年龄极高，他身穿鲜艳的彩色长袍，手拄龙头拐杖，上面挂着灵芝和其他长生不老的药草，人吃了就会成仙。画中还有一头梅花鹿，或许还有蝙蝠，这些都是长寿的象征。

梅花鹿据说有一种神奇的本能——从茂盛的山林植物中识别出灵芝草来，而人类从旁边走过看不出来。寿星手里捧着一颗仙桃，这种桃叫"蟠桃"，按中国神话说法，生长在西天的昆仑山仙境，三千年一开花，六千年一结果，凡人吃了蟠桃就会长生不老。

如果是给妇女举办生日庆典，就把老寿星的画像换成"麻姑"

寿星是一位广受欢迎的神，他的形象，
尤其是高阔的额头令人过目不忘

的像，麻姑是一位美丽的年轻女神，也带着梅花鹿和蟠桃。这位女
神的记载最早出现在公元4世纪道教作家葛洪作的《神仙传》里。该
书写道：麻姑曾经在一座道观露面，是一位十八九岁的美丽少女，
但是她的两只手却长着鸟爪。她对前来的信众说一生中曾三度亲自
见证过沧海桑田的巨变。我很纳闷：那是不是戈壁沙漠遍布恐龙的
前后，是不是相当于地质史上的侏罗纪？

吴老爷子生日庆典的寿堂装点得富丽堂皇，在供桌前边铺着一
大块猩红地毯，客人们在这里拜见老人，当面对他表达祝贺和种种
美好的愿望，比老人家辈分年岁小的人都在这里给七十高龄的"寿
星老儿"磕三个头以示敬贺。紧靠供桌摆放了一把椅子，吴老爷子
本应按照礼仪规定端坐椅上得意扬扬地接受叩拜，但是他并没有这
样做，他大部分时间都在椅子旁边站着，只有当磕头的是一位很年
幼的近亲，老人家才会按仪规坐下受拜。别的人全都在寒暄道贺之

后，去叩拜挂在供桌上方的寿星神像，似乎是拜求寿星给吴老爷子多多添寿的意思。

吴老爷子对每一位宾客都说了些吉利话儿，对他们的多礼表示感谢。这一天对于吴少爷来说可是过得辛苦，因为按照礼节规定，他必须跪下来给每一位来磕头的客人还礼，以此来表示一个孝子理应担负的替父亲向客人致谢的责任。一天下来，他磕头次数之多，与全体宾客磕头次数的总和相等。中午时分，客人蜂拥而至，他就一直跪在当地，连站起来的工夫都没有了。至于本家儿各人之间的礼仪，他们在清晨外部客人到来之前已经都举行过了。吴家还要出一个人到每一餐桌前边敬酒，感谢他们光临赏脸，请他们别光是露面，更要为老人家健康长寿开怀畅饮。吴少爷给每一位男性来宾斟满酒杯，吴少奶奶给每一位女性来宾也斟满了酒杯。

这一天的菜肴是从北京西城一家厨艺精湛的著名饭庄砂锅居预订的。吴少爷的同事们早就盼望着这场宴会了，他们有的要求，有的建议，说要吃地道的北京菜，不能跟广东菜或其他南方菜串了味儿。因为正值夏季，不要弄些油腻的菜肴，主人精心挑选的菜式和丰富多样的餐前小吃，大受欢迎。有些应节当令的菜品，如水晶肘、扒笋鸡，以及杏仁豆腐、鲜核桃仁之类的甜品，更为增色。

一过正午，娱乐节目就开始了，为此在院子正中临时搭了一个小台子，有一台"杂耍"表演到日暮天黑。头一个上场的是琴书演唱，所选曲目都是祝贺吉祥长寿的神仙故事，如《蟠桃会》之类；接下来是相声、抖空竹、耍坛子、踢毽子；接着上来几个人演唱"八角鼓子"，一个人唱其他人伴奏，这个玩意儿是当时十分时兴的说唱艺术。之所以叫"八角鼓子"，是因为演唱人左手拿一个八角形的小鼓用右手指头敲击。据说这是清代八旗军队在最强盛年代行军打仗时演唱的得胜歌。鼓有八角，正是代表"八旗"，以后逐渐演变成"子弟书",其词雅驯、其曲悠扬,曲目丰富,为旗民共同喜闻乐见。一些年轻女子出台表演鼓曲,一些训练有素的小男孩上台表演杂技武术。接近黄昏时分,上演了几出短小的折子戏,这是女性宾客们最欢迎渴望的节目。那年月,妇女刚刚获准进戏园子听戏,在那以前老派妇女只许作为来宾观赏人家在自家私宅举办的堂会戏。虽然偶有极少数的女性演员被戏班子雇用,但从来没有妇女到戏园子看戏,因为那是"有伤风化"的。

在家里看堂会演出,对于小秃儿来说是头一回体验的新鲜事。有几位同学也前来道贺,他满怀喜悦地当了一回东道主。他的老师永先生受到了贵宾一样的接待,宴席上吴老爷子和吴少爷都陪老师入座,小秃儿更不用说了。永先生并没有受到特别邀请,他是在小秃儿向他请事假时得知消息而自动前来的。永先生跟其他一些没有带来礼物的客人一样,送上了一小笔现金。

堂会

这场表演杂耍的堂会,并不是吴家付的钱,而是由一位赵先生作为他的贺礼来张罗安排的。我们以前介绍过,赵先生是小秃儿的"干爹",他一贯乐于哄吴老爷子高兴,这是因为早年间吴老爷子曾经有恩于赵家,不过到底是怎么回事,知情人不多。老人家也许是给他谋了一份差事,让他施展了才干,要么就是有点别的事,反正谁都不知道。送堂会一事一直对老人家保密,直到当天早晨才说出来,因为他知道老人家不许他这么做,只要时间来得及,老人家肯定是要阻拦的。堂会的节目不长,晚饭之后就结束了,可是按照常规本来是应该演到午夜的。客人们陆续告辞离去之后,小戏台并没有空着。吴少爷加入了一个"票房",其中大部分票友都是他往日的同学和现今的同事，他们表示当晚要大力助兴，来一场短小的夜戏，显然是为了让吴老爷子高兴。

票友助兴

北京的戏迷们都爱业余学戏，认为这是一种极为高尚的休闲和娱乐。他们通常自发地走到一起，成立"票房"。这个名称容易引起误解，以为是个"售票处"。参加其中的男女业余演员叫作"票友"，他们演出自然是不取报酬的，这种做法叫"玩票"。一众"戏迷"，凑在一起捐钱置办一整套学戏和演戏所需的装备，其中包括大部分的乐器，如必不可少的京胡、二胡、月琴、檀板、锣、鼓等等。再有就是若干本手抄的原始剧本，这些手抄本在私人之间留传，备受票友们的珍爱，因为是某些名角大家留下的正宗文献。

有些时运不济的专业演员，虽然在"科班"里受过好几年艰苦的训练，但是不知为什么却一直没能唱"红"（这样的人很多，供过于求）。他们就到"票房"对票友们进行指导，或是给票友们讲授某些具体戏目里精微的细节。这些老师每月得到的酬金微不足道，只能算聊胜于无。为了维持票房的活动，票友们也要交纳一些费用。票房活动都是在某位票友家里，往往就在票房把头家中，因为他贡献的金钱和时间最多。票友最大的雄心就是有朝一日和正规演员一样登台演出。票友们的"事业"追求就是登台唱戏，为此他们甘愿大把出钱。除了白白演出分文不取，他们甚至要为白唱戏的机会出钱，为请伴奏的琴师出钱，为租用昂贵的戏箱戏服出钱，为请配角帮忙出钱……这一切都是由他们的"老师"本人、票房把头和顾问安排的。作为观众并不注意的"新手"，登台唱戏的票友常常要保证演出节目在商业上取得效益，这个并不难办——他们还扮演票务代理的角色，负责推销一二百张甚至更多的戏票，卖给自己的朋友和朋友的朋友。他们往往是自己掏腰包买下这么多的戏票，目的只有一个，就是设法让自己的演出满座。这就叫"耗财买脸"！要想卖个满座，还得托天气的福——有谁愿意顶着狂风暴雪去听票友唱戏呢！

可见票戏会引起一连串的开销，可是有些人觉得这钱花得值。因为这能测试出他们是否适合唱戏，有助于消除"怯场"的习惯，强化为将来正式"下海"做准备的自觉意识。眼下在梨票两界同时走红的名角有多少人是"票友下海"者，那数目也是惊人的。

为庆贺吴老爷子寿辰举行的京戏清唱，从傍晚开始持续到了午夜，大获成功。唱段和念白，一段一段无不精到，吴家人和宾客全神贯注认真欣赏，唱的人虽然都是"票友"，功夫却不在名角以下。此种清唱较之戏台上的正式演出更能受到深刻入微的鉴赏，因为京戏的精粹全在于唱功，要看其嗓音的音质、情感的沉浮、音色的动人，而不在于那些出奇视觉效果和五光十色的舞台布景，在懂行的戏迷看来，这些东西的重要性连一半都不到。所以京城老戏迷到戏园子去的目的，不是"看戏"，而是"听戏"，他们甚至连眼睛都不睁，只是竖耳静听，摇头晃脑，一只手在大腿上轻拍板眼而已。对于资深戏迷而言，清唱更为受用。当然了，清唱也有缺憾之处，就是没法唱开打的武戏。那天晚上，唱了许多段戏，都很到家，小秃儿目不转睛地看着，又新奇又专注。他看着父亲在那儿唱他本行的旦角，的确有点陌生的感觉。接下来的一幕更让小秃儿乐不可支——他那年迈的祖父高兴得禁不住，竟然跟大家合作唱了一段名剧《珠帘寨》。

打牌

那一天恰好赶上"立秋"节气，晚上已有一丝凉意。一年二十四个节气算得准，精确到小时和分。"立秋"意味着秋季开始，一年中最热的日子即将结束，北京最为人称道的季节——金秋的第一缕气息已经来到门前。那天晚上有微风吹拂，人人感到特别舒服。俗话说："早立秋凉飕飕，晚立秋热死牛。"这一年的立秋是在上午"交节气"，所以凉风很快就下来了。在这一点上，黄历通过精确计算和观察天象，的确是把节气的时间预告到小时和分钟。还有个经事实验证的说法，立秋节气时刻一到，每一棵梧桐树都至少要掉一片叶子！

既然如此，这一天的天气真是太适宜给吴老爷子办寿宴了，不但适宜请堂会、清唱，还适宜别的宾客打牌助兴。有两批客人玩起了赌博：一批男客人在南屋围着桌子玩起了"推牌九"，气氛热烈欢快。这是一种速战速决的赌博，赌具是一副三十二张乌木牌，上边刻有二颗至十二颗点，外加一对骰子。玩法很灵活生动，参加人数不限，可以随时加入或退出。里院北屋一批女客人在打麻将，说好了打八圈。麻将牌是举国同嗜的赌博，无须多说。推牌九的出出进进要一直玩到下半夜，打麻将的显然是准备

牌九

玩个通宵，至爱亲朋聚到一块儿自然都想多多盘桓了。麻将桌周围都是最熟悉的亲朋和吴家的好朋友。小秃儿的姥姥何老太太和隔壁王太太最后都成了赢家，而小秃儿的干妈赵家少奶奶输了不少。

社交聚会把赌博当作一项内容，无论"红事"（结婚、生日、满月）还是"白事"（丧葬）都是一样的，这是一种根深蒂固的风俗习惯，究其来源，很可能是为了给必须"熬夜"的人们找点事情来打发时间。时至今日，北京即便是人口不多的人家，办事前后两三天都有赌博进行，已经成了定例，连警方都放任不管，不会去抄赌。穷人家庭会在红白喜事期间从前来参加赌博的客人手中收取一些费用来补贴办事的开支，这个也已经形成惯例，叫作"抽头儿"。

吴家当然对"抽头儿"不感兴趣，但是吴家的女用人和跟何老太太同来的刘妈，都得到了打牌的客人们赏给的一些现钱。

第二十四章　七月七

阴历七月初七，是个具有重大神话意义的日子，人们全都抱着极大的虔诚敬仰（也许是欢喜找乐儿）之心迎接这一天的到来。

南斗·北斗·斗姆

这一天是斗姆生日，要进行庆贺。斗姆是南斗和北斗两位星君的母亲，北斗相当于小熊星座和大熊星座。中国神话里有关于这两位神仙是兄弟的说法：他们的职能是规定每一个人的生死与寿命。南斗星君（其实是六颗星组成的星座）的形象是一位老人，他负责出生；北斗星君的形象是一位青年，他是弟弟，负责死亡。兄弟二人互相商量着分工合作。从来没人问过他们的父亲是谁，善男信女都只知道他们是斗姆的儿子。斗姆的生日是七月初七。

供奉斗姆的庙在一条胡同里，离吴家住的礼士胡同很近，小秃儿去过好几次，所以吴老太太跟他一说要去烧香，他就明白了。

斗姆塑像是个慈眉善目的老太太，头戴五层的佛冠，坐在两轮宝辇上的莲花座上。她有八条胳膊（显然是受了藏传佛教造像艺术的影响），两条原有的胳臂是佛像的典型姿势，其余六条胳膊伸向左右两侧，六只手里都拿着宝贵的法器。最上边的两只手托着代表太阳和月亮的圆盘，另外四只手分别举着水瓶、莲花、法轮和一面旗帜，据说是指挥死人的灵魂上路用的。崇拜这位女神的具体仪式已经少有人知，只知道祈求她保佑的人必须戒荤吃素。

吴老太太跟小秃儿说起了他们家客厅挂着的那幅画。画的是两个老人坐在松树下边对弈，旁边跪着一个男孩子，他双手举着一个托盘，盘里是一瓶酒和一盘肉。老人家对小秃儿讲了这幅画里的故事。

颜超乞寿

从前有个名叫颜超的年轻人，那年刚刚十九岁。有一天他正在父亲的田地里耕作，远远走来了一位道士。这位道士是大名鼎鼎的管辂，此人是三国时期魏国人，精通占卜星相，通晓鸟语，会法术。管辂跟颜超交谈几句之后，就对他说："你将在三天之后暴亡。"颜超听了害怕极了，赶紧跑回家去报告给父亲。父亲一听又怕又急，立刻跑过去追上管辂，拉着他流着眼泪苦苦哀求给想法子救救孩子。吴老太太说道："那颜超可跟你小秃儿一样，是他们家的独苗儿呀！"

管辂看见他们父子二人那么伤心悲哀，那么真心求助，发了恻隐之心就说：回去预备一瓶好酒一斤鹿肉，明天一早到南山大桑树下，有两个人在那里下棋。什么话都别说，你只管斟酒递肉，直到酒喝完了，他们就会问你，你只管磕头，他们自有道理。颜超第二天依计而行，果然见到了两位下棋的老人——一位穿白袍，面容凶恶坐在北边，另一位穿红袍，面容慈祥坐在南边。两位老者全神贯注于弈棋，对颜超奉上的酒肉只管吃喝，连看都不看他一眼。不一会儿酒喝没了，那位穿白袍的厉声问道："你为何来此，还不快走！"那穿红袍的说："刚才你我喝的酒吃的肉都是他送来的，别不讲情理呀！"穿白袍的说："文书已经写好了，还能改？"穿红袍的说："拿过来让我瞧瞧嘛。"他见文书上写着颜超寿命只有十九岁，就拿起笔来一勾，把十九改成了九十，对颜超说："好了，给你改成九十岁了，回去吧。"颜超回到家，一五一十报告给父亲和管辂。管辂告诉他说："北边坐的是北斗星君，主死；南边坐的是南斗星君，主生。"凡是人，一生下来就是从南斗往北斗走。

这是一个很古老的神话故事，早在晋朝的《搜神记》里就有记载了。

七七乞巧

阴历七月初七，也是牛郎跟织女相会的日子。那天晚上只要天气晴朗没有云彩遮挡，在初秋夜空里就能看见天河两边的牛郎星和织女星。

初七前一天晚上，吴家人（主要是女性）每人都预备一满碗的清水，放在院子里，让它在夜里接些露水。到了第二天，就是初七这一天中午，每个人各拿一根细细的绣花针，轻轻慢慢地把它平放在水面上漂着，看那针在碗底映出的影子，就能看出自己的命好不好。如果那影子纤细清晰就预兆好命，如果那影子模糊混乱，就是命不好。所谓好与不好，指的就是妇女做针线活是不是心灵手巧。所以这个活动叫"乞巧"——祈求自己有一双巧手。

根据液体的表面黏性和表面张力现象，绣花针的确能够漂浮在水面上，直到液体表面的膜破裂，绣花针就会沉到水底。由于光线通过微观结构的水面时发生散射，绣花针投射到碗底上的影子就会出现种种不规则的形状，有的像铲子，有的像剪刀，有的像锤子，有的像条线，有的像熨斗，各自表示什么意思就只有留给天真的想象力了。

夜观天象

七月初七那天晚上天气晴朗，吴家人齐聚在院子里，在弥漫着夜来香和玉簪花浓郁的花香中，他们举目观看星空，谈论着星空方面的种种知识。大人们给小秃儿讲了不少有趣的事情，不外一般老百姓关于星宿的猜想和传说而已。

首先看到的斜着贯穿天穹的一条浓密得似云彩一样的白色光带，就是"天河"，也叫"银河"。这条河里的水永远是满满的，但是不会溢出来，要是"天河"溢出几滴水来，地上就会发大洪水。接着就看见了"太白金星"（"金星"），这颗星的出现是向下界示警，告诉人类要发生战争和流血事件了。"水星"则预示即将发生洪灾。中国星象学把星空分为"四象"（东青龙、西白虎、北玄武、南朱雀），又把"四象"分为"二十八宿"，即二十八座星辰。这套"知识"并不属于天文学范畴，而是属于"占星术"的一套符号系统。不过这两个体系的知识，好像常常混淆。"夜观天象"的结果往往拿来解释或预测地面上的天灾人祸、政治事件——这是不是"天人合一"宇宙观在发挥威力呢？肉眼能够看到一个环状星座，据说是由八颗小星围成的一个正圆形的环，叫"八角琉璃井"，是天上唯一的水源。"不过这八颗小星星现在只剩下七颗了。原来有一回西王母到井边汲水，不小心踩了一颗，把它踩灭了。"吴老爷子向大家解释着。

大家都认得北斗星和南斗星。观察北斗的"柄"，就可以判断月份，因为"斗柄"每一年正好转一圈。新正月，"斗柄"指向东北，那是寅位。所以新年佳节有一句吉祥话——"斗柄回寅"，这四个字常常出现在春联里头。北斗七星的亮度也是下界是否政治清明的指标，地面上政通人和、国泰民安、安稳祥和的时候，北斗七星一定非常明亮。历代皇帝总是密切观察北斗的亮度，以便知道上天对他们治理国家的业绩是否肯定赞许。

彗星，老百姓叫它"扫帚星"，它的出现也被认为是上天的警示：预告人间将要发生灾祸，皇帝此时就会心神不宁，钦天监就会在浑天仪上标出扫帚星的位置，在那个位置上点燃一盏狗油灯，直到扫帚星从天际消失为止。这都是传统习俗的说法。

接着，大家又互相指认牛郎星跟织女星。这会儿吴老爷子大发诗兴，低声吟诵了唐代诗人杜牧的《秋夕》：

> 银烛秋光冷画屏，轻罗小扇扑流萤。
>
> 天街夜色凉如水，卧看牵牛织女星。

牛郎织女

牛郎星和织女星在民间文学和神话里，是一篇凄美的爱情故事，各地流传的版本在细节上有所出入，但绝对是家喻户晓。

从前有个心地纯朴的小伙子，因为父母双亡跟着兄嫂生活，但是兄嫂待他很刻薄，叫他去放牛。日久天长，那头牛成了他唯一的好朋友。谁知那牛是一头神牛，一天它对牛郎开口说人话："小伙子，明天一早到河边去，那儿有七位美女在洗澡。她们是太阳神的女儿，年纪最小的织女长得最漂亮。仙女们洗澡的时候，你过去把织女放在河岸上的衣裳偷走，是一套薄绸子做的红衫白裙。等她们洗完了，织女找不着衣裳就会朝你要，这时你就要求她做你妻子，她不答应你就别把衣裳还给她。她一答应，你就成仙了。"织女在天庭里负责纺织丝绸，她织出好看的衣料，给天上的神仙们做衣袍。

年轻的牛郎依计而行，他看见无比美丽的织女，就把她的衣裳藏起来了，当她索要衣裳时，他就按照神牛的嘱咐向她求婚，她也就答应了。织女的六个姐姐都骑着白鹤飞回天庭，而她则留下来当了牛郎的爱妻，他俩一起生活了三年，生下了一对儿女。可是不久以后，天庭储备的绸缎用完了，织女的劳作没人接手，众神大怒，他们找到织女，要她立刻回到天上去干活。于是织女只得跟牛郎挥泪告别。

牛郎伤心不已，这时神牛再一次出手相助，它要牛郎把它杀死，剥下它的皮当作飞毯，飞上天庭去找织女。牛郎照办了。他飞到天上正要跟织女团聚，却被西王母看见了。她老人家又气又恨，从头上拔下银簪一划，就划出一道天河，把牛郎织女一对恩爱夫妻隔在了天河两边，只能隔河相望不能亲近了。

玉皇大帝闻听此事之后，心生怜悯想让可怜的小夫妻团圆，又怕织女的劳作和责任心受到夫妻生活的不利影响，于是就决定允许他们每年七月初七相会一次。这一天晚上会有一群喜鹊飞来，用翅膀相连在天河上架起一座桥，让牛郎从桥上走过去，跟织女会面。这桥就叫"鹊桥"。

按现代天文学，牛郎星属天鹰座，织女星属天琴座，二者都是银河附近亮度较大的星座。天鹰座还包括两颗较小的星，据中国神话的解释，那是牛郎和织女这对苦命夫妻的儿女，由牛郎用扁担挑着来看他们的妈妈。

牛郎织女的神话流传极广，尤其为妇女们所熟知。这段神话还被编为戏曲搬上舞台叫《天河配》，每年七月七戏园子都会表演这出戏，是应节的剧目。有的戏班子为了"叫座儿"，甚至会把真牛牵上戏台。

四五岁的小女孩会在七月初七这天晚上相约在瓜棚豆架或葡萄架下边，屏息静听，能隐隐约约听见牛郎跟织女二人相会时轻微的哭泣和情话。

小秃儿早已听奶奶给他说过这段故事了，现在他自己也会讲给别人听，说得活灵活现。

养鸣虫

北京不乏有闲人士，他们不但衣食无忧，而且出手阔绰，一年到头沉溺于种种花费不菲的"消遣"中，其中之一就是饲养各种鸣虫——主要的一种就是蟋蟀，北京俗话叫"蛐蛐儿"。养蛐蛐儿蔚然成风，连上学的儿童也上瘾，围绕着这小小的昆虫已然形成了一个产业，它是一代又一代人的衣食父母。蛐蛐儿在所有鸣虫之中名气最大，一提到它，连全城不知疲倦、高歌不断的蝈蝈儿都要噤声了。本书主人公小秃儿也是个蛐蛐儿迷，京城里像他这样的孩子比比皆是。

鸣虫之中有一种体形极小，只比家蝇略大的叫"金钟儿"，是十三陵山里的特产。十三陵是明朝十三位皇帝的陵墓群，在北京燕山山脉南麓天寿山。每年初秋，商贩把这种鸣声极为悦耳的小虫儿运到北京市场上出售，买到的人把它放到细瓷胆瓶里饲养，喂它吃泡过的茶叶。"金钟儿"在瓷瓶里叫出来的声音，音色更美，音量更大。养"金钟儿"唯一的目的就是听它鸣叫。

"金钟儿"总体上数量少，远不如蛐蛐儿那么"普及"，却引起文人的特别关注。富察敦崇的《燕京岁时记》写道：金钟儿"形如促织，七月之季贩运来京，枕畔听之最为清越，韵而不悲，似生为广厦高堂之物，金钟之号非滥予也"。近人有《天寿金钟》诗：

昌平黄土厚，汤山泉水温，天寿松柏密，林下碧草深。

瑞草承甘露，草底生鸣虫，秋米奏天籁，悠扬似抚琴。

闻者起幽思，浩然叹古今，高堂伴雅士，不枉唤金钟。

可见，"金钟儿"是"虫之雅者也"。

另一种鸣虫叫"油葫芦"，体形较大能有一寸来长，长得壮硕。这种鸣虫的叫声很好听，受到一些多愁善感的诗人骚客的喜爱。但是它还有另外一个不怎么愉快的用处——喂某几种笼养鸣禽，据说它体内富含某些营养素，是很有效的补品。"油葫芦"的叫声绵长而带颤音，听起来好像是衣裳单薄的人半夜里遭遇寒潮似的。

还有一种鸣虫叫"梆儿头"，它长着一颗丑八怪似的脑袋，脸像夜猫子，相貌很不招人待见，它的叫声断断续续如同敲梆子一样，因此得名"梆儿头"。其实它的叫声并非来自头部，而是来自翅膀的摩擦。拿"梆儿头"养着玩的人，一买好几只，或是装在窄口的瓦罐里，或是散放在院子里，让它们享受自然的环境，欣赏它们的鸣唱，而不妨碍它们的自由。这是个很有人情味的办法，但是

蝈蝈儿：不知疲倦的鸣虫。小贩将它关在秫秸皮编织的笼子里，仅可容身

277

如果自家和邻居家养猫可就不妙了。街头巷尾常常会看到乡下人挎着盖着粗布的大篮子，那就是作为季节性副业进城来兜售这种鸣虫的。

捕蟋蟀

秋虫当中最受推崇的一类是蟋蟀，俗称"蛐蛐儿"，蛐蛐儿虽然也善鸣，但是它被追捧的原因却是因为好斗，玩家们聚到一起观看品评各自蓄养的蛐蛐儿捉对儿厮杀，从中获得极大的乐趣。"斗蛐蛐儿"令人不惜一掷千金，甚至演变成了赌博。

养蟋蟀的人极少亲自动手去捕捉，而是从专门从事这个行当的"把式"手里买来。这些捕虫能手常常三四个人结伴同行到西山和北山去猎取鸣虫，有的甚至不辞辛苦远赴山东。他们深入穷乡僻壤，远离人迹杂沓的道路，去寻觅品质高超的虫儿，有时一去就是十多天，得携带充足的饮食给养，保障野外作业。他们先靠敏锐的听力从蟋蟀鸣声的来源判断出它的巢穴所在方位，找到洞口后，就用特制的工具——木柄铁头的尖头扦子挖开蟋蟀窝，这时一雌一雄相继跳出来，正要逃走，手疾眼快的"猎手"拿一只细铁丝编的"罩子"将它们扣住。捉蛐蛐儿的主要方法是挖开它的巢穴，所以北京土话把这

捕捉蟋蟀的工具——罩子和尖头扦子

件事叫"掏蛐蛐儿",一个"掏"字曲尽其妙！经验丰富的捕虫高手，仅仅从鸣声就早已判断出这只蟋蟀的大小强弱和品相，十拿九稳，除了挖掘，从洞口往里灌水也是个办法，水灌下去不一会儿，一对虫儿就出来了，都是雌虫在先雄虫在后。

　　捉蟋蟀的"罩子"大小形状各有不同，按不同场合选用，这是用细铁丝或细铜丝编制而成的圆锥形网具，有或长或短的柄。使用"罩子"的原则是不能让虫儿受伤，无论是腿还是触须都必须完好无损，"全须全尾儿"是选虫儿的起码条件。无论是捕捉还是移动虫儿，都不能用手指头触碰它的身体，使用"罩子"也得加倍小心。品质优良的好虫儿要单独养在罐里，一虫一罐，以免同类之间发生摩擦。而平平庸庸的"大路货"就集中关在大篓子里等候分出等级，在捕虫途中就开始评分了。蟋蟀分等级要看重量、尺寸、颜色，以及虫体各部分的比例，这都跟品系和产地的环境有关系。品质优秀的蟋蟀不是在斗蟋蟀的"战场"上屡战屡胜，就是在交易市场上价位居高，对于捕捉到它的行家来说都是等于发了一笔小财。

买蟋蟀

　　小秃儿跟学伴小王，以及永先生私塾的许多其他同学都养蛐蛐儿，可是谁也不敢把蛐蛐儿带到教室去，只是在下课时间，即老师不在的时候嘀嘀咕咕地互相谈论自己养着什么虫儿而已。

　　小秃儿的蛐蛐儿大部分是从一个贩子手里买来的，那人每逢蛐蛐儿旺季就在离吴家不远通往隆福寺的街旁摆个摊儿卖蛐蛐儿。每逢养蛐蛐儿旺季，全北京城少说也有六七个地方会出现一年一度的蛐蛐儿市场。蛐蛐儿贩子摆出一大片挂釉儿的小罐，每罐一虫供人挑选，旁边还有一只柳条编的大篓，里边关着的是一大批"等外品"，以"批发价"供买者随便挑选。这些"不够格儿"的蛐蛐儿里头，也许会有勇武善战者混迹其中，被贩子漏掉了呢。

挑选到满意的蛐蛐儿就把它装进一个小纸筒里，这是用废纸卷成的，有一指头粗细、三寸长短，两头一折就封住了，可以很方便地把虫儿拿回家。隔壁小王是小秃儿的资深顾问，不过他也说不准哪只虫儿善战，也说不准那些花大价钱买来的蛐蛐儿到底内在价值和品性如何。但是小王能说出哪只虫儿是"老米嘴"（下颚呈黄褐色），永远不能战斗；他还能教给小秃儿什么是"三尾儿大扎枪"——在两条"尾儿"中间多出一个产卵器，这是母蛐蛐儿，既不会鸣唱，也不会战斗。

小秃儿还在小王的帮助之下买了一些陶土的蛐蛐罐儿，配上厚重的盖子，以及一些食槽、水槽跟过笼，摆在蛐蛐罐儿里头，让虫儿吃食、喝水、睡觉。

小秃儿在小伙伴的帮助之下，把蛐蛐罐儿清洗干净，把黄土、黑土、老白灰三样混合，垫进罐底砸实，然后才把蛐蛐儿放进罐里。食槽放入鲜毛豆，水槽放入清水。他还听从劝告每天用清水冲洗罐子，摆放新鲜的毛豆。他又买了一个蛐蛐罩子，为的是捉回某

蟋蟀罐的确是个舒适的家，水槽、
食槽、过笼样样具备

些躁动爱蹦跳的蛐蛐儿。毕竟有些虫儿不喜欢在罐里过孤寂的日子，向往外边的自由。

小王告诉他说："在罐里养活两三天以后就能斗了。"

斗蟋蟀

斗蟋蟀的"战斗"是在专用的"斗盆"里进行的，"斗盆"比较宽大且浅，便于人们观战。蟋蟀主人各把自己精挑细选的勇士从平时居住的"养罐"中取出，放进"斗盆"，战斗就要开始了。为了让战斗快点"打响"，主人就拿"探子"来撩拨它们——"探子"是在细竹棍上绑两根老鼠胡须，用老鼠胡须拨弄蟋蟀的"尾"，促使它们对面相遇投入厮杀。有些蟋蟀视力很差，深度近视，用"探子"把它们驱赶到一块儿，再用"探子"反复刺激，战斗就不可避免了。所有的蟋蟀都不会对"探子"的挑动无动于衷，除非它是彻头彻尾的反战分子——"老米嘴"。

没有任何的前奏，也不经过"骂战""搦战"，两只虫儿就开打了，这个场面令观战的人全都兴奋至极、目不转睛，只见两位斗士闪展腾挪追逐进逼，它们强大的下颚紧紧咬住对方，使劲扭扯，战斗意志之强盛跟自己的身躯大小不成比例。一场厮杀可长达两分钟之久，直到一方再也挺不下去溃败逃走为止。这时那得胜的一方便大摆高唱凯歌的架势，振翅而鸣，清脆得很！战斗经常是疯狂而残酷的，战败的虫儿若不及时从"斗盆"取出，还会挣扎再战，屡败屡战直到半死，一条甚至两条后腿（"大夯"）被生生扯掉。

小秃儿的蛐蛐儿也有几只勇武善战的，但是大部分除了鸣唱什么也不会。

斗蟋蟀的盛行不亚于外国的斗牛、斗鸡，拥有名贵品种的蟋蟋蟀便可以在擂台上投下巨额赌注一比输赢。这一阶层的蟋蟀专家，在如何喂养、照料、捕捉、繁殖秋虫，使用怎样的虫器，以及斗蟋蟀的游戏规则等方面，有许许多多的讲究，足以写出一本又一本的书来。事实上，古往今来已有诸多作者撰写了专著，种种名目的"经""谱""录""记"，蔚为大观。相形之下吴家小秃儿玩蛐蛐儿的那点本事，根本是儿戏，不值一提。古典式的斗蟋蟀仍然在进行，一些老派名人雅士甚至发起成立了一些专门的团体，共襄盛举。

斗蟋蟀竞赛的邀请函早已由主事者发给了大家熟知的热心人士。这场吸引眼球的赛事通常在某宅宽敞的客厅举行，神气十足的虫主人把蟋蟀罐码放木箱中，雇工用扁担抬到现场，每一位可以登记若干只。阔绰富有者还会把自家的"把式"带来。每一只蟋蟀都由主人给取了极好听的名字，如"银头大将军""金翅常胜王"之类。报名参赛的蟋蟀先要用戥子称重，体重相同的分在一组里打斗，以示公平。每一场战斗的"打金"可能是两块银圆，也可能是现场商定的金额。

蟋蟀市场上出售的上等蟋蟀来自遥远的地方，有的甚至来自山东省的某几个县份，价格随供需关系的变化而波动，一只纯种上品蟋蟀价格在三十块至四十块银圆。

品质最优良的蟋蟀罐是明清之际，即二三百年前制作的"澄泥罐"，底部有专属的堂号"赵子玉制""古燕赵子玉制"。这种蟋蟀罐至今还能在京城里的古玩铺淘到，不过大部分都是足以乱真的仿制品。屡战屡胜的冠军级蟋蟀在前往战场时，都是在这一类雕刻或绘制精致花纹的澄泥罐里出征的。

蟋蟀的寿命最多只有四五个月，活不过阳历12月的大雪节气。它们享用特殊的食谱，和平时期给它们吃蒸米饭、鲜毛豆、核桃仁等，到了战斗时期就得增加少量的羊肝、螃蟹肉等。有一种水蜘蛛是滋补妙品，而蚂蚁蛋则是最有效力的强壮剂。"虫把式"还会对蟋蟀们的夫妻生活细心关照，按一定间隔放三尾儿的雌虫到罐里与雄虫相伴鼓舞士气，这当然要求对蟋蟀生理学做深入细致的研究了。

斗蟋蟀的旺季在晚秋即到尾声，这时"虫把式"得密切注意天气变化，要把蟋蟀罐从阴凉地搬到太阳地，要把热水壶放在罐子旁边供暖，要把罐子搬到室内，等等。前往斗蟋蟀现场时，要用棉被把每一只罐子包裹严实。

畜养玩赏蟋蟀是我国一项历史悠久的娱乐，在皇帝统治的年代很是盛行，备受追捧。在清代蒲松龄撰写的《聊斋志异》一书中就有一篇关于明朝养蟋蟀、斗蟋蟀的故事，题为《促织》，情节曲折，读来十分引人入胜。

第二十五章　祖先崇拜

阴历七月初一到十五这半个月是北京人祭奠祖先的日子，最初只是一项家庭的仪式，后来逐渐扩大规模成了一个全社会共同的纪念日，"正日子"是七月十五，称作"盂兰盆节"。这一时期大家都要给已故的先人诵经烧纸，这些仪式庄严、令人感动，而且很优美受看，甚至色彩绚丽。

义　地

人死了要"葬之以礼"，孔夫子就是这么教导的，凡是财力足够的人家都拥有自家的墓地，而穷苦人家只能把死者埋在公共墓地，有些时候这里也是老家很远的异乡人死后暂厝的地方。某些省份或大城市的人有他们自己专属的公共墓地，叫"义园"（也叫"义地"）。在北京外城东南角的四块玉一带、西南角的南下洼子一带，有好几片这种义园，如宣武门外有宜昌义地、广西义地；左安门内有广东义地、镇江义地、绩溪义园、浙慈义园等等。有的行业公会，如梨园公会也置有义地。义园和义地通常是由同乡会或会馆进行管理的，会员每年交纳一些费用来维持养护。

其他一些公共墓地则远远谈不上管理良好，只有极少几座坟头才保有一块堪称体面的墓碑。一片刻有死者姓名的石板或者一块写有死者姓名的木牌便是死者身份的标志，而大多数坟头连这些也没有。后来的棺材就叠压在先来者上头，下葬的时候根本就是潦潦草草、马马虎虎，只当作运回老家正式埋葬之前采取的临时办法。但是老家远在数千里之外，迁葬谈何容易，于是暂时的"维持现状"最终变成了"既成事实"，就只好在这儿"入土为安"了。这种墓地最终沦为"乱葬岗子"，阴森森乱糟糟。

吴家祖坟

吴家有自己的家族墓地，就在北京东直门外一个叫石门的小村子里。原先是一片又气派又漂亮的墓园，至今还留着一座汉白玉牌楼。坟地相当宽敞，有好几十亩，但只有一小部分真正用于埋葬先人，四周围绕着一百多棵浓荫匝地的高大树木，有白杨、柏树、松树、杉树，都是吴家祖上刚刚得到这块坟地时种下的，屈指算来已经二百多年了。外圈还有一些枣树、杏树，是看坟人种的和自己长出来的。这片郁郁葱葱的林子老远就能看见，当地老乡叫它"黑坟院"。

坟地有三组坟头，这是因为吴家最初在北京落户的是弟兄三个，他们的儿子都各自置办了自己的坟地，只把他们父辈三兄弟埋葬在这里，作为家族的祖坟。这三个坟头理论上来说老祖宗的子子孙孙的"穴"应该依次向下排列，呈雁翅形的阵势，但是土地有限，必将耗尽。只能依照堪舆家，即风水先生的主张加以安排，这种事情只能听风水先生的，几百年来一贯如此。

迷信观念认为，适宜的埋葬方位和坟茔的风水，不但决定家族的兴旺，也是大家族内部各个支系之间为争夺家族财富而钩心斗角的攻防措施。吴家的坟地能追溯到的历史记录只有最近这五六代，再往前就难以查考了——久远往昔岁月已湮没在晦暗的历史尘埃之中。

其余的土地就给看坟人当了"养身地"。看坟人及其家庭是当地的小农户，吴家委托他们照看祖坟，包括保持坟丘完整，不让野草疯长，防止邻近流氓盗伐那些高大的古树，当然更要防备他们因垂涎陪葬珍宝而来盗墓。

为了奖励看坟人忠于职守，把多余的土地交给他们耕种，全部收获归他们所有，完全不用交纳地租。当然了，吴家保留随时使用土地进行埋葬的权利。

坟地里还盖了一座砖房，主要是准备吴家一旦有埋葬事宜可以前来暂住，旁边再给看坟人盖了一座，低矮简陋黄土色的土坯房，跟华北平原上的农村景色一模一样。

上坟烧纸

一年当中有三个祭奠亡灵的日子：清明节、中元节（七月十五）和送寒衣节（十月初一），最重要的节日是阴历七月十五的中元节，其最初的意图很可能是防止夏季雨洪把先人的坟墓冲毁。

到墓地祭奠称为"扫墓"，实际上"扫"的技术性工作往往是由看坟人提前进行的，目的既是为了取悦于本家儿，也是希望得到一点赏钱。在坟地举行的仪式，主要是"烧纸"，焚烧成令买来的纸。这种纸用上好的白竹纸，用月牙形和方形的刀具凿刻出一排排钱币的图案。此纸一经焚化就送到阴间成了那边的法定通货。

眼下，阴间的货币制度显然是进行了改革，引进了现代银行体制，发行了纸币来取代金属硬币，于是出售烧纸和金银纸锭的店铺也随即设计印制并销售各种面额的"冥币"，连阴间银行的名称都赫然印在上头了，如"酆都银行""天堂银行"之类。这种"冥币"看来在阴间大量流通，从出售此物的店铺就能看出"通货膨胀"的势头了。

小秃儿平生头一回被长辈带到家族墓地，他们认为小孩子应该早日认识吴家祖辈那些优秀人物，从中受到教育，感受到身为吴氏家族一员的重大意义。这个动议是年迈的吴老爷子首先提出的，吴少爷广宗立即附议赞同。于是吴家老少三代就一块动身了。

他们在东直门关厢雇了来回双程的毛驴，因为毛驴是唯一可行的交通工具，乡下那些狭窄、坑洼不平的土路是任何车辆都无法行驶的。他们在关厢一家店铺买下了大量的"烧纸"，立等店中伙计用一把大木槌现场凿刻出钱币图案。

祭奠仪式就是在每一座坟头前边焚化纸钱，祖孙三人同时磕三个头。每一座坟墓里埋着两个、三个甚至三个以上的人，因为每一位男性死者都有妻子和"扶正"的姨太太就近合葬，这就需要祖孙三人一次又一次反复磕头。没有一座坟墓里只埋着一个人，因为在成年或结婚以前死去的人不允许在这里下葬，他们必须跟其他一些幼龄夭折的小孩子（包括吴少爷的两个早夭的女儿）埋在另外一片

上坟焚化的烧纸和成串的纸银锭

坟地。这一天频繁地下跪磕头，过得很不轻松，但是小秃儿事先已经受到了遵守规矩、敬重祖先的教导，所以没有一丝一毫的抱怨。大量的烧纸是由看坟人装在筐里一筐一筐搬来的，这是他身为仆人无可推卸的责任。烧纸焚化时来不及计数，顺手拿多少算多少。

中午吃了一顿农家饭，有新鲜鸡蛋、玉米面贴饼子、小米粥，都是自家地里出产的，专为他们做的，看坟人这样招待本家儿也是当地人的固有习俗。看坟人平时还会给本家儿送少量地里出产的这类东西以表示礼仪和敬重。

吴老爷子在饭桌上边吃边给儿子和孙子讲述吴氏家族光荣历史的精彩片段，他指着几座坟丘说：咱们吴家出过好几位了不起的人物，做到了出类拔萃、扬名立万啊。

上坟祭奠虽然令人悲伤，但这也是家庭生活典型性的节目。

鬼节

七月十五是"鬼节"。

按中国佛教的说法，人死后都要变成鬼，像风云水气一样充塞于天地之间。有些人具有特殊的功能，看得见鬼，关于这些异人的故事在民间传说里比比皆是。鬼的形状与人类相似，但变化多端无奇不有："大头鬼""小头鬼""有头鬼""无头鬼"……无穷无尽。有一些文人画家曾经在他的绘画作品里描绘过死者千变万化的面貌，明代画家罗两峰的作品《鬼趣图》便是一例。

大部分好人，即"正常死亡"的人，他们的灵魂都会经过阎王爷殿前的审判，然后被判转世投胎重新做人，也有的被判投胎做低等的动物之类。但是有些人是自杀而死的或是"横死"的，如死于战场上的血腥杀戮，死于大洪水、大火灾，死于刑场上，俗话说这些死鬼"大庙不收，小庙不留"。

另外还有一类死鬼是在外出谋生时死在异乡外地的，没有熟人给上供烧纸；有的人没儿没女，没人关心他在阴间的境遇。这些都叫"游魂野鬼"，到处游荡无人救助。跟吴家先人比较起来，他们处境悲惨苦不堪言。

游魂野鬼绝对不是对人类无害的一群。他们死得悲惨，对阴间的境遇愤愤难平，他们心肠歹毒、脾气暴躁，专事破坏，给活人捣乱。他们纠缠小孩子，让小孩子生病；他们潜入病人虚弱的身体，胁迫病家为他们念经做法事以求超度；他们还会纠集到一起给世间制造瘟疫！这些观念在一些人头脑里坚信不疑，像二加二等于四一样的确定无疑。自杀而死的鬼魂还有"拉替身"的恶习，找个人像

吊死鬼。这是一位美术家画的自缢身亡者鬼魂的形象——身穿白袍，一手持扇，一手执哭丧棒

他一样的死法，这样就能到阴司那里求得转世托生了。许多船夫和乘船旅行者之所以落水溺亡，并不是因为自己不小心，也不是因为自己不想活了，而是因为有个淹死鬼躲在暗处扯他的腿。这些游魂野鬼要是不给予及时的抚慰，那肯定是会酿成严重祸害的！

盂兰盆会

于是怀抱同情怜悯之心的老百姓就举办"水陆道场"，请来一些僧人举行仪式，连续诵经，主要是最灵验的超度亡魂的《金刚经》和其他一些神圣的经文，地点一般是在寺庙里或河湖水畔，或别的适宜地方。以此来召集那些既不知姓名也不知数目的游魂野鬼给予超度，即拯救他们的灵魂，实行集体赦免，把他们从阴间长期做鬼的无尽痛苦中解救出来。举行这个崇高仪式的最佳日期是阴历七月十五，到这天家家都会怀念先人和他们的亡灵。而仪式的名称叫"盂兰盆会"，"盂兰盆"三字乃是来自梵文的音译，意思是"解倒悬"。每到这一天，戏园子还会上演一出与此有关的京戏《目连救母》，说的是一位法号目连的高僧得知自己的母亲死后因为生前罪孽而在阴间被施以酷刑惩罚，试图前去解救的故事。

"盂兰盆会"场面热闹，色彩绚丽，小秃儿记得他曾跟着祖父去过好几次。吴老爷子是个慈悲为怀的老先生，每年他都会收到请柬前去参加，每次都会捐出一点钱以示赞助。

京城有几个地点每年都办"盂兰盆会"，内城北部有著名的广济寺，外城有毗邻大片乱坟荒冢的江南城隍庙。早年间还有一处在御河（玉河）南头哈达门水关，曾几何时这块地方划进了东交民巷的租界区，改成了地下暗河，御河上的石拱桥也没了。清朝嘉庆年间有个叫得硕亭的人写过一首诗，说的是御河桥"盂兰盆会"：

御河桥畔看河灯，

法鼓金铙施食能。

烧过法船无剩鬼，

月明人静水澄澄。（《草珠一串》）

郊外有一处举办"盂兰盆会"的地点就是二闸，这座水闸建在大运河上，吸引了极多的人来看热闹。

当年二闸是个繁华的村镇，尤其夏天"漕运"的帆船和平底船沿着大运河人工水道从南方一路航行来到北京，二闸就是一个粮食集散地，在这里卸下之后运往城里城外的各座粮仓：东城有海运仓、禄米仓、东门仓、北门仓、新太仓等，西城有太平仓等。二闸当年开设着许多饭馆和娱乐场所，服务人数众多的劳工、装卸工、船员以及永远冗员充斥的管理漕运仓储事务的政府机关。二闸也是北京有闲阶级和"自然爱好者"的心爱之地。

小秃儿记得曾跟祖父一次又一次上二闸游逛，或许父亲也曾到此远足，观赏二闸水景：他们在茶馆或饭庄院里的树荫下，挑个适宜观景的座位，从容欣赏。不时有人拿铜钱抛向水闸下边浊浪翻腾、旋涡重叠、深不可测的河水里，让几个赤身裸体的穷孩子跳入水中争抢。只见他们纵身潜入深渊，不一会儿便把那铜钱举出水面，大家围观喝彩遣兴。

二闸是个小地方，地图上不画它，但是每逢举办"盂兰盆会"，这个地方总有许多主持者刻意劝募的施主，不但人数众多，而且出手大方。法会一连持续三天，反复不断诵经称为"放焰口"，僧人定时往水中抛撒小块馒头，并用手指头做出种种特别的姿势，似乎是以此来强化诵经施食超度亡魂的效果。

僧人们用许多小张黄纸写上"疏文"，代替亡灵请求赦免罪孽，在佛乐声中隆重地送到水边焚化，而佛界诸神也将毫无保留地满足他们的恳求。

"放焰口"的大殿旁边搭起一座临时性的席棚，棚里锣鼓喧天，跟漫长单调令人昏昏欲睡的诵经声搅和在一块，时不时还响起一阵阵"招魂铃"，把到处游荡的孤魂野鬼召集起来接受超度。一旁摆放着一艘"法船"，船旁又耸立一根旗杆，悬挂着主生的南极星君七颗白星的旗帜，这面旗帜也是为召唤亡灵前来接受超度以便转世投生的。不过"法船"并没有锚泊，它是用几根木杆支撑着才不会被风刮倒。原来这船是高粱秆扎架五色彩纸糊成的。跟办丧事的"烧活"一样，都是裱糊铺的杰作。裱糊匠人并没有技术规范和尺寸设计之类的技术资料，糊制法船的尺寸大小和精细程度全看主办方的财力大小，但是一般认可法船应该有三丈多长。水线以下的龙骨是没有的，而甲板以上则极尽华丽，左右两舷装饰着荷花，用彩色画出水波和浪花。甲板上的建筑物模仿寺庙的形状，饰以众多的纸糊人形，甲板正中的楼阁里布满神龛，供奉着各路神佛，造像都有真人大小，当然这一切也都是纸糊的。

船上还有开路的牛头马面和黑白无常这些自缢而亡的鬼，据说他们对前生遭遇极度悲观失望，不愿转世投胎，所以自愿留在阴曹地府，而且当上了小官。此外还有冥界那许许多多不知名的鬼。不过最可怖的是身形巨大面貌狰狞的"夜叉鬼"，他单腿站立船头，高举三齿钢叉瞪眼凝视水下，好像瞄准了藏在深处的鬼正要一个猛子扎下去把他叉住呢！

"法船"的用意不难推断——给溺水而亡的死鬼送去一个巡回上诉法庭，让他们获得超度，这艘巨大的纸船焚化成灰就等于到达阴间给受苦受难的亡灵送去公平审判和从宽发落了。

鬼节的"盂兰盆会"还包括一项活动——"放河灯"，用意也是给溺水而亡的鬼魂送去一线光明引导他们走向救赎。制作河灯是把南瓜或茄子切开，插上小蜡烛，晚上点燃后放到水面上，听其慢慢漂走，这是一项宗教仪式与民间娱乐相融合的节日活动，连皇家也乐得操办。17世纪写的一本书就记述了清朝顺治皇帝举办这一活动的情形。每个鬼节，皇家在西苑（中南海）举行"盂兰盆会"，水陆道场设在中海东岸的万善殿，由一位高僧带领僧众诵经三晚，同时施放数以千计莲花形式配上玻璃碟子的河灯，同时一千个小太监站立岸边每人手持一张长茎荷叶，叶上插着点亮的小蜡烛。皇帝陛下从瀛台（二百年后西太后幽禁光绪皇帝的那个小岛）登上龙舟向北航行，在佛乐和诵经声中穿过南海和中海，从金鳌玉蝀桥下进入北海，抵达北岸的五龙亭，最后在月光下回到紫禁城。皇家举行"盂兰盆会"的这套程序，后来已经不再认真实行了。

莲花灯

　　节前好几天街上已经摆出了售卖莲花灯的摊子，大大小小花样百出的莲花灯悬挂在竹竿搭的架子上随风摇摆，把节日气氛烘托得浓重而又快乐——谁家孩子不想拥有一盏莲花灯，到了七月十五晚上跟小伙伴们一起去参加一场五光十色的提灯游行呢！

　　莲花灯式样极多，争奇斗艳，颇有一些制作精致售价昂贵的。能工巧匠别出心裁，花样百出，有小船、戏剧人物、花篮甚至飞机、坦克，都能插上蜡烛点亮，出售的价钱自然不菲。不过万变不离其宗，无论怎么花样翻新，都是用五彩薄纸扎成、莲花瓣糊成的。孩子父母如果买不起价钱昂贵的品种，那么买一盏简单廉价的也很满足，比如一朵红莲花配上几片绿荷叶，比如一朵莲花配上一截儿莲藕，插上一根小蜡烛就行了。

没钱的人另有办法——做"蒿子灯"。到乡下找来一棵青蒿，去根备用，再到寺庙里找一些香头儿。把香头儿粘上小纸条，再用小纸条粘上青蒿细枝，蒿子灯就做好了。天黑以后把香头儿点着，把蒿子举在手上，同样可以参加提灯游行，无数个香头儿发出微光，好像一群萤火虫在暗夜里飞舞，也很好看。蒿子灯玩够了，大人会把这棵青蒿晒干搓成绳，点燃闷烧发出好闻的轻烟，是极有效的驱蚊剂。

人们还有一种办法制作出别致的灯——西瓜掏净瓜瓤，用刀在瓜皮上刻出五官，里边插一根蜡烛，就成了西瓜灯，暗夜点燃发出幽幽的光亮，好像个鬼脑袋，看了叫人后脊梁冒凉气。反正今天是鬼节，见鬼也是应该的！

这一天，吃完晚饭天刚"擦黑"，离掌灯还早，孩子们就按捺不住了。一条胡同从东头到西头各家各户街门差不多同时打开，只见大大小小的孩子们手举形形色色的莲花灯、荷叶灯、蒿子灯涌出家门，瞬时间自发形成了提灯游行大会。孩子们举灯前行，兴高采烈口中齐唱：

莲花儿灯，莲花儿灯！
今儿个点了，明儿个扔！

天黑后又过了好一会子，蜡烛燃尽了，孩子们玩够了，这才陆续回家睡觉。大人们则把他们的莲花灯拆毁砸烂扔进了脏土筐，只待第二天一早给收垃圾的工人拉走完事。

中元节，就是"鬼节"，拿死人做出这么多文章，既悲更喜，是不是很幽默？

第二十六章　吃河鲜儿

老北京人家大都很喜欢吃莲藕跟莲子，尤其喜欢夏天的鲜藕跟鲜莲子，当作可口的零食小吃。除此以外，还有几样植物性的水产品也深受欢迎，老少咸宜，统称"河鲜儿"。

荸荠·慈姑

首先要说到的就是荸荠。在北京西郊玉泉山、万寿山周围直到海淀、六郎庄一带，是一大片水乡湿地，河网纵横，泉眼密布，从地下喷涌而出的水清冽甘甜，灌溉着这里一望无际的水田，滋养着皇家贡米"京西稻"。康熙皇帝选育、乾隆皇帝推广的这种香稻米，走出中南海、走出玉泉山，泽惠大江南北，成了名副其实的天下名产。这片水乡的副产品丰富，其中一种就是荸荠。荸荠是生在浅水中的多年生草本植物，它贡献给人类的不是果实，而是地下的球茎。它富含淀粉，滋味甘甜，口感脆嫩，一层薄皮呈黑褐或黄褐色。嫩的可以直接生食，老的则需煮熟，无论生熟老嫩，都是美味的零食。老北京人是烹饪高手，善于用荸荠做菜，令餐桌增色。荸荠去皮切片，做熘肉片、熘虾段的配料，出锅俏上碧绿的青蒜，色香味俱佳。荸荠去皮剁碎拌入猪肉馅做狮子头，鲜嫩爽滑，更佳。

北京人还相信一个民间流行的偏方儿：荸荠克铜。铜制的器皿接触到荸荠汁液，会被腐蚀而破损。小孩子不小心把铜钉子、铜纽扣吞进肚子，就赶紧灌给他大量的荸荠汁，把那铜器化掉，即可化险为夷。

生在水畔的慈姑也可做食材，取用的也是地下的块茎。素吃把慈姑上笼屉蒸熟，蘸白糖；荤吃拿它当黄焖鸭子的配料。慈姑的叶子是浅绿色的箭镞形状，并不难看，整棵的慈姑种在瓦盆里，给它足够的水和泥就很好活。慈姑本是不错的观赏植物，但是老北京人没有在庭院花园里栽种慈姑的，这是为什么呢？

原来，慈姑开三片花瓣的小白花，像水仙花一样的洁白，但是不结果实种子——花的繁殖功能已经退化了，现在靠地下根茎来繁育，所以很多的慈姑植株干脆就不开花了。于是罕见的慈姑开花便成了凶兆：谁家慈姑开了花，就意味着这家的女眷当中要死人了！

菱角·老鸡头

河鲜儿除去以上两样，还有菱角跟老鸡头，这两样东西在阴历七月十五的中元节前后上市。

南方来的菱角个头大，足有三寸长；北京土产的个头小得多，只有一寸来长，看上去似乎短小肥胖一些。待售的菱角分老嫩两档，老的煮熟吃很香；嫩的生吃，香甜脆嫩多汁，更受欢迎。卖菱角的小贩走街串巷，肩上斜挎荆条圆筐，里边是鲜荷叶包着的菱角，每包大约三四十颗。买主把他叫住，谈好价钱选好货色之后那人就开始加工。只见他拿出一把特制的剪刀，先把菱角两头的尖儿咔嚓咔嚓剪去，然后纵向一剪子将它切开，但是并不完全剪断，连着一点儿好像开壳儿的蛤蜊。买主就可以回家享用了。卖菱角的吆喝："卖老菱角来鲜菱角来买！"他这一嗓子似乎总是首先被小孩子听到。

"老鸡头"是一种水生植物的果实，因看上去像鸡脑袋而得名。其实它是莲的变种，叫芡，也有又大又圆的叶子，但是只漂浮在水面上，花朵只在快开的时候才露出水面，是非常鲜艳的紫色。不过它浑身长刺，令人生畏。开花以后子房膨大，形成密布尖刺的果实，里边包裹着二三十颗种子——"鸡头米"。卖老鸡头的小贩也有特殊工具——一尺多长的木头棍儿，头上钉一根钉子，用它来插着挑选，就不怕扎手了。买来老鸡头先把那层坚硬多刺的外皮去掉，里边是一团黏糊糊的白色包囊，再往里才是滚圆的种子，每一枚老鸡头有二十多颗，去掉硬皮才是可吃部分——鸡头米。吃鸡头米也分老嫩两档：老的皮呈黑褐色，叫"老苍"；嫩的皮呈黄绿色，叫"二黄"。鸡头米主要成分是淀粉，有一种香味，是很能消磨时间的零食。卖老鸡头的小贩吆喝："买老鸡头哎，才上河！"

鸡头米学名叫芡实，入药，本草书说它有消积化食的功效。本草是中国传统医药学的经典，权威性毋庸置疑。每逢应节当令，吴老太太总要买些荸荠、菱角、老鸡头等等，收拾好了留待小秃儿放学后吃。他一边儿嚼着香喷喷的"河鲜儿"，一边写着易如反掌的作业，天下还有比这更美的事吗！

龙王庙

龙，无人不知无人不晓；可是有谁看见过这神秘的"动物"呢？没人见过，可是关于龙的知识却无比丰富，传播广泛，无孔不入，连小孩子都耳濡目染，知之甚多。学校教科书里，龙字也频频出现。龙还是一个姓，只不过姓龙的人不像姓张姓王的那么多而已。

我们的小秃儿头一回接触到龙，是在黄历这本书里头。有一次他偷看黄历，第一页就是一张关于龙的图画：几条龙腾云驾雾飞跃在波涛滚滚的海面上，上头写着"五龙治水"。原来每年有几条龙负责"治水"，对于当年的降雨、洪水和水灾有极大的影响。那么每年有几条龙治水，又是怎么知道的呢？爷爷的回答满足了他的好奇心：新年正月的第一个"龙日"，即"辰日"落在初几，就是几龙治水。"辰日落在初五，就是五龙治水。自古用干支纪日，而辰这个地支对应着十二生肖里的龙，就这么简单。"

小秃儿上学的那座院子里有一口古井，井畔盖着一座小庙。那庙太小，只有一尺多高，没有塑像只供着一个小小的牌位，不过门框上却贴着一副对联：

九江八河主，
五湖四海神。

这是龙王庙。于是小秃儿知道了：龙也是神。虽然没人来给他解释"九江八河五湖四海"具体指何，在永先生威严目光监视之下，也不可能仔细窥看小庙里边有何秘密，但是小秃儿终究悟出了其中的道理。原来这是一口甜水井，供应周围几条胡同住户的生活用水，有个山东人负责从井里汲水，推独轮车送去各家各户，按挑儿收钱。这种地方老北京人叫"井窝子"。大家都害怕要是龙王爷不高兴忽然让井没水了，或是变成苦水了，那可不得了！龙王庙虽小，香火不断，烧香磕头的就是那个山东人。北京城有几千条胡同，"井窝子"之多可想而知，但不知为何并非所有的井都出甜水，苦水井也不少，这事恐怕也归龙王爷管吧。

要是某一年天旱缺雨，或者雨水过多泛滥成灾，大家虽然暗地里抱怨龙王爷任性胡来，可是还得给龙王爷烧香上供磕头许愿，因为自己的生计跟它关系太大，怠慢不得。"二月二，龙抬头"，农事一忙就想起了龙王爷，这一天吃的春饼叫龙鳞，吃的面条叫龙须，好像是告诉它，普天之下的老百姓都惦记着它呢。

五月二十三，是龙王爷"分龙兵"的日子，它部署兵力派出麾下兵将鱼鳖虾蟹去执行龙王的作战命令，是风调雨顺，还是旱涝成灾，全看它的心情了。

有一天，永先生拿来一本古书，给学生们讲了"龙生九子"的故事。他说："龙生九子，各不相同。老大喜欢在脊背上背负重物，就派它到各处庙宇陵墓去背石碑。"这时有个嘴快的同学说："王八驮石碑！"老师立刻纠正说："不对！不是王八也不是乌龟，没看见它的脑袋上长着一对跟龙一样的犄角吗？它的名字叫'赑屃'，是龙的长子。"永先生接着往下讲："龙的次子喜欢瞭望远处，把它装饰在宫殿建筑顶上屋脊的两端，担任警戒，名叫鸱吻。三子名叫蒲牢，性喜咆哮，叫它去做寺院里大钟的纽。四子名叫狴犴，威严善于监视，所以把它装饰在监狱的大门上。五子名叫饕餮，嘴馋贪吃，让它立在烹调食物的鼎盖上。六子名叫蚣蝮，喜欢水，所以把它雕刻在桥栏杆上。七子嗜杀戮，名叫睚眦，用来装饰刀剑兵器。八子喜好烟火，名叫狻猊，用它装饰在香炉盖上。九子名叫椒图，因为它不喜欢生人，就把它画在大门上，拦住陌生人。"

龙王的宫殿在海底下，隔三岔五就要修理或者扩建，派人到陆地来采购砖石木料等等建筑材料。采办齐全以后，如何运往海底下的施工现场呢？龙王爷的办法就是发大水！一两场洪水下来，就把砖瓦石材木料全都"运"去啦！老年间把这个现象叫"龙发木""龙发石"。上岁数的迷信老者说，地面上发洪水，说明东海龙王那边要大兴土木了。他们还绘声绘色地详细描写"龙发木"的场景：又粗又长的木料都垂直立在浑浊的洪水里，一根一根次序井然地顺流而下冲到海里。到了晚上，每一根木料的顶端都点着一盏红灯，人人肉眼看得见。信不信由你！

京城周围的河流在雨季水大的时候，常会泛滥横流，其中一条河更是动不动就改道，得名"无定河"，后来大家出于善良愿望，改叫它"永定河"，希望它别再随心所欲胡乱改道了。可不论北京周围的洪水有多大，也不论洪水水头离城墙有多近，北京城从来没有被大水淹过，这是为什么呢？原来当初开始营建北京城的时候，早就规划好了防御洪水灾害的措施。

传说建造北京城的时候，在内城东北角发现了一条龙，为了防备它发大水，就把它用铁链锁住关在一口井里。当时井旁边正在修建一座石桥。那龙不甘心被关，三天两头闹出动静，就有高人出来对它说：什么时候这座桥变旧了就放你。桥修好之日，人们却给这桥取了个名字："北新桥"。于是这座桥便永远是新的，那龙也就永远别想出来了。

同时，人们在内城的西北角也捉住了一条龙，也把它关在井里，井口上拿一座大白塔压住，那龙就无法出来兴妖作怪了。这就是妙应寺里那座著名白塔的来历。然而白塔毕竟是砖造的，早晚会坍塌。每当塔身出现裂缝，老天爷就派鲁班爷来给塔箍上几个大铁箍儿，所以几百年过去，那大白塔仍然屹立不倒。

这类神话故事脍炙人口，一代代传下来，像吴老太太那样的人深信不疑。但是也有一些人给出了更合理的解释——北京城之所以没有遭洪水淹没，是因为当初选址正确，建在了地势较高的地方。

他们说，齐化门城楼脚下的路面跟通州大运河边那座十三层的燃灯佛舍利塔的塔刹处在一个水平线上。一旦大水淹没了燃灯塔，北京城就要被淹没，北京人就得逃难了，可是这样的事从来没有发生过。

第二十七章　养鸽之乐

小秃儿八岁那年秋季开学之际，从永先生的私塾转学，进了一所公立学校。从今往后就该叫他的学名儿吴学文了，可是大家叫惯了他的小名儿，一时改口还真难呢。他的新学校离家不远，规模挺大，院子里有许多设备齐全的教室，宽阔的操场上摆着各种体育器材，特别吸引眼球。这些都是永先生那里根本没见过的。

公立小学

这么大的学校竟然叫作"小学"，令他颇感费解。他还不知道初级学校叫小学、中级学校叫中学、高级学校叫大学。他想："大学"不是一本书的名字吗？小王正在永先生教导下念的不就是"大学"吗？

反正所有这些变化都使得小秃儿很开心，连学校门口挂的那块白底黑字的牌匾他都很喜欢。自己从此属于这个地方，他从心底里感到自豪，甚至觉得课业也比原先容易得多而且更对心思，同学们都穿像士兵似的制服，看上去也舒服得多。而且不管你功课多么糟糕也不用害怕挨打，从前上学就是三个字：念、背、打，现在体罚完全废除，他问过好几个同学，他们都说是真的。他自己虽然从没有遭受过体罚，但是多次目睹同学挨打，他已经形成了固定的看法：学校跟学生就是冤家对头。

同学们对他说，功课糟糕不会挨打，但是会得低分，分数低就表明你不是个品学兼优的好学生。

父亲安排他转学，吴学文深深感激。

学校里的功课比过去轻松愉快得多，不再要求鹦鹉学舌似的死记硬背，在吴学文看来，简直就是游玩不是读书。过去在永先生的私塾，哪个同学要是画画儿给老师瞧见，非得挨耳光不可，而现在画画儿是一门受到公开鼓励的功课，图画课上同学们个个踊跃争先施展才华。过去在永先生私塾，哪个同学若是不经意间哼歌给老师听见，必遭老师痛斥，外加在孔老夫子像前罚跪几个钟头，而现在唱歌是每天都有的功课，在音乐课上老师鼓励大家放声歌唱。一堂课下来，孩子们刚刚有一点儿厌倦，下课铃就响了，召唤大家出去游玩散心。吴小秃儿觉得这里连休息游玩都像上课似的按部就班。

老师们虽然也督促学生们努力学习，但是从来不用诸如"头悬梁"（把头发绑起来吊在房梁上）、"锥刺股"（拿尖锐的锥子猛扎大腿免得打瞌睡）这样一些恐怖的自虐行为来吓唬学生。新式学校作息安排合理，白天上课加上完成课外作业的时间绰绰有余，用不着开夜车，所以老师们不会提倡什么"囊萤映雪""凿壁偷光"之类的笨办法。以上那些故事都是《三字经》识字课本里写的，但是塾师只要求死记硬背，从来不费心去讲解其中的情节跟道理。小秃儿懂得这些故事的情节和道理，还是从他爸爸口中听来的呢。

小秃儿吴学文很快就习惯了学校生活，如鱼得水身心舒畅，没过多少日子，他就成了班里出类拔萃的好学生，许多方面都高人一筹。他在学校里的见闻体会，传遍街坊四邻，隔壁小王的父母听了深受触动，也把他们的孩子从永先生的私塾转到了吴学文所在的学校。

黄带子小金

吴学文跟班上的几位同学成了朋友，其中一位是"黄带子"，姓金。清代，满族皇帝给皇亲贵戚颁发杏黄色的腰带，显示他们的荣耀和特权地位，这些人当然就自视高贵，趾高气扬，他们当中不少人恃宠而骄，成了游手好闲的主儿，直到辛亥鼎革清朝覆亡，仍然积习难改，彻底落伍。像小金这种孩子，他的父母一辈子没尝到过任何艰难困苦，只知道养尊处优，他们的孩子自然也就被"惯坏了"——他不爱念书，一味贪玩。

在吴学文眼里，小金脑筋聪明，待人和气，可是学习成绩不好，已经留级三次，他现在所在的年级，五年前就应该读过了。当初他在的那个班，今年夏天都已经毕业了。每学期结束时公布的成绩榜单，他总是稳坐最末一名，名字下头有个红笔打的钩，这叫"坐红椅子"，也叫"背榜"，因为他有好几门功课得的都是"零蛋"。

鸽子迷

说实在话，这也不能怪他一个人，因为他的心思完全都用在家里养的一大群鸽子上了。上课的时候，他两眼瞧着黑板上的算术题，心思早已飞回苦水井胡同自家大宅院，去看那对"老虎帽儿"，那是他上一次庙会刚刚从李六儿手里买来的宝贝鸽子。小金跟许多北京土著一样，是个鸽子迷。他跟同学们聊天，大半是谈他的鸽子。小秃儿和小王跟他表示好几次，要上他家去看看鸽子，小金终于答应了。

小金家确实是"大宅门"，好几进四合院，不过几十间房子大部分空着没住人。一部分租出去了，可是租约是怎么订的，不但小金不清楚，连他那病病歪歪的老爸也不甚了然。小金住的那一进院子，南边的一大半全都养鸽子，建了北京风格的鸽舍，布满一排一排的鸽子窝——每对鸽子住在一个浅浅的稻草篮子里。整个鸽舍加上前边的一片空地由芦苇编成的篱笆墙围起，双股的芦苇编出四指宽窄的六角形孔洞，供鸽子出入。这里养着好多对体态优美的上品名鸽，有的成双悠然卧在窝里，咕咕咕地互相低语，有的在地面上来回踱步，或者走到盛着高粱和青豆的食盆边上去啄食，有的通过一个二寸直径的圆洞从加了木盖的水盆里饮水。鸽子们悠然自得的情景真是一幅赏心悦目的美丽图画！

还有更多的鸽子散布在院子各个角落，随便溜达，在房顶上散步。房脊上平铺着几块颜色鲜亮的琉璃瓦，小金说这是给鸽子预备的标志，让它们在天上飞的时候能认出自己的家，要不然四周围各家各户的房顶都是清一色的灰瓦，鸽子也许会找不着家。

养鸽子是老北京人家一项普遍的爱好，特别是在知识阶层和有闲阶级人士当中更受欢迎，他们总是说，以养鸽来排解寂寞无聊，无可厚非。其实豢养和眷恋鸟类的行为古已有之，也属于传统习俗之列。著名的晋代书法家王羲之就喜欢在自家花园里养鹅。同时代人仰慕他的字，但很难得到他的书法作品。后来有人知道了他爱鹅，就投其所好给他送去一两只，便能如愿以偿得到书圣的墨宝了。古人还有喜爱鹤的。宋代诗人林和靖，隐居西湖孤山梅岭以种梅养鹤为乐，人称"梅妻鹤子"，一时传为佳话。

不过，历史上也有因为养鸟坏了大事的，那就是战国时期的卫懿公。这位国君沉溺于养鹤而荒废朝政，他把朝廷大部分官员派去照看他的鹤，把大部分的财政收入拿去养鹤，还征收特别税用于养鹤。结果失去人心，当北方游牧民族入侵时，他发出的征兵告示几乎没人响应，老百姓说，就让他养的那些鸟去给他打仗吧。没过多久卫国就灭亡了。这段故事在《东周列国志》里有记载。

在大自然自由生活的鸽子叫野鸽，经人类驯养的鸽子叫家鸽，老北京人养的当然是家鸽。跟野鸽比较，家鸽最明显的特征是喙短而钝，鼻子上有一小撮短小的细毛，即"凤头"，行话叫作"凤"，再有就是眼睛周围有几颗小的疣状突起。仅仅看以上这几点，就可以把家鸽跟野鸽分得很清楚了。家鸽的羽毛有好几种颜色：黑色的、紫色的、灰色的、蓝色的，往往还夹杂有白色的。养鸽子的行家根据毛色的不同搭配给取了许多好听的名字，毫无遗漏地列出一份清单来，那是很困难的，咱们只能举几个例子。

白身黑尾的鸽子叫"黑点子"，紫色尾巴的叫"紫点子"。任何白色身体的鸽子都叫"点子"，任何黑色身体的都叫"乌"。花色身体而白色尾巴的鸽子叫"倒插儿"，就是说跟通常的长法相反。翅膀黑色的叫"铁翅儿"，翅膀褐色的叫"铜翅儿"。灰白两色均匀配合的叫"雪花儿"，白身黑尾而羽冠为蓝色或褐色的叫"老虎帽儿"。脖子上有个黑圈儿的叫"墨环儿"。全身雪白羽冠呈褐色的叫"雪上梅"。全身白色而脑袋却是黑色的鸽子叫"黑凤"，如果翅膀和尾巴也是黑色的，就叫"黑四块玉"，如果这四个部位都是褐色的就叫"铜四块玉"。

所有这些品种，小金的鸽群里都有，他一一指给小秃儿看。

豢养鸽子要耗费多少钱财，那是局外人无法想象的。人类从幼年起就有收集的本能，凡是上手养鸽子的人，似乎都想把所有品种的鸽子收集齐全，就跟收藏邮票、钱币一样，但是他们办不到——这个无底洞不知吸走了多少真金白银。聪明绝顶的人类不断地杂交选育，新品种每时每刻都在出现，即便最权威的"鸽谱"——比如《清宫鸽谱》，也难称完备。

鸽子是了不起的恋人、最忠贞的夫妻。它们严格遵循一夫一妻制，一旦结为伴侣终生不离不弃。雄鸽子绝不会背着"妻子"在外寻欢，雌鸽子也绝对忠实于自己的"丈夫"，任何一只鸽子在任何情况下都不会东张西望，企图找机会往别人夫妻之间插上一腿。因此除非一方死亡或失踪，它们的夫妻生活无论遇到怎样的周折，总是和和美美的，平衡稳定的。

　　鸽子喜欢跟毛色相同的异性结伴，因此养鸽人有一项义不容辞的责任，就是帮它物色一个合适的伴侣。雌鸽子体形比雄鸽子略小，资深养鸽人能通过触摸鸽子身体的某几个部位来区分它们的性别，也可以捏住其脖子某处看它如何眨眼睛——据专家说，雌鸽子眨眼睛的样子比雄鸽子更加羞怯妩媚。

　　养鸽新手要扩大自家鸽群的规模，就到庙会的鸽子市去采买，隆福寺、护国寺、白塔寺、土地庙，每月按日子举办集市，另外还有哈达门外花市大街的热闹集市也有卖鸽子的摊商。全市各处业余的和专业的养鸽人都是在下午前来买鸽子，在鸽子们的咕咕声中，他们大多用"行话"讨价还价，谈妥价钱，一手交钱一手交鸽子。新买到的鸽子如果是一只的话就用手帕包上，如果多的话就装进叫"鸽子挎"的专用篮子，带回家去。

　　专业的养鸽人是一批极其精明的家伙，他们不但会"光明正大地"进行鸽子的交换和买卖，而且据说也很善于给鸽子"做手术"，把不值钱的品种"改造"成名贵的品种，把雌鸽子当雄鸽子卖，拿雄鸽子冒充雌鸽子。他们能言善辩，凭着三寸不烂之舌诱人掏钱上当，除非真正的行家，要想不叫他们给蒙了，还真不容易呢。如果鸽子的尾巴不够黑，就用颜料加上铁锈把它染黑；如果鸽子身上有杂色，就拿镊子一根一根拔去黑鸽子身上的白毛和白鸽子身上的黑毛，做得无比精细，任谁也瞧不出破绽来。鸽子身段要好看，喙就得又短又钝，于是鸽贩就拿砂纸把它们的嘴打磨一番。俗话说得好：三百六十行，行行有猫腻!

鸽贩子还有一手绝活——经过他们的训练之后，一对鸽子到了新主人家里，无论受到多么优厚的待遇，它们总还是一有机会就飞回去。这手绝活能让一对鸽子卖三四回，赚三四倍的钱。为了对付这手，买来新的鸽子要先把它们的翅膀用针线缝起来，头一针必须刺穿翎管以免开线。同时严加看管，过了好多日子以后，它们对原先的家印象模糊了，才断了开小差跑回去的念头。小金对小秃儿说，你花大价钱买来的鸽子又飞回去了，那真叫气人；更气人的是你发现那人又拿这对鸽子到鸽子市去叫卖。有些丢鸽子的主儿盛怒之下就用一种恶狠狠的手段出气，让那狡猾的鸽贩子当众丢人现眼——他花同样多的价钱把那鸽子再买回来，当着众人的面把他如何上当受骗的经过一五一十说上一遍，然后当着鸽贩子的面高高举起鸽子，使劲儿摔向坚硬的地面，那鸽子不用说当场脑浆迸裂。这等于告诉鸽贩子：“看你以后还怎么玩猫腻!”你可能会说这办法太残忍，可是真正的北京鸽子迷，谁也不愿意平白受鸽贩子的欺诈而不给作恶之人应得的惩罚。

小金对小秃儿说：“你瞧见那对老虎帽儿没有？我已然买了三回了。”

小秃儿的鸽迷朋友小金，对于这一切门道都不陌生，大部分是被狠咬一口之后才学会的。

鸽子育雏

鸽子迷们隔三岔五到庙会去买上几只鸽子来扩大自己的鸽群，这是他们的一大乐趣。另外还有一件乐事，就是看着自家的鸽子繁育后代。

家鸽繁殖很快，许多养鸽者发现它们繁殖的速度太快，难于应付。首先一点就是饲料开支太庞大，鸽子们都是热心食客，消耗大量的粮食。同时，鸽子也是一帮制造麻烦的家伙，它们老是爱啄吃屋脊和墙角的石灰，尤其那些快要产蛋的母鸽子更好这一口儿，原因就不必说了。这个习惯对于节省维修房屋的开支来说，当然不是什么好事。鸽子也很淘气，时常跳进水池洗澡，把只供饮用的水弄脏，必须把水池子盖起来，加以防范。

母鸽子差不多每十天产卵一次，每次两枚，接着孵化大约十八天以后，小雏鸽就会啄破蛋壳，伸出丑陋的小脑袋。有的雏鸽太弱，需要帮助才能破壳。对于刚刚破壳出世的雏鸽，主人无须给予照料，因为雏鸽的父母都一样认真地哺育幼雏，它俩轮流照料小鸽子，每天上午10点和下午4点准时换班，准得令人称奇。雌鸽子的嗉囊分泌一种乳汁，嘴对嘴地喂小鸽子，持续两个礼拜之久。在那以后，用水泡透的小米喂给小鸽子吃就行。

中国烹饪界称鸽子蛋为高级食材，到了冬季更是高级补品。专业养鸽人出卖鸽子蛋价格不菲，是一项可观的额外进项。

鸽子也有天敌，老鹰、猫头鹰、猫都爱吃鸽子，另外还有一些寄生虫也对鸽先生、鸽太太和它们的孩子构成很大的威胁，它们无情地叮咬鸽子的羽管吸鸽子的血。

钓膳

养鸽子的乐趣当然不止于像观赏金鱼似的观赏鸽子们在鸽舍和庭院里头来回漫步，或是让它们在广场上自由自在地溜达。清代有一批人养了好多群鸽子，把它们训练好了就每天清晨放它们潜入皇家粮仓去偷吃大米。那时候内城东墙外头观象台到齐化门一带有好几座巨大的粮仓，叫作"太平仓"，沿着大运河从南方运到北京的"漕粮"卸下船就暂时存放在那儿。那些鸽子每天都飞到太平仓去偷吃稻谷，把嗉囊填得满满的，然后在太阳落山之前飞回家来，像鱼鹰吐出鱼儿一样把吞下的稻谷吐出来。据说一个一百只的鸽群平均一天能弄回四五十斤大米，鸽群的主人就靠这办法经营着这项利润可观的生意，行话叫"钓膳"。此事是真是假，抑或半真半假，已经没有谈论的价值，反正如今再干这个营生是不可能的了。往事如烟随风飘散，多年前太平仓就消失了，现在连废墟遗迹都找不着。

现在有一项活动是根据鸽子的"归巢"本能展开的。鸽子经过训练能从很远的地方直接飞回家，这是长期训练逐渐加大距离而累积的结果。中国本地的土著鸽子在这方面较之近年引进的外国鸽子似乎没有多大优势。对于如何利用鸽子的"归巢"本能来实现某一有实用价值的目的，我们可能没有认真地考虑过——养鸽子就是为了一个"玩"字，仅此而已。

也有人利用鸽子的归巢能力取乐。把鸽子放飞叫它独自飞回家，这在鸽子迷来说虽然只是一种初步的冒险，却也有一定程度的竞争性。主人如此珍爱的优良品种，就有了进一步显摆炫耀的方式。经常可以看到，鸽子的主人把他那些珍稀昂贵的鸽子拿到鸟市或邻近的茶馆，赢得朋友们交口夸赞之后，当众一只一只地抛向天空放飞，大家目不转睛地看着这些鸽子从视线里消失。此举要害在于，要给心怀嫉妒的养鸽伙伴留下深刻印象：拥有如此珍贵少见的鸽子还不值得骄傲，我还情愿冒险把它们放飞，因为谁也没有十足的把握，相信它们一定会自己回到家。下次见面的时候，他将如何向那些热心朋友跟不怀好意的对手报告这次放飞的成绩呢？不管个人心里怎么想，反正那人一走，闲话就出来了：有人说刚才那位是个高手，也有人说他不过是个二把刀，还有人说刚弄来没几天，还没养熟就放飞，够悬的……七嘴八舌，说什么的都有。至于那位鸽子主人，他看到了自己比别人高出一头，就够心满意足了，小小的野心得到实现，美滋滋的。

飞盘儿

养鸽之乐的下一步就是欣赏"飞盘儿"。这是一种健康的消遣，不应指责养鸽子的，因为飞盘儿需要早早起床进行大量的户外活动，才能取得好成绩。把训练好的鸽群放到天上飞翔、盘旋、俯冲，绕着自家院子一圈一圈地做优美的飞行表演，你能想象在北京春秋季节瓦蓝瓦蓝的天穹下这是一幅多么令人心旷神怡的活动图画吗？把鸽子放出来"飞盘儿"并不需要驱赶，主人拿一根小木头棒儿朝他选中的鸽子一指，它就立刻从鸽子窝里钻出来，穿过篱笆墙上的小洞飞上房顶。想参加的鸽子很多，必须得一只一只地往出叫，不然就乱套了。选中的鸽子先在房顶上待几秒钟，然后就优雅地起飞了。达到适当高度之后，鸽子就开始绕着自家院子盘旋，等着其他的鸽子一只一只飞起来加入编队。一个"盘儿"至少要有二十一只，最佳规模在四五十只鸽子。可能有几只懒惰或者慢性子的鸽子还在院子里或者房顶上磨蹭，主人就用一根头上绑着红布条儿的长竹竿把它们轰起来。鸽子的交通信号正好相反：红表示的不是"停"，而是"走"！

什么时候主人对"飞盘儿"的表现满意了，他就会发出着陆的指令，办法是：他把几只恋家的和不擅飞的鸽子送上房顶，引导"飞盘儿"的鸽群降落，房顶上本来已经摆放了几块彩色的琉璃瓦，给降落的鸽群当作标记。这种标记，不可以用红色，理由刚才已经说过；也不可以用灰色的瓦，要跟周围别家的房顶相区别。走在胡同里，看见一家屋脊上平铺一两块、两三块彩色琉璃瓦，就知道这家是养鸽子的了。

无论如何，主人绝对不可以把他养的鸽子全部放出去"飞盘儿"，那么干的话他就会失去遥控指挥的能力，不能命令鸽群按主人的意愿降落回巢了。所以他必须得把那些不爱飞的鸽子留在鸽舍，来保证鸽群正常回家。有的时候，鸽子们可能对在天上兜圈子心生厌倦，企图集体怠工提前落地，这时主人就会使劲摇晃那根绑着红布条儿的竹竿，驱使鸽子们接着往上飞。

鸽哨

"飞盘儿"的时候，主人会在"靠得住的"鸽子尾羽根部系佩著名的"鸽哨"。在飞行中因空气流入产生振动而发出极其曼妙的音响，大大增加了养鸽子的乐趣。一年到头，从风和日丽的春天、骤雨初晴的夏日，到天高云淡的金秋、彤云欲雪的冬月，常常能听见"飞盘儿"的鸽群传送到地面的鸽哨音乐：忽高忽低，忽远忽近，忽疾忽徐，忽宽忽细，除去随鸽子翅膀扇动形成的均匀节奏，这音乐千变万化，是任何乐器都演奏不出、任何作曲家都谱写不来的，真可谓"此曲只应天上有"，着实令人陶醉。这已经成为古城北京的一个象征，不知多少次飘进千万里之外异乡游子夜半时分的思乡梦。

鸽哨虽然不是只在北京才有，但是京城艺人制作的鸽哨精良细致、匀称，首屈一指，北京人富有艺术气质和审美情趣，早把鸽哨做成了精美绝伦的工艺品。制作鸽哨的材料是葫芦和竹子或芦苇的细管，小心翼翼地打磨到薄如鸡蛋皮，轻如羽毛，涂以油漆。按材料分为"葫芦"和"哨子"两大类，其发声原理与空竹相同，因形状和尺寸不同而发出不同的音色和音调。

要充分享受养鸽子的乐趣，就得置办若干鸽哨，那可是相当破费钱财的。鸽哨没有批量生产的，都是在家手工制作，工艺精细、费时费力，而且从事这个行当的人极少，所以产量很少，不是随时可以买得到的。有清二百多年，北京制作鸽哨的著名高手不超过十家，有"老四家"的惠、永、鸣、兴；"小四家"的永、祥、文、鸿。最后一位制作鸽哨的人，即署名鸿字的吴子通，生于光绪二十年（1894年），可谓硕果仅存。清末民初，也还有一些不知名的制哨家，虽然工艺稍逊，他们的作品也成了难得一见的工艺品，甚至成了文物古董。前几年偶尔在庙会鸽市还能见到有两三个摆卖的人，他们把自家鸽哨摆放在玻璃匣子里展示，在一排排的鸽子笼中间很是惹眼。他们在鸽市摆摊，似乎只是为了达到某种"效果"或是渲染一种气氛，因为很少成交，一天做成一笔生意就算不少了。这不能怪他们要价太高，鸽哨确实值那个价钱，鸽哨因为价高而不能大众化，也是实情。真正的精品现在根本没人制作，偶尔出现在旧货店，转眼就被不吝天价的收藏家买走了。小金也拥有几只鸽哨，其中有一只十三响的，叫"十三太保"，价值二十多块大洋。

鸽哨贵也好贱也好，都无关紧要，北京鸽子迷的热情不止于此，他们更热衷的是"鸽战"。

鸽战

鸽战的战术在外行看来似乎并不复杂，其实里边的学问大得很。简单地说，就是看见邻居的鸽群在天上"飞盘儿"的时候，就把自己的若干只训练有素的鸽子放出，让它们冲进对方队伍制造混乱和惊慌，然后等适当时机指令己方的鸽群落地，把人家的鸽子裹挟下来。干这一手，得有好眼力，善于把握时机，还得懂得一点儿

312

鸟类的"大众心理学"，因此十分引人入胜。鸽战的结果，有叫人高兴的，也有叫人沮丧的。

一旦别家的鸽子被裹换下来，首先要打开鸽舍的门，让那只鸽子跟你家的鸽子一起进来。用吃食引诱、用同伴带领，往往都不管用，那鸽子怀疑心跟戒备心极重，要过很长时间才能决断。要是用尽了一切手段它还是不屈服，就只好拿出弹弓子教训教训它了。如果那是一只不值钱的普通鸽子，比如"黑点子"，就拿一颗半寸大小的黄泥弹丸把这只顽固不化的鸟儿打死。可如果是一只罕见的"紫四块玉"，可就不能下狠手。把弹弓子瞄准鸽子的前胸，一弹射去把它打下来。前胸是嗉囊的位置，击破嗉囊并不会致命，不过得赶紧给它做手术——用头发丝缝合嗉囊和伤口。术后只喂高粱，不能喂水，小心照料大约十天即可痊愈。这自始至终都是精细活，既得有百发百中的射击本领，还得会迅速精准地做外科手术，这些都是合格的养鸽家必备的资质。

参与鸽战的双方事先都懂得一些严格的规矩。一片居民区养鸽子的人家并不多，很容易碰面，也经常在鸽子市见面，他们会达成一种协议，唯一的条款就是双方自愿无条件地互相交换战俘，行话叫作"过活的"和"过死的"。严格说来，只有"活的"才能"过"，"死的"就没有"过"的必要了。

通常情况下，"过活的"并不容易做到，因为谁捉到优良品种的鸽子都会舍不得放手，不愿意郑重其事地把它还给对方。这样一来原本商量好的友好协定成了空文，两家便成了仇敌。鸽战的规则并没有规定双方互相通告己方官兵职衔级别和视察对方战俘营，一切凭良心，可良心往往不管用！

吴小秃儿参观小金的鸽子以后没过多少日子，小金退学了。后来有传言说他当了专业的养鸽子户，这消息无法证实。

第二十八章　义结金兰

小吴的同学当中，有"黄带子"小金那样光爱养鸽子不爱念书的，也有习惯于上课睡觉，乐意留级的。不过其他的同学都很用功。

班上有四个同学品学兼优，加上小吴一共五个好学生，成了形影不离的好伙伴。放了学他们就是好朋友，结成了一个学习小组，养成了在家里一起做功课的习惯，吴家当客厅和书房的南屋常常被选中做他们聚齐的地方。不用猜，这其实是吴家大人们有意的安排，因为这么着既可以注意孩子跟什么人交往，也可以督促他的功课——自家"眼皮子底下"最好监督不过！不用说，小吴的多年伙伴，隔壁小王也是其中一个。没过多少日子，这几个孩子之间的友谊就得到了他们家长的完全赞许，说你们拜把兄弟得了。

友谊典范

友谊，是"五伦"之一。"五伦"是五种人际关系：君臣、父子、兄弟、夫妻、朋友。自古以来各朝各代都流传着许多关于忠诚朋友间的美好故事。比如，左伯桃和羊角哀的故事已经流传三千多年，并且编成一出有名的戏剧，至今备受喜爱。

左伯桃是楚国的一个穷书生，他前往都城想谋个官职，不料半路上遭遇暴风雪，只好到羊角哀家里借宿。两人一见如故情投意

314

合，第二天早上就决定结伴上路，想着到了都城两人都可能得到机会。

谁知第三天遭遇严酷的寒潮袭击，二人被困在荒凉偏僻的大山里进退不得，眼看着身上的棉衣都湿透了，带来的干粮也快吃光了，荒山野岭不见人烟，耳中不断传来野兽的吼叫声。

距离都城还有很远的路程，他们雄心勃勃的计划眼看就要化为泡影，不知如何是好。左伯桃本来身体较差，就泄了气，他对羊角哀提出建议，要他独自前行，因为剩下的吃喝两个人不够，一个人还够。看重朋友情谊的羊角哀怎么能接受这个建议呢，于是羊角哀叫左伯桃去找些干柴来好生火取暖。左伯桃拾柴回来却发现，羊角哀已经脱光衣服藏身树洞，把衣服全部留给了左伯桃，叫他不要再受冻。羊角哀对左伯桃说，自己已经下定决心宁愿冻饿而死，也要让朋友继续前行到达终点得偿心愿。

两人不断争执之中，羊角哀停止了呼吸。左伯桃拭泪在白雪覆盖的荒野埋葬了羊角哀，继续上路。他来到国都，谋到职位，立即回去找到羊角哀的尸骨，在家族墓地把他风风光光地埋葬了。

这个故事叫《羊角哀舍命全交》，收录在明代话本小说集《今古奇观》中。书中说他们二人是结盟的兄弟，两人在羊角哀家里初次见面的那个夜晚就指天盟誓做终生不渝的把兄弟了。

武圣人关羽关云长，他有两位盟兄弟——刘备和张飞。这三位情谊深厚，从三国时代至今为人们所乐道，是一切渴望友谊的人所仰慕的榜样。

刘关张三位盟兄弟在桃园结义时的誓言中说："不能同年同月同日生，但愿同年同月同日死。"他们把义兄义弟的友谊看得比自己的生命更重要，他们的生死友谊虽然速成，却一直毫不动摇地坚持到死——他们三人在短短不到两年之内相继去世。

五个小伙伴对于"拜把子"这件事全都满心乐意。小秃儿对"盟兄弟"的概念并不陌生，听说过很多回。他爸爸就有好几位盟兄弟，叫小秃儿喊他们"把子大爷""把子叔叔"。他爷爷也有几位把兄弟，但是仍然健在的已然不多，小秃儿喊他们"爷爷"。所有这些人都属于"朋友"之列，小秃儿刚刚在学校里听老师讲到"交友之道"，正好对上。

他学到孔夫子主张的"主忠信，无友不如己者"，以及"益者三友——友直、友谅、友多闻"和"损者三友——友便辟、友善柔、友便佞"。"松竹梅岁寒三友"说的是这三种植物不畏严寒的高贵品格，比喻坚定不渝的友谊，是中国传统绘画最常用的题材之一。饱学之士则将"琴、酒、诗"当作自己的"三友"。与孟子同时代的墨子看到染坊里染丝的过程深有感触，把这个现象跟人际交往联系起来写道："染于苍则苍，染于黄则黄。"小秃儿读到这里，得到深刻的教益。

小秃儿在学校上"修身"课，读到《孔子家语》里的一段话："与善人居，如入芝兰之室，久而不闻其香，即与之化矣；与不善人居，如入鲍鱼之肆，久而不闻其臭，亦与之化矣。"一个人会深深适应于他所处的人际环境，很快在其氛围中失去自我，随着他所交往的朋友而改变个性，不是变好，就是变坏。这就叫潜移默化。

结　拜

拜盟兄弟要经过一些初步的准备程序，首先一项就是必须禀告各自家长请求批准。

吴老爷子是促成这件大事的中心人物，他始终亲自过问，务必事事妥善圆满。他选定前门的关帝庙当举行拜把子仪式的场所。原来前门瓮城里紧靠城墙坐北朝南有两座名气很大的庙：城门洞东边的是观音庙，西边的是关帝庙，这两座庙虽小却非常灵验，香火旺盛。关老爷在民间是忠义之神，代表"为朋友两肋插刀"的最崇高的义气，所以结拜盟兄弟的仪式在此举行最合适不过了。吴老爷子把五位小伙伴带到关老爷庙，叫他们给关公烧香磕头，立下了终生合作互助的誓言。

拜把子还要交换"金兰谱"。这是一份神圣的文件，一式五份，每人保留一份。金兰谱内容写的是每个结义兄弟的年龄、生日以及家谱要点，包括以上三代人的主要情况。最前头是一篇序言，重申结义兄弟同心同德达成并白纸黑字表明永不反悔的共同心愿，用的都是高调的语言文字，诸如"海可枯，石可烂，兄弟同心万世不变"之类。

这一天，他们郑重地在"金兰谱"上签名盖章，完成了"义结金兰"的庄严仪式。这份文件叫"金兰谱"是有来历的，古代经典《易经》说："二人同心，其利断金；同心之言，其臭如兰。"

然后是一系列的走访，按大哥、二哥、三哥等等的次序给每位盟兄弟的长辈磕头，以此确认他们的长辈也是自己的长辈。最后是一桌宴席，把仪式推进到圆满的结束。

吴老爷子对他们说："现在你们既然拜了把子，往后都得拿彼此当真正的兄弟。像老话儿说的，有

金兰谱

饭大家吃，有罪大家受。无论出什么事，谁也不许拔香头儿！"这"拔香头儿"就是背信绝交的意思。

（天长日久，有饭是大家吃了，但是有罪未必大家受。香头儿一直插在香炉里没有拔掉的似乎不太多。）

北京的脆枣

初秋时分枣儿熟了。这是京城很有名的一种果品，连外国人都爱吃，但是外国人管北京的枣儿叫"椰枣"那就错了。椰枣是中东、北非大宗出产的棕榈科植物的果实，中国人早就有所认识。汉唐之际，西域贸易通道畅通，许多中亚、北非海湾国家的物产引进中国，其中就包括这种果实的干品，我们给它取了个从阿拉伯语音译的名字"苦鲁麻"，没有把它跟本土的枣子弄混。像阿月浑子（开心果）、君迁子（黑枣）也是那时候传入中国的。咱们中国的枣子虽然在大小、味道、口感上跟椰枣相似，但枣树是鼠李科植物，跟棕榈科植物的果实椰枣"八竿子打不着"！

北京的枣儿有好多品种，在形状、大小、味道、口感上各有特色，整个9月份，色彩缤纷的枣儿一筐一筐摆满街头巷尾的摊子跟推车，浅筐铺满翠绿荷叶，枣子陈列在上，有如珊瑚、玛瑙、翠玉堆，赏心悦目。卖枣儿的小贩吆喝着："买来，赛过冰糖的脆枣儿来！"唱歌儿似的可好听了。有一种橄榄形的最常见也最便宜，有一种近乎圆形的叫"璎珞枣"，有一种长圆形的叫"郎家园儿"，十分有名。"郎家园儿"的确有些来历。当初清兵入关时有一位将军名叫觉罗郎球，他勇猛善战一直打到南方，朝廷为了表彰他的功勋，在齐化门外大运河北岸赐给他家一片茔地，后来看坟的在坟茔周围种下一些枣树，成了枣园，因此得名。这些枣树是大运河边上德州地方的树种，也是觉罗郎球带回来的。

吃枣儿行家一口咬定说郎家园儿是全北京最好吃的枣儿，但是这个说法没法证明，因为郎家并不售卖自家产品，郎家园儿的枣儿到底什么味道口感谁也不知道。不过以"郎家园儿"名义在市场畅销的卵形甜枣，的确是顶顶好吃的。

上述之外，还有一种枣儿叫"莲蓬子儿"，个头小；还有一种枣儿叫"老虎眼"，味甜酸；山里出的一种枣儿个头大，皮厚肉粗不甜，叫"山枣儿"，用糖腌制做成果脯。另外有一种无核枣儿，不是北京本地的产品。枣儿生吃之外也大量加工成枣泥，很多糕点，包括月饼，都拿它当馅料。鲜枣喷上少许白酒，做成"醉枣儿"，可以长期保存不失水分。最不起眼的应该是"酸枣儿"，植株矮小遍布尖刺，圆形果实极小，比黄豆大不了多少，成熟时虽然也是红颜色，却酸得叫人倒牙，只有小孩子才去吃。这种枣树耐贫瘠好活，连城墙砖缝里都能长。这不起眼的酸枣，它的果核入药叫"枣仁"，是安神之物。把酸枣连皮带核碾成细末，加工成酸枣面儿，人们买回家用水调成糊，极受小孩子欢迎。

走街串巷叫卖枣儿的小贩，常常同时也卖葡萄，因为这两样东西差不多同时上市。京城的葡萄也有名称怪异的，比如有一种葡萄叫"兔子屎"，个头小而圆，没有核，但是很甜。个头最大的一种

脆枣儿

叫"水晶葡萄"，有两寸长，翡翠绿色略带蜡黄，跟冰镇黄酒同吃最美味。

吴家后院有几棵枣树，不知结的是哪一种枣儿。小秃儿跟学伴儿时不时爬上树去摘枣儿，这种摘法是长辈们不允许的。老辈儿认为摘枣的正确方法是站在树底下拿竹竿儿打，可是这办法在孩子们眼中实在太乏味：打下来的枣儿，哪有上树摘的香甜好吃呢。

秋天也是栗子上市的季节。北京城里不长栗子，但是北京城里人每年消费的栗子成千上万斤，都是西北远郊山地出产的。北京人不愧是"好吃会吃"的，他们早已发现：把栗子混在沙砾里用大锅翻炒，同时浇上饴糖，就能提高栗子的口感和甜味，故名"糖炒栗子"。

小学生们喜欢吃新鲜上市的甜葡萄脆枣儿，爱听卖枣儿的在秋天傍晚清凉的空气里悠长的吆喝声，也喜欢买上一斤热乎乎的糖炒栗子，看着亮晶晶的褐色栗子在大铁锅里跟着铁铲挥舞、上下翻滚的样子。

精明的商家发现当众制作糖炒栗子是个不错的活广告，让人观看炒栗子的过程，看一看谁在"火中取栗"，可以增加许多销售量！

不过，对于千千万万的北京穷人来说，这种种景象都在给他们提出警告：该把家里的当票找出来，看看哪些该赎赶紧去赎，看看那些旧棉袄是不是该多絮点儿棉花，好熬过马上就到的冬天。

唉！北京穷人的日子，艰难呀。

第二十九章　金风送爽

阴历八月初三是灶王爷生日。

灶王爷在每个家庭的生活里占有极其重要的地位，他等于是天庭派到每家的联络员和督察员，每一天他都把这家每个人的行为记下来，分为"善"和"恶"两类，到年底汇总上报天庭，由老天爷决定奖惩。灶王爷的神龛设在厨房，因为厨房是每个家庭最要紧的地方：没有厨房怎么做饭吃！绝大多数人习惯于在家吃饭，很少下馆子，所以总有灶王爷一席之地。即便很穷苦的人家，也会到香烛店去请回一座小小的神龛，里边贴上木版套色印在纸上的灶王爷像，恳切履行敬神仪式"晨昏三叩首，早晚一炉香"，只求他"上天言好事，下地保平安"。

灶王爷来历

灶王爷的形象慈眉善目，是个和气的老者，想来自从人类学会吃熟食开始，灶王爷就来了。有人说他不是别人就是人文始祖黄帝本人，做饭的灶就是他发明的。可见崇拜灶王爷的习俗，少说也有三千多年了。也有人说灶王爷是火神祝融。

孔老夫子也谈到过灶王爷。《论语》中记载：有个学生问孔子，为什么人们偏偏崇拜灶神。孔圣人这次答非所问，他说："不然，获罪于天，无所祷也。"就是说，没有灶王爷的话，你犯了罪过找谁去悔过呢。

唐代段成式的《酉阳杂俎》里说，灶王爷姓张，直系亲属有一个妻子七个女儿，另外还有许多家庭成员，共九代人，共同生活在山东某地一座大宅院里。大家庭管理得井井有条，从来没有过争执口角的事情，连家里养的众多猫狗都一齐进食，哪怕有一个没到，大家就都不吃。大家庭生活过得这么和谐美满，难怪要让这位姓张的大家长当家神灶王爷了。灶王爷神龛贴的横批就是"一家之主"四个字，这正是他的职责所在。

有位皇帝巡游天下正好来到张老先生家附近，就顺路来看他。皇上看见他们一家人过得那么亲热和美，深表赞许，就在张大家长死后封他为家神，就是灶神了。这位神仙的形象是个面容和善的黑须老者，头顶红色光环。他把一家人每天所做的事情分"善"和"恶"两类写在小纸条儿上，分别投进写着"善"字和"恶"字的

灶王爷

322

小瓷罐儿里，到了年底汇总，当面呈报玉皇大帝。

灶王爷的生日是阴历八月初三，这一天给他上的供跟平日不一样，是一碗面条，但不是打卤面，也不是炸酱面，而是糖拌的白面条儿。这么做是为了表示节俭，还是希望他嘴甜一点儿呢，谁也说不上来，反正大家一直都这么做就是了。

不过，可能是因为灶王爷跟大家关系太密切，所以关于他的传说众说纷纭。有人说他姓苏，有人说他姓宋，传说中他的事迹也有张冠李戴的，咱们就没法深究了。

哈达门外熙熙攘攘的花市有一座灶王庙，每年灶王爷生日都有庙会，附近一带的老百姓都来烧香逛庙。小秃儿本来也想来看热闹来着，可是学校显然不重视这个节日，他的计划就泡汤了。当初在永先生私塾，这一天是放假的。

洋车夫一家

一进阴历八月，夏季就不辞而别，北京的秋季开始了。黄历说，这一季包括立秋、处暑、白露、秋分，接着就是寒露、霜降，冬季接踵而至，天气就该大冷了。有一支流传很广的民谣唱道：

> 八月里，秋风儿阵阵凉，
> 一场白露一场霜，
> 严霜儿单打那独根儿草，
> 呱嗒扁儿甩子儿在荞麦根儿上。

寒暑表的水银柱每天都有短暂的回升，中午还有些热，但是蓝天常常铺满灰蒙蒙的薄云彩，不紧不慢的秋雨下起来没完没了。狭窄的胡同里，厚积的尘土被雨水和成稀泥，在行人的脚步和人力车的碾轧之下，深深的泥塘更加难以通行，有如黏黏糊糊的墨盒子一般。一切看上去都令人心情沮丧，这时候你难免会想起北京下层卖力气的穷人：这样的天气他们只好待在家里不能出门做工，要是这雨再下一天可就糟糕透了！

不过，您也许过虑了。在一处出租房，饱经风霜的街门紧闭，院子里一间小屋就住着一位风里来雨里去的好汉——洋车夫和他的家人。一家人也在埋头苦干谋求温饱：他们糊洋火盒儿、缝袜子口儿，挣几个铜子儿，免得青黄不接。姐姐一边照看弟弟，一边手拿细针飞快地给机织线袜缭袜口。这间小屋本来光线就不好，一闹天儿就更黑了，她眼睛好累呀。

老大是个男孩，他不怎么干活儿，因为全家把希望都寄托在他身上，把他送进学校去念书。这不，他刚刚上铺子买回来一天所需的两斤玉米面，把这金贵的食物拿旧报纸包回来，他的活就干完了。现在他跪坐在窗户下的炕桌儿旁，就着尺把宽窄的小玻璃窗户透进来的微弱光线，专心练他的毛笔字。

母亲已经把窝窝头做好了。有的人大概压根儿不知道窝窝头什么滋味，竟然给它取了个好听的外号——"黄金塔"。蒸这屉窝窝头几乎用了一个钟头，都是因为笼屉太旧，破洞好几个，热气跑掉了不少。他们常常吃没蒸熟的窝窝头，自然没有蒸熟的好吃。

洋车夫的妻子买来几块臭豆腐，是跟街门口的小贩买的，这小贩很可能是跟他们一样的穷人。他臂弯挎一小筐，筐里一只小瓦罐，里边码放若干块臭豆腐，他替店家零卖，抽取一成的佣金。小筐里另外还有一罐子卤虾油拌的小咸菜，是腌得很咸的苤蓝、黄瓜、豇豆、芹菜、青椒片儿，拿筷子夹着一点一点地零卖。臭豆腐、卤虾小菜都是就窝窝头的美味，那窝窝头如果是当年新玉米磨的面，趁热吃别提多么香啦。

一家之主洋车夫快回来了。他身子骨儿"还行"，但是像今天这天气他也不打算再"拉晚儿"了，他想给自己放个假缓缓气儿，要不然他这当父亲的是不能休息的。他要强，常念叨说"咱们可不能就这么完喽"。他到车厂子交了车和今天的"车份儿"，那是没有商量余地的价码。一天下来，他手里能剩个五六毛、六七毛，说不定还剩一块钱呢。平平安安回到那间暖和的小屋子，他心里感到挺知足。他比家人需要更多的热量和维生素，妻子给他买了二十个子儿的羊头肉来犒劳他。这得来不易的优待，只有大儿子可以分享，因为他用功读书，也需要加强营养。

他家原先住在齐化门外南营房。辛亥鼎革，旗人没有了"铁杆儿庄稼"，尤其是"营房旗人"，本来就不宽裕的日子一下子陷入绝境。清代的八旗制度不允许他们做买卖、学手艺，身无一技之长，如何生存下去？"八旗生计"雪上加霜，怎么办？拉洋车！连王爷家的后人都有拉洋车的，吃饭要紧，不能坐待饿死哪！眼瞅着京城一下子冒出来许许多多洋车夫。那两年北京人口总共才一百来万，拉洋车的就有五六万。

洋车夫的家就跟小秃儿家隔几个门，他儿子上的也是小秃儿上的那所公立小学。穷人跟阔人比邻而居，也许只有一墙之隔，没有任何界线把穷人区跟富人区分隔开，这是北京的一大特色。

螃蟹上市

金风送爽，桂子飘香，八九月是北京一年当中最舒适宜人的时候。夏天刚刚过去，在潮湿酷热的日子人人食欲不振，只能吃些清淡的东西。秋天一到，凉快干爽胃口大开，自然而然就要补养一番，恢复体力，这叫"贴秋膘儿"。何况此时各式各样的好吃的大量上市，瓜果梨桃、鸡鸭鱼肉，摆满店铺摊档，高高兴兴大快朵颐，此其时矣！可有什么比吃螃蟹更解馋哪！

咱们吃的河螃蟹跟海螃蟹不同，体形较圆，翻过来看它腹部，盖着一片腹甲，区别螃蟹的公母就看这儿：公的尖脐钳子大，母的圆脐钳子小，就这么简单。

尖脐的公蟹虽然肉多，还是不如圆脐的母蟹受欢迎，这是因为母蟹肚子里有一块橙红色的蟹黄儿，是母蟹的卵块和卵巢，最最美味。饭庄里，一盘蟹黄儿的价钱比一盘蟹肉多一倍，还是供不应求。老北京人吃的螃蟹全部号称是河北胜芳出产。胜芳是个小镇，在天津西南几十里的文安县境内，此地河网密布有大片大片的水稻田。据说螃蟹最爱吃稻穗，稻子熟时螃蟹最肥，正是"胜芳大蟹"海量上市的时节。其实，大家伙儿吃的河螃蟹未必全都是胜芳出产的，海河入海的渤海岸边，到处有这种洄游于淡水和咸水之间的节肢动物，只不过所有卖螃蟹的都以胜芳为标榜。

河螃蟹——公蟹尖脐，母蟹圆脐

捕捉河螃蟹十分简单——只需要天黑以后在稻田旁边的田埂上摆上一盏点亮的小灯就好了。螃蟹们一见亮光立马从稻田里的巢穴爬出来，成群结队匆匆忙忙朝灯光聚拢，丝毫没有意识到潜在的杀身之祸，大概还觉得挺好玩儿呢。捉螃蟹的不慌不忙往田埂上坐定，把横行过来的八足将军一个个拾起来，放进手边的竹篓。一篓一篓的螃蟹从四面八方汇集到胜芳镇，装上快骡大车（后来是火车了），运往北京、天津等大城市，供城里人大饱口福。螃蟹是两栖动物，有巨大的储存能量的本事，能不吃不喝活很久，它身体里还存着很多的水，所以不断地从嘴里吹泡泡，好像在打发长途旅行的无聊。

烹饪河螃蟹最简单不过——放到笼屉里蒸。蒸之前先给它们冲洗干净，刚刚享受到淋浴的舒适，转眼就被塞进蒸屉，向外逃跑没跑成，滚烫的蒸汽就让它们丧失了知觉，墨绿色的蟹壳脚爪变成了鲜艳的橙红色——熟了。

吃螃蟹更简单：除去蟹壳，拿筷子、勺子取出蟹黄儿、蟹肉，蘸些泡了姜末的老醋就齐了。任何其他的配料都不用，螃蟹想得周到，它自己早把味道调理好了，再加别的作料就画蛇添足了。那些精益求精的高级烹饪术，没有用武之地。人说螃蟹大寒，所以得配上大热的鲜姜，很多的人吃螃蟹必喝酒，"把酒持螯"，更去寒不是？吃螃蟹最要紧的是：如果同时还有别的菜肴，无论多香的菜，都得先吃，最后才吃螃蟹。要是先吃了螃蟹，再吃别的菜，那就吃不出香来了。

普通人家吃螃蟹，有一根小擀面杖、一把小刀就够了。可是到繁华地段比如前门大街的豪华饭庄吃螃蟹，就没有这么简单了！小秃儿记得跟全家人一起上前门外的某某楼招待朋友吃螃蟹。没等螃蟹上桌，先摆上一大套高级的吃蟹专用餐具：有一把硬木的小锤子、破开蟹螯的小钳子、小镊子、小钩子、镶银头的筷子和银勺子——为的是测试螃蟹有没有毒。（死螃蟹确实有毒！）还有一只细瓷的小盆，里头放着茶叶跟菊花瓣儿，是吃完了洗手去腥气的。

西口大羊

跟河螃蟹上市同时，一年里质量最好的羊肉也来了。

羊肉要好，必须出自"西口大羊"，北京城的羊肉床子都把这四个字写在门面上。"西口"是与"东口"相对而言："东口"是古北口、承德一带，"西口"是张家口以西一带。"口"就是长城的关隘，长城是游牧文明跟农耕文明之间的分界线，也是衔接地段，吃羊肉的确是游牧文明的特色，"西口大羊"进北京，正是两大文明交融的体现。"口外"的游牧民族，其中主要是蒙古族人，善于养羊，他们的大部分财富就是由羊群的规模来估算的。每年一到秋天，天气转凉，羊也肥了，羊贩子就到草原跟牧民收购活羊，然后雇人把羊群往北京赶，这段三四百里地的路程终点就在北京德胜门外二里地的羊市。

赶羊是一门高深的手艺，全程步行，照看羊群沿途吃鲜嫩的草、喝干净的溪水，体重增加，一路上不慌不忙也不耽误时间，到达终点的时候个个欢蹦乱跳，不但一身都是又肥又嫩没有多余脂肪的好肉，还有一身蓬松柔软的羊毛，外加一张皮板儿厚实的羊皮。

"西口大羊"贡献高质量的羊肉，一点儿膻气味没有，鲜香无比。羊群按期到达，赶羊的大功告成心情舒畅；羊贩子更高兴，终于赚到钱了，一夏天吃主儿们食欲不振，他生意清淡，现在好日子来了。

不单北京城，乃至于全中国的羊肉行业，全都掌握在回民手里，似乎这一行的特许经营权完全颁发给穆斯林了。不管是否如此，反正他们垄断着这一行，而且看上去可能永远如此。这也难怪，人家回民的确以讲究清洁卫生著称，他们开的买卖，无论是大饭庄子、羊肉床子，还是小吃摊子，桌椅板凳锅碗瓢盆，全都刷洗得干干净净，木器刷得连木头丝儿都露出来了。他们悬挂阿拉伯文牌匾和汉字写的"清真古教""西域回民"，让人看了信任与钦佩之感油然而生。

现代化的屠宰场是晚近才引进北京的。有了屠宰场以后，过去几百年北京街头常见的宰杀活羊的血腥场面就消失了，这种热闹再也看不见了。生活在四九城，总有些人太爱看热闹。要是有个人站在街角儿凝视天空，用不了几分钟就能吸引一大帮过路的人跟着他抻着脖子往天上看，连要办的正经事（如果他们有正经事的话）全给忘得一干二净！爱瞧热闹，从平常不过的小事情里找乐子，好像是一般北京人世代相传的一种本能。所以，要是闲来无事早晨遛弯儿，或者上学的路上，碰见羊肉床子门口宰羊的生死哑剧免费上演，就停下脚步围观片刻，那又有什么可奇怪的呢？

羊肉床子的老板们早已发现，做生意要想赚钱，就必须亲自动手把从原料到成品的全部制作过程集中一气呵成。所以只有那些规模极小的店，才会到大的店家去趸半只或四分之一只来零卖。

不过，出于宗教上的考虑，羊肉床子的老板自己是不动手宰羊的，宰羊的工作必须由清真寺的阿訇来完成。阿訇们每天轮流到各家羊肉床子去宰羊，收取一些费用。这些钱必须用在宗教允许的地方，因为穆斯林不可任意杀生，他们认为宰羊吃肉是一件很遗憾的事情。当一只柔弱无助悲哀哭叫的羊四脚攒蹄捆绑结实，马上就要引颈就戮的时候，阿訇就低声为它诵经，在隆重庄严的气氛里，为羊儿的灵魂祈祷，坚决表明不提倡鼓励残忍的屠宰行为。

宰完羊，阿訇把刀擦干净插进刀鞘，就动身前往另一家了。一天下来他工作完成，在每一家都贴上一张收条写明所做的工作，而那还在流血的羊这时已经放到木盆里，它的眼睛很快从明亮的淡褐色变成了暗淡的墨绿色。

屠宰仪式一结束，伙计就动手来剥羊皮，然后把整只的羊挂上锃光瓦亮的黄铜钩子，按部位分解，等顾客来买，这工夫，体温尚在的羊肉还在颤抖呢。

太阳升起，富裕的老北京人亲自出马或者派厨师来采买"羊后腿儿"，穷人则来买上一两毛钱的羊肉。养鸟的主儿懒洋洋慢吞吞地提着鸟笼、举着鸟架蹓来，买一大枚的"肥嫩"喂他的宝贝鸟。

爆·烤·涮

北京城秋冬两季的羊肉的确是顶顶好吃的美味，烹调羊肉的技艺也是五花八门。一到秋天京城大小的饭馆子，无论是清真馆子还是大教馆子，全都挂出大字广告，只写三个字："爆、烤、涮"。这三样的确是烹调羊肉的主流，别的做法，像红烧、黄焖似乎不是主流。

仔细琢磨，老北京人吃羊肉的路数，深受蒙古民族的熏陶，这太好理解了：本来就是跟人家"学"的嘛。先说"涮"，这本来就是蒙古吃法，甚至于火锅也有人叫"成吉思汗锅子"，北京人可能弄得更细腻一点儿，作料更丰富一点而已。而"烤"更是"蒙古风格"了。老北京人可能没有人家蒙古族兄弟吃"烤全羊"那么强壮的肠胃，但是看看老北京人吃烤羊肉的架势，也相当豪爽——没有坐着吃的，一条腿蹬在板凳上，右手举着二尺长的大号筷子，左手捏着酒碗，整个➡"大块吃肉、大碗喝酒"的好汉做派，一吃烤羊肉就把蒙古族兄弟的英雄气概学来了！的确，吃羊肉，尤其是烤羊肉，本来就是北方游牧民族的特长，消化器官娇嫩的南方人不受用，再说连羊肉本身也水土不服，一到南方味道就差了。烤羊肉是老北京人最喜爱的一种菜肴，每到秋凉就开始大卖，清真馆子生意尤其兴旺。不妨说，烤羊肉、河螃蟹这两样，是京城秋季美食舞台上的一对主角儿。

对于"街面儿上谋生"的人们，也有些当街烤羊肉的摊点，食客们完全在露天里当众自己动手进行烧烤。一个五尺多长的大烤肉算子架在熊熊燃烧的炭火上，吃主用二尺长的大粗筷子翻动切成大片的羊肉，羊油遇热滴到火苗上，刺啦刺啦作响，冒出轻烟，吃肉又喝酒，何等惬意！要是坐等店小二把烤好的肉拿盘子端上来，那不是太斯文、太乏味、太没意思了吗？

吴家决定在自己家里吃一回烤肉，日子已经定了。此举虽然不怎么费钱，但是预备起来太麻烦，所以一般人家，每一季顶多吃上三四回而已。

吃烤羊肉的地点选定在里院中间，因为烤肉是个烟熏火燎的事情，不能在屋子里进行，而且花盆都得暂时挪开，尤其是吴老太太心爱的秋海棠更不能让烟熏着。院子正中间位置临时撬走几块方砖，挖了一个八寸左右的坑，从后院储藏室找来烤肉算子——一个铸铁做的圆形架子，大约一尺半大小，有十几条半寸多宽的铁条排列其上，间隔不到半寸。半年多没用，女用人用了足足一个钟头拿一块砖头把它磨洗出来，锃光瓦亮，看着干净。还有一件可以拆卸的烤炉也拿出来了。于是烤肉设备就在三钟头内安排停当，只等开吃了。

吴老太太兴高采烈去采买一应配料，有大葱和其他蔬菜，不一会儿一切预备齐全；尤其必不可少的酱油、糖蒜跟虾油，全家人都喜欢虾油，喜欢它给烤肉添加的海鲜口味。调料是每个人按自己喜爱的口味调好的，大片羊肉在上算子烤制之前，先在调料汁里腌一会子。羊肉用的是"后腿"，这个部位的羊肉紧致而软嫩，细腻多汁，口感最佳。肉是头一天订好，当天一早送来的。切肉片儿的活计交给了吴少奶奶那双巧手，让她忙了一上午。吴家人早就发现，羊肉床子虽然答应代客加工给切肉片，但是他们的伙计大概是想显摆手艺高超，常常把肉片切得太薄，烤的时候手稍微慢一点儿，就烤煳了！

吴学文放学回来饥肠辘辘，一切都预备好了，家庭烤肉宴立马欢快开始。烤肉算子周围摆好小板凳，大家全都坐得舒舒服服，一切伸手就行。土坑里烧的燃料，是吴少奶奶娘家何老太太专门从香山庄子上挑选的松塔儿，烤肉必须用松木，因为能增加香味。烤肉算子通红，羊肉嗞嗞作响，火苗儿上下跳动，松烟腾空而起。一个钟头过后，人人满嘴流油，手指头也熏黑了。

羊肉足够大家吃饱，所以没有预备别的吃食，只从胡同口的烧饼铺买来几个烧饼跟牛舌饼（一种长圆形的火烧）。吴老爷子呢，他当然喝了几口。

第三十章 中秋佳节

阴历八月是广大农业人口一年当中最兴高采烈的月份，因为这个月是收获的时候，主要庄稼都在此时收割。到乡下走一走就会看到，生活在这丰饶土地上的人们是多么的心满意足：蒙眼毛驴拉着石头碾子轧场的吱嘎声，跟农人们欢快的唱曲声汇合在一起，成了歌颂五谷丰登、衣食无忧的音乐会。

嫦娥奔月

八月十五是中秋节，这一天通常都是天气晴朗，圆月发出的光辉最明亮，万里无云，没有任何坏天气来打搅。一家人在月光下团聚，往往是述说关于月亮的神话故事的最佳时刻。许多传说都讲，月亮上是有人居住的，这无疑是由月球表面的大大小小的暗斑引起的想象。这众多传说故事当中传播最广的就是美女嫦娥飞上月亮的故事。每到中秋节前后，戏院就演出据此编的一出戏，叫《嫦娥奔月》。

故事说，在开天辟地之初，天上有十个太阳——一个真的、九个假的。于是找来了百发百中的著名弓箭手后羿，要他把那九个假太阳射下来。为了奖赏他的丰功伟绩，河伯把自己的女儿、年轻貌美的嫦娥嫁给他为妻。

不过，后羿是个凡人，他是多么渴望成为长生不老的神仙啊。善良的西王母于是赏给他一粒长生不老的仙丹，告诉他修炼些日子再吃，就能成仙了。后羿把这粒仙丹藏到房梁上，就去修炼了。

后羿这个忠厚的丈夫，并没有对美丽的妻子嫦娥保守秘密，把一切计划如实告诉她了。嫦娥思忖，后羿一旦成仙很可能就会抛下自己而去，焦虑之下，她想出了对策。趁着后羿不注意，她从房梁上取下那粒仙丹，吞到肚子里去了。

嫦娥吞下仙丹，立刻感觉到自己的身体变轻，像个断了线的风筝一般飘起来，一直朝天空飘去。后羿一看，马上起身去追赶，可是嫦娥朝月亮笔直奔去，转眼已经跑到他的弓箭射程以外，眼睁睁瞧着她跑了。不错，嫦娥成了神仙，可是从此也就过上了孤独寂寞的日子，没人能救她。

另外还有一段故事说的是"吴刚伐桂"。吴刚本是一位钻研长生不老术的学生，也有人说他是神仙，可是不知怎的犯了错误，就被送到月亮上，叫他砍伐那里的一棵大桂树。谁知那桂树是有法力的，吴刚一斧子砍下去，它立马又长好了，所以不管吴刚怎么卖力砍它就是不倒。直到今天，吴刚还在不断地砍呀砍，永远不会有结果。

唐朝皇帝玄宗李隆基，也到过月亮上，是一位道士陪他去的。原来这位皇帝有个极其宠爱的妃子杨玉环，在安史之乱发生的危急关头，皇帝带着朝廷百官想躲到四川去避难，不料半路上禁军发动兵变拒不执行前行的命令。他们说，国家的乱子全都是那个女人引起的，必须把她处死，否则大家不保护流亡的朝廷。皇帝无法，只得降旨缢死杨贵妃。事后，叛乱平息，唐玄宗回到首都长安继续当他的皇上，可是想念爱妃使他陷入无边的痛苦中，于是他找来那位道士，请他运用法术让他跟杨贵妃的灵魂相聚。那道士把皇上带到月亮上，跟住在广寒宫里的贵妃见了面。

中国历史上的远古传说时期，天和地是混沌一体的，多亏出了一个神话人物盘古氏，据说他用一把巨斧把天和地劈开，这才有了我们天地分明的世界。在开天辟地之前，盘古氏从一枚巨大的蛋里出世，他活了一万八千岁，死后肋条骨化作了一条条的山脉，左眼化作了太阳，右眼化作了月亮。

另外一个神话故事说，太阳里有一只三条腿的乌鸦，后来三足乌鸦又演变成了一只金鸡，这传说就一代一代传下来了。金鸡就是太阳神，崇拜太阳神的仪式每年二月初二举行，供品是一摞圆形的米面饼，从下往上一个比一个小，最上头是一只用彩色米面捏的公鸡。而月亮里边的则是一只白兔，叫玉兔。玉兔的形象是两条后腿直立。前腿拿着一根玉杵，在一只玉臼里捣药——长生不老的仙药。

兔儿爷

在盛行多神信仰的文化环境下，玉兔自然也成了神仙，就是"兔儿爷"。兔儿爷的塑像是小孩子们喜爱的玩具，过完七月十五的中元节，莲花灯扔掉之后，兔儿爷就开始摆上货架了。从此一直到八月十五，兔儿爷都是抢手货，价格不菲。兔儿爷是空心的泥塑，大小不等，大的足有三尺来高，五彩手绘富丽堂皇，夸张地描着金。它圆圆的脸上长着典型的兔唇，两只大耳朵直立竖起，好像听见了危险的猎枪响声似的。兔儿爷座位的下头，头脑聪明的工匠给安排了一个非常漂亮、富有装饰趣味而且起着重心下移保持平衡作用的"座子"，这是泥塑艺人发挥艺术才能的天地，可以设计成各式各样的美丽图案，比如有好多小孩构成的"百子图"，也可能是一头白色大象，也可能是一对滚绣球的狮子，陪衬得兔儿爷更加富有生气。兔儿爷的形象看上去十分喜人，但是永远身披战袍和盔甲，一副武将打扮，跟兔子的性格完全相反，看来不但人要衣装，兔子也要衣装。

有钱的人给自家的孩子买，或是买来送给同样身份高贵的朋友。不过多数人只能购买一大枚一个的廉价品，他们囊中羞涩，舍不得多花钱，买一个应景而已。

可是无论大小贵贱，兔儿爷无一例外全都手拿玉杵做捣药状，是不是要告诉大家劳动神圣、干活快乐呢？

幼小的孩子（吴家小秃儿已经不在其中，他长大了）会模仿祭拜兔儿爷的仪式。

卖兔儿爷的摊贩代卖一套微型的祭坛和附件：一个小香炉、一对小蜡扦、一套小碟子，里边摆些花生之类的小孩子爱吃的零食，摆上全套供品之后，小孩子们还会像模像样地给兔儿爷磕头呢。

兔儿爷

有人研究过兔儿爷的起源，玉兔的仙号叫"长耳定光仙君"，可是兔儿爷这可爱的形象又是什么人创造出来的呢？据考证，创造兔儿爷塑像的是光绪年间看守太庙的两个差役，一个叫纳子、一个叫塔子。他俩大概是闲来无事捏泥人儿，三捏两捏就捏出这兔儿爷来了吧。

其实，月亮里有只白兔的传说在印度、中国西藏这些佛教盛行的地方，早就流传开了。在佛教故事里，兔子是个富有自我牺牲精神的角色。一位朝圣的和尚走到半路肚子十分饥饿，就向众兽请求施舍食物，众兽都仅仅施舍自己一天的捕获，唯独兔子把自己的身体献出来了。那位朝圣的和尚原来是佛祖的化身，他对兔子的行为大加赞许，就在月亮里给了它一个人人求之不得的位子。

中秋月饼

八月十五中秋节的应节食品是月饼，就如同端午节的应节食品是粽子一样，两者前后相距正好一百天。月饼花样繁多，比粽子更受大众的欢迎。

内地省份的广大农村地区，勤俭的主妇们都自己制作月饼，叫"团圆饼"，用普通的发面包上白糖或者黑糖馅儿，跟馒头一样上屉蒸熟就得。

可是老北京人不一样，事事精益求精，讲究像模像样，月饼的花样就多得多了。首先，月饼分"荤"的和"素"的。素月饼的面皮用植物油调和，比如芝麻油、花生油。荤月饼的面皮里加猪油，甚至奶油。

根据荤与素，北京的月饼分成两大类——"自来白"和"自来红"。

二者大小一样，都是鼓鼓的形似小馒头的圆饼，但是荤月饼自来白没有任何装饰，素月饼自来红外表呈浅褐色，画一个深褐色的圆圈儿。老北京的月饼以这两种为主流，饽饽铺柜台摆出来的主要就是这两样。

其他特殊花色的月饼，主要有"翻毛月饼"和"提浆月饼"。翻毛是指月饼多层的外皮酥松柔嫩易碎，即属于"酥皮点心"一类，这种层次极多的酥皮，是制作过程中很细腻的技术操作的结果。而提浆是指面皮里水分极少，口感干而脆，近似饼干。亲口品尝，不难发现以蜂蜜果仁做馅的翻毛月饼是最适口美味的一种，不过也是价钱最贵的一种。

中国幅员辽阔，烤制月饼的技术也就带上了不同的地方特色，而北京乃是全国各地人民的"大熔炉"，所以在北京你能买到各种风味的月饼：山西月饼、天津月饼、四川月饼直到南边的广东月饼。各地的月饼，在形状、口感、味道上各有特色，就像各地的方言一样丰富多彩。至于月饼的馅料，更是花样繁多：从最普通的冰糖、枣泥、红豆沙、豌豆蓉、黑豆蓉、山楂脯、盐和糖，到萝卜片、火腿丁、鸭蛋黄、椰子肉。月饼的价钱低到每块一分，高到每块五角，谁都能买。

自打饽饽铺门前贴出大红纸写的"中秋月饼"四个大字的广告，人们就络绎不绝前去买月饼了。家家都有的饽饽罐子装满了月饼，可以随时拿出来吃，月饼不容易发霉，能保存相当长的时间，北京的月饼的确是又好吃又好看，并非像某些洋人以为的不好消化。

吴家也跟大多数老北京家庭一样遵循传统，每年都上饽饽铺定做一个大号的月饼，叫"团圆饼"。这个大月饼首先用它给月亮上供——八月十五晚上月亮升起来的时候，有一场色彩缤纷的祭拜月亮的仪式，叫"拜月"。不过，拜月仪式排斥男性，风俗习惯是"男不拜月，女不祭灶"。"团圆饼"一律是素的，小的半斤，大的五斤，甚至不止。大小以家庭人口数目为准，不管人口多少，只做一个，所以人口多的家庭就得定做一个很大的大月饼。拜月结束之后撤了供，就按人口数切开，一人一块。全家人一起吃"团圆饼"，是象征合家团聚的好兆头，如果有人出门在外，就把他的一块留下来，等他回来吃，反正月饼能保存很多日子不坏。"团圆饼"其实就是特大号的自来红,用木头模子加工,正面有很好看的浮雕图案——玉兔在广寒宫捣药。

中秋节是"三大节"之一,也是一年当中送礼的高潮之一,制造和售卖各种礼品的行业,全都满怀热情做好了准备。送礼的人为了表示亲切,往往送一些食品,这叫"官礼",也叫"水礼",与此相对的"干礼"就是直接送一笔钱了。用食物送礼是个省心省事的法子,如果你动手晚又想与众不同别出心裁,那你岂不要在挑选礼品上大伤脑筋?再说了,秋天是美味食物大量上市的日子,各色新鲜水果一批批从各个产地运到城里来,还怕没的可买吗?

一般采买礼品的人不用自己先开个单子再去,各大商业区店铺里的伙计一转眼就把"整套"的礼品凑齐,包扎得整整齐齐,他们替顾客做主了。一套礼品可能包括两件、四件或者六件东西,送礼的人确信其中至少有一件会受到收礼人的欢迎,这就行了。如果张先生不喜欢板鸭,那他很可能喜欢水果。李先生如果不吸烟,但是他吸烟的妻子一定欢迎"三炮台纸烟",李先生好喝几口,那"竹叶青酒"肯定会让他咂嘴唇,而他们的孩子当然喜欢月饼!

团圆饼

果子市

　　采买礼品的大队人马全都"手松"得很，无论是准备送礼还是自家食用，他们全奔水果市场而去。

　　北京有两处水果批发市场：一处在前门外，紧靠大栅栏和前门外大街，一处在北城德胜门内。德胜门内的市场最初是给来自北山和西山的果农们提供食宿而成立的。两处果子市在节日前后都是喧哗有趣的地方，果园主人为了卖出好价钱，把摘收果子的时间算计得很准确，让鲜货到达京城的时间不早不晚，正好销售最旺。市场上可以看见那些穿戴土气的乡下人，他们牵着长串的驴子、马匹、骡子，全都驮着沉重的大筐，里头装得满满当当瓷瓷实实，都是当地常见的各种水果。另一些人则赶着大车、推着独轮车，运来货物。还可能看见身躯高大神气十足的骆驼，它们从更远的地方驮来葡萄和柿子。赶骆驼的发出口令叫骆驼弯腿跪下，由两个身强力壮的力工卸下那些沉重的大筐子。

　　市场上的经纪人都极其精明，休想从他们那里占到便宜，因为他们跟乡下的果农十分默契，给果农们争取到每天最佳的价钱。一方面是锱铢必较的水果批发商来采购，另一方面是上过许多次当、信不过生人的果农，居间撮合生意的经纪人就成了不可缺少的角色。每逢运水果的车队或骆驼队来到，机敏的经纪人就迎上去，问清楚货物品种，一面叙旧一面把果农带到货栈安排休息，连牲口都给妥善照看好了。接着就验看货物，按品质给定成甲等或者乙等，马上消息就传给了买主，那人过来先看上一两眼，就跟经纪人交换意见，互相"咬咬耳朵"，交易就做成了。

　　这笔交易费用由买主付给一成佣金，不多不少。而卖主没有任何花费，对于估价和过秤的服务，他只需说声感谢就够了，因为正像俗话说的"羊毛出在羊身上"，买卖合同条款已经简化到零。早年间实行"上市税"制度的时候，在北京市场上出售任何东西都只交纳百分之三的税，叫作"哈达门税"，这是因为收缴税款的机关在哈达门附近。水果经纪也是税务经纪，他们通过竞争取得经营许可证，每年就花生、山楂等果品交纳一笔固定的税金，少于法定税率的就是他们的赚头。官府这种办法很有代表性，谁也不记得是何年何月开始的。批发市场的营业时间是清晨，但是节前几天交易日夜不停——交易量太大！

吴家小少爷趁着学校放假，跟他爷爷一起提着篮子来到水果市场，家里虽然已经收到亲友送来的好几个果筐，但是他们还想为拜月准备几样特殊的果品，于是又弄回来几筐极其珍奇的果品。又买东西又瞧热闹，这趟水果市场之行太长见识了！

中秋节是一年当中第二个清偿债务的"日子口儿"。不成文的规矩，一年有三个这样的"日子口儿"。这就可以防止欠账的人无限期地拖延不还钱，对于正常的经济生活来说，起到安全阀的作用，十分重要。讨债的和躲债的双方煞费苦心各使心计，男人们从节前好几个礼拜就忙碌起来，累得身心俱疲。而他们家里，老婆孩子兴高采烈地准备过节，一片喜庆，筋疲力尽的男人终于回到家里，不啻到了天堂。

对于妇女们来说，中秋节就是"团圆节"。"团圆"既是指十五的满月，也是指一家人的欢聚，如何保证全家人团聚，没有悲伤的离别，也没有遥远的离人，是妇女们的责任，也是她们最高的期盼和衷心的愿望。正是因为这个，中秋节的庆祝活动和祭拜仪式，都由女性来主持。

拜月

为了不破坏拜月的气氛，都希望天气晴朗，要是阴天下雨，大家的热情就被浇灭，一切的准备付诸东流，所有的快乐也都被破坏了。如果天气好，家家户户都兴高采烈地仰望从东方地平线不紧不慢悄悄升起的皎洁圆月，看上去似乎比平时大两三倍。一切准备就绪，拜月的仪式即将开始，天遂人愿，晴空如洗。很多人相信"八月十五云遮月，正月十五雪打灯"的说法，那可不是什么好兆头！但是好像从来没人统计过，这个说法灵验过多少次。

拜月的仪式简单而隆重，一般在自家的院子中间举行。恰当的时间是在月亮刚刚越过树梢，正好在天际线上头，上供的八仙桌正对着月亮，这朝东的位置最好不过。首先要在桌子上固定"月光马儿"。这是一张大约两尺宽、四尺高，套色木版印在纸上的神像，粘贴在秫秸秆插成的架子上。"月光马儿"印得色彩鲜艳，图案饱满，十分受看。除了诸天菩萨，在最显著的位置上是今天的主角——在月亮里广寒宫捣药的玉兔。"月光马儿"是节前的抢手货，连拐角儿的杂货铺都有。

然后在桌子前缘摆好香炉和一对蜡扦以及纸钱、千张等纸供品。提前定做的特大号"团圆饼"，平放瓷盘里，摆在正中间紧靠"月光马儿"。再摆上五个盘子，盛着五样新鲜水果——苹果、鸭梨、石榴、柿子、葡萄，都是最大个儿最鲜亮的。有些人家还在"月光马儿"左右两边插上一束毛豆枝、一束鸡冠花。

鲜红的鸡冠花，因为跟"官"字谐音，显然是祈求官运亨通的意思，而毛豆不用说是献给玉兔的。有的人家为了进一步取悦玉兔，还供上了各样蔬菜——胡萝卜、白菜、水萝卜，把供桌摆成了农产品展览。

免不了也有点小迷信。比如上供的西瓜，不可以切成一片一片的，而是要切成锯齿形，像莲花瓣才好。因为把西瓜切成片儿，暗含着"分离"的意思，那不跟"团圆"的主旨正相反了吗？

吴家的拜月仪式由吴老太太主持，少奶奶协助进行，连小秃儿都只可以从屋里看着。"男不拜月，女不祭灶"，这是规矩。

中秋家宴

年轻气盛事事争强的吴少爷，今天下班比平时晚些，离开办公室的时候天已经黑了。他雇一辆洋车，加快赶回礼士胡同温馨的家。他今天刻意

月光马儿

少吃了一点，"留着肚子"，为的是尽情享受晚上大团圆的家宴，这顿饭他已经盼望好久，知道全家都在眼巴巴地等着他呢。

这天晚上天气格外好，又大又圆又亮的月亮洒下一片开心的微笑，一个钟头之前拜月的八仙桌已摆在院子中间，全家人围坐一圈，桌子上摆满了美味佳肴，都是祖母和母亲的拿手菜，另外还摆着几盘漂亮诱人的水果。酒今天随便喝，连小秃儿都得到了一杯玫瑰露。

家宴兴高采烈地进行。

吴老爷子提议："咱们来点儿音乐好不好？"他接着对小秃儿说："你把学校里学的那个《秋之夜》唱唱吧。"

小秃儿站起来朗声开唱，他爸爸这时取来笛子给他伴奏。

暑气兮全消，云淡青天高。课余无所事，闲步且逍遥。看银河斜挂，白光聚处众星小。明月灿如许，人生难得是良宵。谁攀月中桂，桂子天香云外飘。谁闻云中语，大富大贵大寿考。问何处琼楼玉宇，何处神仙到？求福求名总徒劳，还是读书好。

小秃儿漂漂亮亮地唱完，大家给他鼓掌表示鼓励。

吴少爷提出要求说："额玛，您也唱一个好不好？您不是特喜欢苏东坡那首《水调歌头》吗？我们好多日子没听您唱了，来吧，我给您吹笛子。"老人家答应了。

明月几时有，把酒问青天，不知天上宫阙，今夕是何年。我欲乘风归去，又恐琼楼玉宇，高处不胜寒。起舞弄清影，何似在人间。　　转朱阁，低绮户，照无眠。不应有恨，何事长向别时圆？人有悲欢离合，月有阴晴圆缺，此事古难全。但愿人长久，千里共婵娟。

老人家不急不忙字正腔圆唱完这支老歌，全家人同声叫道："好！好极啦！"

"您这一唱，我倒想起来另一个，叫什么来着，就是一开头是'晚来秋风'那个？"

老人家说："记得记得。我再试试，你给我吹笛子。"

晚来秋风，吹也吹得帘旌动，独坐无聊生情绪，摇摇不定蜡烛红。

听，何处玉笛一声，吹也吹得我心痛。

何况那萧萧梧桐叶儿响，又夹着檐间铁马儿叮当，怎不凄凉，怎不感伤。

一年年的好景，一日日的流光，只教他秋月春花笑人忙。

说什么功名，一场好梦熟黄粱。

怕明朝揽镜看，又添上潘鬓萧条几重霜。

吴老太太开口批评说："这个歌儿不好。我虽然听不大懂那词儿，可是我听着怎么像哭似的？"

吴少爷端起酒壶说："额玛，您再来点儿？"

吴老爷子回答："好小子，给我满上！"

第三十一章　淘换小狗

繁忙的中秋节转眼过去了，现在吴家人在忙乎另一件事——淘换一条狗。

吴家一直养狗，吴老爷子年轻的时候养过几条猎狗，那年月养活几条猎狗，时不时带出去打猎是个很时兴的事情。中国话把吃喝玩乐等等的勾当概括成四个字："声色犬马"。不过，养马可不是一般人玩得起的业余爱好，养狗倒是普通人家都负担得起的。至于"声色"二字指何而言，那就见仁见智，不能一概而论。

吴家养的是一条棕色的短腰看家狗，可不知为何叫它"小黑"。小黑忠于职守，已经看家多年，可是却在一个寒冷的冬夜突然死了。它怎么死了呢？全家人都在琢磨，其说不一。吴老爷子跟吴老太太一致认为，小黑就是老死了。吴少爷另有想法，他曾亲眼看见女用人无缘无故打小黑，所以怀疑小黑之死与那女用人难脱干系。而那女用人想得更复杂，她认为小黑之死背后必定隐藏着可怕的故事：有个偷狗贼看上了小黑一身蓬松的褐色狗毛，可能找个机会给它下了毒，等以后再来剥它的皮。如若真是这样，那家伙可就白算计了——吴家人在后院挖了个坑，把小黑埋了。不过这件事倒是引起了另外一种思虑：会不会是有个贼人想趁黑夜潜入院子行窃，为了避免小黑又叫又咬，就下了毒手？小黑之死让吴家人难过了好多日子，不过关于小偷进院子的忧虑，因为过了一个礼拜什么事也没出，也就消歇了。

有一位街坊表示要送给吴家一条狗，可是匆匆考察之后，吴家婉言谢绝了。因为他们发现那是条低级而丑陋的"板凳狗"，身长腿短，吴老爷子一点也不喜欢，他已经计划好要物色一条漂漂亮亮的京巴儿。虽然朋友中间有好几位表示愿意给吴家送来纯种小狗，吴老爷子还是决定自己去买。

吴老爷子带着孙子来到隆福寺西廊下的狗市，北京的"专业"养狗户都到这里来卖狗，已经形成习惯。这些养狗人大部分是穷人家的妇女，她们兜售的有大狗也有一窝窝的小狗崽，用竹篮提着，冬天还会给盖上棉被，每当买卖成交小狗被人抱走，她们还会掉眼泪呢。虽然说确实可能有人打算从事专业的狗类养殖把它发展成产业，但是从这狗市的情况来看，这种可能性并不存在。跟养狗有关的商业活动仅仅局限于养狗所需的附件——脖圈、铃铛、丝套等等。

狗市的黄金时代可能已经成为过去，现今已经变成了夕阳西下的行当，因为众所周知，养狗原本是多少带有权贵色彩的一种消遣，得到过皇家的慷慨赞助。北京最出名的爱狗人士全都是太监，他们在自己的圈子里互相买卖交换，不让最高贵的名犬流入外人之手。买主找不到卖主，所以京城狗市上极少能够买到真正的好狗。

狗 的 神 话

狗是跟人类关系最密切的家畜，这在中国跟许多别的国家是一样的，有关狗的神话传说也很多。

中国神话里有个"天狗"，日食和月食都是这"天狗"引起的——它老是想吃掉太阳和月亮这两个发光的天体，时不时就尝试一回。每当发生日食或者月食，大家使劲敲打盆、锅、盘、碗等等一切手边能发声的器皿，为的是把"天狗"吓跑。这个办法很有效，每一次太阳或是月亮都会获救，从"天狗"大嘴里死里逃生。

有些人家小孩子稀少，或是儿童死亡率居高，就会在小孩子的卧室挂一幅神像，画的是一位长髯男子，他身穿蓝袍，手举弹弓，正在瞄准射向云端飞着的一只长着翅膀的黑狗——"天狗"。这位神仙叫"张仙爷"，即"送子张仙"，是儿童保护神。古书记载，张仙名叫张远霄，供奉他便可得子（《续通考》）。有他在，"天狗"就不能入侵小孩子的卧室，把小孩子咬死了。给张仙爷上供用七个小馒头，七天换一次。

义犬故事

狗是人类的伙伴，人类认为它们有许多优良品质，最常提到的就是一个"义"字。俗话说："儿不嫌母丑，狗不嫌家贫。"的确，没听说狗有嫌贫爱富的。即使主人把它遗弃，它还是会长久地留恋。

从前周村有个商人，他前往芜湖去做生意赚到一大笔钱，于是租了一条船回家，半路上他看见一个屠户正要宰杀一条狗，他大受刺激就花了双倍的价钱把那狗买回来自己养活。谁料想那船户却是一帮强盗，他们打探到那商人随身行李带着许多金银，就在途中把他捆绑起来准备杀掉。商人自知脱身无望，就恳求强盗留他一个"全尸"，于是强盗给他裹上一张破席抛到江中去了。那条狗看着主人的遭遇，立刻纵身跳到水里死死追着绑在席里的主人在江水里漂流了好一阵子，才漂到一处浅滩，那狗把主人拖到岸上，开始大声吼叫。终于引来一群人，大家把商人救下了。

商人不甘心让辛辛苦苦赚来的钱就这么白白地损失掉，于是他回到芜湖守候，看那强盗船什么时候到就立即报官。而此时那狗却不知哪儿去了，商人等了三四天也没能等到强盗船，因为在这码头停靠的好多条船，全都十分相似。商人绝望了，打算托一位同乡把他带回老家周村。恰在这个节骨眼儿上，他的狗不知从何处回来了。它对着主人狂叫，把他领到一艘船前。那狗跳上船去，狠狠咬住一个水手的腿，不管那家伙怎么打它也不撒嘴。大家发现这正是那条强盗船。劫案侦破，绑匪被捉，商人的金银失而复得。

下面这段"义犬"故事，更加震撼。有个六安人，他父亲无端卷进一场重大的人命官司被关进牢房行将毙命。他设法凑来一百两散碎银子，想去贿赂官府，救父出狱。他匆匆忙忙打点行装骑上骡子出发了。上路许久忽然发现他家的黑狗在后边紧紧跟着，他很生气恼火，一次又一次拿鞭子抽打黑狗，那狗还是寸步不离地跟着。这样走出了二十来里地，他终于气急了，下了骡子拾起一块大石头就朝狗砸去，可是他刚骑上骡子又发现那狗还是跟在后头，而且一再地咬骡子的尾巴，甚至跳起来要咬那骡子的脑袋，显然是想阻止他继续前行。这人以为狗的行为是个不吉利的噩兆，预兆他此行任务要以失败告终，于是越发愤怒。他转回头把狗痛打一顿，又骑上骡子赶路。

日落时分，那六安人来到城门跟前，伸手一摸银子少了一半，大为惊恐。他找了一家小旅店住下，可是哪里睡得着呢。熬了半夜，他才想到昨天那黑狗的奇怪举动一定与此大有关系，于是天一亮就起身往来时的道上一路找去。路上往来行人很多，他几近绝望，那些丢失的银子还能原封不动找回来吗？

最后，他来到昨天下骡子打狗的地点，在浓密的草丛里发现了他那忠诚的大黑狗，已经没有了生命的气息，而丢失的银子整整齐齐码放在一起，藏在那狗的身体之下。

不吃狗肉的族群

吴家人对狗怀有深厚的感情，不仅仅把狗当作玩物而已。他们从老祖宗那里传下来的一条规矩，就是不吃狗肉。为什么呢？原来，老罕王努尔哈赤养着一条又漂亮又勇猛的大黄狗，寸步不离左右。一天下午老罕王正在大帐假寐，有个刺客悄悄摸进来正要举刀行凶，说时迟那时快，大黄狗纵身跃起，狠狠地咬住那人手腕子，接着就将他扑倒，刀也掉了。这时老罕王已经惊起，不用说，手起刀落把那刺客送到了他该去的地方。

努尔哈赤与爱犬的传说故事，还有另外一个版本，流传更广：

老罕王年轻时有一次被辽东总兵李成梁带兵追杀，他狂奔逃命，不知跑了多远，来到一片草甸子，精疲力竭倒地便睡，追兵赶到寻他不着就放火烧荒，以为定将努尔哈赤烧死在草丛之中。万分危急之际，老罕王的爱犬小黑跳进水泡子，把全身浸湿，跑回来围着主人身边的草地打滚儿，将草浸湿火不能近，老罕王得救了，可是小黑却累死在主人身旁。

努尔哈赤称帝之后吩咐族人："山中有的是野兽，尽可以打来吃，今后不准再打狗杀狗吃狗肉，戴狗皮帽子，铺狗皮褥子，狗死了要挖坑深埋。"

不过满族人对狗的感情深厚，很可能并不是从这件事情才开始有的。满族远祖在白山黑水深山老林过的是渔猎生活，环境恶劣危险丛生，狗一定是须臾不可离的伙伴、助手、朋友。狗的忠诚、勇敢和机警早已赢得了人们的尊敬和感恩，怎么可能还会去杀狗吃肉呢！满族人还有一项传统习俗，就是不吃牛肉。祖宗说，老牛帮助咱们耕田拉车，对咱们那么善良温驯，咱们不该把它宰了吃肉呀！

京巴儿

现在已经很难准确地说明京巴儿狗是从何年何月开始受到中国人如此推崇的了。宋朝有人写了一本叫《通考》的书，其中说：西域某国的国王派特使觐见唐高宗时献上一对小狗，高约六寸，长约一尺，这对狗极其聪明而且受过训练，能用缰绳牵马，还能在皇上走夜路时，用嘴叼着小火把照亮道路。

另有一本写于同一时期的类似的书也写到了京巴儿狗。一位四川的官员献给宋太宗一条名叫"桃花"的小狗，它身材极小但是极其聪明，时刻跟在皇帝陛下身边。朝会时，它会走在前头，用叫声宣告皇帝陛下驾到。皇帝生病它就不吃不喝，皇帝驾崩它就流泪哀叫表示悲伤。

宫里的太监们设法叫它伺候继位的新皇帝，可是它不愿意。皇帝只好命人打造一只铁笼子，铺上表示哀悼的白垫子，把"桃花"装进去，再用皇帝的御用马车拉到陵墓，这时"桃花"就死了。新继位的皇帝宋真宗降旨，用皇帝御用的伞将它装殓，埋葬在主人身边。

慈禧太后也爱狗，她对京巴儿狗的痴迷尽人皆知。她曾一度拥有一百条京巴儿，亲自操持喂养照料调教。她于光绪三十四年（1908年）驾崩，出殡时，大太监李莲英牵着一条名叫"牡丹"的京巴儿狗，这狗毛色黄白相间，前额有个白点，据说是老佛爷的最爱。当时那架势跟宋朝那个"桃花"殉葬几乎一模一样，世人都以为"牡丹"会死在西太后坟旁。可是"牡丹"没有死，有位精明的大太监早有安排，他用调包计把"牡丹"弄出宫去卖了，结结实实捞了一大笔！

对于京巴儿狗的推崇还多少有一点宗教意味，因为汉族人跟藏传佛教喇嘛的关系密切而更显突出。西藏的喇嘛们曾经向皇上进贡著名的拉萨白毛狗，但是因为白颜色是死人办丧事穿孝的颜色，也就没有京巴儿那么受宠爱。可是西藏的喇嘛们却对京巴儿狗喜爱有加，在虔诚的佛教徒眼中，京巴儿狗的模样很像文殊菩萨莲座下的狮子。来自印度的早期佛教传说，佛祖的五个手指变成了五头勇猛的狮子，是法力无边的象征。这五头狮子制服了一群狂吼震天的大象，还说它们收服了一群受惊狂奔的水牛。这些传说故事，喇嘛们全都耳熟能详。北京巴儿狗的模样，所有细节都跟喇嘛教艺术所描绘的神狮极其相像，很快就赢得了喇嘛们的珍爱，这也加强了西藏喇嘛们跟朝廷的关系，因为中土的皇帝常常有意无意地被说成是文殊菩萨转世，西藏人心地单纯也都信以为真了。

相狗经

京巴儿狗分两类：短毛的和长毛的。短毛的叫紧毛狗，长毛的叫狮子狗。狮子狗的毛有白、黑、黄三种颜色，多数是杂色的，而以黄色的最值钱。主人喂它们吃的是蒸米饭拌煮熟切碎的羊肝，一天两顿。两餐之外还加喂零食，男主人或女主人只要觉得狗狗适口，任啥都可以喂狗吃。狗窝就是一只铺上棉垫子的篮子，摆放屋里，最受宠爱的则跟主人一起睡在砖炕上。京巴儿狗有良好的卫生习惯，它们很聪明，很容易教会它们到指定地点去排泄。

小学生吴学文跟他爷爷需要一点一点熟悉京巴儿狗的许多特点，为此他们老爷儿俩上隆福寺和别的狗市去了好些趟。那些狗贩子个个能说会道，夸他们的狗如何如何好，有多么值钱，狗毛的颜色多漂亮，体形和腰身的角度多优美，反正就是好，所以贵。

狮子狗

最受老北京人喜爱的狗叫"金丝巴儿狗"，毛色为纯黄或杏黄，介乎金黄与橙黄之间，三种毛色均匀分布的叫"玳瑁色"，黑身白腿的叫"乌云盖雪"。通过细致的杂交选育，可以刻意安排不同毛色的斑点长在指定部位，然后给取些好听的名字。

除去毛色以外，还有许多评判京巴儿狗优劣的要点。脑袋必须是长方形的，大鼻子跟圆脑袋不好。两只眼睛离开越远越好。眼睛要大而且突出，就像龙睛鱼的眼睛一样。有人坚持认为黑眼珠必须要宽、要黑、要亮，叫作"荸荠眼"，另一些人则说眼白要露出一些，叫"豹子眼"。眼睛的周围要有一个黑圈儿，叫"四眼儿"。鼻子必须要短而宽。嘴的两角要下垂，要紧紧地贴在下巴骨上，嘴不可太大，这个叫"龟嘴儿"。

除此之外，纯种京巴儿狗两只耳朵要大而厚，近于方形，不可窄而尖，这在行话里叫作"芝麻耳朵"，耳朵在头顶上的位置要尽量靠后，沉重下垂。面颊要发育充分，不可以像"蛤蟆脸"似的。舌头要长，闭嘴时舌头尖要从上下嘴唇间露出一点点。舌尖不要在正中间，偏左或偏右一点都可以，一旦舌头尖从嘴正中间耷拉出来，让人想起吊死鬼的形象很不可取。为了达到理想的效果，就要

乌云盖雪

从小把狗崽的舌头用人力往外抻拉，使得舌头长得长些。

仅次于头部的就是身体形态发育的要点了。腰部要形态健美，后背要下沉像个元宝。全身要短，越短越好。前腿要短，后腿要长而弯曲，这样走起来就有一种摇摆晃动的步态了。尾巴的形态也很要紧，要优美地伸展，不可以向下耷拉着，也不可以夹在两条腿中间。为了达到理想的效果，也得采用专门的技术。

京巴儿狗的尾巴要剪短，方法是这样的：先把小狗崽的尾巴剪掉一小截，然后拿镊子从尾巴骨里拉出大约一寸长的白色组织，可能就是骨髓，把它剪掉。伤口愈合后尾巴就不再往长里长，而且会像狮子的尾巴一样翘起来，达到佛教绘画里所谓神狮一样的效果。鼻子也往往要做类似的手术。让它具有理想的形状，还要时常地用手去揉和按。腰部往下塌的曲线是靠从小不断用手拍打才能形成的。京城养狗人家还有一个办法去除狗狗身上的异味：小狗出生不久就拿槐树枝加艾蒿叶熬的水给它洗澡，就像给新生儿洗三一样。人们都说并且坚持认为，这样洗过的狗一辈子身上都不会再有臭味了。保持小狗健全发育，会造成它体形过大，超过理想的尺寸，于是就得下狠心，限制它的成长，办法是把小狗固定在铁丝笼子里，只许脑袋自由生长，在相狗专家眼里，脑袋越大越好。

吴老爷子最后在狗市物色到一条他真心喜欢的小狗。这是一条比较幼小的京巴儿狗，只有四五个月大，长着一身中等长度的毛，黄白两色，以黄色为主，暗金黄的美丽色调，背部图案的分布，据专家说叫作"鞍子花儿"，另外腰部还有更宽的一圈儿，叫"带子花儿"。看上去真是漂亮。头形周正，尾巴也处理好了。只是体形比通常理想的尺寸稍大一些。卖狗的妇女对吴老爷子说，她没有太严格地限制小狗的发育，下不了那份狠心。买卖双方成交前一致承认，这条狗有两点不足之处：一是鼻子有点尖，不够扁平，达不到最苛刻的相狗专家所要求的标准；另一不足是脚爪上方应该纯白处有几撮黄毛，用行家的话说，这叫"花蹄儿"，不够好。

　　卖狗的妇女对吴老爷子说，如果他想改善这条狗鼻子的形状，倒是有办法：找一块生猪皮，有肉的一面朝外钉在木头板上，狗一饿就叫它舔猪皮，只要够勤，就能达到预期效果。至于腿上的"花蹄儿"，她直接说没有办法改。

　　咱们没办法调查买这条狗到底花了多少钱，大概是八到九块钱之间，因为有人瞧见买卖双方来回讨价还价来着。很有可能是给了九块钱，因为卖家最后饶给了一条丝质带子，一条鞭子，狗脖子上的脖圈儿她也没有摘下来。

　　小秃儿跟他祖父刚到家，他就大喊："爷爷把狗买回来啦！"大家一听全都出来看，异口同声夸这狗真漂亮。

　　"爷爷，这狗叫什么名儿？"

　　"哎呀，我忘了问……不对，我问了！那大嫂告诉我了，叫'香儿'，是不是，小秃儿？"

　　听说香儿会好多玩意儿。它会用后腿直立，会蹲坐在后腿上，会两只前脚合抱上下摆动，像妇女们见面请安一样。它还学会了听见命令就躺下打滚儿。在大家伙儿齐来观看香儿头一回吃食的当儿，吴老太太说了："我早就想要养一条这个颜色的狗，不想要黑的。京巴儿狗有个紧跟人走的习惯，天一黑呢，黑狗容易给踩着，那就麻烦啦！"

吴少奶奶接着话茬说："我在娘家的时候，有过比这稍微大一点儿的狗，它脑袋顶上有个白点儿，像官帽的顶戴，叫它'顶儿'。那条狗可聪明了，它会给我爷爷递烟袋，烟荷包，还有火镰跟火绒。"吴老太太说："可不是，那会子还没有洋取灯儿呢。"

吴少奶奶接着说："我们家街坊养着一条狮子狗，每天早晨自己上猪肉铺买猪肝儿。"

老太太说："这个有趣儿，快说说怎么回事儿？"

"每天清早，女主人拿出三个小子儿包在手绢儿里头，那狗就叼着上肉铺去了。肉铺的伙计拿出钱给包上猪肝，那狗自己就回家了。这是一点一点教给它的，肉铺跟这家人和狗也都熟。"

最后吴老爷子说了："咱们得听着点儿卖竹帘子狗窝的，现在节气还早一点儿，可是咱们应该尽早给它买个狗窝是不是。"

狗窝

第三十二章　黄酒和白酒

酒的品种很多，大体而言，只分成两类——黄酒和白酒。黄酒又按产地分为山东黄酒跟绍兴黄酒。山东黄酒是在北京酿制的，而绍兴黄酒则公认只从浙江省的绍兴地区远道分运到全国各地。绍兴黄酒装在小口大肚竹条包围的粗陶坛子里，口上用一团黄泥封严。黄酒的年份不同，有十年，二十年，五十年，甚至更久年份的老酒，年份用一个大字图章标示，年份越久，质量越好价钱也越贵。

女儿红

据说绍兴人家凡有女儿出生就酿造一坛子黄酒封存起来，到了女儿二十岁左右要出嫁的时候，就把那坛子黄酒取出来卖掉，这酒叫"女贞陈绍"，十分珍贵，赚下的钱足够给女儿置办一套漂漂亮亮的嫁妆了，好像存下一笔带复利的结婚嫁妆保险基金一般。绍兴黄酒的味道在没有品尝过的人口里，有点像优质的啤酒，山东黄酒口味像放酸的啤酒。

另外有一种酒的名称来自广东话，叫"三烧酒"，这种酒用高粱米做原料，酒精含量很高，在北京叫"白干儿"，北京人说喝酒，一般都是指喝"白干儿"。

白酒又细分成许多品种，是因为添加各种不同的药草而具有了独特的香气，如玫瑰露、竹叶青、茵陈酒等。有一种特制的白酒据说加入了老虎骨头，有医治老年慢性风湿症的功效。

经常饮用和品鉴优质白酒的人，免不了跟从事批发的酒庄打交道。京城酒庄有十到十二家，集中开在哈达门外，是很多很多年以前由朝廷特许开办的。

平时，酒庄派出一队队的骡子车前往京城以南各乡镇的酿酒作坊，即"烧锅"，按事先约定大量收酒，然后运到北京城，分发给下面的批发商和零售商，同时兼管为朝廷收税的差使。他们的销售单位是"罐"，相当于十六市斤，同时颁发朝廷的完税证明，盖上大红官印，这酒便合法了。批发商至少买一"罐"酒才发给完税证明。

吴家不用这种方式买酒，因为全家只有吴老爷子一个人常常喝酒，其他的人倒不是滴酒不沾的绝对禁酒派，逢年过节举行家宴，大家也会抿上一口。一年到头，总是有几位好友前来赠送，来源充足，根本用不着自己去购买，他们的需求量又很有限，朋友送的几瓶已然够喝好一阵子了。

绍兴黄酒

吴老爷子年轻的时候应酬多，也爱喝，同事们都叫他"海量"。不过至少有一回他还是喝出事来了。那天半夜他坐着自家的骡子车从一家饭庄回家，半道上"丢了"。原来赶车的仆人内急，下车到路边解手儿，回来就赶着空车回家了。到家掀起车帘子一瞧，主人没影儿啦！他赶紧赶着车顺来路往回找，才在御河桥找到他——醉仙躺在桥头呼呼酣睡呢。

吴老爷子后来想起这事，只微

微一笑，沉默不语。

吴老爷子经常喝醉，这也不能怪他一个人，因为"诗人"们是讲究喝醉酒的，他们认为醉酒乃是人生一大乐事。连孔老夫子都不是死硬的禁酒派。他不是说在举行射箭比赛的时候，要"揖让而升下而饮"吗？不难推测，孔夫子家的地下室很可能有一套小型的酿酒装置，自己造酒喝。因为他说过"沽酒市脯不食"，就是不喝从铺子打来的酒。当年他老先生如何喝酒，我们现在不知道。不过他有一条很通情达理的规矩，在《论语》里有记载："惟酒无量，不及乱。"说得太聪明了！圣人的教导显然有极大的解释空间，怎么理解都行。

此外，寻常百姓聚会吃饭的时候，为了营造出友谊深厚、热热闹闹、亲亲热热的良好气氛，劝人多多喝酒，直至过量，那是必不可少的。别人劝酒你不喝，那就叫"面壁"——大家又吃又喝，唯独你脸朝墙呆坐，那是何等的难堪！吴老爷子一贯是好人，所以每一次饭局，他即便不是"酩酊大醉"，至少也是"醺醺然"了。

戒酒

到了晚年，一些朋友劝吴老爷子参加了"理门"，俗称"在理儿"，这是一个推动戒除烟酒的信教团体。

朋友带他去见当地分支的"当家的"，那是一位留着长髯，身穿灰布长衫的和善长者；那位朋友已经加入多年，是"陪坐的"。他们来到一座小庙的配殿，朝向小佛龛里的观音菩萨像叩头行礼，发誓从此彻底戒除一切的酒和烟——人类早已发现，要提高自己的意志力，必须借助宗教信仰的热情。简单的加入仪式之后，以半"机密"的方式给他讲了几课，解释了一些事情，然后派来一个年轻人，为了帮助他克服喝酒的欲望，不断鼓励他好好坚持。他们还传授给新会员一句秘密的咒语，据说这句话法力无边，能帮他战胜所面临的一切外来的诱惑，但是必须严守秘密，在会员之间以及亲属之间，全都不可泄露。听人说，这句"真言"就六个字"南无阿弥陀佛"。

观音菩萨佛龛前头还摆放着一种黑色的药膏，神秘的外观好像鸦片烟膏子，是发给会众的，叫作"茶膏"，煮开后代替酒喝，能彻底戒除酒瘾，而且还能戒除烟瘾。当时吴老爷子还有吸鼻烟的嗜好，也要戒断，会里就发给他一种"闻药"。

有一阵子，吴老爷子确实不喝酒了，也不抽烟闻鼻烟了。可是，他怎能受得了"理门"那些规矩的束缚呢？没过几天他就隔三岔五地小小犯规了，何况那些一同喝酒的朋友们都舍不得离开他这个老伙伴呢。他退出了"戒酒同盟"，比当初朋友拉他加入还快。

大酒缸

吴老爷子到了五六十岁，就一点一点不再过量饮酒了。可是他还时常出入于离家不远胡同拐角处的一家小酒馆儿，那是这一带街坊酒友喜欢光顾的地方，这种酒馆儿老北京人叫"大酒缸"。俗话说"一人不喝酒，二人不赌钱"，可是吴老爷子不管那一套，他总是独自一人坐着，一小口一小口品着老白干儿，极少跟人谈话，虽然大部分人他都认识，至少有一半都能给写出传记来。他频频往来于茶馆和大酒缸，消磨大部分的闲暇时光。有些人不仅仅是点头之交，彼此也会客气一番："这回我来？""别价，两便。"

这种酒馆儿之所以叫"大酒缸"，是因为虽然也有一条长长的柜台，却另外在店堂里把一些大个头的陶制酒缸，半埋地下，留出上半截儿当桌子腿。缸口上盖着厚厚的木板当桌子面。周围摆些小凳子，等顾客三三两两进来就座喝酒。黑色釉的大缸锃光瓦亮，贴着四方形的红纸，写着四个字的广告语"酒国长春""太白遗风""闻香下马"之类。掌柜的显然在贴完之后还剩下不少红纸，于是咱们看见店堂四壁东一条西一条贴着这样的纸条——"莫谈国事"。另外还有一张纸写的是："现钱交易，概不赊欠；诸亲贵友，免开尊口。"

柜台上摆着一排酒坛子，坛子口扣着锡制的盖子，擦得发亮，垫着红红绿绿的绒布，旁边备着竹子做的长柄酒墩子（南方叫酒提子）。酒是论杯卖的，有凉的，也有热的，温酒用的是铜制的酒氽子，一个上宽下尖的圆锥形器皿。这类酒馆通常附设一家半流动性的饭摊儿，主要售卖肉馅饺子之类现做的食品，生意相当红火。

去大酒缸免不了品尝形形色色的小吃：炸排叉、核桃粘、咸核桃仁、蜜饯果脯、小碟海蜇丝、肉皮冻、干虾米、酒醉小螃蟹，应有尽有。一些流动的小吃担子也会驻足于此，招揽源源不断的生意。再说了，那些小贩也需要喝上一两杯来鼓足精神，坚持一整天的操劳呢。这群小贩里不妨说一说卖驴肉的跟卖酱牛肉的，五分钱一角钱就买一份，他们的车子或篮子就摆在卖"熏鱼"的筐子旁边，所谓"熏鱼"其实就是卤制的猪头肉、猪肝、猪心及鸡蛋，煮熟后染成鲜亮的红色再用锯末烟熏一熏。没有鱼却叫"熏鱼"，好听一点。

小秃儿时常在大酒缸看见他爷爷，也时常前来叫爷爷回家吃晚饭。爷爷也总是给他买点零食糖果等小孩子爱吃的好东西。

大酒缸的确是个平民气氛十足的所在，能遇见形形色色有故事的人，就像在环球游轮上一样。

祭孔

一天，小秃儿放学回家说，明天八月二十七，秋丁祭孔，学校放假一天，公立学校还要举行仪式。

第二天一早，全校学生集合在校园大院中间的广场上，由校长主持举行庄严的仪式。学生们排列整齐，由老师带领向临时高高悬挂的孔夫子像行三鞠躬礼，然后聆听一位专门讲授孔子经典的胡老师讲话。胡老师本身就是孔夫子老家山东曲阜人，是一位孔学专家。胡老师操着一口山东方言，做了一场精彩的演讲。胡老师开口闭口不离"四书""五经"，所以得了个"孔圣人"的外号儿。

春季和秋季两次祭祀孔夫子，是一项极古老的风俗，是从有皇帝的时代传承下来的。春丁是二月第二个丁日，秋丁是八月第一个丁日，而所谓丁日，就是十天干的第四日。挑选这两个日子举行祭祀孔夫子这样重要的活动，是因为在孔夫子的时代，这是遵照皇帝的旨意，由大臣宣布国学开学的日子。

直到清朝末年，当朝皇帝必须每年两次拜谒安定门内的孔庙，向"大成至圣先师"的牌位行礼。这是国家级的仪式，因为有人觉得，多亏孔老夫子的教导，中国人才没有"堕落为禽兽"。

祭孔在清晨举行，皇帝要在前一天"斋戒沐浴"，乘坐一辆专门为此打造的御辇，前往大成殿，沿途一路黄土垫道净水泼街，祭祀的形式和供品，如酒和整头的牛等，都严格依照周代的样式，连盛放祭品的器皿，像笾、豆等，都跟公元前11世纪到公元前3世纪的周代一模一样。一对乐手身穿周代官服，头戴周代官帽，用古老的乐器演奏周代乐曲，他们隶属礼部，皇帝亲自在几位大臣协助之下，对他们进行专门的训练，演出精心编排的节目。音乐之外还有舞蹈。舞者是朝廷出资供养，专门为祭祀孔子而训练的，他们表演古代的舞步，手举各式各样的道具：装在长柄上的雉鸡毛，三孔的短笛，战斧，尖角盾牌，等等。

儒家的典籍许多地方提到这些古代的音乐和舞蹈。老夫子提出一个创新的政治模式——"弦歌而治"，他显然是一位音乐天才，又是一位作曲家，他说："吾自卫返鲁，然后乐正。"舞蹈可是一件了不起的大事，规模、场面有严格的规定，不可逾越。某位诸侯超过规定数目使用了以鸟毛装饰的舞蹈演员，惹得他老人家大发雷霆。《论语》第三章记载他当时说道："是可忍，孰不可忍！"

第三十三章　追思狩猎

大酒缸跟茶馆一样，都是聚拢人气的地方，五行八作三教九流形形色色的人在此碰面聚首，从旁观察研究他们，这儿再方便不过。吴家小学生时不时跟着悠闲的祖父光顾此地，听那些常客开聊——有述说亲身经历的，也有信口开河吹嘘种种奇闻逸事的。这其中有一批游手好闲的养鸟人士，他们到了秋冬季节就摇身一变成了业余猎手。这些猎人显然属于逝去的一代，现今"寥若晨星"屈指可数了，但是昔日的荣光仍然在他们身上依稀闪现。

皇家猎苑

狩猎一事与皇朝历史上所有的重大政治事件和活动，都紧密地联系在一起，历史书里多有记载。可以推断，这项活动一开始的时候，就是为皇帝大规模巡视他所统治的广袤国土而提出的由头，皇帝借此来显示他的尚武精神，让广大臣民知道，他虽然在宫里过着与世隔绝的舒适生活，可是并没有变成一个柔弱的人。

后来就有了规定，皇帝每年要举行四次巡狩，一个季度一次——春蒐，夏苗，秋狝，冬狩。随着时间推移，皇帝本人对狩猎活动产生了个人的喜好，于是早在孔子之前，就开始在离皇宫不远的地方给皇帝开辟人造的狩猎场地。这些场地里，花草树木自由生长，各种野生猎物自由繁殖，供皇家前来行乐。

根据《孟子》一书的可靠资料来源，周文王拥有一片私人猎苑，面积达到七十平方里，相当于北京内城面积的十分之七。齐宣王虽然只是个诸侯，也拥有方圆达四十里的猎场，这片皇家猎苑戒备森严，没有一个偷猎者敢潜入。但是周文王的猎苑把守比较松，据《孟子》一书说，允许百姓进去拾干草，甚至打两三只野兔。可是齐宣王却张贴告示，说无论何人胆敢在皇家猎苑猎杀一头麋鹿，一经发现便与杀人同罪，按当时的刑法要砍掉脑袋的。孟子能言善辩，言辞辛辣，他当着皇帝的面大胆进言：你等于在国中挖了一个方圆四十里的大陷阱，难怪百姓都说太大了。

直到民国成立之前，北京还有两处皇家猎苑——一处在香山；另一处在永定门外的南苑，二者都有高墙围绕由禁军把守和养护。狩猎大都用老鹰和猎狗，很少用火枪，而且即便使用火枪，也是老式的燧发枪，这是皇家狩猎使用的唯一火器。猎苑里养着的大型动物是各种鹿，所以有时也使用弓箭。有一批特别训练的兵士来"协助"皇家的狩猎队伍，这些人是从守卫北京东城西城的左翼和右翼八旗部队士兵里遴选的"巴图鲁"壮士，个个都是摔跤能手。这些人为了保持体力健旺、技能娴熟，需要亲自畜养、照料、训练猎犬和老鹰。因为自己也乐在其中，自然愿意扩大规模并且从中取乐获利。朋友邻居和艳羡者纷纷产生兴趣加入进来，于是牵狗架鹰外出打猎，竟然在民间形成了历久不衰的风气。

正是因为这个，一部分满洲旗人和旗兵，保留了祖先精于骑射的尚武精神，而另外一些人沉溺于优游岁月，将祖宗当年的尚武精神消磨殆尽。

猎鹰

老北京人热衷的业余狩猎离不开驯养的猛禽，它们大体上分为三种：

头一种属于雀鹰，体形最小，从头到尾不过七寸，灰色羽毛夹杂青绿和褐色，当地叫"虎伯劳"（读作"胡伯喇"）。据说这叫法来源于蒙语。这小型猛禽很容易训练，用来捕捉麻雀跟别的小鸟。常常能看到有人手持树枝做的曲尺形鸟架，举着虎伯劳溜达。第二种属于小鹰，体形比雀鹰略大，约十寸高，毛色黑灰，无毛光腿为黄色。第三种属大鹰，经常参与乡下打猎，它们体形巨大，姿态勇武，身高足足有二尺多，翼展约有四尺，双腿密布羽毛，站立在主人强壮的胳膊上，一副威武凶猛的神气。

养鹰的行家里手都擅长识别各个品种的猛禽，每一种都根据其特性命名。有一种浅奶油色的猎鹰最强健凶猛，叫"素鹰"，这"素"字是表示它的颜色单一，并不表示它吃素——猛禽没有吃素不吃肉的。另一种名贵的鹰叫"净白鹰"，全身雪白，据说在西藏和新疆很常见，但是在华北很罕见。北宋末年宋徽宗的宣和画院作品和明清时期的仿作里，此种白色羽毛的鹰频频入画。其他大家熟知但不太昂贵的还有"苹果青""灰头"，和翅膀上有白斑的"三色儿"，其中最常见的一种是"兔虎儿"。八月下半月到九月上旬，鸟市上很容易买到"兔虎儿"，价钱在五元左右。

这种叫"兔虎儿"的猛禽，成群出现在北京平原西部山地边缘，在天空盘旋搜索地面上的小型啮齿类动物和小型家畜。它们可能正在向南迁飞的路上，被捕鹰人捉住，拿到市场去卖。

捕鹰行话叫"打鹰"，是个很辛苦也很让人上瘾的活计。首先在适宜的悬崖旁边清理出一片相对较平坦的空地，把几尺长宽的网片平铺地面，网片四周装有巧妙的机关销索，连在长绳上，直通打鹰人隐蔽处，网片之间的空地上放一只老鹰的模型和几只活的小鸟，引诱天上飞的老鹰，这叫"诱子"（俗话叫"油子"）。所有的粗细线绳和机关销索全都严严实实地隐蔽起来不露一点破绽，这个潜伏地，行话叫"鹰铺"。飞在几十上百丈天空的老鹰看见地面上欢蹦乱跳的"诱子"，立马俯冲而下，直奔地面，还没来得及瞧清楚那同类原来只是个标本，打鹰人手疾眼快猛拉大绳，网片迅速扣下来，把那鹰扣住了。这种网就叫"扣网"。听说拉一回网，手气好的能扣着好几只鹰，可是必须频繁地换地儿，不能老用一个"鹰铺"。

被扣住的鹰从网里取出，生死关头那鹰会拼命反抗，打鹰人的手必须认真地用厚手套保护好，否则即便被那鹰抓一下也会受伤，留下难看的伤痕。接着还得拿坚固的皮子眼罩把它的眼睛蒙住，再用细麻绳把两腿牢牢捆住，用干稻草垫着，运往鸟市。这时候那鹰还没有驯服，能造成相当大的伤害。

从此往后，老鹰经过转手买卖，日子很不好过，因为它们本性凶猛难以管束，在被捕的最初几天根本不吃东西。这与其说是举行绝食抗议，不如说是因为身体里储存着大量体能和脂肪，不吃不喝也能挺很久。

熬鹰

体形较小的黑鹰，即"虎伯劳"，容易训练，用来抓捕小型鸟类，比如麻雀。豢养它其实另有目的——用它去捕捉更值钱的鸟儿——往往是从笼子里逃跑的笼养珍禽。为此目的，训练它们学会

戴上厚皮手套以免被鹰啄伤

鹰棒子和水葫芦

追上"逃犯"，并给以轻轻一击，让主人自己来抓。这种鹰总是用一根细细的丝绳拴着，架在木头棍"鹰棒子"上头，为了防止丝绳缠腿，还用一个毛呢缝制的套子套住双腿。捕猎的时候，丝绳和一应附件就用一根皮带像手表似的扣在主人的手腕上头。老鹰得意扬扬地帮主人抓到鸟儿，就会得到一只死麻雀的奖赏。其实死麻雀也是它自己上回逮来的，就装在一个小盒子里，挂在主人腰带上呢。

大鹰很难驯服。刚买来的大鹰野性没退，它的战斗力虽然已经因为"绝食"而削弱，还得给它吃白菜帮子挤的水来进一步消耗它体内积蓄的能量。同时派两个人日夜不间断地监视，不让它眨眼，一个人监视左眼，一个人监视右眼。有一种说法，老鹰只要眨一下眼睛，就能恢复体力，那又得从头再来。两个人和一只鹰，三天三夜不合眼，人不断地用小木棍打鹰，防止它打盹。这样长时间的监视之后，老鹰的体力基本消耗殆尽。

368

这时那鹰已经很饿了，不再拒绝进食，于是又一轮严酷的训练开始。

把羊肉或是牛肉切成小块，每一块都缠上生丝，把肉摆在老鹰脚下，它一见就急忙吞下肚子，可是过一会儿就从胃里呕吐出来。如此重复三天，那鹰肯定很不舒服，但是这对于打掉它的野性却极有效——从那往后它就会学习从人手上吃食了。以后它若野性复萌表现出不合作，同样的办法就再来一遍。

现在可以开始给老鹰上课了，每一课都以饥饿为先导，然后拿死老鼠、死兔子来驯服它。先拿一条一丈至一丈五尺长的坚固生丝绳把它拴住，丝绳用盐水浸泡后更加牢固。老鹰的爪子极其锐利，它经常从后部抓捕猎物，爪尖刺进肉里很深，得主人帮忙才能拔出来。经过训练的老鹰抓兔子或其他啮齿类小动物，一只爪子抓住脑袋，另一只爪子把猎物的脊背用力一拧，猎物当场毙命。

出猎时老鹰戴着眼罩，发现猎物马上摘下眼罩解开脚链将它放飞，它闪电般急速升空，从高空看见猎物立即俯冲下来，抓住猎物等主人来取。待主人收好猎物，再将其拴上脚链，架在胳膊上。这时候，训练时拴它的丝绳已经不用了。

据说清朝末年皇上一次行猎所用的老鹰有数百只之多，那些属于皇家所有的老鹰都戴着做工精致的眼罩，胸前佩戴着鲜红的牦牛毛璎珞，脚链是纯金打造的。

猎犬打獾

参加狩猎的另一个重要角色是猎狗。

为打猎而专门畜养的狗是一种原产西部的甘肃细狗。这种狗如今很少见，偶尔在蒙古王公或满族贵胄出殡的豪华行列里还能看见。这些大人物出殡好似出猎，在声势浩大的执事行列里会有全班的狩猎队伍，架鹰的、牵狗的，好不威风。

一般人家为打猎畜养的狗只是普通的短腰看家狗，经过严格训练即可。

养狗的人通常在街坊邻居的看家狗当中物色那些凶猛、善咬、忠于职守的好狗，看中之后就设法弄到手，可能公开谈价钱买，也可能采取不体面的手段——偷。偷来的狗先拿重物把它打昏，趁它昏迷不醒把它的耳朵剪短，据说这能提高它的灵敏性。用冷水淋头就能把它浇醒，这样处理之后给它取一个新名字，它接受新名就把过去的一切记忆全部忘记了。只有公狗能够打猎用。

接下来把狗锁在一个方便看守的地方，喂它吃很丰富的食物，同时把它的活动量减到最低。经过一段时间的囚禁和育肥，那狗体能逐渐恢复，也就有了奔跑活动的冲动，于是训练开始。首先是每天一早一晚的巡行，渐渐地把时间推后到夜里，从两三点钟到清晨。巡行的路线大部分都在树林子里头，让它初步体会将来的活计。

为了进一步提高狗的敏感度和视力，每天巡行时用一根结实的绳子牵着它，狗往前走，人用力往后拉，就慢慢养成了它奋力向前冲的习惯。这时，狗已经养成一听主人口哨就扑向目标的习惯，邻居家的猫和狗给它提供许多练习的靶子。继续训练几个礼拜之后，就可以放它上战场实习了。

猎狗的实战行动总是在老旧坟场和乡村破庙进行，这些地方有獾出没，行家的眼睛看得见它们的蛛丝马迹，事先前去侦察找到獾窝的洞口，然后半夜趁黑带猎狗埋伏起来。午夜时分獾出洞觅食，猎人借星光看准，放猎狗出击。猎狗闪电一般向猎物扑去，三下两下把獾咬住，猎人及时赶到，抡起木棒把獾打死，大功告成。

一般而言，猎狗只用于猎取野兔和獾，所以也叫"獾狗"，野兔是北京人喜爱的野味，而獾是北京地区最容易获取的野生动物，也是唯一允许合法猎杀的野物。

獾有两项实际价值。首先，獾油对治疗烫伤有奇效；其次，有民间土方说人坐在獾皮上能治疗痔疮，不过必须长时间坚持。这个说法是否夸大其词，谁也不知道。既然有这些优点，那么打着一两只獾，对于一位业余猎手来说就是一件很露脸的事情，值得大肆宣传。于是业余猎手当中形成一个惯例——"挂獾"。打到獾的人在回城路上会把猎获的死獾在大庭广众间进行展示，通常在茶馆酒肆"挂"出来，反正就是极力显摆炫耀。

小秃儿看见过一次"挂獾"的，那是在一家酒馆儿，猎手得意扬扬在绘声绘色地讲述他打到獾的经过，围观的人们连连称赞。

第三十四章　九九重阳

阴历九月菊花当令，京城人几乎家家户户都养菊花。花卉市场摆满菊花，花卉小贩沿街叫卖。业余园艺家纷纷推出他们费尽苦心培育出来的新品种，到公园去展出，亲朋好友相约举行观赏菊花的雅聚。

赏菊热无处不在，很少有人不为追逐时尚买上几棵菊花，花卉商人大发利市。

吴家人也极愿意参与高品位的审美活动，他们家院子里自然摆放了一排排栽种在老瓷花盆和瓦盆里的各色菊花。

小学生吴学文他们学校的校长也是个爱花人士，他发动了一场菊花比赛。艺菊本来就有竞争性，校长要求各班拿出自己的菊花到校园展出，推选出最美观、最新奇的品种，颁给奖赏。吴学文从家里拿来几棵好菊花，给班级赢得了头奖。

艺 菊

在人工授粉和杂交育种发明之前，中国人早已对菊花情有独钟。晋代（265—420年）诗人陶渊明首开风气之先，令菊花象征隐士的名气传播开来。他把饮酒赏菊当作赏心乐事，无疑是因他认为菊花折射了自己的内心，在那以前菊花虽然有"傲霜"的美誉，但是还没有引起爱花人士特别的注意。当时的菊花只有黄白两色而已。

陶渊明当彭泽令的时候，有一次上级通知他穿好官服恭迎一个上级衙门来的传信小吏，他抗命不从，声言"不为五斗米折腰"，愤而辞官。后来他成了伟大的诗人，讴歌乡村美景、壮丽自然和退隐生活的闲适惬意。他的名字跟菊花结下了不解之缘，他的诗句"采菊东篱下，悠然见南山"成了千古名句，脍炙人口。

另一位诗人，南宋的范成大也是爱菊人士，他写过一篇关于菊花的文章，给三十五种黄色的菊花命名，开编写"菊花谱"的先河。有一本"菊谱"给出的名目有"龙脑"（气味像一种叫龙脑的香料）、"新丝"、"玉铃"、"银台"等，美不胜收。到如今，经过多年精心培育，菊花品种已经有二百多个，每种在花瓣、花冠、花序上都有特色，形状和大小各有不同，花瓣有的扁宽，有的呈管状，有的像发丝一样细长，有的卷曲缠绕。花的颜色丰富，彩虹七色毕备。

菊花的名目争奇斗艳，有"桃花扇""白鹅翎""凤凰""汉宫春晓""仙人黄鹤""珊瑚钩""美人醉舞"……有些品种之间差别细微，只有专业人士才能分辨，尤其在含苞待放时更难辨认。为了让花贩省去分辨的麻烦，就把花名写在纸条上，夹在小棍顶部，插在土里。

北京花卉市场出售的菊花，其培育方法分三大类：原根、接根、伏扦。原根就是自然生长的植株。接根是把菊花的枝条嫁接到皮实健壮的艾蒿茎上。花商出售的菊花大部分是接根法培育的。在雨季嫁接后，手术部位会长出一个球形的突起，一看便知。伏扦是在三伏天把枝条切下来插进肥沃的土壤让它在雨季成活，这种植株会开出很漂亮的花朵，但是由于体质较差，长不高，开花晚。

培育菊花的另一个方法是压条：把枝条埋进土里，等生根后把它从母本上切断，让它独立生长。以上说的这些方法，吴老爷子都

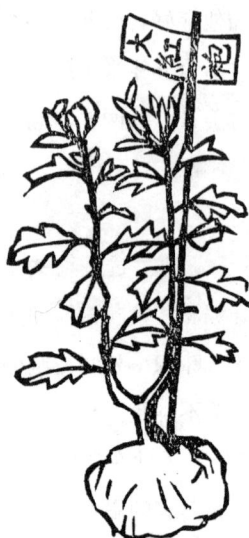

一棵菊花待售

在自家后院的花池子里试验成功了。

要想培育出最漂亮的菊花，必须栽培新芽。晚秋时节，花季快结束时，在原根底部会蹿出一些新芽，此时要用锐利的剪刀把新芽剪下，立即插进花盆松软肥沃的土里，再用玻璃罩子罩住，放在阳光下，一冬天保持湿润和适宜的温度。新芽活到冬去春来，就将之移栽到地里，细心照料和施肥。

用这办法，到了下一个菊花季，植株已经长到几尺高，旗杆般独自挺立的茎秆顶上开出一朵巨大而色彩绚丽的花，因为旁枝跟不要的花芽全都去除，这一朵就成了完美到极致的最优代表。这样的菊花往往是展览会上众人瞩目的对象。一朵花直径能有八九寸，必须拿铁丝圈支撑，免得倾倒。

把菊花嫁接到艾蒿上是个精细的技术活，只有在植物外科学方面经验丰富的人才有望成功。要采用专门培育的艾蒿植株，用插接法插进砧木后拿马蔺叶子把手术部位紧缠七天到十天。完全愈合后，再进一步手术，留下准备开花的花芽，其他除去，让留下的花芽同步生长至大小一致，届时一起开花。

业内还有一个品种叫"集锦"，就是把若干不同花色的枝条嫁接到一棵砧木上。这种菊花并不很珍贵，但是装饰性强，当然也可称杰作。不少人见过京城举行的菊展上出现的一些五十朵甚至二百朵菊花在一棵植株上同时怒放的作品。看来可能是对生长旺盛的枝条做了手术——切开小口子阻滞生长，让其他长得慢的枝条赶上来，所有的枝条齐头并进。然后进行修剪和弯曲处理，整棵菊花形成美丽的轮廓。

培植菊花最难的技法是播种法。菊花的种子很小，直到冬季后期才成熟，采摘和收集菊花种子必须十分仔细。有人发现，把菊花种子浸泡在生鸦片溶液加颜料的液体里能给菊花染色。但是新得到的颜色只维持一代，下一代又恢复了原来的颜色。

菊花的花瓣能吃，北京的时髦饭馆甚至有"菊花锅子"飨客。干菊花入药，有明目的功效。菊花还可以代替茶叶冲泡饮用。

重阳花糕

九月初九重阳节是吃花糕的日子。月饼节一过，饽饽铺掌柜的就挂出了"百果花糕"的四字海报。一般北京人难以战胜它的诱惑，不买几块吃就会感觉落伍。

几百年来，制作花糕的手法是不断变化的。有一位作家写道：都中人士制花糕，以石榴、核桃、松仁、红枣为馅，饰以彩绸小旗，持赠亲友，以为应节礼品。

另有一位历史学家写道：重九清晨，在家里每个孩子头顶上摆放一块花糕，当作一种祝福和祈愿，因为"糕"跟"高"两个字谐音，这就等于表示希望小孩子长高长大，步步高升。

过去某个时代，花糕做成菊花形状并且填上肉馅，这曾经是个重要的特色。花糕的历史只能追溯到唐代，再往前就没有记载了。唐朝有位大诗人曾经想写一首歌颂花糕的诗却没写成，因为他遍翻古书也没有找到"糕"字，古人不用的字今人是不可以用的，只得作罢。

登高

九九重阳是个节日，九是个位数里最大的数，两个九重叠就代表最强大的阳气。这一天不但要举行酒宴，还要远足爬山，叫作"登高"。

登高的习俗跟东汉时期费长房与桓景的故事有关。费长房是个术士，会占卜和其他法术。他曾在当时一位著名的术士壶公门下学徒，经过长期学习之后他学会了预测未来的法术。据传说，他的师父送给他一件学成礼物——一条竹杖。骑上这条竹杖就能瞬间到达想去的任何地方，因为它本来是一条龙，被壶公施加了法术才变成竹杖。

除此之外，他还掌握一整套魔法，能叫死人的魂灵给他跑腿办事，能指使当地的小城隍爷奉命行事。骑上竹杖迅速远距离往返对于他来说不费吹灰之力，有人看见他同一天在相距千里的不同地点露面。

桓景是费长房的朋友，有一天，据说就是九月初九，费长房对桓景说："你要是信得过我，明天就带上家眷到高山上暂避，因为有一场大难要降临你家。"桓景听从劝告按他说的做了。第二天回到家里一看，他家养的鸡犬猪羊都死了。

消息很快传遍街坊四邻，不久就形成了习俗——每逢九月初九重阳节，大家全都离家上山去避难。

在京城，重阳节登高的胜地有许多处，其中最理想的当然非西山莫属。西山皇家猎苑丛林浓密，寺庙星罗棋布，风景美如仙境，每逢重阳总有许多人来举行野餐聚会。呼朋唤友带上轻便烤肉架到西山露天野餐，一度成为时尚。

吴家小秃儿记得曾经跟父母和他们的朋友一起参加过好多次这样

的远足，虽然因为年幼还不能完全领会欣赏个中乐趣，但毕竟是很好玩的经历。几年下来，他到过了北京城里外周边不少登高胜地。

小秃儿曾是头一批登上景山的游客之一。他鼓足勇气向上攀登，经过一棵歪脖树，经人指点才知道那是明朝最后一位皇帝明思宗崇祯在李自成逼近之际自缢殉国之处。登上山顶的万春亭，这里是北京城正中心，举目眺望，壮丽古都全景尽收眼底。从那天起，小学生吴学文心里升起了为北京骄傲的感情。当时景山还没有对公众开放，景山围墙里有一所学校，经过学校当局一番特殊安排才允许他们入内参观的。

另有一次登高，小秃儿跟着爷爷去了法塔寺。这座古老的寺院在哈达门外，离他跟爷爷钓鱼的地方不远，现在只剩下一座七层空心砖塔。本来塔里有木头楼梯，能登上顶层，凭窗眺望周围风景，可是小秃儿去的时候已经不能登顶了。接连发生几次不愉快事件败坏了大家的游兴，警方就把塔门砌死了。每年重阳节这里还举办庙会，孤零零的古塔好像是在对游人诉说这座始建于金代的宏伟佛寺往昔的辉煌。

陶然亭

最近一次登高，吴老爷子带着孙子去了陶然亭。陶然亭在外城西南角，东边是先农坛，北边是早年烧制喇嘛教寺庙所用黑色琉璃瓦的黑窑厂，西南两边是外城的城墙，几片水塘围着几座土山，比较偏僻荒凉。康熙年间工部郎中江藻在土山顶上修建亭台廊阁，"陶然亭"的名称取自唐代大诗人白居易的名句：

更待菊黄家酿熟，共君一醉一陶然。

土山比城墙略高，视野远阔，西山青绿黛色峰峦清晰可见，这里成了登高胜地。

周围苇塘和丛莽之间，散落许多荒冢，客死京城的伶人歌女举子骚客草草埋葬这里，而在比较高爽的土坡上又散落几座名墓。埋藏着若干动人故事，于是陶然亭成了一个弥漫着感伤的文学气氛和人文内涵的所在，令游人平添一片凭吊古人的心情，这是其他名胜没有的。

小秃儿跟着爷爷首先来到"香冢"前，这是座不大的坟，有人说里边的是一位美丽的歌女，更多人说里边埋着一位文人的文稿。那位文人姓张，满腹才学却屡试不第，失望之余他把自己所写的文章全部埋进了坟墓。墓碑阴面刻有署名"桥东学士"的一篇《香冢铭》：

浩浩愁，茫茫劫。短歌终，明月缺。郁郁佳城，中有碧血。碧亦有时尽，血亦有时竭。一缕烟痕无断绝。是耶？非耶？化为蝴蝶。

这篇悲凄文字隐晦费解，引得不少人前来"奇文共欣赏，疑义相与析"。

不远处是"鹦鹉冢"，里边的是一只鸟儿，一只绝顶聪明的白色鹦鹉，会背诗，会唱歌。一位官员把它从广州带到北京，可是它死了。主人就把它埋葬在这里。又有人作《鹦鹉冢铭》，说"文兮祸所伏，慧兮祸所生"，显然是借题发挥有所影射了。

接着看了赛金花墓，再往前走几步就来到醉郭墓前。敞亮的高坡上耸立一通高大浑厚纤尘不染的抛光黑色大理石墓碑，四个苍劲端庄的颜体大字"醉郭之墓"，再无任何别的文字。这么壮丽的墓碑，不知情的人会以为墓中是个大人物，其实不然。当时有文字记载：

> 辛丑之冬，联军出京师，有扶醉行歌于市者，则京西郭先
> 生云五也。先生名瑞，产荡于庚子，愤时政堕坠，人心谬戾，
> 则一寄于酒，悉数废乱京畿者，编为歌曲，沿道演唱，听者若
> 堵墙，称之日醉郭……（林纾《畏庐续集》）

原来这醉郭是一位"庚子国变"的受害者。光绪二十六年（1900
年）北京城惨遭蹂躏，虽然过去了几十年，但至今北京人心头还在
滴血！吴老爷子亲身经历过"二十六年"的一切，如今来到醉郭墓
前，不堪回首的往事一齐涌上心头，不由得一声长叹："怨不得连
旗人都跟着人家说'大清不亡，是无天理'呀！"

"大清不亡，是无天理"，这话小秃儿听不懂，可是他记住了。

涮锅子

从深秋到冬天，老北京人时兴涮火锅。火锅是一个用红铜打造
的圆筒状小炭火炉，下宽上狭，半高处围着一圈汤锅。用时把烧红
的木炭投入炉膛，锅里注入肉汤，瞬时开锅就可以开吃了。火锅看
来起源于蒙古，经由赤塔、乌兰巴托传入中国，牢固地扎根在北方
各省的食俗之中。火锅改变了吃饭的方式，成了轻松随意同时品尝
美味的愉快消遣。花费不多，没有浪费，符合居家过日子节俭优先
的原则，小康家庭全都在厨房里备着一只火锅。

火锅也是各家饭馆，尤其是清真羊肉馆应时必备的菜码。火锅
的主要食材是羊肉片，鲜嫩多汁切得极薄，用筷子夹起浸入锅中沸
腾的肉汤，几秒钟后取出，蘸上作料就得。

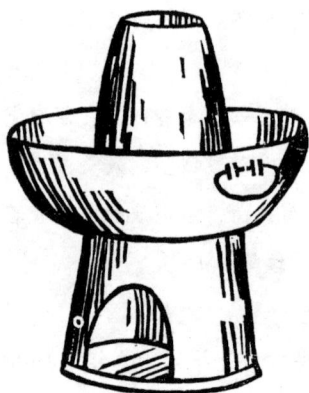

火锅

这个烹饪方法叫"涮"。意思在快，有别于"煮"的慢。涮羊肉要嫩，表面刚一变色就得，里头还是粉红颜色就好。涮老了变硬，鲜味和口感大打折扣。

上等酱油是提高涮羊肉味道的重要因素，一箸子肉片先蘸酱油再吃，不但调味还降低温度，免得烫嘴。

涮火锅除主要食材外，几样配菜也不可少。头一样是酸菜。大白菜入开水锅稍微焯一下，然后码放缸里静置三四天发酵，就成了酸香脆嫩的酸菜，老北京人一冬天离不开它。吃涮锅子，把酸菜切丝同涮，既开胃又解油腻。粉丝和冻豆腐也是常见的配料。北京人吃涮锅子最后爱加上用绿豆面做的面条，叫"杂面"。

吴家有自用的火锅，但是他们习惯花钱上猪肉铺叫一套锅子底儿——锅子里填满各种配料，有鱼片、虾肉、火腿、虾干甚至鱼翅之类的海味。送到家来，还外带一大壶肉汤以备随吃随续。

吴老太太是全家人里最热衷吃涮锅子的一位，整个冬天，只要有个由头，比如来客人了，有喜庆事了，她一定提议吃锅子，说着话就把火锅摆上了。

北京烤鸭

说到老北京的美味佳肴，无论如何不能忽略烤鸭。任何一场像模像样的饭局，要是不把北京烤鸭这道名吃认真考虑在内，那就难以取得圆满成功。鸭子的烹饪方法多得很，但是在北京吃鸭子，那一定是烤鸭。不过，要是把北京烤鸭列入家常菜，认为是一般家庭的伙食开支可就大错特错了。住家户极少吃烤鸭，如果吃一回，那肯定是"款待贵客"。吴老爷子每天早晨遛弯儿都从烤鸭店门前经过，可是没有相当充足的理由，他是不会拐进去订只鸭子的。

进餐馆去吃北京烤鸭是现代旅游业兴起以后才时兴的相对时髦的做法。老牌家庭吃烤鸭都是到专门制作烤鸭和烤乳猪的"炉铺"去定做，叫店里送货上门，在家里吃。炉铺制作各式各样的美味熟肉制品，还附设香肠作坊。所有的炉铺都叫"便宜坊"，差不多所有繁华地段都有一家。可是有一家为了独树一帜就在店名前头加了个"老"字，成了"老便宜坊"。不难理解，这是一种商业竞争的手法，所在多有。

关于老字号，还有一个著名的例子就是刀剪店。北京前门外打磨厂街有七八家刀剪店，一家挨着一家，挂出的招牌全都是"王麻子刀剪店"。原来有一位较真的顾客从一个麻脸师傅手上买到一把全城质量最好的剪刀，就问他贵姓，那人说姓王。打那往后，卖刀剪的为赚钱全都自称"王麻子"。为了避免摩擦，各家在店名前头加字。出现了"老王麻子""真王麻子""真正王麻子""真正老王麻子"……各样名堂，弄得顾客摸不着头脑。可笑的是，老百姓从来没有控告任何一家侵犯专利权，而且谁也不知道哪一家才是真的。

便宜坊就是炉铺，炉铺就是卖烤鸭的。叫"便宜坊"，甚至加上个"老"字，图的就是个漂亮的字号而已。

做烤鸭的鸭子用一种特有的方法饲养，在"鸭子房"进行。观察一下鸭子从破壳出世到进烤炉短短七八十天的生命过程也是蛮有意思的。鸭子是一种笨得出奇的鸟类，母鸭子多数不会孵蛋，要找母鸡代劳。刚出壳的小鸭子吃水草，北京街头常常能看见大车拉着水草，那就是从"三海"（南海、中海、北海）捞出来喂鸭子的。小鸭子长到一定大小就开始育肥，用高粱面、荞麦面、麸皮加水和成面团，捏成拇指大小的食饵，强制进食。鸭子房伙计抓起一只鸭子把一团鸭食塞进嘴里，接着用手指头顺着脖子往下捋，连压带推给弄进胃囊，一连填进十团。一天填三顿。填完的鸭子关进笼子不许活动，免得消耗热量浪费饲料。偶尔叫唤两声，扇动几下翅膀就是它们仅有的体力活动了。这样养肥的鸭子就叫"填鸭"。

制作烤鸭的设备是敞口的吊炉，像个壁龛似的，在底部燃烧粗大原木，必须是果木，最好是枣木，才能增加香味。填鸭宰杀后掏空内脏、灌满高汤，外皮涂抹饴糖，钩子钩住挂上炉膛内的铁架。厨师密切观察，不断转动，以免烤煳。

北京烤鸭吃法是卷进极薄的小圆饼（春饼），佐以甜面酱和大葱丝，如果有羊角葱就更好了。北京人吃饭不忌讳生葱生蒜，连最斯文的人也一样，吃烤鸭就生葱天经地义。烤鸭最美味的不是肥肉，而是色泽金黄、口感酥脆并带着少许肥油的鸭子皮。一只大号烤鸭，鸭子皮不过几寸而已。刀功娴熟的厨师能从一只烤鸭片出一百零八片，其中鸭皮不过二十来片。一顿烤鸭宴必定所费不菲。

花鸟儿

深秋季节，候鸟迁飞，大群大群的鸟儿从寒冷的北方向温暖的南方迁徙，亚洲东部有一条候鸟迁飞路线经过北京一带。鸟儿们落地休息补充饮食的地方，一个在北京以东遵化县境内的清东陵，一个在北京以西易县境内的清西陵。这两个地方有茂密的松柏树林，清澈的溪水和丰富的食饵。在这本应该是鸟类乐园的地方，许多鸟儿却从队伍里失踪不见了。哪里去了呢？——落进了捕鸟人的拉网。

这个季节，北京城各大庙会的鸟市人头攒动，挤满了爱鸟人士。他们前来搜求几只好鸟来充实自家的鸟笼子。候鸟过境是他们的好机会。

这类鸟儿统称"花鸟儿"，即花样繁多的意思。无论老手还是新手，都能找到几只可心的鸟儿，悉心喂养，一起度过严酷的冬天。花鸟儿一般活不长，很少能熬过一冬的，一到小雪或大雪节气它们就不行了。

而笼养的鸣禽却能活好几年，像白玉鸟、黄鸟儿、自自黑儿、蓝靛颏儿，不但鸣声悦耳，而且活得长。吴老爷子养过一只黄鸟儿，陪伴老人家八年之久。活得长无疑是因为它们都是土著鸟类，充分适应了气候条件。而过境的候鸟既不以歌声见长，也活不长久，这是不可避免的事实，爱鸟人无可奈何。

没人公开鼓励小学生吴学文养鸟儿，父母认为他的时间应该完全用在念书上，可是他好多同学都养鸟儿，令他羡慕。于是吴老爷子答应给孙子一只鸟儿，为了物色一只小鸟，老爷儿俩一连上隆福寺鸟市跑了好几趟。

养花鸟儿不用鸟笼，只让鸟儿站立在稍加修饰的一根树杈上——这就叫"架鸟"。首先必须让它习惯于频繁的触摸，然后第一课是教会鸟儿从主人手上吃食。鸟儿脖子套上一个铜丝做的脖圈，用短短的细链跟活钩连在一根细绳上。细绳固定在鸟架上。鸟架上钻一小洞，让细绳穿过，绳头系个坠儿，这是为了避免鸟儿偶然掉落时，不致被细绳缠住脖子而窒息。让鸟儿表演玩意儿，先把脖圈上的链子解下，这时它完全自由，要想逃跑太容易了，不过养熟的鸟儿轻易不会动这个危险的念头。

迁飞季节最先来到的是"朱点儿"。这种小型候鸟全身灰白，有褐色和暗绿色的条纹，很小的红色羽冠，喉咙处也是红色的。教给朱点儿的头一个玩意儿是"叫远儿"——让它从远处向主人飞过来，吃一粒鸟食。第二课是"吃飞食儿"——把一颗鸟食抛向空中，放出鸟儿去叼住。朱点儿还可以学会"叼旗儿"——把一些彩纸做的小旗子插在硬纸板上，放在远处，叫它飞过去一个一个叼回来。

差不多同时到来的另一种小型候鸟是"燕雀儿"，因为尾巴像燕子而得名，也能教会这些玩意儿。

紧接着飞来的还有"交嘴""老西儿""梧桐""太平鸟"。爷爷让小秃儿挑选一种养着玩。

会玩意儿的鸟儿当中最有趣的是交嘴。上下两片喙弯曲交叉因此得名。大部分交嘴体形较大，最大的可达六七寸，不过养鸟行家似乎更看中体形小的。据说交嘴的毛色随年龄而变，幼雏阶段是灰黄色，随后公鸟渐渐变成红色，母鸟变成暗绿色。大家认为，上片喙朝左的是公鸟，朝右的是母鸟。

交嘴整体外观好看，很像鹦鹉，行为习性也像。样子奇特的喙看起来似乎是个缺点，这个看法其实只是外人多虑。交嘴生活在野外，以松树种子为食，松子皮壳坚硬，交嘴结实有力的喙正好适用。

交嘴能学会许多玩意儿，其中一种是把空核桃皮钻出一些小洞，抛向天空让交嘴飞上去拿嘴叼住，飞回来交给主人，得到一颗大麻子的奖励。大麻子是北方养鸟人最常用的饲料。交嘴另一个常见的玩意儿是"百宝箱"。一口半尺多长的小木头箱子涂上漂亮的油漆，箱子盖装有弹簧能自动开启，箱子的扣锦有插销，能把箱盖锁住。箱子里头装若干小物件——小旗子，小刀枪，小伞，小扇子……这些都是竹子刻的，分量很轻。把箱子放在远处，然后放出交嘴，让它飞过去，先拿嘴打开插销掀开箱盖，然后取出一个小物件，飞回来交给主人，一次一件取完为止。箱子里有十到十五个小物件，交嘴就来回飞那么多次。

老西儿是一种体格健壮的鸟，身长能有五寸，毛色浅褐；梧桐体形更大，身长可达七寸，毛色浅灰，翅膀和尾巴黑色，喙是黄色的。老西儿和梧桐学的是一种困难得多也有趣得多的玩意儿——"打弹儿"，得经过长时间高强度的训练才能学会。通常用两颗弹丸：一颗叫"底弹儿"，直径大约四毫米；另一颗叫"盖弹儿"，直径大约十毫米。有的鸟儿据说能玩三颗弹丸。弹丸用牛骨头或象牙刻成。

开始训练之初要培养鸟儿对主人的从属感，学会辨认主人。首先，把弹丸从几寸以外投过来，让鸟儿用嘴接住。然后一点一点地增加距离，逐渐达到四五丈甚至更远，让鸟儿飞起来在半空中用嘴捉住弹丸，此时弹丸高度已经超出人类裸眼可见的范围。

先把比较小的底弹儿抛向空中，让鸟儿飞去用嘴衔住，接着再把较大的盖弹儿抛向天空，让鸟儿再飞去接住。而且主人常常把两颗弹丸抛向不同的方向！老西儿跟梧桐长着圆筒形状的嘴，所以能学这个把戏。鸟儿把两颗弹丸交到主人手里，得到几粒大麻子的奖赏，为了达到更高的高度，也有用器械抛出弹丸的。一种器械像个长柄烟袋，把弹丸搁"烟袋锅"里一抢，弹丸就上天了。另一种器械是一根细管，把弹丸搁进去，拿嘴使劲一吹，弹丸也能飞得很高。

打弹儿是个古老而十分引人入胜的消遣，很多人乐此不疲。过去有皇上的时候，很多太监都好玩这个。吴老爷子认识一位太监（叫他"公公"），他养的一只梧桐，在捉住底弹儿之后能绕着主人飞十七圈，再去接盖弹儿，一般的梧桐能飞上八九圈已经够可以的了。

"蜡子"是一种漂亮的灰色小鸟，长着丝绒似的羽毛，好看的羽冠，翅膀尖端有蜡红色和黄色的装饰。这种鸟儿不爱动，只会拿嘴去接抛过来的食物，特别是黑枣。据说在野生环境下，它只吃槲寄生的浆果。

吴家小秃儿的爷爷给他买了一只会好些玩意儿的交嘴，外带一套五样"设备"，不用自己去教就可以欣赏小鸟的表演了。小秃儿真开心。

第三十五章　吴老爷子欠安

小秃儿升学

小秃儿吴学文在公立小学念了六年，以优异成绩毕业，然后顺利通过入学考试升入中学。这一年他十四岁。吴老爷子跟朋友搭伙做的生意盈利不少。吴学文的父亲在银行工作多年之后得到升迁。这一年吴家的日子过得很不错，大家都挺高兴。

不过，既然厄运会降临每个家庭，那么吴家也不可能例外。吴老爷子不知从哪天开始健康恶化了。好些日子他老是感觉不对劲儿，活力不济，突然之间就消瘦不少。老伴儿和孙子都担起心来。儿子吴广宗更是发愁，买来许多营养品跟好吃的，希望能提振父亲的食欲，因为老爷子饭量越来越少，比以前吃得少多了。

吴少爷请了好几回大夫来家给父亲看病。这些大夫反正总能给任何人，包括没病的人说出点毛病来，总能开出方子，让病人吃汤药或者丸药，总有药品推荐。老人家老老实实吃他们的药，可就是不见好。

老壮春寒秋后热

吴家的朋友给介绍来一位经验丰富的老人，他坦率地说，老人家"六脉平和"，什么事都没有，无须开药，只是劝他吸一点鸦片，一点就行。吴老爷子听了微微一笑，说这主意好荒唐。

当天晚上下班后，吴少爷到这位大夫家去拜访，急切地问道："您觉得家父到底是怎么了？"

老人答道："大侄子，令尊的病没有药能治。虽然说药能通神，可是对他没有什么用处了。俗话说老壮春寒秋后热，这三样是不能长久的。应当说，令尊的确保养得很不错了，他现在又消瘦又苍白，很难指望他的身体再有多么大的起色。既然不愿意吸一点鸦片，那就别再给他更多的药吃，尽量给他吃些个有营养的，好好伺候着，说不定还能再活几年呢。要尽量让他吃饭。人是铁饭是钢。对啦，您今年高寿？"

吴少爷答道："刚过七十六岁生日。"

"怪不得，这个岁数可不算小了，是不是？记住我说的，别再给他喝那些苦药汤了，没用的。可不是我不愿意给他看哪！"

吴少爷突然意识到局面的严重，此前他仅仅是隐隐约约地有些预感，精神准备不足。一回到家，苦涩的眼泪就止不住了。

到了秋天，老人家病情越发严重。他不满于整天关在屋子里，就到外头享受几分钟早晨的空气，于是他着凉了。一着凉就引起咳嗽，整宿不能睡觉。老伴儿也不能睡觉，陪着他熬夜，老两口儿经常几个钟头都睁着眼睛。

老伴儿说："吃点儿东西也许能够睡会儿？"说着就起身点着小酒精炉，冲一点杏仁粉或是藕粉。这有时管事，有时不管事。

住在西屋的少爷少奶奶也经常受到打扰。吴少爷看见父母屋里亮着灯，不免起身冒着夜里的寒气去看老人，可是老两口儿总是叫他回屋去，他心里感觉空落落的。

小秃儿睡在隔壁，也常被吵醒，他压低嗓音问爸爸："爷爷是要死了吗？"

"别问了，睡觉去！明天一早还得上学呢，是不是？"

吴少爷大声申斥，他真发愁了。

护身符

吴老爷子已经病了好多日子，多亏老伴儿悉心照料和儿子持续不断地关心，他坚持着没有明显地进一步恶化，但是也没有出现任何明显的改善。吴少爷完全理解老大夫的话，再也没有给老人家吃药，因为他自己最讨厌的就是吃药。

可吴老太太的迷信脑筋又动了起来，她想一定是有什么地方、什么东西不对头，一天她找出黄历翻看，那里边说家人生病一定是因为触犯了恶鬼邪祟。那得看病人是哪个月哪一天得的病，才能找到致病的恶鬼。她把孙子叫到身边，让他念出黄历里边的一篇，希望从中找到治老爷子病的办法。

老太太说："这兴许管用。你爷爷是上月十四得的病，看看这一篇怎么说的？"

中学生吴学文不信这一套，但他还是念了：

> 该月十四日患病，乃是受一女鬼所祟，女鬼本系家族近亲，祸殃皆因之而起。病人频发寒战，头痛，四肢沉重僵硬。恶鬼藏身病人后背。
>
> 禳解之法：取白色纸钱五张于

用朱砂写在黄纸上的符

389

家门以东二十五步焚化，取黄纸以朱砂画符二张，一张用朱砂写在黄纸上的符贴病人后背，一张贴房门之上大吉。

老太太说："这就对了。我现在就去找纸笔，你给爷爷写吧。你能写好的。"

他们按黄历说的做了，但是没告诉爷爷。事后什么效果也没有。

金钱卦

黄历还有一节是算命的方法——"金钱卦"。取六枚铜钱，两手相扣将铜钱放置其中摇晃数下，同时祷告神灵赐教，接着闭上眼睛把铜钱一枚枚平铺在桌面上。铜钱有的正面"字儿"朝上，有的反面"面儿"朝上，自发形成各种不同的次序，按这个次序就可以从黄历里查到不同的卜辞，共有六十四种结果。

吴老太太虔诚祷告，乞求神灵赐告老伴儿的病体能否转危为安。她把六枚铜钱排出的次序是"字面字面字字"，她怦怦心跳查到了第六十一条卜辞：

途遇大雨大雪天，路上行人苦又寒。

衣服湿透满腿泥，事不从心多留神。

问病：久延。问财：缺少。问讼：极凶。问婚：无望。

吴老太太说："听起来很不好，是不是？"

中学生吴学文解释道："是不好，可是您不要相信这些蒙人的玩意儿。"

巫医看病

吴老爷子备受全家人的敬爱，他一病大家全都着急发愁。不但家人，连亲戚朋友得到消息也三三两两前来探望，还贡献了种种的建议。老百姓通常情况下不愿意住医院，病越严重就越不愿意离开温暖的家。前来探病的客人还带来了礼物以示诚意，有燕窝、银耳等滋补品，有专治咳嗽的秋梨膏。他们都是下午来的，因为天一黑恐怕会有什么邪祟秽气跟踪而至，对病人不利。

亲家母何老太太是常客，她起初有一点犹豫，后来鼓起勇气给推荐了一个巫医。那是一个老年妇女，就住在何家田庄附近，远近闻名，治好过许多病家。

一般来说，进入民国了，人们不再轻易介绍巫医看病，毕竟很多人已经不相信驱魔治病，现在吴家人就有不同的意见，明显地分成相信的和不相信的两派，所以问题变得很微妙。此外还要考虑，是不是触犯"荐卜不荐医"的忌讳，这是人生经验。谁也不愿意卷入可能引起严重后果的口舌是非。面对当下情况，还有一句代表民间智慧的话——"死马当活马医"，这才算尽到了最大努力。在这个问题上吴家少爷跟何老太太商量了好几次，让她明白，即便她的办法不奏效也不会受到埋怨。

巫医就是"瞧香的"，他们靠着观察给神仙烧的香火苗旺不旺来断定病情。

如果香烧得旺，火苗蹿得高，那就是神仙感到满意，病就肯定能治好。要是香烧得不旺，瞧香的就认为希望渺茫了。应该明白，信仰有的时候也确实能治某些病症，而瞧香的又精通读心术，深谙人类心理，确能提供一些舒缓病情的建议。这一点咱们看看吴老爷子的事例就能明白。不过瞧香的这一行并没有得到官方的许可，实际上是个"黑行当"。

长话短说，吴少爷一心急于给老父亲治病，希望他恢复健康，所以很愿意给瞧香的一次机会。这天一早他就出城拜访大名鼎鼎的孙奶奶去了。瞧香的孙奶奶住在西直门外官道旁的一个小村子。她也要维护自己的声望，不会接待任何不速之客，必须由病家的负责人亲自前来恭恭敬敬地请她出马，她才会答应屈尊前去"行善"。

孙奶奶是世传的巫医，她已故的婆婆当年就是这一行里响当当的人物，无数次的警察突袭和政府禁令，都挺过来了。吴少爷看到，这家挂满了深浅不一的黄色和橙色布条，都是病家送的幛子，写着"有求必应""真灵"这些日久年深的老话。

这些布幛挂满里里外外的墙壁，有些全都摞上了。这都是为了向她表示感谢而赠送的，有年月和落款。有的已经褪色，有的明显是新的。吴少爷开始还半信半疑，现在他相信，既然她能给别人治好，那就很可能在父亲身上再创造奇迹。

大仙爷

巫医这一行的基础是一种低级迷信——动物崇拜。被崇拜的动物是四种，叫"四大门"，即狐狸、黄鼠狼、刺猬和蛇。暗语叫"狐黄白柳"，迷信的老百姓称呼它们"大仙爷""二仙爷""三仙爷""四仙爷"。狐狸和黄鼠狼本来是当作家宅财神来崇拜的，如果虔诚供奉就能给家庭带来财富跟幸运。人类跟狐狸、黄鼠狼交往的故事千奇百怪广为流传。在大宅门的花园或后院里，在一些偏僻的角落，经常能看到一座小型神龛，像一个没有佛像的小庙，每年用酒和鸡蛋上供好几次，那就是祭拜狐狸跟黄鼠狼的。

刺猬和蛇则是邪恶的，避之唯恐不及。如果不巧看见了刺猬，就预示破财。蛇就意味着破坏和败家。某一种蛇经常栖息在纸糊的顶棚里，那也是老鼠的地盘。这种蛇叫"家蛇"，一定要避免跟家蛇碰面，谁看见家蛇，他家一定会遭大难——死人，火灾……

在汉朝末年动乱频仍的岁月里，大大小小的起义造反和饥荒轮番上演，导致朝廷垮台，而这一切都是有先兆的。据说有一天皇帝上朝刚要坐上龙椅，却有一条大蛇掉落在龙椅上。这件事发生在建宁二年（169年）四月十五，历史书上有记载。假如皇帝治理国家足够勤勉，不被别的兴趣占据头脑，如果他上朝听政的次数多些，而不是六个月一次，那蛇大概会知趣，会到别处找座位吧。

倒不是所有的蛇都有邪术，都能够祸害人类，要"成精"必须经历长期的修炼，比如说二百年、三百年、五百年，甚至一千年或更多年的修炼才行。至于这种修炼到底包含些什么课程，那只有修炼过的人才说得上来。

孙奶奶的偏方儿

经过修炼而成精的动物具有某些人的特性，据说是心善的。它们通过被附体的人告诉崇拜者怎样行事，如何应对疾病或别的灾难。被附体的永远是妇女。妇女被狐狸附体，就说她"顶"上了大仙爷。被黄鼠狼附体，就说她"顶"上了二仙爷，如此等等。顶是"代替"的意思，顶上大仙爷就是代替大仙爷行事。

吴少爷为给老父亲治病而去拜访的巫医孙奶奶据说是顶上了二仙爷黄鼠狼，可是没人敢当她的面说出"黄鼠狼"三个字，那可是严重的冒犯，必将引起灾难性后果。二仙爷的肖像是个身穿清代官袍满脸堆笑的白胡子老人，由民间艺人认真画成。这幅肖像庄重地悬挂在孙奶奶的佛堂墙上，旁边是一座木头佛龛，供着观音菩萨像。像前摆着几盘时鲜水果跟什锦糕点，都是善男信女上的供。

吴少爷虔诚有加（他已经好些年没有这么虔诚了），点着高香插进香炉，行三跪九叩大礼，一共磕了九个头。

此时孙奶奶已经就座，盘起腿做弥勒佛状。她进入催眠状态，也像被轻微麻醉，打了三个哈欠，就睡着了。然后她闭着眼睛开始说话，生动述说她前往吴家走访的情形，接着口述一个简单的药方给吴老爷子。屋角坐着的一个男子把药方写在了纸上。那人显然是孙奶奶的私人秘书，她说得不快，不难记录。

仙药

孙奶奶跟介绍人何老太太好像有意无意地说了一会儿话，就把吴家的情形摸得差不多了。这位自称神仙与人类沟通的中间人，很快就在头脑里描绘出吴家房屋和病人的大致情况，她绘声绘色地讲给吴少爷听，给这位多少抱着怀疑心理的求医者留下了深刻印象。

"大仙爷跟我刚刚到府上去观察过，这是仙家都会做的。大仙爷说了，你父亲的病没有多大危险，可是也不能不当一回事。大仙爷很了解你父亲。他还说，你母亲是位更虔诚的佛教徒，咱们大家都应该信服佛祖……府上有点儿不对头，好像有个女鬼借机会索要钱财，病人的房间有股子阴气呢。你父亲应该挪到另一间屋子才好，你们快挪吧。你们家院里不是有好几间屋子空着吗？

"刚才你父亲肯定在睡觉，你母亲坐在床边一把椅子上好像要打个盹儿。那是你母亲，对不对？她六十多岁，头发花白，身穿一件藏蓝大褂儿，我们没待多大会儿，看得不是很清楚。你父亲外屋里有个很亮的东西，把一缕阳光反射到里屋，大概是一面镜子，要不然就是一个画框儿。你知道仙家不喜欢镜子，所以我们很快就走了。"

吴少爷听了感到十分诧异，心想莫非大仙爷真的去他家看了？他父亲外屋确实是有一面一人高的大穿衣镜。

孙奶奶接着说道："给老人家吃一服仙药，药引子是七个核桃带皮焙焦敲碎，七枚豆蔻放入三杯无根水（没有接触过地面的水）煮透，加入一小撮盐和七大把茶叶，过滤后冲入仙药。仙药十五包，每次服五包。只喝药汤，但是如果连药渣同服效果更佳，因为都是大仙爷开光的灵丹妙药。"

吴少爷接过十五小包仙药，每包大约有三克，都是刚刚从香炉里取出来的香灰。香灰就是所有的巫医普遍使用的仙药。

孙奶奶又打了个哈欠，恢复了原状，她看上去极其疲乏，助手马上给她拿来热毛巾擦去额头的汗。

孙奶奶大口喘气说道："你家住得太远，我一路小跑也跟不上大仙爷啊。"

吴少爷感觉到谈话就要结束，到了给钱的时候了。这时他才想起，来时匆忙忘了问岳母应该给多少钱。于是他低声问孙奶奶，她一听就急了，喊道：

"不不，别给我们钱，我们干这个完全是为行善。你还得来好几趟呢，我们仙家不像你们俗人老想一治就好。我们只收少许买香烛用的钱。我们还得考虑是不是需要上府上去一趟，看看有没有恶鬼祸害你父亲，需要驱除。这得在府上认认真真地进行。"

孙奶奶想在现场调查之后当场解决问题。

吴少爷把药方和香灰揣进衣袋，又在供桌上留下一个银圆，就跟巫医孙奶奶告别出门，岳母跟在后头。她对孙奶奶说："如果我们需要您到我女婿家看病人，我就派骡子车来接您。"

孙奶奶正盼着这句话呢，她说："愿意愿意，这是我们仙家该做的善事呀。"

吴家人为了劝诱吴老爷子服用仙药，真没少费劲。老爷子这个人是最先反对迷信思想的新派人物。他看得出儿子本来很理性的判断力已经被亲情压倒，这一定是因为自己的病情极其严重，亲爱的儿子在尽最大努力来救自己，所以他眼含感动的泪水把药吃下去了。

仙药还真不是毫无效果，全家人（不包括病人自己）都能看出老人家的状况有了细微的改善。于是又去看了巫医孙奶奶两三次。然而改善没能持续，大约一个礼拜之后老人家又出现了新的并发症——不是昏睡就是昏迷，进食进一步减少，他在缓慢而持续地衰竭。

全家人的日常生活全都乱套了。吴少爷不得不请假，中学生吴学文也不上学了。他从来没有请假的习惯，但是不上学也没有太难过，他想跟生病的爷爷在一起，何况集中精力念书已经办不到了。

转世做城隍

孙奶奶跟何老太太一起坐着骡子车来了。

她跟吴家人谈了一会儿话（收集更多情况），就要求在院子正中间摆上供桌和香炉。接着打开一个黄布包袱取出若干黄色的圆形纸片，直径大约四寸，上头印满排成圆圈的藏文和中文咒语。她朝四方磕完头就点着了高香，然后在香火上点燃黄纸片，抛撒到自己四周。

中学生吴学文这时正跟祖母从玻璃窗观看，他问道："这是干什么呢？"

老太太道："烧往生钱，替谁烧就对谁大大有利。上头印的是《金刚经》跟别的佛经里边的话，能拯救灵魂免得沉沦。你看见孙奶奶嘴里念念有词了吗？那是跟大仙爷托付呢。"

孙奶奶要看看病人。幸好吴老爷子正在闭目养神，如果他醒着真不好说他会不会拒绝孙奶奶进屋。

孙奶奶匆忙查看了房间之后，就跟着吴少爷和何老太太到了后院，又下跪磕头。吴学文跟在后边，很好奇地想知道他们在干什么。

孙奶奶打量了孩子一两眼说："小孩子眼睛干净，你就能看见那边那棵大榆树的树梢上有一团黑气。你能看见，他们别的人看不见。"

大家抬头去看，果然什么也没有。

"我会求大仙爷把那团黑气赶走，如果赶不走，那就是天数了。"

第二天上午，孙奶奶通过何老太太捎话来说，她很遗憾对吴老爷子的病已经无能为力，连无所不能的大仙爷也表示帮不上忙了。

"孙奶奶说了，她求大仙爷查一查鬼门关上的生死簿，看管生死簿的是大仙爷的朋友，通过这个朋友可以探听消息。

"据那人说，云南某个村庄的城隍爷现在空缺正等着填补，掌管此事的神仙对吴老爷子的高尚道德和正直人品印象深刻，已经提名您去补缺。提名已经呈递玉皇大帝，再过几天一经批准他们就派人去迎接吴老爷子。"

第三十六章　吴宅丧事恕报不周

巫医孙奶奶是个造谣专家，她宣布假消息说吴老爷子被任命为阴间的城隍爷，从而放出烟幕弹，掩护自己战略撤退，把自己那些伎俩全都掩饰得天衣无缝，从吴家赚到了好大一票。虽然关于什么"城隍爷"的说法不是人人相信，但这多少还是冲淡了大家的悲哀心情——老人家再过四年就满八十岁，死亡来得太突然！

寿衣

吴老爷子临终的几天，需要做的事情多得很，吴家人的知识和经验深感不足，但是他们为人善良人缘好，老朋友、老街坊当中许多人前来帮忙。其中有一个人更是突出，这人姓刘，是吴老爷子的把兄弟之中仍然健在的一位，吴少爷叫他"七叔"。

七叔闲暇时间多得用不完，只要朋友家里要办什么事，他必定助上一臂之力。吴家把他请来，里里外外他都是个随叫随到的助手。无论办什么事他都有经验，给人提供及时的帮助既是他的专长，也是他的乐趣。

七叔来到后不久就劝说大家："咱们应该把老人家的衣服准备好了，现在不算太早。你们大概听说过，及时预备能够驱散邪气的。"

吴少爷回答道："我估摸我额玛愿意穿他那身官服，他早年当过官，一直引以为荣的。那些东西都收得好好的，我额吉一定记得在哪儿收着呢。"

"你们至少得上寿衣铺去特别预备一双靴子。门前摆着一对木头做的涂黑漆的特大靴子当幌子，那就是寿衣铺。给死人穿缎子靴子可不行，因为'缎子'听起来像'断子'，很不吉利的。这都是迷信，可是还得照办，就去买一双绫子做的靴子吧。"

吴老太太一直在旁边听着，这时她插话了："您老哥哥去年跟我提过应该预备衣裳，因为去年是闰年。我们没怎么在意他的话，以为不过是开个玩笑罢了，现在想起来后悔没听他的。"

七叔说："现在说也没用了。凡事宁信其有，勿信其无嘛。"

原来老百姓有个迷信：闰年给老人预备寿衣是个讨吉利的做法，意味着老人会"跳过坎儿"，多活些年。当然，从实践的角度看，这个说法也有其合理性，不是个坏主意——人老了就应该趁着时间充裕把准备做好，免得事到临头手忙脚乱。即便没有什么"坎儿"，做好准备也没有坏处。

寿材

七叔陪着吴少爷去看寿材。这口棺材是他几年前给老人家备下的，一直寄存在邻近一座小庙里，托僧人看管。这是一口很阔气体面的寿材，江西产的"杉木十三圆"，坚固，纹理细密，略呈红色。北京比较富裕的人家都是早早给老人买好棺材预备着的。吴少爷请人每年上一道漆，几年下来整个棺材涂满一层厚厚的黑漆，指头一敲发出金属一样的清脆声。

七叔说道："真是一口好材，老人家有你这么孝顺的儿子真是造化呀。现在咱们就不用再上桅厂去找寿材了。"

椵厂就是棺材铺的雅称，跟帆船的桅杆一点关系没有。棺材的雅称叫"寿木""寿材"，避免直呼"棺材"，这都是说话的讲究，也是老规矩。

二十四节气每月两个，节气顺序固定但在每一年的具体日期都不一样，要由星相学家算出来写进黄历。节气是时间的节点，对农业生产和生活极其重要，对于老年人和病人的健康状况也是一个个的关口或转折点。像"雨水""大暑""霜降""大雪"这些节气，伴随着气候的剧烈变化，对于老年人和久病卧床的人，都是不好过的难关。常常可以听到这样的话：某某人这个"雨水"节气不好过；某某人要是熬过"霜降"节气，还能活些日子，如此等等。

吴老爷子的情况就是这样。"立冬"在无情地逼近，这个节气他恐怕过不去了。

吴少爷对七叔说："我怕老人家的最后时刻就要到了。昨天夜里情况很不好，手脚发凉。他好像看见我已故的爷爷奶奶，要不就是别的已故多年的老朋友朝着他笑了。可是他说他不害怕。"

七叔答道："我也正好想到了。这是临死的人普遍出现的现象，叫'会家亲'，是死亡到来的最初迹象，说明老人就要走了。他说要见哪个人了吗？"

吴少爷说："没有，没说想见谁。昨天我对他说您来了好几天了，他点了点头，也许是想说话可是没说出来。我问他想不想叫小秃儿坐他身边。他说不想。其实小秃儿就坐在他身后，他不知道。"

"要是这样，你应该借机会问问他有没有什么特别要紧的话跟家人交代。可是现在……算了，大侄子你要镇静，不要激动。这是注定要来的。做父母的不可能陪子女过一辈子。"

吴少爷悲痛地哭了起来。七叔说道："小秃儿现在没什么事，把他叫过来，我有事要他办。你先歇息一会儿。昨晚上你跟你媳妇一宿没睡，我看见你屋里一直亮着灯，你大概好几天没回屋了吧。我自己也是一宿没合眼，我岁数大，不用睡多少觉。"

报丧条子

七叔叫小秃儿找来一些白纸，裁成四寸宽、八寸长的条儿，每个白纸条的左上角贴一小红纸条。然后拿来笔和墨，抄写若干份"报丧条子"，内容是：

> 东四牌楼礼士胡同吴府君于　　月　　日　　午　　时逝世，谨此报闻。
>
> 此条由门房口回

月、日、午、时暂时留空。七叔是个办事有条理的人，只是眼睛老花写字不方便。他拟好底稿叫小秃儿誊写。收件人姓名地址单写在小红纸条上，否则失礼。他希望报丧条子尽快送达吴家亲戚朋友，于是把自家一个男仆人叫来随时听命，及时奔赴各家报丧，越快越好，这是京城人家的老规矩。"由门房口回"也是一句客套话，因为收件人家未必有门房。

需要这样报丧的大约有四十家，另外一些比较远的亲戚朋友就用"讣闻"通知。讣闻正在印刷，印好了就发出去。

七叔不可能知道吴家所有至爱亲朋的清单，只是根据吴老爷子七十大寿送来贺礼的记账本子，在小秃儿帮助之下开出一份名单，没用多大工夫就写好了。

吴老爷子寿终正寝

就这样，吴老爷子去世了。

多亏有七叔指点，事到临头没有手忙脚乱。

吴老爷子咽气之前给他穿上了一身官袍，这身打扮代表着他清代末年在朝为官的短暂荣光。这样做本来是老人家自己的意思，吴家人也及时得到了他老人家的首肯。在吴老太太跟少爷给他穿装裹的时候，七叔就给杠房送信，叫他们送一张灵床来。杠房也是一种商业，专门提供丧葬用品，雇佣抬杠的、打执事的工人。灵床涂红漆，由杠房租赁。死者装棺入殓之前，要从平时睡的床搬下来，停放在灵床上。这叫"换床"。死者身体下面垫着好几层厚实的棉褥子，都是里面三新，请大街上的裁缝铺赶工缝制的。

吴老爷子的遗体按规矩停放妥当，身下垫着三层厚实的褥子，身上盖着三床被子，都是用上好的丝绸面料缝制，里边絮着厚厚的棉花。胸前放了一面镜子，叫"护心镜"。按照老年间的说法，这是为了防备邪灵为害。一小包茶叶和一颗珍珠放在两唇之间。茶叶包入殓时拿掉，珍珠留在口中。古老的习俗认为珍珠能保护尸体不受尘土侵害。

吴家从寿衣铺买来了一双特制的翻底绫靴和一个特制的枕头，枕头上绣了公鸡。公鸡每天晨昏准时打鸣，等于给死者预备了钟表。另外还有绣上莲花图案的，是佛教艺术常用的题材，常给女性死者用。老人家的两腿用细麻绳松松缠绕，这叫"绊脚丝"，是为了防止"诈尸"的，据说家宅如果有邪祟侵入，就会趁机捣乱叫尸体活动起来，吓唬大家。前边说过，"绊脚丝"会在投胎转世之后妨碍小孩子走路，必须在小孩子学走路的时候拿菜刀在他两脚中间剁几下，把那无形的绳子切断。

吴家人得到提醒，在遗体收拾停当之前不要哭喊，要忍住半个来钟头。七叔对大家说，哭的时候不要离遗体太近，别把眼泪掉在他身上，因为尸身上的泪痕，到阴间受审判的时候，都算劣迹。

请阴阳生

印好的"讣闻"派仆人送往亲戚朋友家的同时，也派人去请"阴阳生"。此人姓张，办公地点叫"德安堂"，就在齐化门内南小街，离礼士胡同不远。

张先生既管算卦也管看风水。办丧事的人家会请他来占卜，同时也会请他看风水，看一看新坟的方位好不好，也看一看阴宅的地望环境对家族的兴旺富裕是否有利，请他勘察一番提供指点。他们这一套说法好像跟道教信仰有关，又不永远如此。

这种人北京城里并不多，但是办丧事的人家必须找他们，这多少是个官方的手续，所以他们的生意很兴旺。归根结底，他们的营生百分之九十是纯粹的迷信，另外的百分之十则是掺杂了迷信的其他活动。尽管如此，他们在社会生活中的地位还是不可轻视的。他们的大小生意都要或详尽或笼统地知会警方，这听起来费解，其实不然。阴阳生必须通过警方的考察，才能取得营业资格证书，条件是他们必须在处理丧葬事宜的过程中发现不法行为的蛛丝马迹，立即报告警方。事实上，这些"义务侦探"和"伪装验尸官"把投毒谋杀案件报告给有关当局的事情时有所闻。

阴阳生到客户家去办事，是从来不敲门的。这个古老习俗的形成源于早年间发生的不快事件——某个粗心的阴阳生敲错了门，问人家有没有死人，这自然令人讨厌。所以北京的阴阳生不敲门，而是提高嗓门儿喊一声："劳驾把狗看好！"

阴阳生张先生来到吴家，给选定出殡和其他丧葬仪式的日子，他一进门马上检验吴老爷子的遗体，干他们这一行的从来不跟本家儿的任何人谈家常套近乎，一则因为人家没这个心情，二则因为他的工作太严肃了。

他拿起老人的手来细看手指头，似乎不经意地看指甲盖——中毒而死的人指甲盖发黑。然后掀起盖在脸上的红绸子，观察全貌，很快确定，老人是自然死亡不是被杀。他们还有办法根据手指头的状态确定死亡的具体时间，无须询问。

张先生说道："今天早晨6点前后。"

得到的回答是："差不多，我们家的钟5点3刻。"

随后张先生坐到桌旁从衣服口袋取出一本折了角的、因频繁查看已经快要散了的黄历。接着又拿出一张纸。他沉吟片刻把纸展平，用五分钟时间写了一个字条交给了吴家人。这可是一纸重要文件，相当于官方的死亡证明，也是出城的通行证。出殡的行列没有这张纸，那是不许出城到乡下的坟地去下葬的。警察和户籍官员跟阴阳生合作，随时清查人口状况。

死亡证

张先生写下了死者姓名、年龄、死亡日期时间，以及入殓和出殡的吉时。入殓的吉时是申时，即下午3点到5点；出殡的吉时是巳时，即上午9点到11点。

这张文书还写着，入殓的时候凡生肖属鸡、属兔、属狗、属龙的人一律不得在场，但是又加注一句"亲丁不忌"，就是说近亲属不受此限。下边又写道：死者的"殃"将在房里停留十五天，然后以一股蓝气的形式在离地面一丈二尺的高度朝西方而去，这叫"出殃"。

这是个好消息，只有善人的"殃"才能呈现蓝色并向西方飞去，因为西方乃是佛祖所居的地方。别的颜色和方向就没有这么吉利了。文书底部阴阳生盖了章，又写上习用的四个大字："小心火烛。"这四个字照例每次都写——要是不小心引起火灾连死人带棺材都烧掉，岂不是这家人最大不幸。

一切完事，阴阳生收钱离去。文书的内容看清记住之后就压在了死者胸前的护心镜下边。阴阳生还留下一小张印着"德安堂记"的黄纸，要求贴在大门左边的门框上，如果死者是女性就贴右边。

一些杂七杂八的小事情也都一一照办了——过年时候各处贴的红纸对联都用白纸遮盖了；一盏灯草当灯捻的小香油灯点着了放在死者身边，这是给他前往冥界的指路灯，要一直点燃到出殡为止；买来一些小纸钱（只有每年上坟烧的纸钱四分之一大小）每隔一个钟头烧几张，这是给吴老爷子送去的零用钱，以备一路之上的不时之需，等到入殓以后就要烧平常的纸钱了……

孝服

吴家叫来一个理发匠给吴少爷跟他儿子理了发。吴少爷必须一百天不理发不刮脸，他儿子小秃儿要六十天不理发，这叫"守孝"。女眷们必须把红头绳换成白头绳为期一年，然后再换成黑头绳为期两年。守孝期间只许佩戴白银或是蓝色烧釉的首饰，也不可以使用化妆品。

理完发，换好头绳，吴家男男女女开始穿早已准备齐全的孝袍。

孝袍历史悠久，一向用粗糙的白布缝制，布料的粗糙程度与穿孝人跟死者的亲近程度成正比。吴老太太和吴少爷穿的是最粗的没有漂白的粗棉布，剪裁最简单，没有任何线条可言，松松垮垮地往身上一披，拿粗布条子代替纽扣。领口像和尚穿的袈裟，也是古制。用同样的白粗布在腰间一围，只在前边系一个扣，让穿孝的人外表看上去极其邋遢。这套装束就是要给人一种印象——他们深深地沉浸在无比悲痛之中，根本顾不上注意自己的衣着是否剪裁合体，也顾不上自己的外表。孝袍没有纽扣，这在理论上说明穿孝的人因悲伤过度而手指麻木不能系纽扣了！

家里的男人要戴孝帽。这是用一块白粗布折叠成形，一条棉线缝成的。死者的儿子在孝帽的前额处用棉线缝上一枚方孔铜钱，孙子则缝上一个红绒球。死者的孙子要在上臂外侧缝上一个用红布剪成的蝙蝠或桃子，约寸半大小，给祖父穿孝就缝在左臂，给祖母穿孝缝在右臂。重孙缝两个，玄孙缝三个。已出嫁女儿的子女来吊唁的话，给他们胳臂上缝的这种标志用蓝颜色的布，他们穿的孝袍用比较细的漂白布缝制，而不用本色粗布。脚上要穿白色粗布孝鞋。死者的儿子、儿媳和遗孀要在脚踝缠黑布，孙子缠红布。

已婚的女性家庭成员要戴"包头"，取白色粗布折叠成三寸宽的带子，紧紧缠在头上，遗孀的包头带子有一丈二尺长，儿媳的有一丈一尺长，都要缠在头上，所以在前额形成一个凸起的结。

全套的孝衣穿戴整齐之后，别人一眼就能看出穿孝的人跟死者之间是什么关系了。

以上介绍的这些风俗习惯都是旧时京城里所特有。南方人也穿孝，他们在帽子上和腰间会缠绕粗麻，叫"披麻戴孝"，吴家并不采取这种形式。

哭临·守灵

如此这般按照礼制穿戴整齐之后，吴家人就在吴老爷子遗体停放的灵床两侧各就各位，男左女右依次跪在了铺着白布的坐褥上，静待诸亲贵友前来吊唁。他们必须坚持寸步不离，连吃饭睡觉都不能走开。

这时前来的都是近亲和好友，他们接到报丧条子立刻感到义不容辞，必须尽快前来，在入殓之前向死者遗体致敬。他们带来的礼物有大量的烧纸、冥币、整封高香、一对对的白色蜡烛，除此之外他们还带来了大声的哭号和眼泪，死者家人当然报以同声痛哭。

按照礼数，女性吊客哭的时候女性家属陪哭，男性吊客哭的时候男性家属陪哭。对于前来吊唁表示欢迎和感谢，家属要给人家磕头，来者岁数小辈分低也不例外。这条规矩起源于自古以来的一种认识——死者家属要以磕头的方式表示忏悔，承认老人之死都是因为自己的罪孽和照料不周造成的。这种态度也表达在正式讣闻的措辞上。至于家属跪在遗体旁边的习俗，据说来源于古代——敌对的部落或家族可能跑来抢夺或侮辱死者的尸体，这当然是家属必须防范的。另外还得密切注意不能让猫狗进入死者停放的房间，其中理由不难理解。

给死者办丧事的家庭，不可以跟人吵架和斗殴，无论对方多么不讲理，自己多么委屈都得忍着，否则就叫没规矩。理论上，他们极度悲伤难过，头脑已经处于瘫痪状态，他们应该拒绝享受舒适，就像古人说的那样睡在乱草里，拿土块当枕头——"寝苫枕块"。

第三十七章　办丧事

丧事叫"白事"，喜事叫"红事"，合起来说"红白事"。白色是孝袍的颜色，也是和丧事有关的一切东西的颜色，所以在我们的传统习俗里，白是悲伤的象征。而红色是新婚夫妇礼服的颜色，也是一切与婚礼有关的颜色，所以红是喜庆的象征。

发讣告

邀请亲戚朋友前来参加结婚典礼的请帖印在红纸上，而丧葬仪式的通知，即"讣闻"，现时大多印在白纸上，不过老派人家却用一种米色类似牛皮纸的纸张，不用白纸，因为死人对于丧家来说固然是一件悲惨的事，可也不应该把这悲惨的气氛传送到别人家里去。连收件人的姓名也不可以写在白纸上，而是要另写一个红色的纸条儿，贴在一角，这才合乎礼数。

讣闻的措辞行文很有讲究，过去是木刻版印制的（现在有些讲排场的主儿照旧），快速印刷及时投递。三百年前出现并且发行了许多年的第一张官方报纸"宫门抄"，就是用这种技术印刷的。

老年间的讣闻并不是单色的印刷品，当时的朝代名称、年号、人名、官衔、品级、对方与死者家庭的关系等等文字，都是要套红的，其他文字则印成黑色。可见用的是木刻活字套色印刷技术。而接受订单的是"刻字铺"。那些默默无闻的印刷工人，他们的手艺值得称道和尊敬，撰写印刷技术历史的时候，应该写上他们一笔。

讣闻投递的速度也很值得称道。印刷停当之后要一份一份填写地址，然后快速递送至全市各地的收件人处，以便客人能在"接三"当天到场。按照阴阳生的要求，必须在死后四十八小时之内确定"接三"的日子。讣闻跟报纸一样，是不能耽搁的。

吴老爷子的讣闻几乎立刻印好，把校样拿给吴少爷过目核准之后就请七叔主持开印，为此吴少爷又给七叔磕头致谢。

讣告的写法

讣闻全文是这样的：

　　　　不孝男广宗罪孽深重。不自陨灭。祸延

显考。

　　士仁吴府君恸于民国＿＿年＿＿月＿＿日＿＿时寿终正寝。距生于咸丰＿＿年＿＿月＿＿日＿＿时。享寿七十有六。

　　不孝男随侍在侧。亲视含殓。遵礼成服。叨在＿＿＿谊。乞赐矜全。谨此讣

闻
　　　　　　孤子吴广宗泣血稽颡
　　　　　　期服孙吴学文泣稽首

谨择于十月初七日接三

十一，十二，十三日僧道番经

十三日伴宿送库

十四日巳刻发引

"闻"字单起一行要用特大号字体，十分醒目。

这个讣闻是以死者儿子的名义发出的，如果没有儿子由孙子发出，则称"承重孙"某某。父亲去世，称他"显考"，母亲去世称她"显妣"，分别说"寿终正寝"和"寿终内寝"。"谊"字表示两家的关系，有"友谊"（朋友）、"世谊"（世交）、"寅谊"（同事）、"年谊"（同榜）、"学谊"（同学）、"乡谊"（同乡）、"姻谊"（亲戚）、"族谊"（本族）八种关系不能写错。父亲去世自称"孤子"，母亲去世自称"哀子"。父母双亡自称"孤哀子"。这些关系和称谓，在讣闻里要用红字。

吊孝的规矩

在新式教育引进之前，儒家经典《孝经》是小学课本的一种，其中第十八章对于父母亡故时的行为方式给出了规定和解释。大意说：

"孝子失去父母，痛哭时不要装腔作势，说话不要故作优雅，穿华美的衣裳会感到于心不安，听到音乐不会开心，吃到美味不觉得香甜，这就是悲伤的表现了。第三天就要开始进食（就是说他已经好些日子不吃东西了），因为圣人教导人们不应当因为父母亡故而伤害自己的身体健康。他可以拒绝许多事情但是不可以毁坏自己的本性，这才是圣人所主张的。"

《孝经》说：守孝以三年为限，要人们懂得凡事都有个头。孝子要为死者准备棺椁衣被妥当装殓，他要备齐上供的食物，排列棺前，将灵柩运往坟地时，他要大声痛哭，不断捶胸顿足。他要给死者找到最吉利的墓穴来埋葬。他要把死者的姓名写上牌位供在家里的祭坛，来祭拜死者的魂灵。春秋两季要上供，并按时纪念死者。这些规矩在中国大部分地区，几乎一成不变地遵守了三千年，这个现象很值得研究。

吴老爷子亡故引起了许多人的痛哭，但是很多的人对他们说，不要没结没完地号啕大哭，因为这是个"喜丧"，北京人认为，一个高龄老人寿终正寝是一件值得高兴的好事。俗话说"人生七十古来稀"，吴老爷子比"古稀老人"还多活了好几年，值得庆幸呢。前来吊唁的客人，在表示哀悼并痛哭一场之后，都拿这话来劝慰吴家人。

入殓

申时到，这是阴阳生给算出来的吉时，吴老爷子的寿材抬来了。这是一口"杉木十三圆"，足有五寸厚，二百来斤重，加上结实的架子，杠房的十六个杠夫抬着都有些吃力。在七叔的指挥之下，很快地垫好了丝绸和棉布的衬里。

北屋中间的堂屋门窗临时拆掉，给办丧事腾出空间，寿材就稳稳当当地摆在堂屋正中间，由杠夫带来的两条大板凳支着。

寿材的位置正北正南，按老北京人的习惯里边铺了锯末（如果灵柩不在本地下葬而是要运往远方并在庙里停放一些时日的话，就拿一袋袋的石灰代替锯末）。老人家的遗体现在从临时停放的灵床转移到棺材，由吴少爷抱头，小孙子抱脚，其他家人和老友在两边帮忙。老人的遗体安放稳妥，大家都注意要让他躺得舒服安稳，不会晃摇也不会滚动才好。

老人脸上盖的红绸衾单，嘴里塞的茶叶包，脚上缠的"绊脚丝"都取掉，而两唇间的珠子则含在嘴里。吴老太太拿一团棉花蘸些清水给老爷子擦洗眼睛，嘴中念叨希望他在阴间心明眼亮。又取来三条厚实的新棉被盖在身上，把边边角角全都塞得严严实实，最后盖上轻薄的内盖和厚实的顶盖，入殓宣告完成。还剩下最后一道手续"下销"，就是钉棺材盖，留待次日由杠房的人进行。

入殓仪式在七叔专业指挥之下进行得有条不紊细致周到，他还想到用大力气猛击灵床，为的是吓跑暗藏的邪灵恶鬼，免得作祟捣乱。入殓完成，所有在场的人大声痛哭一场。遵照阴阳先生的话，许多亲戚被禁止观看入殓。比如，"四眼人"，即怀孕的妇女，是不可以到入殓现场的，因为迷信认为如果孕妇的身体或衣服接触到棺材的话，就会导致流产。

这一天下午，七叔忙极了。他得去跟棚铺接洽搭棚的事。接三那天会有大批的客人前来吊唁，要招待他们吃饭，所以得把棚铺叫来，在院子里搭盖席棚，挂上一切应有的装饰。棺材前头要临时搭建一个"月台"，它的高度与堂屋地面齐平，装有栏杆和台阶。旁边再搭建一座"经台"，供释道番三教僧众诵经之用。这台子两层高，也挂着花花绿绿的装饰品。大门外头立起一座用白、蓝两种颜色的纸花和布条装饰的牌楼。

大门旁边的院墙上贴了丧事的日程表，这是为了给邻居的朋友们提供方便——这些人可能也想来参加但是不巧没有接到邀请。

祭 桌

吴老爷子的遗体装殓已毕，棺材上覆盖了一个红缎子做的落地罩，上边用金线绣着蝙蝠和寿字。这样一来，就只能看见棺材前面的一部分了。这里，由一位随叫随到的画师用金漆描绘了一个圆寿字，是篆刻家用的那种篆体。

棺材的正前方放上了一张祭桌，上头摆的是一对蜡扦，一个香炉，一对花瓶，插着纸花——雪白的莲花和碧绿的荷叶。

七叔认为莲花合适，就把白色的牡丹花拿掉了。

那些擦得锃亮的锡器都是从家伙铺租来的。另外还租来一盏"闷灯"，也是锡制的，像个小亭子，大约二尺高，里边点香油灯，发出晦暗的光线。闷灯有个不大的开口正对着棺材，把微弱的光投射到棺材正面。祭桌前边再放一个短腿小桌，上面摆一套铜制酒具，因为有的吊客可能会为死者"酹酒"。

祭桌上的香炉里插着拿蓝纸条系在一起的四根香，但是并不点燃，只是一个仪式而已。

由落地罩覆盖的棺材两边依次摆好坐褥，是给吴家人预备的，有吊客到来时，他们要跪着给人家磕头，陪他们一起哭。吴少爷跪在左边第一个坐褥上，小秃儿在他后头；吴老太太跪在右边第一个坐褥上，儿媳妇在她后头。没有客人的时候他们可以盘腿坐着，让两条酸痛的腿稍事休息。反正没有外人看，何不放松片刻呢。

东厢房设置了账房，七叔摆了一张桌子，他受托照看财务，负责接收和登记各方的礼物及赠金，支付杂七杂八的开销。他请来另外一位先生帮忙。吴少爷拨给他俩一笔钱款，要他俩负责记账，一套账本很快就备齐了。办丧事里里外外头绪纷繁，他们二位着实大忙一阵。

祭桌、闷灯、酹酒器

耗财买脸

但凡财力相当的人家，耗费巨资给去世的老人举办风风光光的丧事是孝子义不容辞的责任，只有这样才能充分表达对死者的敬重。为了给父母办一场风风光光的白事，有不少人家欠下了巨额债务，很多日子还不清。这可是攸关"面子"的大问题，一扯进"面子"，"节俭"二字就抛到九霄云外去了！

吴家小秃儿也有活儿干，他要烧纸。接三以前不给死人供吃的，每天清早烧"鸡鸣纸"，晚上烧"黄昏纸"，接三以后的三餐时间要烧"供饭纸"。

第二天，棚铺的人把天棚架子上的苇席缝全了，家伙铺把一车一车的桌椅板凳拉来了，送礼的人也陆续来到吴宅。大部分是送礼人家派来的仆人，他们有的随礼物送来名片，有的口头通报主人姓名。七叔和助手把每一笔都登记在礼品账上，同时开具一张印好的收据，跟讣闻一样，也印着吴家全家人的姓名，他们二位还要负责付给来人"力钱"，这是一种小费，多少依礼物的价值灵活掌握。

收到的礼物真不少。有些是"官吊"即通行规格的吊唁品，包括香、蜡烛、烧纸、金银纸锞四样，从老人家入殓之前就大批来到了。另一些人送来的是"祭幛"，这是用整幅宽窄八尺到一丈几尺长的绸布料做的匾，布料的颜色只用灰蓝黑色。两边是上下款，中间横着是用金银色纸刻出的大字，一般都是四个字的词语，如"一代完人""哲人其萎""音容宛在""万世流芳""驾返瑶池""福寿双全"等等。看得出来，不少的人对吴老爷子的高尚品德表达了敬意。这些金纸大字是从刻字铺订购的，刻图章的师傅经常把字刻好预备着，费用低廉。

还有些人送的是挽联，就是表示吊唁的对联，左右对称对仗工整词句优美，都是对老人家恭维备至，说他如何品德高尚，如何成就斐然，给丧家带来很大的安慰。这些祭幛和挽联全都用倒屈钩悬挂在席棚里边，供客人观赏。

吊客盈门

国人的风俗习惯，死人入殓后，要在家停放一些日子，穷人五天，阔人最多七七四十九天。一般人家是七天或者九天。这些日子每天要请佛教、道教、藏传佛教的僧侣来念经，从上午9点到下午5点左右，其间有定时的间歇，他们也是一天工作八个钟头。僧侣们的念经服务不一定由丧家付费，往往是亲戚朋友出钱雇来当作祭奠的礼物。十一至十五个僧人合唱似的念三天经，叫作"一棚经"，雇请的人要付给相当大的一笔钱，越是著名大庙的和尚就越贵，京城的僧人要价之高是出了名的。吴老爷子丧事期间有三拨念经的：道士经是吴少爷的一众朋友所赠，喇嘛经是另一个来源，只有和尚经是吴家自己出钱雇来的。

死后第三天是"接三"，这是一场响动极大的仪式，一直吵闹到半夜，其中必不可少的就是大声诵经。

一班子吹鼓手一大早就带着响器，在大门和二门安顿下来。他们在大门外头支起粗壮的木架，上头放稳一面大鼓，足足五尺高，两头都绷着牛皮面，直径三尺多，又支起一个类似的木架，挂着大铜锣。旁边一张小桌边坐着几个吹唢呐的。

二门安排了两面小的平鼓和两面小锣。大门外头的鼓和锣是报告客人来到的，男客人是大鼓四下。女客人是外加一声唢呐。二门的响器接收到这些信号就往里院传，本家儿一听有客人来，赶紧回到坐褥上按规矩跪好迎接吊客。

到了晚上天刚擦黑就"送烧活"——高粱秆做框架，外边糊上彩纸做成的骡子车、衣箱等物，都是从裱糊铺定做的，要陪同死者同去阴间——这些烧活由本家儿的男性家属护送到离家不远的隆福寺神路街点火焚化，送烧活的行列由吹鼓手为先导一路吹吹打打，引来路人跟成群的小孩子瞧热闹。

吹鼓手们身穿绿色粗布长袍，上头印些简单粗糙的花纹，头戴圆笠形白毡帽，顶上缀一撮红帽缨，有点像清代的官帽。乐器和鼓架子全都以耀眼的金漆画上龙凤花纹。不难想象这帮人的确可称花里胡哨。

正午时分，吴老爷子该"享用"死后第一顿饭了。按照风俗习惯，这顿饭本应该由出嫁的女儿来供，他家应该奉上一桌丰盛的筵席，这既是责任也是荣幸。可是吴家老两口儿没有出嫁的女儿，让全家很伤脑筋。不过足智多谋的吴老太太总是有主意——请小秃儿的干妈赵太太来代替好了。

赵先生是吴老爷子的密友，他们当然满心乐意地承办了这份很有面子的事，一桌丰盛的筵席转眼就从一家很有名气的饭庄子叫来了。美味佳肴摆上了吴老爷子灵前的祭桌。

赵家少奶奶来了，她身穿一袭白孝袍，不过布料是比较细的漂白布，跟吴家人穿的不一样。赵少奶奶在灵前下跪，这时蜡烛点燃，菜肴冒着热气，她按照礼仪举起了杠房提供的黄铜酒杯。一位女仆人跪在祭桌旁端起酒壶向酒杯斟满水（代替酒）拿托盘托着递给少奶奶，少奶奶接过酒杯双手高举过头然后把杯里的"酒"倾入下边的大铜盆，然后磕一个头，这个动作重复三遍之后开始大放悲声，跪在棺材两边的吴家人自然陪着她一起哭起来。哭了一阵就有客人上前来劝这才止住。赵少奶奶祭酒的同时，外头的吹鼓手一看

416

头儿的手势就奏起了悲凄凄的曲调。这个仪式一共进行了大约十分钟。

前来吊唁的客人，多数也进行了这个仪式。

折祭·奠敬

接三是头一批吊客到来的日子，这一天天气甭提多好了，前来致祭的客人跟街坊邻居异口同声地说这不是巧合，而是因为吴老爷子生前为人太好了，他为人厚道正直热心助人，感动了上天。有的人甚至大胆预言，说几天以后出殡的日子，天气也一样错不了的。

中午没有备饭，只给客人们安排了晚餐。大家坐下来吃了面条和简单的菜品。今天来的都是关系亲密的朋友。没有带来礼品的就出了一小笔现钱，装在米黄色的封套儿里头，贴一个蓝纸的签儿，写上"折祭"二字。

老北京的风俗，出钱祭奠死者有两种形式：上边说的"折祭"之外，另外一种就是"奠敬"，也叫"份子"，不过人家结婚办喜事送给的钱也叫"份子"。俗话说的"出份子""凑份子"就是这个事，可能是古代众人集资办婚礼或葬礼的习俗遗留下来的。至于"折祭"的数额可多可少，出入很大，要看彼此关系远近亲疏，也要看以往互赠礼物的级别。"份子"最少的，在民国初年，一般是二十大枚或稍多一点，到后来也就是四分多一点。

接三·送三

到了下午，越发热闹。大约4点钟，裱糊铺就把"烧活"送来了，是一套纸糊的车马，先摆在大门外给大家观看。按照佛教的说法，死者的亡灵就要出发前往阴间了，这是给他预备的交通工具。如果吴老爷子不是死在京城而是死在外地，这些纸糊的车马是要在他一咽气立刻就烧的。

给吴老爷子定做的这批烧活主要是一辆十足尺寸的骡子车，所有配件一应俱全，轮子还能转动，可以拉着走。还糊了一个骑在马背上的仆人和一个赶车的仆人，他们身上穿着清代的官衣，这是因为吴老爷子这次远行并不想隐瞒自己的身份。另外还有四口纸糊的箱子，里头装满纸元宝。盖子全都贴着封条。可是很显然车上并没有留出地方拉这些箱子。烧活很快就招来许多瞧热闹的，主要是四邻的小孩子，他们早就等着看这场热闹了——到了晚上送往空场点火一烧。因为担心有些天性顽劣的野孩子来破坏，所以找来两个要饭的给看着。

念经的和尚天一擦黑就到了。一共九位，都穿青色袈裟，领头的是一位住持，他头戴一顶"五佛冠"——五片绣片连缀而成的帽子，每一片上绣有佛像。在和尚们到来之前，庙里先派来一位"铺排"即俗家仆人，运来了所有的用具，在搭着席棚的院子里布置好念经的台子，挂上绣花的幔帐，点亮蜡烛，把经卷打开翻到要念的地方。和尚们都有各自的乐器——鼓、锣、笙、箫、云锣等，也一一放置妥当了。

念经开始之前先演奏乐曲。穿插诵经，叫"三打两念"，紧接着诵经开始，首先念的是《金刚经》里最有法力的一段。送吴老爷子上路的仪式"送三"开始了。

这时吴少爷和小秃儿已经依照吩咐在祭桌前下跪，瞬时"送三"队伍出发时间到，全家人大放悲声哭号震天，一些亲朋客人也跟着哭起来。走出大门时由七叔指挥排成一列纵队，秩序井然，七叔的组织才能此时发挥得淋漓尽致，在和尚们念经奏乐的当儿他跟助手都穿好孝袍，站在大门旁边给送三队伍的每一个人手里递上一小股燃烧的香，或是一盏点着的白纸小灯笼，连蜂拥而至看热闹的邻居小孩子也不例外，他们手里有了纸灯笼，就自动站在胡同两侧不再乱跑。

送三队伍打头的是身穿绿袍的吹鼓手，接着是手持燃香或灯笼的亲戚朋友们，纸糊的骡子车由四个力工抬着车辕，活动车轮滚滚行进，神气十足。两个男仆举着一对大灯笼走来，为今天送三的主角开路——吴少爷由他身穿白孝袍的内弟搀扶着慢步前行，后边紧跟着小秃儿。九位和尚吹奏乐器殿后。

队伍慢慢来到隆福寺庙门前的神路街，这是一条很宽阔的街道，有如一片广场，离礼士胡同不到半里地，车马等项"烧活"就在这儿焚化，一堆火焰腾空而起，在看热闹的孩子们兴高采烈的欢呼声中，瞬间化作灰烬。

吴少爷跟他儿子跪在当地，目送吴老爷子的魂灵坐的骡车烧化成灰，不断地向每位客人叩头致谢。

送三仪式顺利完成，七叔深感欣慰——老友吴先生理应享受这场又热闹又风光的送别。

北京有个风俗习惯：凡是办丧事的本家儿都要给前来吊唁的亲友佩戴一个标志，一般是一条用漂白布做的孝带子，系在衣服外头的腰部。一些家庭不用孝带子，而是用一朵白纸做的菊花来代替。这些东西庄重地放在铜茶盘里，吊客先到月台上向死者致敬，然后向跪着守灵的本家儿表示慰问并送上奠敬，此时本家儿就给吊客送上孝带子或白花。吊客致敬的方式有的是磕头，有的仅仅是从香炉里取来一束香，双手抱拳高举过头，并不磕头。

本家儿会请求客人把孝带子或白花佩戴起来，说这样做就能减轻死者的罪孽。不过也不可以强求。有些亲密的朋友也可能穿孝前来，这得看他的级别和地位如何。如果他是孝子或孙子的把兄弟，他就得穿全孝，因为他视同死者的亲儿子或亲孙子，吴少爷的几个把兄弟都是穿着白粗布的孝袍来的。小秃儿的四个把兄弟都是穿着白孝衣，左胳臂戴红绒球来的。本家儿也给他们发了孝带子，但是不要求他们戴孝帽穿孝鞋。

送烧活的队伍出发后，院子里暂时安静下来，女眷和女客并不要求去送三，但是她们留下后也得哭上一阵子，大约一刻钟之后才止住悲声。吴少爷和小秃儿回来时大部分客人已经离去，只有少数至亲没有走。

放焰口

9点钟左右和尚们回来了。今晚还要有一场重要的佛事，念经直到深夜，叫"放焰口"，这个说法来自佛教的传说。

从前有个老妇人，她本来是个虔诚的佛教徒，但是到了晚年她觉得虔诚信佛并没有带来实实在在的好处就反悔了，尽干些原本知道不对的事情。她原先常常满心欢喜地给朝圣的和尚道士发放布施，在自家佛堂的灯盏使用素油，这都是好事。可是后来她变了，她口出恶言恶语驱赶化缘的僧道，她在佛灯里使用荤油。

她死后灵魂被关进十八层地狱最黑暗的囚牢，饱受酷刑折磨，以此来惩罚她背弃信仰的罪行。她有一个儿子，幼年就被她送去出家当了和尚。他坚持修为成了造诣深厚精通佛法的高僧，法号目连。

目连听说母亲在阴间的遭遇，就想去救她。他来到地狱大门，看门的恶鬼不许他进去，把大铁门紧紧关死。目连举起禅杖砸开铁门，见到了正在遭受酷刑的母亲。看管她的恶鬼十分凶残，不顾老妇人一再表示忏悔还是千方百计不停地折磨她。

这时她的两眼已经失明，目连用舌头去舔母亲的眼睛，使她恢复了视力。她肚子很饿就向儿子要吃的，可是吃的东西一到嘴边立刻变成了一团火焰，不能食用。于是目连开始念诵佛经，把火焰化解，母亲又能吃东西了。目连的孝心感动了神佛，赦免了他母亲的罪过，把她放出了地狱。

京剧有一出戏叫《目连救母》，演的就是这段佛教故事。

给逝去的吴老爷子举行"放焰口"，是一场很值得一看的佛事。

仪式大约从晚上10点开始。和尚们来到专门为此搭建的台子上头，在他们高声念诵头几篇经文的时候，事先已经写好的一份文书呈送上来了。那上边写的是死者的姓名、年龄、各位和尚的法号，还有吴少爷的名字，这是表明吴广宗以"孝子"的身份请求诸位高僧运用佛法的力量来照料父亲在阴间一切顺遂。文书在适当时刻焚

放焰口的高僧

化，吴家人都跪在灵前目送。仪式一直持续到午夜以后，诵经与奏乐交叉进行。

午夜后又举行了一场"无遮法会"，这跟七月十五中元节的"盂兰盆会"相似，就是召唤孤魂饿鬼前来享用施舍。和尚念完一段经文，开始一一召唤各路鬼魂，念道："凡此孤魂等众，俱愿借三宝（佛、法、僧）之力，仗秘密言，此夜今宵来受无遮法食甘露。"

这时，昨天下午从蒸锅铺送来的一大盘"炉食饽饽"已经在灵前供了一天。这些小馒头染上红绿颜色，码放得如同一座小山，执事的把它们端到大和尚座前，和尚把饽饽掰碎，从经台抛撒下去，同时还抛撒大把大把的五谷杂粮。这都是给阴间那些孤苦无告食不果腹的野鬼送去的口粮。大概是让它们吃饱肚子别去打扰吴老爷子吧。吊客们带来的小孩子为等这一刻连觉都没睡，这时争先恐后跑去捡撕碎的饽饽吃，因为大人早已告诉他们，吃了这个以后就不怕鬼了。

关于"放焰口"还有一些迷信的说法，比如说，身披袈裟头戴五佛冠坐在中间的大和尚，他今晚就能看见所有那些鬼，他能看见那些面目丑陋奇形怪状的野鬼，而其他和尚也许根本看不到。还有人说，如果有个"眼睛干净"的小男孩胆敢躲到大和尚身后，往手里拿着的镜子里偷看，他也能看见那些鬼。更有人进一步说，焰口放到某一段的时候，那位新死的鬼魂也会出现，他身穿入殓时的衣服，跪在和尚们面前，显然是把和尚们看作了神佛的代表。每到这个时刻，那位俗家铺排就会做手势叫本家儿在灵前下跪举哀。

"念诏请"召集各路饿鬼的时候，要大量烧纸钱，这是为了让吴老爷子趁着饿鬼们争抢饽饽的当儿，赶紧把给他送去的钱收进钱包免得被抢。放焰口的仪式通常都是在凌晨结束，这是天亮之前最黑最冷的时刻，也是最悲伤最令人动容的场面——全家人大放悲声，哭声与泪水大量抛洒。是的，如果大家不痛哭一阵的话，死者怎能知道亲人们在为他做的一切呢？

吴老爷子从阳间前往阴间的行程，途中经过的各个地点都在和尚们念的经里头一一点到，这条道路叫"黄泉路"，俗话说"黄泉路上无老少"，谁也不免走一遭。其中有一个地点叫"望乡台"，那是一座高台，死者的魂灵登上高台瞭望远处的家乡，看见新寡的妻子和丧父的儿子抚棺痛哭的悲惨景象内心无比凄苦。据说到达望乡台的时间是死后第三天。

人死后的经历和体验，在和尚念的经里有形象的描述，与其说是给死人听的，莫若说是给活人听的："到此时方知万两黄金带不来，一生唯有孽随身"，"生前造下千般孽，死后阴曹万种罚"，还有"为人不把弥陀念，枉在人间走一遭"……无非都是劝谕活着的人赶快从俗世间扰攘纷乱无谓的行为里醒悟，快快皈依佛祖。

放焰口的佛事结束时天色欲晓，和尚们吃了夜宵，就回去了。

接三、送三、放焰口的仪式过后，吴家院子里相对安静了两天。这两天没有举行仪式，只是每天给死者供饭三次，跟全家人吃的一样，给摆在灵前的祭桌上，同时大量烧纸钱，叫"烧供饭纸"，为的是让吴老爷子一路之上手头宽裕。

看穴

吴少爷趁着没事去了自家坟地，已经着人雇工开挖墓穴，叫作"打坑"。

看坟的已经得到通知，记住了出殡的日子。他代本家儿雇来工人挖一个五尺宽、八尺长、一丈深的方坑，拿一领苇席盖上，免得下雨时坑内积水，这个叫"坑拍子"。打坑一事，吴少爷自然免不了又要请阴阳生张先生来指导。墓穴地点虽然已经确定，但是棺材下葬具体的方向是正南正北还是偏东偏西几度，必须征求阴阳生的专业指导，必须照办。

阴阳生先用罗盘找准子午线，然后精确地计算出棺材下葬后的位置，一丝不苟，因为此事极其要紧，关系到全家今后的兴衰。吴家要想家道兴旺越过越好，这些细节必须认真对待丝毫马虎不得。

根据风水术的预言，这一年喜神位居正北，吉星从北方照来，直射位在南方主火的"离"位，旁边另一家的坟地里一排大树使它发生四十五度的折射，照在西北的土坡上，再反射回来，正好落在棺材的位置上，这是大吉大利的风水。不过这中间有一座塔，风水先生眯起一只眼睛仔细观察后说，幸好角度有几度的偏离，不构成严重的妨害。他说，按照风水学说，塔不是好的地物，能吸尽这一带的地气，即便很远也不好。

阴阳生的罗盘

风水先生有话

为防万一、保证安全，风水先生说，棺材下葬时头朝东南偏两度避开那座塔，这样吴老爷子就能正对喜气来的方向，给家族带来大吉大利。他说，这样还能避开"离"位，"离"主火，有破坏性，避开它就能保证老吴家以后人丁兴旺。他说："府上已经两世单传，香烟断绝的危险够瞧的了。"

风水先生这些主张让吴少爷看到，他不但是精通专业的行家，而且是尽力为吴家着想的好人。以上各点一再核查无误打下木桩之后，打坑的操作开始，坑的深度也得征求风水先生的指导，他仔细思量后说以十尺为宜，因为越深离地下水越近，而水是智慧之源，埋得越深，子孙后代就越聪明。

风水先生都极善于提供诸如此类的指导，吴少爷只能点头称是。

张先生还说："干我们这一行的，理应给客户最大限度的指点，但是通常并非如此，像我今天对你说得这么多，那是很少见的。"

吴少爷问道："这话怎讲？"

张先生回答："我们说得太多，要遭到瞎眼的天谴。"这是看风水这一行里一贯的忌讳。

吴少爷听了再次点头称是。

第三十八章　出殡

吴少爷到坟地去照料打坑那天，七叔在家里也度过了极其忙碌的一天：时间有限而需要安排的事情太多。他费了好多工夫跟行厨师傅们定下了出殡前请客的菜单。

坐夜

这一天俗话叫"伴宿"，就是说前来吊唁的客人要跟丧事本家儿的人一起度过死者离家下葬之前的最后一个夜晚。这场举动花费巨大，要采购许多东西，吴少爷吩咐，每一笔开支都得经过七叔亲自审核。

吴少爷还请来了经手办事的人研究了出殡的队列，行进的路线，雇用的人力，一应细节全都做好安排。他跟杠房说好用"三十二杠"，即三十二个杠夫抬棺，所有的木杠都必须是新上的漆，要光亮，所有的绳子和配件都必须裹上红布。棺材周围要用木架支起豪华的绣花棺罩，棺罩的顶上要用金漆避火珠，才有气派。杠夫都要身穿绿色"驾衣"，头戴饰有雉翎的帽子，脚蹬黑布靴子，而且必须剃头。

七叔吩咐，为了让邻居们看一看吴老爷子阔气厚实的黑漆寿材，先在礼士胡同里用十六人小杠抬到大街再换三十二人大杠。按照老规矩，豪华的三十二杠和棺罩早已经在大街上"亮杠"展示给人看。"杠头"手持两根一长一短的方形红木棒，敲出清脆的声音来指挥杠夫们的动作，大杠行进平稳不乱，全靠他响尺打得好。大宅门会雇请两位响尺，叫"对子尺"，他们二位协调默契，更显本领高超。出殡行列里还要有四个人抬的领魂轿（其实是一把圈椅）和一个人举着的红色座伞。

吹奏音乐的除了上文所说的之外，还有一支操七种乐器的清音班子和一支童子锣鼓队，由一队手举小伞的幼童相伴。他们全都身穿绣花衣裤，头戴渔夫斗笠。另外还有一批孩童手举"雪柳"——插在木棒上的一丛竹条，糊满白色纸条，据说是代表死者家人流淌的眼泪。

八位身材魁梧的力夫充当死者的"扈从"，他们手举长柄的古代兵器模型——金箔罩漆的"金执事"：金瓜，钺斧，朝天镫。这些排场是因为吴老爷子早年当过官的缘故。吴家另雇了一批人以备届时举旗举牌之用。还雇来一个专门负责抛撒纸钱的人——他走在出殡的行列当中，每到十字路口便向天空抛撒大把的四寸大小的白色纸钱，为的是打发野鬼外祟，免得它们躲在暗处捣乱。除此以外还要雇用若干备用的人，让他们在送殡行列里抬着或是举着吴家众多朋友送来的祭品，主要是大量的纸糊的物品——纸花圈、纸画轴、纸人形等等。粗粗一算大约需要雇八十人，除了口头协议之外，再写下一张明细的人工单子。届时如果需要，还得再雇人补充。

送库

不出七叔所料，亲友们致送的"烧活"陆续来到。有送四季鲜花的。有送金山银山的，这些纸糊的祭品要跟随出殡的行列一件一

金山银山

件地由人端着送到坟地焚烧，这就需要雇人。通过杠房去叫些半大孩子，叫"小拿儿"。

新派朋友送的是花圈，老派朋友送的是纸糊的仆人——有挎着买菜的竹篮和一块猪肉的厨子，有端着洗脸盆和毛巾肥皂盒的女用人，这些纸人后背都贴一白纸条写着他们的名字，免得吴老爷子不知道怎么称呼他们。

每收到一件，账房都给开具正式的收条，而实物则陈列在月台上，供大家观看。

诵经三天

持续三天的诵经从吴老爷子咽气后第六天开始，为此在月台旁边临时搭建一座经台，也用绣幛纸花等装饰起来。经台分三部分：佛教的禅经居右，道教的道经居左，藏传佛教的番经居中。他们的"铺排"都早早来到现场进行准备，摆放法器经卷，悬挂神佛的画像。

道教的经台悬挂的是"三清"画像，"三清"是："上清元始天尊""玉清灵宝天尊""太清道德天尊"。还有道教的创始人老子的画像，一位满脸胡须的老者，他姓李，生于公元前604年。据说他在母腹孕育了七十年，活了一百六十岁。道士不像和尚那样剃光头发，他们蓄留长发，在头顶上绾成一个发髻，黑色道冠顶部为它留一个圆洞。道士诵经声音极小，几乎听不见，使用的伴奏也是小型的打击乐器，没有大吹大擂的，显得更加庄严肃穆。道士常念的是《黄庭经》里的几篇经忏。在诵经的过程当中，道士们频繁地换衣服，都是非常豪华鲜艳的刺绣道袍，俗人看了一定以为他们是些最讲究穿戴的人，都有装满华服的衣橱。

道士们诵经当中穿插几次"送疏"——通过焚化写着死者姓名生辰等内容的黄表纸把他的魂灵托付给元始天尊、灵宝天尊和道德天尊，请各位天尊照看护送死者的灵魂，免受轮回转世之苦，直升仙界。为此目的，道教信徒要通过刻苦修炼，要点就在清心寡欲，自我克制，涵养丹田之气，自我圆通，直到物我两忘，这样一旦蜕去皮囊，就可以升天成仙。道教信徒说，为此必须彻底明了，一切世俗的贪欲全都无益，一切追求现世生活完美的欲望都应摒弃。

和尚们也挂出佛教的一组神像——"三世佛"，即释迦牟尼佛、药师佛、阿弥陀佛的画像。后者就是"接引佛"，负责护送死者的灵魂在求得阎罗王的赦免之后前往西天极乐世界，实现灵魂的圆满境界——涅槃。

经台的中间部分是留给"番经"的，就是藏传佛教僧人念经的位置。喇嘛们在展示宗教艺术方面也毫不落后，他们挂出大量的"唐卡"，就是画在丝绢上的藏传佛教神像卷轴。

藏传佛教的神像大多面目狰狞令人心生恐怖，有的长着巨大的牛头，有的头发像火焰燃烧，有的佩戴由人骷髅穿成的项链，全都踩踏在各种动物的身体上。这些藏传佛教的神也长着好几副面孔的头部，有许多对手臂，每一只手里都拿着法器和宝物。

喇嘛们穿黄，这是黄教创始人、伟大的宗教改革家宗喀巴规定的官方颜色，他们跪坐在黄色的坐垫上，面对印在狭长纸张上的藏文经卷用低沉声调诵经。经文的详细内容外人无从知晓，因为全都是西藏话和蒙古话，只知道那是《金刚经》。念经用蒙古和西藏的音乐伴奏，乐器有一丈多长的大铜号"刚洞"和立在喇嘛面前的皮鼓，用弯曲的鼓槌击打，加上其他乐器，响动之大令道经和禅经相形见绌。正座主法大喇嘛藏文叫"德穆奇"，他座前摆放一个用酥油和面捏成的小塔和酥油灯，在诵经时一直点燃着。

诵经持续三天直到出殡之前，吴家诸人忙里忙外，不断上供烧纸，不断按三棚念经僧人的要求在大门口焚化疏表，吴老太太对于给她老伴儿做的这些身后的功德深感满意。

喇嘛念经

送三

老天爷没有辜负吴家许多热心亲友的期望，丧事最后一天也是一个风和日丽的好天气。这一天的仪式热闹嘈杂，比接三那天加倍喧哗。吹鼓手和三棚诵经的僧人再次光临。接三那天来过的客人全都再次来到，向吴老爷子表示最后的哀悼。接三那天因为事先另有安排而没有来的也来了。可院子搭的席棚挤得满满当当，客人们一边喝茶一边互相介绍。他们有的来吃中午的席，有的来吃晚上的席，有的两顿都吃。

客人们男女分开，六个人一桌轮番入席。而丧事的本家儿大部分时间都得跪在灵柩旁边，等客人们就座之后来到每一桌前跪在白布垫子上磕头道谢，而客人们只管开吃，面对佳肴大快朵颐。办丧事要摆席，是个很有特色的习俗，吊客刚刚在灵前号啕大哭，转过脸来就开吃，这可真是个高超的艺术，不是个中老手干不了。

仪式按部就班依序进行，每一位客人来到时吹鼓手都演奏一番，然后由丧家的朋友陪伴走上月台。灵前蜡烛整天点燃，一连串的仪式由客人和丧属双方按照规矩履行着。

有的客人带来了"祭席"，就是一桌美味佳肴，也有送"饽饽桌子"的，就是一桌糕点。这些吃的都必须按既定的上供程序让死者吃下去才算尽到礼数，所以这一天在短短四五个钟头里吴老爷子就"吃"了不下十顿。每上供一次都伴随着一场号哭和别的仪式性动作，如果上供仪式被粗心遗漏，那对于主客双方都是大大丢脸的事。俗话说"有钱难买灵前吊"，所以这个仪式关乎脸面，对于所有送来祭席的客人，丧属必须一视同仁表示极大的尊敬。

这一天要做的事情很多，连诵经的僧道都必须抓紧时间加快进度，赶在傍晚"送库"之前把节目演完。

烧活

大多数老百姓从生到死都在为衣食温饱奔波劳碌，奋力挣扎免于没顶之灾，但是让他们死后变成百万富翁或是貌似百万富翁却是一件轻而易举的事——死人的孝子跟亲友只要财力允许都会给死人置办一大堆装满金银财宝的"楼库"，就是用高粱秆扎架糊上彩纸的房子。通常一套楼库是三件：一座两层高的楼，夹在两座单层平房之间，富丽堂皇极具古典建筑的风味——飞檐斗拱，雕梁画栋。汉白玉栏杆，一样不少。

楼库人

这些都是手工技艺的杰作，中间的一座高一丈二尺。两边的略矮一点，死人的魂灵把他的金银财宝全都收进楼里，楼门紧闭上锁，钥匙拿在纸糊"楼库人"的手中。楼库人站在台阶上手里还拿着账本，记下主人每天的收入、支出和余额。

楼库的门都贴着封条以防盗贼光顾，大概因为对守库的缺乏信心，还请来高僧给封条开光作法画符念咒，防备任何野鬼外祟胆敢前来打财宝的主意，偷拿孝属亲友赠送的大量纸元宝。在咱们活人看来，所有这些纸糊的烧活全都轻飘虚假，但是一经焚化到了阴间就都变成真金白银了。

这些烧活是七叔叫冥衣铺定做的，送来之后先在吴家院子陈列，到了傍晚就送去焚化。

焚库

焚烧楼库的仪式叫"送库"，队伍从礼士胡同吴宅出发，庄严隆重步履缓慢地经过东四牌楼前往隆福寺神路街，就是几天前烧纸骡车的那个地点。送库的行列大体上跟上次一个样，只是因为天还没黑所以燃香和纸灯笼就免了。五颜六色的烧活已经在半个钟头之前运去，并不在送库行列之内。尽管如此，这个行列仍然堪称色彩缤纷，因为僧道喇嘛都走在队列里。

道士们一如宗教仪轨不慌不忙悠闲踱步，好像根本不在乎别人瞧见没有，可是他们身上的披挂缤纷漂亮，极其引人注目。喇嘛们可就不一样了，他们一身黄袍，拿着样式别致的乐器大吹大擂。他们吹着弯钩喇叭和大长号筒，藏语叫作"刚洞"，这种黄铜打造的特大管乐器足有一丈长，得雇人抬着走，由喇嘛吹奏，发出低沉悠长的大低音，间隔只有十秒钟，肺活量之大令人敬佩。

人数众多的吊客构成这支队伍的主干，彼此都能看得见，因为参加这场仪式是一件很有面子的事，有个办得起如此盛大隆重的丧事的阔朋友，那可是谁也不会错过的露脸的机会！吴少爷双手捧着摆在铜茶盘里的酥油灯，那是大喇嘛加持过的，极其神圣。他的儿子吴学文紧跟其后，双手郑重地捧着写在黄表纸上的"疏"——他爷爷前往极乐世界的介绍信。爷儿俩庄严肃穆地迈着方步稳步行进。

和尚们走在最后头，他们身穿青袍，外边斜披红缎金线方田格的袈裟，胸前用白玉带钩别住。和尚也用力敲打吹奏乐器，好像在努力制造更多"噪声"，虽然不可能赛过喇嘛们的"噪声"，至少不能让大家以为他们不在场。

酥油和面捏的灯，黄表纸写的疏，富丽堂皇的楼库，象征财富的金山银山，五分钟前还完好无损，转眼之间就烧成了一堆灰烬。不过不能说所有的一切都已经在烈焰燃烧中化为乌有——有几个楼库人的纸脑袋被附近的穷孩子"抢救"了。原来冥衣铺糊烧活所用的纸人脑袋是用废纸浆在模子里塑造的，如果能从火堆里抢出来就还能再用。孩子们早已躲在角落里等机会，火一点着他们就蹿出来，冒着茶房打下来的竹竿的危险争抢"好东西"，一个能换回五个铜板呢。至于送库的行列有多么华丽，穷孩子压根儿就没注意。

送库之后，吴家接着又举行了一连串的小型仪式。先是"辞灵"——丧属和近亲好友依次在灵前下跪磕头举哀，这是向死者遗体最后的告别。接着由棺材铺的伙计来"下销"——用重锤把几个楔形木块砸进棺材盖里的紧固密封装置。这个环节更加令人悲痛，按规矩当然要撕心裂肺地大声号哭。

棺材铺伙计拿新扫帚把棺材盖上头实际并不存在的尘土扫下来包成一个小包交给吴少爷，要他压在炕席底下，这样吴老爷子就会在阴间保佑儿子财源广进。

他又拿一个铜钱垫在棺材一角下头，据说这是为了通知死者就要挪动他了。这个举动肯定当初有实际的道理，不过现在谁都说不上来了。

焰食罐儿

晚上全家人又聚齐了准备"焰食罐儿"。这是个施釉的陶罐，两头小中间大，半尺多高。由死者家属和近亲依次用筷子从祭席菜肴夹一箸子放入罐中，然后由孝子咬掉一张面饼的圆边，盖住罐口，拿一个苹果压住，最后用一块红布包住，再用五色线缠紧。出殡的时候，由死者的儿媳妇抱着焰食罐儿，到了坟地就把它摆放在棺材前头一起掩埋。这个习俗是怎么来的呢？

焰食罐儿

据说这是给死者预备的吃食，万一他复活了的话，吃了就有力量从坟墓里出来重返人间了。

大官出殡

有钱人家精心安排的出殡队列是老北京街头时常出现的一道风景，有闲的人全都抱着强烈的好奇心热切地盼望着观看，就像盼着马戏团到来一样。虽然没有贴出海报，但出大殡的消息早已传遍千家万户，哪一天几点钟大殡从哪个地方经过，大家都掌握了准确的情报，热心看客早早站满街道两旁，只等着大饱眼福了。

上大街瞧出殡的，妇女儿童占大多数，对于平日里大门不出二门不迈的妇女而言，这已经成为她们在大庭广众露面的一个理由，谁也不能反对。何况一场风光无限的出大殡要是走在大街上却没人注意，那就太可悲了，为了这场异彩纷呈的大殡而大量抛撒的金钱岂不全都白白浪费了？

如今，那种隆重而且豪华的出大殡再也看不见了。这是因为人们对操办红白事的观念已经改变，他们花钱不像以前那样大手大脚了。反正那种极尽奢华富丽堂皇的大殡已经随着封建制度和皇家风范最后一缕余火的熄灭而消失。民国之后偶尔还能看到某一位富裕商人出殡，或许能看到某位大官或军阀出殡，这些人有在职的也有退休的，都曾在民国官场风光一时。不过他们出殡充其量只有一尊一丈五或一丈八的纸糊开路鬼和其他几种纸糊的神鬼，装在车上或是安上轮子雇人拉着走。这些神鬼手举刀棒驱赶拦路捣乱的野鬼邪祟，让出殡队伍顺利通过。也许还能调来两三支摩登军乐队，身穿"陆军元帅服"，用铜管乐器轮番胡乱吹奏几支外国乐曲，但没有一支是适合送葬的。

出殡行列里很可能有一两辆最新型号的汽车，有一队挎着盒子枪的保镖，都是纸糊的，由雇来的力工抬着，滑稽地行进在真正的全副武装的保镖中间。武装保镖的出现是为了保证那些有钱有势的孝子们人身安全，不用说，他们家里正在酝酿不可告人的阴谋诡计。

这类大殡还可能出现松枝编的大个狮子狗，纸糊的仙女骑在羽毛艳丽的神鸟背上，不过这些美丽的鸟没人看见过，只会在这个场合露面。

早年间，汉族高官权贵出殡会在队列前头立起"铭旌"，这是一条三丈多长的高杆，好几个人抬着，杆上挂着红布，用金字写上死者的品级官衔，用来招魂引路。接着是一组身穿号衣头戴红帽手握屠刀锁链的刽子手，用来震慑野鬼，那阵势跟旧时代贪赃枉法的法庭很是相像。

功名牌

紧接着是一组好看的"执事"——"官衔牌"和"功名牌"，黄底红字的长柄大木牌由雇来的执事夫扛在肩上随队前进。有的写死者生前得到的皇上恩典，如"赏戴二眼花翎""赏穿黄马褂""赏紫禁城骑马"。有的写他曾经得到钦命执行某一朝廷使命，甚至一些小小的荣誉，如"赏吃月饼""赏吃蒙古鹿脯"。如果死者是个满洲旗人，就必须有若干执事夫护送"门纛""标枪旗子"，即代表他所在旗籍的旗帜，如正白旗打出白色旗帜，镶白旗打出镶红边的白旗，等等。

旗帜很大旗杆很高，竖立在粗笨结实的木头架子上，由执事夫抬着前进。若干"童子督胜盘"也是必不可少的，这个俗称"小拿儿"，是些临时雇用的半大孩子，身穿白粗布孝袍，双手端着挂在脖子上的木头托盘，里边是死者生前喜爱的种种小物件，有真的也有纸糊的烧活。小拿儿边走边喊"哎呀"，给举哀号哭的家属帮腔，被认为是职业哭家。更有看头的要数"前扈"跟"后拥"了。这是几十上百名身着战袍的武士，骑在马背上，手举大刀长矛，八人一横排，棺材前边四排、六排或八排，棺材后边一样数目，武士手持的武器顶端用黄绸子相连缀。间隔三尺，这就使得队伍行进时保持队形不乱，以壮声势。如果死者是王公贵族，出殡会用到八十多人抬杠，一切设备都用黄色。此外，出殡队列里还会出现马队、骆驼队，以及身穿灰色号衣架鹰牵狗、肩扛火枪的猎手，这些都是真正的活物，就像死者去打猎一样，给出殡队伍平添一股生气。直到晚近，这样的执事还会出现在某些人的出殡行列里，只不过都已经变成了纸糊的烧活而已。出大殡的队伍足足有好几里地长，浩浩荡荡沿着大街缓慢行进，所经之处途为之塞。当然了，自打北京城开通有轨电车架设电线，这差不多完全办不到了。

在重要的十字路口，至爱亲朋会设置"路祭棚"，搭起横跨大街的豪华席棚，摆上全套的祭席和供品，灵柩经过时吹鼓手奏响鼓乐，灵柩暂停行进，送殡的丧属进棚稍事休息，接受朋友的祭奠。这也会吸引众多爱瞧热闹的好奇观众和过路人从旁窥看。

所有这些大肆铺张奢侈绚丽的举动，给北京人带来的无非就是耗费时间精力去应酬。不过老百姓天性善良，应该说是他们的帮衬捧场才给这种大操大办添了彩，让死者和他的家属大摆其谱，赚足了脸面。

吴老爷子出殡可没有那么大的排场，差远了。可是那天早晨吴家大门外头还是聚集了一小群瞧热闹的。

　　按礼数应该来送殡的亲戚朋友陆续来到，干练的七叔在院子里仔细查看各项最后的事宜，他指定专人去办理出殡队伍出发之前之后的各种细节，杠房雇来的力工和孩子一拨一拨带着杠房提供的家伙也到了。

　　不大工夫，七叔得报说人员到齐就位，力工跟小孩子都是从街上招来的乞丐，而抬棺的杠夫必须是受过训练有经验的老手，能够从事无懈可击的集体工作，所以是杠房负责雇用的。现在他们都很麻利地穿好了绿色的印有图案的"驾衣"。

引魂幡

　　杠夫们在繁重的劳作开始之前坐在北墙根的太阳地歇息，今天的工钱已经到手一半，买了一顿饱饭还剩下不少，正好当赌资，于是三个一群五个一伙大部分人就地开赌。随身带来的竹牌和纸牌变魔术似的掏出，赌局开始。直到杠夫的头头敲响大锣，发出集合命令，赌博才收场。赢钱的为两三倍的进项笑逐颜开，输钱的垂头丧气，不过也并不气馁，他们想着下回还能"捞回来"呢。

　　吴家院子里的月台已经搬空，形形色色的纸糊物件，有的昨天已经烧掉，有的今天要跟随送殡队伍搬到坟地去，就转移到大门外头去了。棺材上的罩片已经取下，绳子都盘放整齐准备抬棺，闷灯也还在燃烧，听任它把昨夜添加的香油耗尽。

　　冥衣铺又送来两件东西："引魂幡"和"灵牌"，引魂幡装饰着莲花荷叶图案，挑在长

438

柄上，灵牌是一尺半高的小龛，里边一张写着死者姓名和生卒年月日时辰的白纸条。出殡时孝子吴少爷用左手打幡，引领父亲的灵魂沿着平安之路顺利到达墓地。

小秃儿是长孙，作为第二孝属，由他捧着灵牌，作用和打幡一样。

小秃儿的母亲乘坐在骡车上，蓝色的车棚包着白布，行驶在婆婆的骡车后边，她双手抱着焰食罐儿，这是儿媳妇的责任。其他参加送殡的女客也乘坐类似的骡车，但是车棚不包白布。骡车一共十到十二辆，都是七叔提前三天雇下的。

风水先生又来了，这回是请他来"净宅"的。出殡的队伍一出发，他就到各个房间烧香念咒，全院犄角旮旯一处不落下，抛撒大把的五谷杂豆，在大门上张贴符咒。死者生前用的枕头拿到街门外头，撕开缝线倒出里边的荞麦皮和稻谷皮，点火烧着，风水先生手里拿的香也扔到火堆上一起烧掉。

客人到齐了，按老话说的"送殡不能空肚子"，临出发招待大家吃了一顿简单的饭，菜肴俭素，主食必须吃煮面片儿，是切面铺专门做的"柳叶儿"。遵照风水先生的嘱咐，出发的时间定在巳时，就是上午9点到11点之间。

出殡的时间到了，吴家人按次序跪在灵柩之前，吹鼓手进来吹奏悲哀的乐曲《哭皇天》。接着杠夫们进院，他们身穿绿色驾衣，头戴插着雉翎的荷叶帽，脚蹬黑靴，在两名身穿白孝的杠头敲打响尺的指挥下，把灵柩抬出大门，先安置在十六个人的小杠上，然后抬到大街上再换大杠。

吴少爷泪眼婆婆注视一切，来到大街上在杠夫们"上肩"之前，作为长子的吴少爷举行"摔盆"的仪式——把一个底上有洞的小瓦盆砸向一块砖头，摔个粉碎。

迷信的说法，人死后到了阴间进入"轮回"最后才转世托生。

是托生在富裕家庭的华屋，还是托生在乞丐的茅舍，抑或是转世为畜生虫蛇，就看他"前生"的行为如何。在转世托生之前必须剥夺他前生的记忆和智慧，免得转世以后的他，不管是一条狗还是一头牛，口风不严泄露前世的秘密。负责掌管此事的是一个叫"王妈妈"的老太婆，她在路边摆摊向口渴的死人灵魂提供"迷魂汤"，喝了就忘记一切。

孝子摔盆原来是为了糊弄王妈妈的，他不忍亲人受王妈妈的坑害，叫死者拿这盆去接迷魂汤假装喝了下去，其实都从盆底的窟窿漏掉了。据说王妈妈出于个人卫生的考虑不拒绝顾客自备容器，只有没带自备容器的顾客才用她的没窟窿的盆儿。

这浅浅的瓦盆直径大约四寸，叫"吉祥盆"，砖瓦铺出售。孝子跪在棺前把它砸向一块砖头摔得粉碎，那砖用蓝色纸张糊起，模拟一本《孝经》。

灵柩"出堂"的时候，孝子吴少爷跪在灵前磕头举哀。杠夫们在杠头带领下齐声高喊"加钱儿"，把本家儿和诸亲贵友给的赏钱数目一笔笔喊出来，清脆而且响亮，让出钱的人脸上有光。此后每逢杠夫换肩、路过十字路口和路祭棚的时候，他们还会一遍一遍地喊"加钱儿"，好像不喊就显不出来这出殡的热闹了。老百姓习惯喧哗，不放过任何制造噪音的机会。

一路之上不断地燃烧纸糊的供品，尤其是路过水井、桥梁和庙宇的地方，同时还要朝天上抛撒大批的纸钱。老百姓相信，纸钱撒得越高就越体面，所以有钱的人家不惜花费重金去请撒纸钱的专家。北京有个绰号"一撮毛"的撒纸钱高手，大宅门出殡都以请他出马为荣，这个名叫全福的旗人收入相当可观。大量撒纸钱也是出大殡露大脸的一种铺张之举，在出殡行列里往往就有一辆骡车满载一串一串的纸钱随队行进。

一路之上时不时就有"茶桌"出现在街边，都是吴老爷子生前赞助过的和跟吴家有交情的商家摆出来的。桌子上备有茶水给送殡的家属和亲友饮用。孝子吴广宗和他儿子吴学文虽然不一定饮茶，但也要下跪致谢。这时伙计拿铜茶盘托着茶杯给后头乘坐骡车的女眷送上茶水。这种平民化的茶桌取代了豪华讲究的路祭棚，更显朴实，吴家也要尽到礼数不忘留下一些钱表示感谢之忱。

吴老爷子出殡队伍风风光光地走过东四南大街，引得不少路人驻足观看，特别吸引人的是朋友们送的挽联，现在挑在竹竿上成对行进，文辞优美书法端庄赞颂着逝者的美德。

来到哈达门门脸，大部分参加送殡的友人向吴少爷道歉说不能再送，就离队了。照规矩，并不要求送殡的亲友全程送到坟地，只有少数至亲才去下葬的现场。

一到广渠门，队伍就打散了，这里是城市的边缘，一出城就是狭窄的乡间土路，三十二人杠的大殡根本没法走，杠夫人数就减去很多。女眷们乘坐的骡子车另外择路行进，送殡的亲友也请他们坐车前行，以便比较舒适地往目的地行进。

现在只剩下吴少爷父子两人跟随灵柩行进在崎岖狭窄的土道上，十一月下旬天气寒冷晦暗，四外一片荒凉，只有一片片经霜的越冬麦苗匍匐地面，偶尔有躲在玉米秸秆编成的风障下边阳畦里悄悄生长的菠菜。这一小支送葬队伍匆匆地默默地向石门村吴家坟地走去。

吹鼓手们已经提前到达，他们一见灵柩来到就吹奏起悲伤的乐曲，声音在凛冽空气里传得很远。客人和女眷们已经提前到达，在看坟人屋里休息，一听见吹奏声音就出来，在墓穴边静静伫立，等待最后仪式开始。雇来的一批工人手持锹铲立在旁边，只等一声令下动手填埋。

亲朋挚友先往坑底撒满纸钱，这是出殡路上撒剩下的。接着就把棺材从杠架上取下，用两根粗实的圆木架在坑口上方，拿绳子用滑轮的原理向下送到坑底。杠夫们技艺高超，操作准确，很是到位。按照风水先生的指示，棺材头要朝东南偏几度才吉利，他拿一根红线拴上两枚铜钱把棺材的角度校准。焰食罐儿从吴少奶奶手里传递过来，摆放在棺材前头。吴少爷跪在坑边上，严肃认真地观看一切，他最后表示满意，于是填埋开始。

一把铁锹放在坑边，里边保存着几天前打坑时挖的一锹土，现在交到吴少爷手上，由他把这一点土撒进坑里，表示作为孝子，吴少爷亲自挖坑亲自掩埋了去世的父亲。然后工人们才开始往坑里填土，不一会儿坑土填满，堆起一个三尺多高的坟头，吴少爷来时举着的引魂幡现在已经完成任务，把上头糊的纸条撕扯下来跟其他纸糊供品，花圈纸人等全部在坟旁烧化，只留下挂引魂幡的那根细竹竿插在了坟头上。

紧接着在现场举行祭奠，菜品已经由工人运来，一位厨师加热后摆到坟头前边的矮桌上。

前来送殡的家属亲友依次行礼举哀。吴少爷跟儿子最后才止住悲声。

然后，家属亲友前往阳宅休息。所谓阳宅就是坟地主人家的祖先在近旁盖的几间砖房小院，遇到像今天这种情形可以落脚休息，这是很多人家都遵循的一个老传统。稍事吃喝之后，大家四散进城各回各家去了。

送殡归来

吴家仆人估计主人们快回来了就做好准备，下午5点多钟，骡子车因为没有弹簧而发出的嘎嘎声自远而近，宣告主人到家。仆人端出一个绿釉瓦盆，盆里搁一把切菜刀，一碗冰糖，一把带柄的圆镜子。回到家的每一个人都要拿起菜刀在盆沿上蹭几下，拿起镜子依例照一照，拿起一块冰糖搁嘴里。这都是本地的古老迷信，送殡回来人人照办。

送殡归家依例需要走过场的食品和用具

大家回到家一看院子里已经恢复原状，可是慈祥的老人却没有了，免不了又流了一阵子眼泪。

吴老爷子下葬之后第三天，吴少爷带着儿子又上坟地去了一趟，这回是去"圆坟"。大多数人家都是委托看坟的履行这项仪式，可是吴家愿意亲自去。

古代礼仪遗绪

圆坟，显然是从遥远古代流传下来的风俗——死者的家属要在新坟旁边守护一些日子，以此来表示对逝者的忠诚。这段时间少则几个月多则好几年，这些日子，守在坟边的人要放弃一切人生乐趣，停止一切世俗追求。孔夫子去世，他的七十二位著名弟子当中的子贡就在孔圣人坟边搭了一间茅草棚，守了整整六年，以示崇敬。子贡创下的纪录，迄今无可动摇。

吴少爷带来两个白面饼，中间片开夹进一些木耳，然后埋到坟头左右两边的土里。接着又在棺材头位置立起一个用高粱秆草做成的拱门。为什么埋木耳呢？是不是要给死者送去耳朵，让他躺在地下也能听见外边发生的一切呢？反正这是传统。

又过了三天，是吴老爷子死后第十五天，到了"出殃"的日子。风水先生给算好了：这天申时，就是下午3点到5点，是出殃的时辰，全家早早提前做好了准备。通知了所有的人千万别到老爷子生前住的屋里去——要是给殃打着，可是了不得。

俗话说"三魂六魄"，就是说每个人都有三个魂，平时三者配合默契互相合作。可是一到临死，就分道扬镳了；一个魂被阎王爷派来捉拿他的小鬼带走下地狱，一个魂跟着尸体一起埋进坟墓，第三个魂却逗留在死者生前居住的房间，好像舍不得离开亲人似的。

到了风水先生算好的某一天，第二个魂回来找第三个魂，二者一块儿走向某个不可知的地方。那个地方究竟是哪儿，风水学目前还没有发展完备，所以无可奉告。总之，到出殃之前死者的魂就没有离开家。

一个人活着的时候可能心地善良对亲人朋友温情满怀，可是他一死，他的灵魂就会丧失人性，一切社会的和亲属的情感纽带彻底断裂，变得十分凶恶。当他离开家屋的时候，不管谁若是让他碰见或者挡了他的道，就会被他"打"着，轻则身体不适重则事事不顺，好多日子恢复不过来。关于某某人被殃打垮甚至打死的传说广为流传活灵活现。如果一个人无精打采满脸病容，大家就说他"好像给殃打啦"。对于殃这东西，你爱不得恨不得，只好躲得远远的。这是铁定的结论，没商量。

吴家人把吴老爷子生前睡的砖炕上头铺的苇席掀开一半，留出三尺来宽的炕面。摆上三盘肉馅饺子，不过饺子不能包得太大，为什么就没人知道了。

老人家的酒壶和酒杯也摆上了。旁边还摆上了一个洗脸盆，一条毛巾和一块肥皂，似乎知道那"殃"喜欢把脸洗干净再出门。把窗户上糊的纸撕掉，为的是让"殃"走得顺当。

小秃儿天生好奇，所以家人一再嘱咐他千万不要窥看窗户里有什么发生。直到晚上吴家人才敢进屋，在那之前大家都在不惜时间表演这出真有其事似的哑剧。

三七

吴家人一向的习惯是遇事"问爷爷"，他们很多日子不能适应这种"爷爷没有了"的现状。老人家是万有引力的中心，是太阳系的圆心。小秃儿尤其难以调整自己适应现状——他跟爷爷是铁伙伴！

吴老爷子去世三个礼拜，吴家给逝者过"三七"，给老爷子供了一桌好菜。吴老太太亲自下厨做了几个老伴儿生前爱吃的菜，还给他买来全北京城最好的美酒。一大早吴老太太就把这一切摆上了砖炕上的矮腿方桌，炕桌后头正中间铺了一块极精致的坐垫，是给老爷子留的席位，等他来享受这场家庭聚会。坐垫后头摆放了三个一尺见方的白纸糊的"包袱"，装满纸钱揉成的球，准备焚化，这是表示忠诚的老伴儿和孝顺的儿子惦记着时时给老人家送钱，不能让他在阴间缺钱花。这场聚会毕竟还是令人心碎的场面，大家下跪行礼之际，都止不住流下眼泪，要知道就在不久以前老人家开朗的音容笑貌还在呢。

太阳落山的时候，三个包袱拿到街门口点火烧化，天黑以后鬼魂就得离家回去，再不烧就晚了。吴老太太吩咐小秃儿再多拿几张纸钱来，还有一碗水和一点吃的，把这些泼洒当地同时烧掉纸钱，因为可能有些饿鬼恰好路过，也得给他们提供吃喝。

按照习俗，两个礼拜之后，也就是老人去世第三十五天，又举行了一次家祭。这叫"送伞"，本来应该由死者出嫁的女儿来送，但是老两口儿没有女儿，就还是由赵家少奶奶来代替了。

她叫冥衣铺糊了纸人和纸伞。纸人差不多真人大小，是个漂亮的男童，身穿装饰花边的红色长袍，头戴黑色小帽。纸伞则是原样复制旧时代官员因公出行时随从给他撑着的遮阳伞，后来这种伞已经演变成老百姓为表示感恩戴德而献给地方官的象征性的礼品。纸人纸伞按时做好送到了吴家，赵家少奶奶也按时来到履行她的代理职责。

阴间景象

老百姓相信，人死后前往阴间是一条漫长又艰险的黄泉路，一路之上根本没有树木遮阳，烈焰似的阳光泼洒下来酷热难当。要是女儿来救他，送来一把遮阳伞，就能让他免受炙烤之苦了。穷苦人家只送一把伞，而富裕人家就再送一个童子给打伞，还能给他做伴，免得他感到孤单。这天还举办了跟"三七"一样的祭席，不同的是这回预备的"包袱"不是三个而是五个，每个包袱上都别了一朵拿红纸做的石榴花。吴老太太说，这些石榴花另有大用。

老太太解释说："十八层地狱第五殿的判官，不是别人正好是铁面无私的包老爷。包老爷包拯是宋朝有名的清官，已经去世七百多年，他死后一直担任这个重要的职务。包老爷为官刚正执法如山，一生维护法律的尊严，他的直觉和判断从来不会因为个人感情和有人行贿而出现丝毫的动摇。死者的灵魂无一例外都得经过第五层地狱的法庭受到严格彻底的审判。"

关于这套司法程序的消息很快传到阳世来了，同时也传来消息说，死者的家人最好在"五七"这天烧纸伞的同时也烧些漂亮的纸花，因为包公最小的女儿（她跟父亲一同住在衙门里）最爱花，死者得到好看的花儿就可以当"敲门砖"去哄她高兴。吴老太太说："包姑娘一高兴，她爹给下的判决就轻多了。"

当天太阳落山的时候，纸伞、纸童和纸花都搬到街上点火烧掉了。

吴老爷子去世第六十天，家人又举行了一个简单的仪式，跟前两次一样也供了祭席。这一天是"脱孝"的日子，白色粗布和妇女戴的孝帽都要脱掉，三年的守孝期剩下的日子可以穿一些素色棉布缝制的衣裳。

这天在祭奠仪式结束的时候，全家人换下孝衣，把孝衣的大襟剪掉一角，表示脱孝程序正式完成了。其

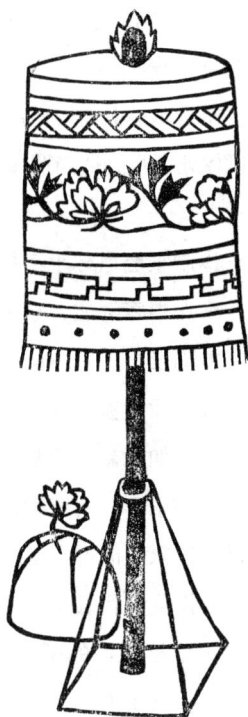

"五七"送伞

实，吴少爷跟他儿子并没有按规矩穿孝而是打了折扣，在这天之前早就不穿孝了，他们得上班上学，在工作地点和学校穿孝衣很不合适，而且也不能那么多日子不理发不刮脸呀。但在这期间，他们只穿灰色和黑色的衣服，且以棉、麻为主，绫罗绸缎就免了。

六十天的祭奠仪式结束时，烧了一条纸船和一对纸桥。送船送桥的目的是帮助吴老爷子在阴间渡过"奈河"。据传说这条河凶险难渡，是众多穷凶极恶的水鬼和毒蛇毒虫盘踞的地盘，谁的阴魂没有充足的渡河装备，必遭残害。

还有人说，这条奈河里流的是十八层地狱流出来的血，渡过它

既可怕又恶心，凡是有罪的人会被拉进血泊，他们呼救的哭喊声尖厉刺耳日夜不停。对于平生为善的，老天爷就会出手相助，给予护送，用纸旗指引他们走上神桥坐上神船，平平安安渡过奈河。家人为了确保死者得到适当照顾，都遵照习俗烧船烧桥，这至少可以让生者感觉心安。

糊制纸船堪称手工技艺的辉煌杰作，船中部的舱屋摆设着全堂家具确保乘客舒适，桌子、椅子、床铺一应俱全，不但有纸糊的全套室内陈设，还有一队水手，有划桨的，还有一个船长坐在船头。他敲打一面大锣吓退水里的恶鬼，还有一个漂亮的男童立在船尾掌舵。有了如此豪华的私人游艇，黄泉路上的旅行就不再吓人，反而成了赏心乐事。两座桥也是纸糊的，尺寸大小和精致程度如何，那就得看这家人的财力了。一座桥用白纸糊成，代表白银，另一座桥用黄纸糊成，代表黄金，所以分别叫作"金桥"和"银桥"。桥上配置了手持纸幡的纸人。维持这么庞大的一支船队需要很高的费用，这一点主人家完全理解和同意。在每一个纸人的脖子上还给挂

金桥

了一串纸糊的元宝，外加一个小白面火烧。这都是老北京的风俗习惯。

烧完船桥，吴老爷子的丧事就算办完了，不再举行更多的仪式。只是一有人提起去世的老人，家里还是会形成悲伤的气氛，漫长的三年服丧期，一点一点走向结束。

有些人家在一周年或三周年的忌日，甚至十周年的忌日，会举办佛事，请亲朋来吃祭席。吴家只在自己家人的范围内有所举动，纪念去世的老人。孔夫子有一位才华出众的学生叫曾参，他说："慎终追远，民德归厚矣。"吴少爷熟读儒家经典，记得《论语》里的话："父在观其志，父没观其行。三年无改于父之道，可谓孝矣。"

吴少爷同意曾子说的："椎牛而祭墓，不如鸡豚之逮亲存也。"他很感欣慰的是，父亲在世的时候他对父亲敬爱有加，无愧于孝顺二字。至于吴老太太，她也没有什么可以悔恨的，她深深相信巫医孙奶奶对她说的话——老伴儿已经在阴间当上了城隍爷，她跟老头子在那边团圆，那是早晚的事儿。

第三十九章　冰嬉　象棋　腊八粥

吴老爷子去世后漫长的守孝期间，吴家人的生活笼罩着暗淡的气氛，因为守孝的家庭成员不可以享受任何的快乐，尤其不可以出入大众娱乐的场合。比如上戏园子听戏就视为违背道德的行为，同样，设酒席宴请宾客也不行。聚会欢庆肯定遭到谴责，甚至开怀大笑也会被指为没有规矩的行为。守孝期间儿子和孙子不可以结婚，要结婚必须等到三年期满以后，不过北京有些人家事实上仅仅严守二十七个月，打了七折。

吴家人就在这沉闷的气氛中度过守孝期。但是中学生吴学文并没有感到特别失落，因为他已经学会集中精神学习功课，现在的功课比以前也艰深得多了。礼拜天和节假日，他常跟父亲一起徒步出城郊游，探访北京郊外的古迹，守孝的礼节倒是并不禁止这种安静自在的休闲方式。

溜冰

在冬季，他们会去护城河和附近的湖泊去溜冰，父子二人学得挺快。

在天然的冰面上滑行是北方一项古老的休闲活动，儿童和成人都热衷参与。老式的滑冰设备相当简单：比鞋底子稍大的长方形木板底下固定几根铁条，把它用皮条绑在鞋底下就成了。

从北京城东边的齐化门、东便门出发，靠着简单的溜冰鞋沿大运河末段的通惠河，越过好几座闸口，一直滑行到通州，堪称单人冰上马拉松，这么干的人并不少见。到达通州买些当地特产带回京城，向将信将疑的朋友证明自己确实到了通州，这也是不少人爱找的乐子。

有一年冬天，吴老爷子的一个朋友就滑冰去了通州，回来手举一碗，一块酱豆腐装满一碗，原来通州的酱豆腐一如大运河沿线各地一样，块特别大，北京城里的老字号王致和酱豆腐每块只有一寸见方，太秀气了。一块大号酱豆腐足以证明他老先生确实到了通州。吴老爷子不溜冰，他"起旱"，步行去通州，肩膀上扛回一条大黄瓜，这么大的黄瓜北京城也是没有的。老北京，尤其是旗人，似乎对通州怀有特殊的好感。想想也是：京城大部分都是皇家禁地，相当憋屈沉闷，老百姓散散心，寻寻野趣，通州是个理想去处，何况那本是大运河终点，南北文化和民俗交汇融合的地方，自有它丰富多彩的风貌。要说老北京旗人有点"通州情结"恐怕不过分。

滑行于北京与通州之间，单程大约要一个半钟头，绝不是个轻而易举的差使。河里冻结的天然冰面跟溜冰场的人造冰面可不是一码事，一路上必须时刻提高警觉，因为附近村民为了取水和捕鱼凿了不少冰窟窿，不小心掉进去可是没有人来救你！再说那段距离也真不近——来回八十华里，是对体力和肺活量的严峻考验。

冰床

爷儿俩偶尔也到鼓楼以西的后海去坐"冰床"。每逢严冬湖水结冰，附近就有壮汉来拉冰床供人乘坐。从银锭桥到德胜门大约三里地的距离，收费微不足道。早年间，北京四城的护城河冬天都有冰床营业，也是一种公共交通工具。

冰床的构造极其简单原始，可能还保留着当年大禹发明时候的细节：形似桌子和床的混合，四条腿下头用两条纵向的方木连接，方木下面装上粗实光滑的铁条，就能在冰面上滑行了。冰床的头部装了一条粗壮结实的皮带，工人拉着它给冰床施加动力。刚起步的时候，工人拉起冰床猛跑，等到冰床积累了足够的动能自动向前滑行了，工人就一抬身坐到冰床上头让它无动力滑行一段距离，动能耗尽速度下降，他就跳下冰床再使劲拉。这样反复进行一直到达终点。拉冰床的工人脚上穿填着乌拉草的皮靴子，这种满族厚皮靴底子装有小铁钩，能够防滑。冰床虽然构造简陋，但是很实用。

寒冷的冬季里，京城河湖冰面上穿土造溜冰鞋滑冰的和乘坐冰床的，来来往往，可惜，这样的景象已经消失，今天彻底绝迹了。清末民初，老式溜冰还曾当作满族的民族体育活动而受到提倡鼓励，文献记载称为"冰嬉"。一些公开表演的高手还曾得到皇家的恩赏。每年冬至日上午，皇上都到北海登上庆霄楼检阅八旗兵的冰

冰床

452

上战术演练，评级颁奖。有可靠的史料记载，皇城里三海冰面上，每年举行冰球比赛，皇族贵胄是尊贵的看客。还有记载说，皇族在西苑三海的湖上也用过冰床，据说皇上的冰床是精心特制的，上头有棚子，里头铺着貂皮，外头包着黄缎子。

来自安徽歙县的何易山，有一首写冰床的短诗：

> 玉虹一道縠纹平，过处皆闻细碎声。
>
> 短绠独牵停不住，往来宛在镜中行。（《燕台竹枝词》）

象 棋

为了消磨冬天的夜晚，中学生吴学文往往跟他父亲下象棋。

中国的象棋跟外国的象棋极为相似，二者都是模拟一场战争，交战双方各有十六颗棋子。中国象棋的棋盘表示两国的领土，中间有一条界河隔开。棋盘的界河上往往装饰对仗的文字："楚河，汉界""黄河为界，两国交兵""棋逢对手，将遇良才"等等。

外国象棋的王和后，在中国象棋里由一个"将"或"帅"所代替，似乎一局棋仅仅是一场边境冲突，国家元首并不出动。外国象棋的城堡在中国象棋里相当于"车"；外国象棋里的主教，中国象棋里没有，代替的是"士"和"相"各两枚，侍立于"将"和"帅"的左右。

中国象棋的兵力较弱，每方只有五个"兵"（或"卒"）列阵在最前线，身后有两门"炮"做后盾。中国象棋没有骑士，但有两个"马"。另外一个不同之处在于：外国象棋的棋子摆放在棋盘的方格里，中国象棋的棋子摆放在直线的交叉点上。

中国象棋的棋子不像外国象棋的棋子做成立体的雕像，仅仅是一个一个的小圆木块，用红黑两种颜色写上各自的角色而已。中

兵　兵　兵　兵　兵

炮　　　　炮

車　馬　象　士　將　士　象　馬　車

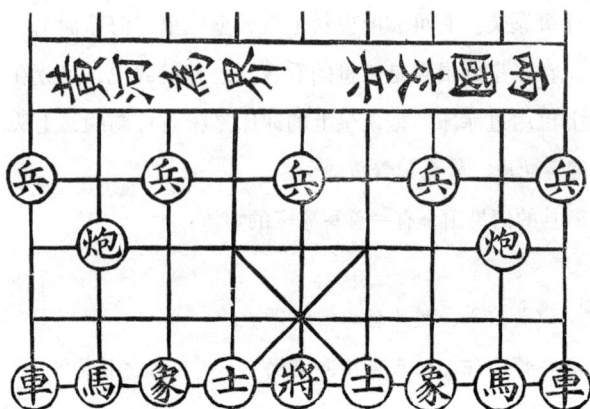

国象棋的取胜原则是把对方的最高军事首领"将"或"帅""将死"，为达到这个目的，所有的棋子都遵照规则在棋盘上行动，其中"士"和"相"只许在己方领土范围内围绕着大营行动，不许过河。大营位置在棋盘底部占四个方格，用对角线标出。"相"也写作"象"，这大概是因为古代战争中大象起着很大的作用吧。

中国象棋的规则似乎并不复杂，但是路数至多，千变万化，走出无穷多的"局"，永远没有止境，既是无穷智慧的体现也是开发智力的途径，千百年来盛行不衰，老少咸宜，是中华传统文化一份珍贵的遗产。象棋高手史不绝书，象棋棋谱汗牛充栋，喜好象棋的人遍布城乡各行各业，一年四季无冬历夏，到处可见对弈的棋手和围观的人群。

吴学文学棋入门之后，没多少日子就成了他父亲的劲敌，对弈三盘他常常两胜。学象棋战术的同时，他也学到了棋手应该知道和遵循的规矩——"棋德"。下棋必须老老实实，首先不可以"悔棋"，想好了再走，走完了不能不认账。其次不可以作弊，偷子、挪子、换子都是很坏的行为，叫人看不起的。下棋时要保持安静，不要吵吵闹闹嘻嘻哈哈，坐姿要端正。父亲说，凡是有输赢的事，容易变成赌博，千万不要赌输赢，连一口水都不能赌。观摩别人下棋，要保持安静，不要在旁评论，更不要乱"支着儿"，古人说得好："观棋不语真君子。"有的人心胸狭窄输棋就发怒，脸红脖子粗，满脸输不起，这种人就别跟他下棋了。

棋艺高超的常胜将军叫"国手"，备受崇拜。老百姓，无论是商店伙计，办公室职员，还是手艺人和学生，大家都会忙里偷闲，摆上象棋杀他两三盘。前门外的天桥是个大众游乐场，有些露天的象棋摊，生意繁忙，给热衷此道的人们提供过棋瘾的机会。不过这儿有个公开的秘密——赌输赢，双方商定一小笔钱下注，谁胜归谁。有的"国手"是不是在这里练出来的呢？

在文学典故里，象棋也叫"橘中戏"，这源于一个古老的传说。唐朝人牛僧孺撰写的《玄怪录》记录了这样的故事：四川某地果园里结出一个硕大的橘子，大得令主人吃惊，他把橘子切开一看，没想到里头竟然坐着两个下象棋的老头，你说怪不怪！

冬至数九

俗话说"冷在三九，热在中伏"，就是说一年里最热的是"三伏天"，最冷的是"三九天"。

按农历，每年从冬至日开始"数九"，每九天为一个周期，共计九个"九"，即八十一天，寒冷的冬季就过完了。"三九"就是第三个"九"。还有一句俗话说："九尽无冷丝，反冻十八天。"这些个民间天气谚语有多准确，谁也不敢说，但是我们可以肯定，北方的冬天是很寒冷的，究竟冷多少天只能说个大概其，留有余地，民间谣谚毕竟不是科学数据。

关于"数九"，有一首民间的歌谣，依次形象地介绍九个"九"的天气状况：

> 头九二九不出手，
>
> 三九四九冰上走，
>
> 五九六九隔河看柳，
>
> 七九河开，八九雁来，
>
> 九九加一九，黄牛遍地走。

这歌谣包含丰富的物候知识，"冰上走"表明三九和四九最冷，在大寒节气前后；"隔河看柳"是说柳树的枝条已经发黄，节气在立春前后（春打五九尾，六九头），冬天就要过去了；"河开"和"雁来"更是春天的明确信号，节气到了雨水和惊蛰。"黄牛遍地走"就到春耕大忙了。中国自古以农立国，靠天吃饭，民间和朝廷对于气候气象的变化一贯重视，留下的口头和文字记录极其丰富，大概没有哪个国家能比。

九九消寒图

北京人有一个有趣的风俗——"消寒图"。冬至那天画一张贴墙上每天填写，记下八十一天的天气状况。"消寒图"的画法是：取白纸一张，画上九组圆圈，每组九个，每个圆圈内按上下左右中分成五格，正好是个铜钱的图样。每天用笔把当天的天气填进小格，规则是：上阴，下晴，左风，右雨，雪中间。闺中少女别出心裁把"消寒图"画成九枝梅花，每枝九朵，每朵五个花瓣，也按"上阴，下晴，左风，右雨，雪中间"的规则填墨，更富有美感。

她们还会不用笔墨，而是每天撕下一小片棉花蘸上胭脂贴在花瓣上，九九过完就得到一幅漂亮的梅花图。

文人墨客的"消寒图"富有文学趣味。他们选出九个九笔的字，组成一个诗句"庭前垂柳珍重待春风"，用双钩法画成空心白字，挂在书斋每天用笔墨把一个笔画填成黑色，九九结束时九个字就都填满了。以九个字组成的"消寒图"另有两个版本——"春前庭柏风送香盈室""雁南飞柳芽茂便是春"。

庭前垂柳珍
重待春风

九九消寒图

九九消寒图

吴学文几年下来几种"消寒图"的式样都做过了，不过他最喜欢九个方块字那种。每天不管功课多忙，晚上临睡总是不忘填写消寒图，连过大年的几天都不例外。阴历新年元旦，一般正好赶上"五九尾"或"六九头"，也就是立春节气前后。

中国老百姓说"欢欢喜喜过大年"，这过年的欢乐气氛一进腊月就开始，一天比一天浓厚。一年当中最后的一个月，十二月叫作"腊月"，因为腊字原来是祭祀祖先的意思。

腊八粥

腊月初八，北京家家户户熬"腊八粥"，这是一个非常古老的风俗。信佛的人家更赋予腊八粥一层特殊的意味，清晨，粥熬好了，要首先恭恭敬敬地给佛爷和祖宗上供。这一天，吴家还要吃素。

各家备着一口大铜锅，专门用它在腊月初八熬粥。腊八粥的原料多种多样，大体可以分成两类：五谷和干果。五谷包括小米、大米、糯米、大麦、小麦，以及红小豆、芸豆等几种豆类。这些豆谷不同时煮熟，下锅要分前后，老式家庭的主妇们都不会弄错的。干果包括红枣、葡萄干、花生、核桃、栗子、榛子、松子、莲子、菱角、瓜子。这些干果有的跟粥同煮，有的在粥煮好后，摆在上面。心灵手巧的主妇会在粥面上拿干果码出蝴蝶、蝙蝠、花鸟之类的图案。东安市场正街中间关姓旗人的摊子卖糖葫芦，豌豆黄儿，炒红果，蜜饯海棠，每到腊八摆卖"粥果儿"，就是一根竹签只穿一颗果子的糖葫芦，专为装饰腊八粥之用，也可以看出老北京生活艺术化的一丝韵味。一碗一碗的腊八粥被打扮得漂漂亮亮，拿去馈赠亲友，佛前上供。

不用说，腊八粥，加上大量的白糖红糖，无比美味，最受儿童欢迎。作为应节礼品，亲朋之间互相赠送腊八粥是个联络感情的好方式。受赠的一方在送回粥碗的当儿一定要记得"压碗"，不可以送回空碗，要多少放些好吃的在碗里，一来一去尽显老北京的"多礼"。

粥罐

送粥一定不要过午，12点以后送粥，人家会怀疑这粥不是你家亲自熬的，是拿别人送的转手。

北京人有个习惯，就是熬出大量的腊八粥，冻成冰留着慢慢享用，可以一直喝到年下。寒冬腊月，把腊八粥冻起来，偶尔来个客人就切一块煮化了招待客人，既亲切热情，又显得日子红火。不过从经济学角度看，熬腊八粥的习俗未免有些奢侈浪费，是个成本过高的家庭仪式。可是您要叫停腊八粥，岂不要对大家过日子的兴致泼冷水吗？

腊八粥的起源

腊八粥的起源说法不一样，但是都跟佛教有关系。民间传说熬腊八粥是很多年以前从山西省会太原府一座大庙开始的，这庙规模大和尚多，有一年冬天忽然发现储存的口粮只剩下几斤了，而城里百姓的布施因为下大雪没有送到，这可如何是好！几百僧众等着吃饭，可"巧妇难为无米之炊"呀，老方丈束手无策。

谁也没想到，第二天大清早，据说那天是腊月初八，一大串骡车来到庙门前，车上满载各种各样的五谷杂粮和干果，但是都混在一起没有分开。赶车的说，这些吃食是给和尚们预备的，是某些富人捐献的，他们不愿披露姓名。和尚本来就是"吃百家饭"的，所以收受了这些东西。

和尚们纳闷好心人到底是谁，终于发现庙里的护法金刚韦驮塑像浑身上下全都湿淋淋的——出汗了。于是他们明白了：护法金刚忙了一个通宵去挨家挨户募集粮食又装车运来解了燃眉之急。直到如今，北京城各大佛庙一直延续腊八舍粥的传统，对善男信女的施舍表示感谢也表示希望他们继续施舍。

送信儿的腊八粥

　　北京有句俗话说："送信儿的腊八粥"，进入腊月年关逼近，送的是什么"信儿"呢？是债主子上门催讨欠账的信儿！无力还债的人日子难熬。

　　腊月初八不但熬腊八粥，还做"腊八蒜"——把大蒜剥皮泡进老醋，封入坛子，静置到除夕，既得到醋味的蒜，又得到蒜味的醋，一举两得。"腊八醋"鲜香微辣，吃年夜团圆饭和肉馅饺子，又调味又解油腻，北京人没有不喜好的。

第四十章　张罗过年

旧的一年快要结束，新的一年即将开始，这些日子叫作"岁暮"，大约有三个礼拜的样子。北京人开始为迎接新年而兴奋，而忙碌。四郊的乡下人这时候也一拨又一拨地涌进城来走街串巷，做些小生意，吆喝声此起彼伏，城里显得比平时热闹许多。这些乡下人放下地里不多的农活，进城寻求赚钱的机会，赚上几个钱贴补冬季的开销，挣上几许"预算外收入"，采买一点年货把年过得稍微阔绰一点，因而不辞辛苦。

有些乡下人把农村的娱乐节目带来表演，像耍猴的，耍耗子的，跑旱船的，在城里也很受一些家庭的欢迎。有的小商贩也兼职表演，不过大多是以出售应节当令的小商品为主。这类小贩兜售的货色难以一一列举，但是有几种还是值得一提。

年画

年画，一种木版套色手工印刷的民间美术品，老百姓买来在腊月里迎新年打扫和装饰房屋时贴在墙上，美化家居。老北京人多在腊月下旬进行大扫除，民谣说"二十四，扫房子"。看黄历挑个五行属"土""宜动土"的日子，认真打扫一番。然后必然注意到自家墙上的壁纸太破旧该换了。北京人糊墙用的壁纸叫"大白纸"，一种先刷一层大白粉，再刷上蛤蜊粉印出来的暗花。经过一整年烟

461

卖年画的

熏火燎早就没法瞧了，必须得糊新的。可是这得花不少钱，不是家家负担得起的。过年期间亲戚朋友来串门儿做客是免不了的，不能让人家看见咱们家这破破烂烂的糊墙纸呀！俗话说"笑破不笑补"，买几张年画一贴，既增添了过年的喜庆劲儿，又遮了丑，一举两得。

令人真正难过的是，现今这种木版年画却几乎被现代平版印刷的画片完全取而代之了——什么上海和香港的码头大观呀，什么挤满大大小小各式飞机的天空大战呀，还有身形庞大的飞艇穿行在拥堵不堪的空中航道上，等等叫人反胃的画面。

地道的老年画相当悦目，都是由天津西郊水乡杨柳青镇的一批艺术家集中生产的。杨柳青人是公认的美术家，有人甚至说制作杨柳青年画的全是由当地年轻的大姑娘小媳妇构成的家庭作坊。她们用木刻雕版印出黑色的轮廓线，然后用手工填色，当然大量快速的生产不免省去一些细腻的线条，反倒更显质朴。这种年画售价很低廉，一张四尺的年画只卖两分钱，小幅的只卖一大枚。

年画的题材内容最受欢迎的有"大过年"，表现全家人喜气洋洋地迎接新年，大家都穿着花花绿绿的新衣裳，男孩子放鞭炮，女孩子戴红花，四壁贴满春联年画，当然最突出的主题是包饺子。"五谷丰登"表现丰收景象，粮食满囤，猪羊牛马鸡鸭满院子，当

462

然还有全家人忙碌的场面。"迎财神"画的是财神爷带领手下赶着大车进院，车上满载金银元宝，各样珠宝闪闪发光。"摇钱树"里一棵大树枝条全都是长串的金钱，一个胖小子在树底下像扫落叶一样扫着无穷无尽的金钱，旁边还摆着一个大大的"聚宝盆"！

另一类题材的年画是迎合戏迷的口味的，画的是古典戏剧场面，人物的穿戴跟舞台上的演员一样绚丽多彩。考虑到有人可能对剧中人物不够熟悉，作者就在每个角色旁边写上名字。

还有一类年画显然是给有小孩子的人家准备的，画的都是"大胖小子"，又白又胖，营养充足，在做种种游戏，或是摆出可爱的姿势，比如抱着他的宠物猫狗，甚至一条大红鲤鱼，这类年画销路最好。

吴家人并不需要这些画片来满足实际的需要，但还是把卖年画的小贩叫住，让他把画全都摊在地上，从中挑选了几张。小吴一听见街上卖年画的吆喝"画儿来，买画儿"，他就心生愉快，要到美术世界去游历一番喽。

松树枝·芝麻秸

新年到来之前的日子里，往街门口一站，就能看到许多应节的流动小商贩来来往往，兜售各自的货品，除去年画以外还有许多别的"年货"。比如挑担子卖松树枝和芝麻秸的，拷纸盒子卖供花的、卖门神和挂钱的，等等。

买松树枝和芝麻秸干什么呢？每到年终岁末，都要举行三四次祭神的仪式，仪式完了就得把神像焚化，这就用得着这两样东西了——在院子当中拿三小捆芝麻秸搭个三脚架，再拿些松树枝摆在顶上，拿上供的香点火，同时把神马儿以及所有剩余物资如蜡烛等等一并放在火苗上一起焚化，形成一堆篝火。这两样东西有油性一点就着，火苗老高，松树的种子和芝麻的果荚发出噼噼啪啪的脆响跟放鞭炮一样，送神喜庆气氛十足。芝麻秸本是乡下人廉价的柴火，可是到了年终岁尾捆成小把担进城里卖钱，身价看涨，肯定是个赚钱的营生，不过用量有限，规模不太大。

至于松树枝肯定是没有本钱的买卖。国人习惯在坟地种植松柏，看坟的让人砍些个枝条就当是一年一度的修剪了。要说农民每年种一批小松树专门为到年底砍些松树枝子卖钱，这种瞎话谁会相信呢？卖的从来不披露货物来源，买的从来不问，更没人多事要调查真相，这项生意就年复一年做着。老乡们一到腊月下半月挑担拎篮进城赚钱，往往辛苦到天黑，还喊"赔本儿卖喽"。

供花

卖"供花"的也来了。年终岁尾，家家都要大量上供，有给老祖宗的，有给老佛爷的，还有给各路神仙的。供品讲"堂"，一堂是五件。比如五盘月饼，每盘五块，下大上小摆成塔状，顶上再摆一个面做的桃子。五盘水果，每盘五个。五盘蜜供，中间的最高可达两三尺，两边的略矮。蜜供是源自蒙古的食品，把白面做成一寸长的方形小条，油炸后像垒砖墙似的垒成四四方方的一座空心塔，上端收成尖顶，整个涂满蜜糖。小康人家佛堂上供必备蜜供，要提前叫饽饽铺定做，准时送货到家。还可能供五碗年糕，把黄白两色夹一层红枣的年糕切成正方形，摆放高脚碗里。至不济也得供馒头，同样五盘，每盘五个，所有这些供品都要装饰美化，用的就是"供花"。

"供花"一般用彩色厚纸做，配上金纸亮片，装有细铁丝以备往供品上插。

供花样式繁多，尺寸有大有小。比如大家熟知的"八仙"。八仙是道教崇拜的八位仙人，做成供花的很可能并不是他们的肖像，而是他们的象征符号，叫作"暗八仙"，这是流传极广的民间美术题材，简直随处可见：铁拐李——葫芦；吕洞宾——宝剑；汉钟离——扇子；张果老——渔鼓；韩湘子——笛子；曹国舅——阴阳板；蓝采和——花篮；何仙姑——荷花。其他表示喜庆吉利的花样有"福禄寿三星""刘海戏金蟾"。最简单的供花有金纸剪的"佛"字、

供花

"福"字，红纸做的石榴花。精打细算的主妇知道上多少供，需要多少供花，不会少买也不会多买。年下上供是家家户户的传统，数量多少不会受到家庭经济状况的影响，当然在精致程度上会有些区别。

请门神爷

年前光临各家各户的还有卖门神爷的。他们卖的不止门神一种神马儿，还有其他一些，比如灶王爷、财神爷。这些"神马儿"都是木版套色的印刷品，必不可少的年货。这位小贩也代卖"挂钱"。

各家各户在自家大门的门楣上纷纷贴出挂钱，以示喜庆。挂

钱是用又薄又结实的大红纸以剪纸手法做的装饰艺术品，一尺来长七八寸宽，刻出镂空图案，下边刻出穗子，花纹之间配有文字，如一个大大的"福"字，四个较小的文字"天下太平""富贵有余"等。北京有一种白纸做的挂钱，尺寸大些，刻有一行满文，是专供满族人家祭祖用的，不贴大门外头，贴在正屋西山墙的"祖宗板子"之下。

过年期间，家家户户从里到外，大大小小的门和窗户，贴上许多纸质的装饰品，大部分是红颜色，把喜庆气氛烘托得足足的，门神爷只是其中一种而已。街门都是两扇对开的，所以门神画也是一对，一扇门贴一张。两位门神爷是真实的历史人物。其中一位脸色白皙，黑髯飘拂，长相英俊；另一位面色紫红，虬髯如刺，怒目圆睁。二人都身披盔甲，腰挂弓箭，手持长柄兵器。有这两位威风凛凛的武士看守大门，全家人不怕任何妖魔鬼怪企图溜进院子。

那位白脸的叫秦琼，那位红脸的叫尉迟敬德，都是唐朝时候的将军。这就要提到一段唐代的传说，其情节跟端午节悬挂钟馗像颇有几分相似。据通俗小说《西游记》，唐太宗一度得了神经错乱的毛病，每晚刚一闭眼立刻出现幻象，噩梦连连，只有让秦琼和尉迟敬德守在宫门之外才能安睡。皇帝不好意思拿这琐碎乏味的差使麻烦两位爱将，就叫画师绘制了他们的肖像悬挂在宫门上，结果同样奏效。就跟钟馗像能捉鬼一样，秦琼和尉迟敬德的肖像也有了驱逐邪祟的效力，成了门神，给老百姓保卫门户。门神像的精致程度各有不同，大部分是木版彩色套印的画片，在文具店出售。有些人家把门神画在门板上，成为永久性的装饰。

对子

　　新年期间，门上另外一个必不可少的装饰就是"春联"。春联成对，两张一样大小的红色纸条从上到下写同样数目的方块字贴门框上，左边的是"上联"，右边的是"下联"。两联不但字数一样还要文意对仗，合辙押韵，符合平仄。这种文学样式只有中文方块字才能做到。内容上，有的是赞美春天的美景，有的是表达良好的祝愿，有的是宣示道德信念。

　　比如赞美春天自然美景的：

　　　　又是一年芳草绿，
　　　　依然十里杏花红。

　　　　松竹梅岁寒三友，
　　　　桃李杏春风一家。

　　表达良好愿景的：

　　　　天增岁月人增寿，
　　　　春满乾坤福满门。

　　　　汉瓦当文延年益寿，
　　　　周铜盘铭富贵吉祥。

　　宣示道德信念的：

修身如执玉，
积德胜遗金。

持家遵古训，
教子有义方。

芝兰君子性，
松柏古人心。

老北京人用得最频繁的春联是：

忠厚传家久，
诗书继世长。

有的人家干脆把这两句话刻在大门门板上，涂上油漆红地黑字，成为永久性的铭文，足见其深入人心。

除了门框上贴的对联，门楣子还横着贴一张四个字的"横批"，也都是吉祥话："吉星高照""万象更新""五世其昌"等等。不但大门要贴，院子里头各屋的门也要贴春联。春联彰显文学才华和书法功底，受到有文化修养的主顾品评，生意兴旺竞争激烈。

要从事卖春联的生意，必须有一定的文化基础，所以一些穷书生和年轻学生就成了这一行命定的主力。一到年底，一些失意文人流浪骚客就趁过年的机会挣几个小钱，一些年少的学生想趁机施展书法成绩，这些人就会在城里繁华街道旁边支起摊位，把写好的春联挂出来等人来买。春联没有固定的价钱。识文断字真心赏识的买主从不问价，愿意给这个洋溢着文墨香气的小买卖慷慨解囊。没听说过买春联讨价还价的。

卖春联的摊位悬挂的广告语是"书春"两个大字。也有写"借纸学书"的，学生姿态谦恭更加引人同情和赞许。卖春联的摊位来也匆匆去也匆匆，广告语跟摊子只在岁尾出现几天就收了。

中学生吴学文跟几个同学搭伙摆了个对子摊，几年下来赚的钱微不足道，只够买几把炮仗的。

卖春联摊位

要命的关东糖

腊月二十三，各家要举行"祭灶"仪式，送灶王爷上天。相传灶王爷每年到玉皇大帝面前去报告下界老百姓家家户户一年来的一举一动。他是玉皇大帝派下来的常驻特命全权督察官，把每个人的行为分善恶记下来上报，各家各户的荣枯跟他怎样报告大有关系。灶王爷的生平上文已有介绍，这里不再多说。

祭灶前好几天，市场上大量摆卖祭灶用的"关东糖"。这是一种饴糖，先把小米煮成糊，加进麦芽经过发酵，淀粉被分解成甜味的麦芽糖。麦芽糖硬化做成象牙白色的方柱状的长块，就是关东糖了。

"关东"很可能是指山海关以东，可见此物在东三省同样普遍。

聪明的商家把关东糖做出花样，有的像甜瓜，有的像鸡鸭，有的像葫芦，有的撒上芝麻，更受小孩子喜爱。这种变体通称"糖瓜"。

还有一种用大米当原料做的高级饴糖，精工细作配上芝麻、花生、豆沙，染色制成细小而形状繁多的糖果，口感细腻酥脆，叫作"南糖"，饽饽铺当作应时点心出售。南糖也用来祭灶，糖瓜不行。北京人一般都爱吃甜的，借口给灶王爷上供买糖，何乐不为呢？反正祭完灶撤下供来并不扔嘛。

祭灶的仪式通常在晚上9点进行。平日里灶王爷的小佛龛挂在厨房靠近灶台的墙上，此时，主人把小佛龛请下来端端正正连同香炉蜡扦摆在堂屋正中八仙桌上，供品除了关东糖，还有一小盘干草和料豆，外加一个白面火烧。干草和料豆是给灶王爷的坐骑预备的。灶王爷的坐骑是一匹白色的神马，只有制作得比较精细的灶王神马儿才画它。这匹马一年就喂它这么一次。至于那个火烧则是给灶王爷的随从预备的，也必须照顾到。供桌正面挂上一串纸元宝、几张纸钱和一串千张，这些都是上供必备的物件。

所有这些细节全由男性进行，因为风俗规定"男不拜月，女不祭灶"。主人把佛香和蜡烛点燃，所有男人依序下跪磕头。少待片刻，把灶王神马儿从小佛龛撕下，连同其他附件一起拿到院子里放在松树枝芝麻秸搭的架子上点火焚化，灶王爷便上天汇报去了。

给灶王爷上供关东糖是有用意的，是一种行贿手法，为的是让他到了天庭别把一家人这一年干的坏事向玉皇大帝报告，免得上天降罪。比如吵架争斗、铺张浪费等等不可外扬的"家丑"，要是被灶王爷写进他的报告，本来可以求得上天赐福的好事岂不落空了？为了让灶王爷"嘴甜"，就得往他嘴里"抹糖"！

祭灶虽然要紧，可是买不起关东糖的人也大有人在，有民谣

关东糖、糖瓜

为证：

> 灶王爷，本姓张，
> 一碗凉水三炷香。
> 今年小子混得苦，
> 明年再请您吃糖。

民间还流传一句俗语"要命的关东糖"，到了腊月二十三，要账的债主子催逼更紧，欠债的简直连家都不敢回，大冷的天东躲西藏好不狼狈，真叫"要命"呀。

吴家往年祭灶都是吴老爷子亲自主持这个重要的仪式，今年传到了少爷吴广宗，祭灶是男人不可推卸的责任，不许女人参与的。

灶王爷一去七天，要到大年三十才回来，一家子没人监管会不会随心所欲干什么都不怕呢？不会的，老百姓不喜欢没有人管着自己，灶王龛的对联写的正是他们的心情："上天言好事，回宫降吉祥。"

封印

新年放假大体上从元旦前一个礼拜或者十天就开始，一直放到正月中旬，当然这都是指的阴历，不是阳历。

过去，学校从腊月十九开始放年假，戏园子也一样。每逢年终岁尾，戏园子休息停演，叫作"封箱"，把戏箱封起来。这种安排是有道理的——这几天大家都要为其他很多事情奔忙，没有时间坐在戏园子里欣赏冗长的表演，与其必定赔钱不如趁机会休息，养精蓄锐到大众庆贺新年大把花钱的时候再精神抖擞上台献艺，岂不更好？跟戏园子封箱的习俗相类似，还有一个有趣的习俗——"衙门封印"，不同之处在于——民国之后没多少日子，封箱仍在坚持，封印已经彻底废除了。

直到清朝覆亡，各级各部的官员也有享受新年长假的习惯，因为他们也迫切地盼望放下工作去寻欢作乐，与家人团聚。这听起来奇怪，但却千真万确，连京师守卫部队也都以大大咧咧的态度执行任务，对于光天化日之下向忙碌的顾客和闲逛的人士强索金钱食物的乞丐和僧道睁一只眼闭一只眼，这种情况绝非个别现象。除非引起了民众对他们强烈的愤怒，否则这些小打小闹的犯罪分子实际上是不被追究的，他们知道兼做法官的地方官都封印回家过年去了。

从腊月十九封印开始，京城各大饭庄的生意就繁忙起来，高级官员竞相举办豪华阔气的宴会，互相宴请。直到大年初一饭庄门前贴出一张红纸启事："修理炉灶暂停营业"，表示他们自己也放假了。

灰砖墙围绕的四合院里，家庭生活也洋溢着过年的节日气氛。

这一家的主人很可能不在家，正坐在办公室对着账本子伤脑筋。如果是个商人，他就得算一算，债主子要从他身上拿走多少，因为新年前是一年当中最重要的清偿期。如果是个官员，他正在跟同僚一起吃吃喝喝，其乐融融。于是这一家子过新年的诸多琐事就得由女主人操持了。她要操心的事情多着呢。比如给全家人缝制新衣裳，给孩子们置办新鞋新帽，盘算出门逛庙听戏，孩子和自己穿什么，这些事情不安排好，过年的喜庆不就都毁了吗？

她还得仔细盘算着把各样吃的东西预备齐全，诸如肉菜以及一切日常所需的大小杂项，因为从初一到初五大小店铺全都不开门，无论大商场小油盐店一律放假休息。她还要把过年期间要吃的饭菜提前做好备用，一方面是为三十晚上的年夜饭备足吃喝，显示家道殷实饮食丰盛；另一方面是因为这几天要是过多忙于煎炒烹炸那是不合礼数的。即便不照老规矩办，也得考虑到过年期间会有许多客人登门造访给女主人拜年，她哪里还有工夫做饭呢？再说了，有了闲空儿，也应该出去听戏和娱乐，街坊们都出去散心唯独你家要求女主人下厨房，那岂不是太残酷了吗？

一家人当中，孩子大概最快乐，既不用上学也没有家庭作业压在头上，口袋里还有不少压岁钱随便花，眼前除了玩还是玩，大人们都忙得团团转，哪有时间管孩子。

庆祝阴历新年是个古老的习俗，尽管民国政府宣布的国家政策是采用阳历，但阴历年看来仍然具有更大的影响。小秃儿吴学文读的公立学校只给阳历的新年三天假期，却给阴历新年放假三个礼拜，正值阳历的二月份，叫作寒假。阴历新年恰好赶上寒假，在官方看来这只是巧合而已。

烟花爆竹

国人庆祝新年活动最大的特点就是燃放大量烟花爆竹，老北京人也不例外。火药是中国人发明的，但是火药的用途看似几乎仅仅限于制造烟花爆竹。

制造烟花爆竹是一项重要的产业，北京周围郊县就有不少家庭作坊。爆竹的发明本来是为了驱除恶鬼和瘟疫，就受欢迎的程度和全国的使用量而言，没有任何东西比得过它。爆竹二字的意思是"爆炸的竹子"，因为最初制造的方法是把炸药填进竹筒，高原地区的居民用它吓跑山鬼。

制造爆竹火药的技术很简单：木炭和硝石研为细末，等量混合拌匀，就是相当好的黑色火药。这个配方大部分北京小孩都熟悉，经常可以看到他们在胡同里墙角用小刀刮墙上的白色结晶，那就是硝酸钾。商用规模的大量硝酸钾则是通过熬煮从地面刮来含此种矿物质的土壤而生产，这一产业由政府垄断，是军事部门的下属单位。

在华北，质量最好的烟花爆竹产自河北省南部的束鹿地区，所有的烟花爆竹都自称束鹿产品。江西和福建也是烟花爆竹的著名产地，出品远销海外各国。孩子们尤其是男孩子没有不喜欢燃放爆竹的，许多成年人也一样。吴家是老北京人，燃放烟花爆竹也是他们过年的一大乐事。

中国爆竹以其爆炸力强、响声大而声名远播。有一种单个的大爆竹，五寸多长，牢固的麻纤维紧缠牛皮纸筒，内填黑色火药，在上端点燃，发出的爆炸声堪比打雷，叫"麻雷子"。最受欢迎的品种是"双响"，俗称"二踢脚"。双响内部有两个药仓，由隐蔽的药线连接，引火线不像麻雷子那样装在顶部，而是装在底部外侧。

燃放二踢脚

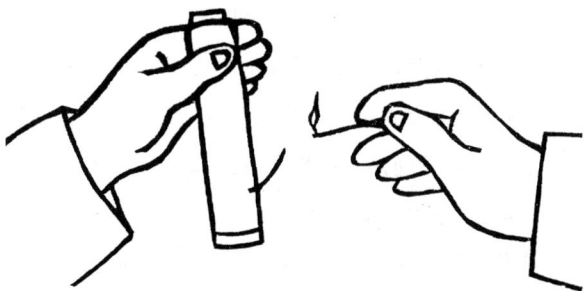

二踢脚引线一旦点着，下边的第一药仓旋即爆炸，随着一记沉闷的"咚"，把整个二踢脚送上五六丈，甚至十来丈的高空，这时第二药仓爆炸，发出一记清脆的"当"，整个炸得粉碎，带火星儿的纸屑从天而降，犹如流星雨一般。

五鬼闹判儿

燃放二踢脚的正确方法是用拇指和食指把它轻轻垂直捏住，只要你知道准时松手放飞，制造合格的二踢脚就绝对不会伤人。有一种叫"五鬼闹判儿"的爆竹，是用好几个小爆竹代替二踢脚的第二药仓，飞到高空小爆竹炸开，发出一串清脆的噼啪声，也很有趣的。

一到三寸的小型爆竹，由引线编成串，叫作"鞭"，一条鞭所包含的小爆竹多少不等，有几百头的，有多达五千头的。放鞭通常是祭神仪式最后的举动，比如祭财神、接灶王爷的仪式。放鞭也是商业界必不可少的一种举动，在店铺新开张，大年初六开门营业的时候都要燃放鞭炮，为的是驱除邪祟保护财路生意兴隆。

燃放烟花爆竹是儿童们享受新年快乐的重要一环，也是他们一项重要的开销。他们攒下的钱大部分都买了炮仗。走街串巷的货郎担以爆竹为热门，孩子们如果还不满足就到大街上的茶叶铺去。茶叶铺习惯上把售卖爆竹当副业。某些种类的烟花爆竹产自南方省份，安徽和福建的茶商大概是推动烟花爆竹销售事业的先行者。

如果说放鞭炮是一种与宗教信仰有关的仪式性行为，那么放烟花就完全是人们的娱乐活动了。

烟花可以分成三大类：灯、花、炮。制造这三类用的是同样的黑火药，工艺技术不同得到的结果不同。简单地说，把火药紧密地装填到容器里，用引线点燃发出巨响，这类烟花的功能是跟爆竹一样的，这是"炮"。

如果火药装填得松散不紧，也不用引线点燃，内燃力就把火药喷出成为一串或一团火花，上升再落下，火焰喷泉足资观赏，这就是"花"。把火药做成小片或小球跟火药粉一起装填，打到高空后爆燃，就是"灯"。制作烟花的诀窍就是这三点，至于各种不同的颜色则来自添加不同的化学物质，包括锰和镁，硫黄也普遍使用。

盒子

北京人最欢迎的烟花是"盒子"，每一枝"花"里装着一管火药，各管由暗藏的引线相连接，燃放时各管相继喷出火花，高达好几丈。

有一种"八角盒子"，一个黄泥做的八角形底盘，立着八管火药，燃放时各管相继爆发把成对的"灯"一对接一对发射到高空燃爆，同时发出巨响。发射的高度能达到五丈，这还是保守的估计。还有一种烟花叫"炮打襄阳城"，其外观是一个直径一尺左右的黄泥大厚饼，上头包着软纸的罩子，点燃时升起一大团火树银花，接着发射出大量的火球，数以百计，"襄阳城"陷入火海，最后剩下

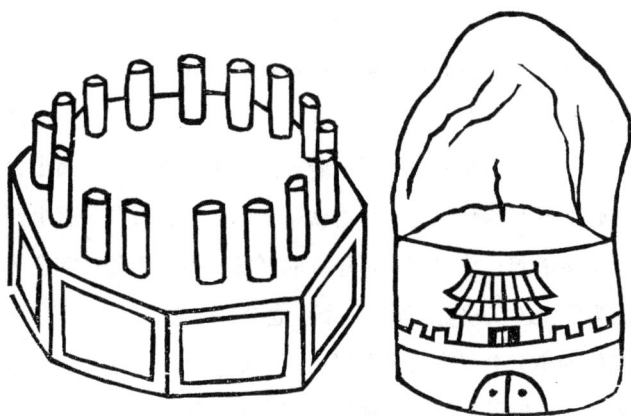

八角盒子和炮打襄阳城

的只有一堆粉碎的黄土泥巴。这"炮打襄阳城"是一种非常古老的焰火。

京城及周边最出色的烟花叫"花盒子"，这是一种尺寸特大、花样极多的大型烟花，底盘最大的直径有五尺，高度有二尺，有圆形的也有多边形的，燃放之前必须吊挂在好几尺高的杉篙架子上。点着引线就从下到上一层层演示，有成串的彩灯儿，像长长的葡萄藤挂着一穗穗的葡萄，因为用了锰所以现出鲜艳的紫色，美不胜收。直到最后连底盘也烧尽为止。

"花盒子"有许多层，每一层都是一件焰火艺术的杰作，巧妙地叠放在大纸盒子里。燃放花盒子往往在大庭广众之下进行，是大买卖家的一种广告宣传举动，要不惜代价吸引最广大的观众前来欣赏，仅仅满足"前排观众"不行，所以一定得场面大、架子高。

批发高档烟花的商店京城只有一两家，说来奇怪，位置就在古玩店和旧书店集中的文化街琉璃厂正中间。更怪的是，虽然在风险极高的地区经营着风险极高的货物，恐怕保险公司都不肯给签发火险保单，但是三十年间人家没出事故。

年幼的小孩子也有他们喜爱的烟花。比如用薄纸卷火药做成细棒状的"滴滴金儿"，还有"线穿牡丹"——两枚喷花的小纸筒首尾相反绑一块儿，拿一根细线吊着，点着了就两头同时喷出火花，高速旋转像盛开的牡丹花。再有就是"起火"，就是垂直上升的火箭。大个头的起火能飞到不可思议的高度，掉下来落点完全无法控制，因为外壳还在燃烧，所以是个很危险的玩意儿。

我们的主人公吴学文虽然早已过了童年，可是他还舍不得告别烟花爆竹，吴家的亲朋也习惯性地买来烟花爆竹当新年礼物，燃放就成了他一个人的特权。他也时不时叫来同学一起玩赏。

风　筝

新年期间有一种活动也很普遍，而且比燃放烟花爆竹更加色彩丰富，那就是放风筝。因为风筝，北京当之无愧地成为全中国，甚至全世界最了不起的城市。外国风筝大多形式简单，不外正方形或菱形，中国的风筝则有数以百计的款式。最常见的叫"沙燕儿"，是制作简单也最容易放飞的一种。

另外还有许多美妙的设计和图案，比如美猴王孙悟空，以及民间传说里的神奇人物形象。比如龙睛鱼，有两只圆鼓鼓的大眼睛，穿在细竹的轴上，飞起来就会旋转不已，它有宽大而柔软的纸尾巴，随风飘荡摇摆，跟活的一样。

随便浏览一下风筝摊摆列的货色，有好多种风筝奇形怪状令人怀疑它们到底能不能飞起来，因为在结构上根本与物理课本说的对不上号。可是放风筝的高手却说，只要你会放就能飞得很高很高。

有一种风筝也值得一提，就是形似水桶或宫灯的空心圆柱式样的风筝。但凡具有放飞风筝的实际经验的人都不否认，由几十节连接起来构成的龙式和蜈蚣式的风筝，是极难放飞的。还有一样难对付的是鹞鹰风筝，这是一种"软翅子"，形象逼真适宜远观，放飞几十丈高的话，风筝线已经看不见，效果足以乱真。

北京风筝形式美妙，尺寸一般在四尺以下，很少超过四尺的，可是有些大号风筝长宽能达到七八尺。制作风筝的材料主要是竹篾和纸张。用竹篾扎架，糊

风筝

上以结实耐久闻名的高丽纸，有的大号风筝糊的是廉价的薄绸子，不论糊纸糊绸，都要施画漂亮的彩绘。

放风筝的线因风筝的大小而异，从普通缝纫线到老弦（羊肠线）都有。

过去风筝的最大买主是"大内"，即皇室，总是采买最昂贵的风筝，后来风筝业的最大主顾似乎是那些富有的演员，许多著名的戏曲明星都是热情高涨的买家。梅兰芳就是一位著名的业余（其实没有专业的）风筝高手，公认的国内第一人。

早春季节是放风筝的最佳时节，因为这时高空气流稳定风向少变，容易取得好成绩。过去大街转角路口凡是有稳定的微风吹拂之处，往往就会形成放风筝的聚会，可是自从北京城进入电气时代，大街上电线密如蛛网，放风筝必须挑好场地，否则风筝非但不能打破高度纪录，还将落个悲惨下场。风筝被电线缠住再想解救下来，

不说不可能但也是十分困难的。

像吴学文这样的年轻人，父母长辈是鼓励他们放风筝的，因为这是一项有益健康的休闲活动，据说对改善孩子的视力和肺活量都有帮助。不过很少有人为提高这项活动的价值而鼓励孩子自己制作风筝，未免可惜。

风筝虽然简单，历史却很悠久。与孔夫子同时代的墨子费时三年制造了一架木风筝，确实能飞。鲁国的公输子制造了一个类似风筝的机器，坐着它飞上高空对宋国的一座城市进行侦察，当时鲁国正跟宋国打仗。6世纪时，梁国的台城被叛军包围，大臣羊侃用风筝传递消息跟城外的援军联络。

五代时期，放风筝成了和平时期的体育活动，这时开始在风筝上加装乐器，靠风力弹奏，喜爱风筝的北京人至今也还这样做。风筝线也可以把小灯笼或是彩色纸条带上高空，使放飞的风筝更有观赏性。这些都是放风筝的新花样。

第四十一章　过大年

临过年的几天，是京城家家户户一年当中最忙碌的日子。无论是在商店，还是在办公室，人人都有要紧的事情要赶紧办。除夕这一天是债主催讨欠债的最后时刻，自从四个半月前中秋节的偿债期以来，债务又像雪球似的越滚越大了。已经给每一家客户开了账单，由店里的伙计，主要是小会计和最初接待客户的销售人员，将这些账单子一趟又一趟送达客户。

忙过年

但凡顾及名声的人和收齐了应收款项的人，一般都会立刻前来还清欠款，也有些人则会等到除夕晚间第二次催讨时送到。这一天从早到晚大街上熙熙攘攘尽是为要账还账而奔忙的人。当初北京还没有普及街灯，这些追讨欠债的人都打着一盏灯笼，上头写着自家商号的名称。名义上追讨欠债规定的最后期限是除夕午夜，但是实际上他们在天亮以前任何时刻都可以敲开任何人的家门。

从商号跟欠账的人激烈的争辩和讨价还价的样子看，许多商家一定不得不从账簿里勾销掉不少的坏账，其实不然，大多数商号都很顺利，到休假过后开门营业的时候都能轻松地重新开始。

为了方便急需用钱的人在最后一分钟筹得现金，连平日里天一擦黑就关门没商量的当铺都会贴出一纸启事，把营业时间延长到午夜。那时的当铺有些惯例和规矩颇受人诟病，但是这个特别的夜间服务还是值得大大称赞的。

当铺这个特殊的放款机构不但能帮助债务人缓解一下无情债权人的紧逼，而且有些人可以把平日不穿的好衣裳押进当铺暂存，到急用的最后一分钟赎出来，出门拜年的时候就能穿得体体面面不丢人。这方面当铺真能救急呢。

吴家为迎接新年一切准备就绪，他们今年更想好好地过个年，自从吴老爷子去世他们守孝三年，一切娱乐取消，就没有欢欢喜喜地庆贺新年了。大门上没有贴春联，而是贴了一张蓝颜色的纸，写着"本宅守制""不收拜帖，恕不回拜"。他们极少接待访客，也极少拜访别人，新年期间的社交活动都推迟一个来月。吴家是正统的北京人，不能招人笑话。

供神拜佛

准备春联的活计就落在了吴学文的头上，他给观音菩萨和灶王爷的小佛龛写了小对联好贴。一张崭新的灶王爷神马儿从文具店请回家贴进小佛龛，灶王爷的相貌每年都一样，但是在神像上方额外印了一个简略的年历表，似乎强化时间观念，让灶王爷的形象更好辨认。

堂屋中间的八仙桌上摆放了一盆新蒸的白米饭，这个叫"年饭"。

满满的米饭正中插着一枝翠绿的柏树枝，树枝顶上插着一个金光闪闪的供花，中间垂挂一串古钱。米饭表面摆放各色干果，正中间是一个大柿饼。这盆年饭要摆到正月初六，象征五谷丰登，表示感谢老天爷赐予充裕的食物。

各家各户在除夕这天的传统庆祝活动并不都一样，来自不同民族和地域的人家，过年的方式是有区别的。一些大家庭会把祖先的牌位请下来，供上酒席。一些旗人家庭会把祖先的画像请出来。这种画像叫作"影"，平时卷起来放入木匣保存，这时取出展开悬挂，全家人按辈分依序跪拜，行三跪九叩的大礼。旗人还会在祖先的影像前燃点藏香，也是祖先崇拜的礼节。另外还有一些家庭则前往家族墓地，向着坟头焚化大量纸钱，跟"鬼节"一样。

年饭

不能上坟烧纸的人家就在家烧"包袱"，从文具店买回一尺见方的白纸口袋，上面印着一些佛经里的文字，还有几处空白用毛笔填写上收件人和发件人的姓名，里头装满纸钱揉成的团，包袱摆桌上接受供奉和跪拜，然后拿到街门外头点火焚化，就"送走"了。冬季白昼短，而且年下忙着要办的事情又多，用烧几个包袱的办法代替上坟烧纸，这是很多老北京人都采取的变通办法。

吴家人也是用这个办法在新年前夕祭奠祖先，凡是叫得上名字的先人包括他们的妻妾全都给烧一个包袱，吴老爷子只是在他去世第三年才给他烧包袱，在这之前他是"新鬼"，只在生前住的屋子里给他供一个白纸糊的包袱，贴上写有他的名讳的蓝纸签而已。

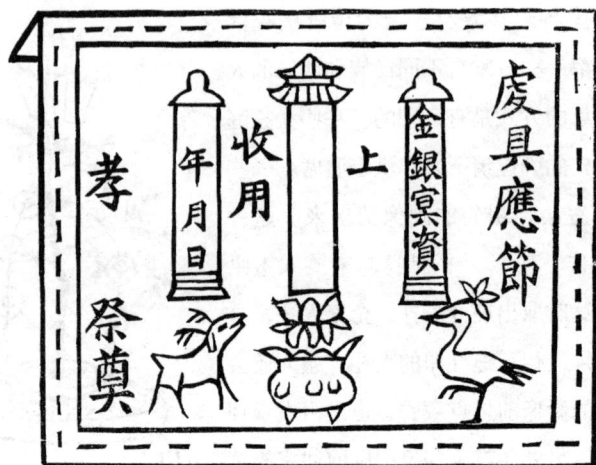

包袱

送财神爷

天很快就黑了，爆竹声大作，房檐下那些写着吉祥文字的红灯笼次第点着。三十晚上天界的神仙纷纷下到凡间来巡游，大家全都要表示欢迎，取悦于各路神仙。为了让神仙高兴，一些人家在庭院中间竖立起一根杉篙，顶上挂一盏红灯，这是满族人的风俗，叫"天灯"。

这天晚上，附近穷人家的小孩子一拨一拨地挨家挨户"送财神爷"，他们手里捧着一小摞从南纸店趸来的财神神马儿，小心翼翼地敲着人家街门，高声喊叫："送财神爷来啦！您请一张吧！"人家听见喊声就立马开门，满脸堆笑接过一张，付给的价钱比纸店买的多五六倍，大过年的谁都愿意。花上几个铜板把财神请进自家院子，何乐而不为？孩子们挨着胡同串，不大工夫就赚到了不少。在自家门口买上一张财神，虽然多花几个钱，也是满心欢喜。

中学生吴学文买了一张财神神马儿，在吴老太太的亲自照看之下恭恭敬敬贴上佛龛。吴老太太认为全家应该感谢财神爷，时常念叨："财神爷老是冲着咱们家笑，应当谢谢他。"

这张财神神马儿，要在正月初二给他上供。

全家团聚

祭祖仪式结束，北屋堂屋作为临时祭坛的八仙桌抬走，换上一张大圆桌，年夜饭开始了。吴家没有从遥远外地赶回来团圆的人，但是他们总是看重吃年夜饭的情感效应。有一句老话说：儿媳妇虽然受虐待，也得让她跟大家一块儿吃年饭，"打一千，骂一万，三十晚上也得一桌吃年饭"。还有一点值得注意，年夜饭不招待外人，无论多么亲密的朋友都不欢迎，大年初一的饺子也是这样。

摆上了一桌丰盛美味且花费不菲的饭菜，可是必须要等到晚上吴少爷下班回来才可以开饭。有鸡鸭鱼肉，还有几样稀罕的新鲜蔬菜，像翠绿的黄瓜，绿油油的架扁豆，甚至还有鲜嫩的紫皮茄子，这些本来是夏天食用的青菜，冬天上市的叫"洞子货"，是丰台一带的菜把式用温室栽培技术生产出来的反季节产品，价格昂贵。

丰台花乡十八村，有一批能人，不但能生产"洞子货"反季节蔬菜，还能栽培奇花异卉，如牡丹、桃花、矮株的柑橘类果树、佛手、香橼等，都是过年期间摆出来烘托喜庆气氛的名贵花卉。价格昂贵只有讲究格调的大宅门才买得起。

吴家年夜饭没有牛肉菜，盖因信佛老式家庭不吃牛肉，他们认为牛帮人耕田对人有恩，杀牛吃肉，绝对是"没良心"的行为，同样的道理，他们也不吃狗肉。有句老话说"信佛之人不食牛犬"。

压岁钱

吃完年夜饭，全家人聚齐，由小辈人给长辈磕头行礼，叫作"辞岁"。吴学文从祖母和父母手中得到了包在红纸里的一小笔钱，叫"压岁钱"。他现在已经不小了，可是在全家人当中他还是最年幼的一个。家里的女用人也得到了赏钱。

守 岁

接着全家人一齐动手来包饺子，准备给从天上回来的灶王爷上供。饺子馅有各样的肉和蔬菜，按古老的风俗习惯，从大年初一到初五，应当每天都吃饺子。饺子的形状好像一个个的小元宝，是财富的象征。不过从初二开始，大部分人家就偶尔打破老习惯，不再吃饺子，嫌它单调，改而吃年前早已做好的美味菜肴，温一下就行。

给灶王爷上供的饺子是素馅，初一那天大家吃的也是素馅饺子，信佛的人认为初一应当忌食荤腥，吃素是一个很高尚的姿态，表示反对"为口腹之欲而杀生"。素馅内容丰富，有炸豆腐、蘑菇、黄花、胡萝卜丝以及各种调料，吃起来很香，出人意料。

午夜12点爆竹声响起，迎接从天庭回来的灶王爷，这个仪式的细节跟七天前的送灶王爷上天大体相同，只是供品不是关东糖而是饺子，灶王神马儿当然也不跟其他的纸供品一起烧掉，而是贴上了小佛龛。

年三十有一个普遍遵行的传统就是"守岁"。全家人都要整宿不睡觉，因为当天晚上早早去睡觉，那是个不好的兆头，会令人走背运。为了保持清醒不睡，大家就从事打牌和类似的消遣，或者围坐在火炉边快乐交谈，吃些美味的小吃，干鲜果品蜜饯杂拌儿花生瓜子，时不时冒着严寒跑到院子里去放几个爆竹。

大多数人不喜欢三十晚上睡觉，想睡觉的人可就受罪了，整个北京城到处都在放爆竹，密集的噪声持续不断，睡觉真是不可能，只是到了天亮之前才停歇一小会儿，让人打个盹儿，可是还得赶紧起来去忙乎种种的事情。

拜年

大年初一，人们都穿上最好的漂亮衣服，去给亲戚朋友拜年。出门遇到的人都要互相道贺，说"新禧新禧""多多发财""一顺百顺"，同时互相作揖请安。大家相信大年初一听到和说出的第一句话预示着这一年到头的运道，必须是大吉大利的好话，这是人们互相之间必需的礼数，不是单方面的愿望。给亲戚朋友拜年一视同仁，不管是天天见面的，还是一年没见着的都要拜到。有些人，拜年是保持友谊继续有效的唯一方式，一年到头没有拜访没关系，可是不拜年就等于无言宣布断交，交情一断再难恢复。

拜年没有说起来那么简单。到人家里，小辈的要给所有长辈的磕仨头，有两个长辈就磕两回，有二十个长辈就磕二十回，要是长辈不在，那就"朝上磕"——冲着空椅子磕！磕头之前之后还要说许多的吉利话儿，有来有去，礼数周到，口齿伶俐语汇丰富的才能应付裕如。

拜年的人必须记清楚这家有几个应当受拜的人，漏掉一个也是失礼。这真得有个好记性，因为受拜的人家不会提醒你把谁跟谁漏掉了，提醒你会让你脸面"挂不住"。

前去拜年，还得按远近亲疏确定拜年的顺序：是初一去，初二去，还是更晚些，就看拜年的人怎么评估交情深浅了。有的家庭往往有许多交情很深的亲戚朋友，必须优先去拜，注重交际的人在初一这一整天就全用上了，每一家都去，每一家都磕头若干，一天下来累得腰酸腿疼要散架。拜年这套繁文缛节是谁带头兴起的，实在害人不浅！

好在每一家只去一个人拜年就够了，这样就可以分工派一个人到必须去的人家去，吴家就是这么办的。妇女们不必出去拜年，因为从正月初一到初五她们不能出门，这几天家家都禁止别家女性入内。为了接待前来拜年的客人，每一家必须把一位重要的家庭成员留在家里。不过孩子们喜欢出去拜年也喜欢别人到家里来拜年，因为他们给年长的人磕头总会得到压岁钱。

新年期间各家各户都谨守祖辈传下来的老规矩，大同小异。一条通行的规矩是禁止动用刀子、剪子等各种有刃的器具，连包饺子的面剂子都不许用刀切，只能手揪。做饭菜不许烘烤煎炸，只许蒸煮，烘烤煎炸的只能以后再吃，以免坏了规矩。扫帚、掸子、土簸箕至少在初一中午以前不许使用，因为扫除灰尘等于把黄金扔出门外！

即使到今天，随便问一位北京人，他们大年初一做什么来着，十个里有九个都会说："拜年去了呗。"

488

第四十二章　逛庙会

老北京人过年头等大事就是拜年，几乎同样要紧的另一件大事就是逛庙会，不管是佛教的寺庙还是道教的宫观都会去游逛一番。最出名的庙会是齐化门外的东岳庙，那是吴老太太常去烧香许愿的大庙。东岳庙在正月初一开庙一天。广安门外六里桥的五显财神庙是正月初二开庙。再有就是正月初三开庙的城隍庙。

城隍庙在广安门内菜市口附近的一条胡同里，菜市口是古代的刑场，罪大恶极的死刑犯在这个地方被斩首甚至寸磔，就是"千刀万剐"。当然，皇权专制的旧时代，冤案是免不了的，有些被杀的人甚至是仁人志士，比如"戊戌六君子"就是在菜市口遇害的。斩首、寸磔的行刑方式野蛮残忍血腥，为现代文明所摒弃，早已废除。

除去以上三座庙之外，西北郊的大钟寺和西便门外的白云观也都有值得一逛的新年庙会。

大钟寺从正月初一开庙十五天。这座庙本名觉生寺，因为保存着明代永乐年间铸造的大铜钟而得此俗称。白云观开放的日子多四天，直到正月十九的"燕九节"。北京人踊跃地到这些庙里去，一则是给神佛烧香膜拜，二则是趁着新年假期去游逛找乐子。

东岳庙

东岳庙最最著名，大年初一善男信女从四九城纷至沓来，天没亮就云集齐化门脸等着城门打开，有的步行，有的坐车，有的骑驴，人人都想"抢头香"，城门一开嘈杂的人流就推推搡搡在蔽目黄尘中朝大庙涌去，拜谒泰山大帝。谁都想烧上头一股香，谁也都安慰自己反正做不到，因为点上清晨头一股香的肯定是住在庙里的道士，这是他们的"合法特权"，众香客比不了的。

来到庙里对着道教佛教济济一堂的男女神佛塑像，人们磕头祷告烧香许愿，求健康，求财富，求婚姻，求这个那个的人生愿望得以实现，大年初一是个开始人生和信仰新篇章的重要日子，他们要祈求神佛赐予力量坚持信念。

大庙庭院宽广，正好举办集市，商贩云集摆摊出售形形色色的应节货品，玩具，纪念品，花样繁多，五光十色，买卖兴隆，比募集功德钱更红火。

最受欢迎的纪念品无疑是红色的纸花，每个香客都会买，男士别帽子上，女士别头发上。这种纸花粗看形似红鲤鱼，贴上金纸剪的"福"字，用一条细线固定在小秫秸秆上。戴上它就等于向众人宣告：我是上庙烧香礼佛回来的。

有几个摊位出售大糖葫芦，这是用一根三到五尺长的荆条穿起几十颗山里红，上面涂满饴糖，此种小食品极受儿童和妇女喜爱。卖家不忘用一些彩纸小旗子加以装饰，更显喜庆，好吃又好看。不过，不是所有的人真把它吃掉，北京常常遇到大风扬尘，糖葫芦粘满黄土还怎么吃！还有一种玩具"纸蝴蝶"，花里胡哨的彩纸做成蝴蝶，插在柳条上，随风起舞，比真的还好看。另有几个摊子卖风车，秫秸秆扎架，插上花纸做的风车，带动高丽纸面的小鼓，风吹车转拨动鼓槌，小鼓哗哗作响，好似清脆的笑声。有的还装有用香烟盒铁皮做的小锣，奏起乐来更有层次。摊主把风车组装起来，一架少则两三个，多则二三十个单元，安排成三角形、六角形、菱形的几何图案。庙会归来手举风车，其乐融融。回到家把风车捆绑在院里树上或房顶上，它会迎风奏响许多日子，直到雨水下来把它浇坏为止。

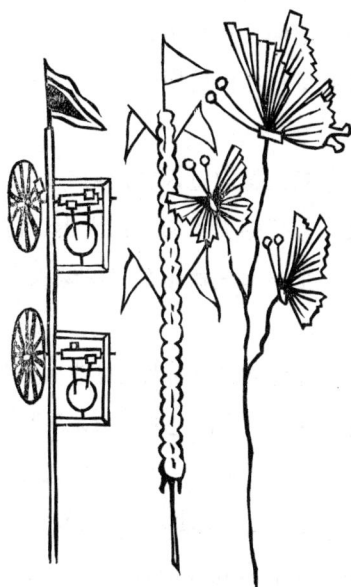

风车、大糖葫芦、
纸蝴蝶

庙会上出售的玩具五光十色品种繁多，以上几样只是东岳庙卖得最多的而已。

这一年，吴老太太赶早争先来到东岳庙，她有一桩心事要祈求神佛帮助，这事吴家人都知道，只有她孙子吴学文还蒙在鼓里，暂时不告诉他。

五显财神庙

五显财神庙每年只在正月初二开庙一天，前来朝拜进香跟瞧热闹的人山人海，大家前来烧香祈求新的一年财源广进。

财神庙据传建于明代，供奉五位掌管财富的神仙，为首的是赵公元帅，手下四位是招宝天尊、纳珍天尊、招财使者、利市仙官，合称"五显"。这五位神仙的来源出处众说纷纭，有一种传说是这样的：他们是把兄弟，都有不凡的人生经历。供奉他们的道观虽然没有雄伟壮丽的殿堂，但是香火旺盛，神仙当中他们别是一路。

原来这五位膂力过人，武功超群，飞檐走壁如履平地，而且豪侠仗义，素喜结交大胆勇武人士。他们袭击为富不仁的阔人，劫富济贫，把财富慷慨地分发给缺衣少食的穷人，他们是"绿林好汉"。

据说，五兄弟当中的老大姓曹，是明朝时候镇守甘肃嘉峪关的一名副将，既是一个出色的军人，又是一个强盗头目。财神庙后院有五位财神藏宝的金库，由一个姓张的看管。此人生前本是曹将军的心腹，曹将军死后成仙，他受命看管金库也登了仙籍。

一年一度前来礼拜的香客，烧完香就到后院的金库，去向财神爷借一对元宝，一黄一白视作金银，付给看庙的道士两角钱。财神爷当然很乐意接待这些虔诚信徒，慷慨地把金银元宝借给他们，而道士们也不能白忙乎，收取两毛钱的手续费。这笔贷款并不签合同，连借贷人的姓名都不问，反正大家心中有数，下一年或者下几年元宝给他招来财富的话，借元宝的就得回来跟财神爷平账，捐献若干个同样的金银纸元宝，同时每捐一个元宝付给道士一两毛钱

（既然信仰能创造奇迹，就没有不灵验的）。还回来的纸元宝不计其数，堆满了后院的金库。

　　大量回收的纸元宝又以每两个收两毛钱的价钱再借给香客，成了常住道士和俗人伙计净得的利润，每年他们只提供半天服务，赚的钱就够一整年的花销了。一过晌午道士们就没事了，因为信徒们都会千方百计早早前来，谁若是慢慢腾腾半心半意，那就叫心不诚。外人弄不清楚道士们一年的收入到底有多少，不过看一看窗户外头蜂拥而来挤作一团争先恐后抢购纸元宝的人群，看一看道士和伙计们时刻不得闲暇的那份忙碌，不难看出这项生意规模一定可观。

　　财神庙的庙会还有人摆出"金马驹子"，这是用黄土泥巴捏的小马，糊满金纸，驮着金银元宝聚宝盆，由注册领证的摊位出售，价格不菲。据信这个吉祥物买回家就能带来巨额财富。还有用红丝线穿起来的一串串泥胎糊金纸，用细竹棍挑着的小元宝，也是财神庙庙会上特有的纪念品。

　　正月初二这天，人们还要在家里举行祭财神的仪式，把三十晚上

金马驹子

从"送财神爷"的穷孩子手上请来的财神神马儿立在桌子上给他烧香上供磕头。供品是一大块羊肉，煮得半生不熟，按异域食俗插上一把刀子。摆上三盅烧酒，点燃发出蓝色的火焰，另外还供了三盘馒头。

吴家人也上五显财神庙去了一趟，只看看热闹而已。不过家里祭财神的仪式还是一丝不苟恭敬如仪——谁敢怠慢财神爷呀！

白云观

白云观是北京一带最显赫的道教宫观，据说从唐代就有了，不过现存建筑是清代为埋葬长春真人丘处机遗骨而修建的。丘处机是山东蓬莱人（吴佩孚将军是他老乡），以学识深厚闻名，被成吉思汗召为国师，他劝皇帝止战少杀以和平为重，得到皇帝的敬重，封为道教教主，设丛林于元大都，即白云观，数年后他在此去世。有人说白云观本来位置在元大都汗八里的城内，后来明朝修建北京城，向东稍微移动才把白云观圈到城墙外头，这个说法不大可信。

白云观规模宏大保护极为完善，有道士一百多人。新年假期，全观开放供善男信女参观，人们可以观看道士们的生活区，各种仪式和各处神像，包括道士们宽大的厨房和饭堂。开饭时间一到，就有道士敲响木架上挂着的一只五尺多长的鱼形石磬，发出的巨响把道士们召唤到饭堂来。

白云观的道士，包括一些年轻的学员，全部时间用于诵经，极少俗世的享受。他们在旁边一片土地上自己耕种生产粮食，还有一小片菜园子。他们拒绝奢侈繁华，认为需求越少就越接近自我完善的理想境界。这片道士的天地跟外界没有什么经济的联系，实行自力更生。

494

逛白云观的人虽然多，但是极少有人是为履行宗教崇拜仪式而来，大多数人连供奉的神像是何许人，他们的来历和事迹如何都不想弄清楚，但是必定要去参观老人堂。这是一间大屋子，里边的砖炕上端坐着几位年纪很大的老道士。他们一动不动一声不吭，跟木雕泥塑一般。有的看上去简直就是一具包着透明纸的活骷髅，摆在一堆破破烂烂的蓝布上，那是他们的道袍。他们面前放着一个小笸箩，收受游客施舍的几个钱。

一位不太老的道士站在旁边，向大家介绍说这位一百二十五岁，那位年轻才九十八岁。

那位九十八岁的老者看上去已经十分衰弱无力，连跟客人打个招呼的气力都没有了，而那位一百二十五岁的更加衰朽，只是个活化石而已。他没有气力把眼睛睁开一条缝看看小笸箩里的钱积攒得快不快，看来对这个挣钱的营生失去了兴趣。那位说话的道士一遍又一遍不厌其烦地劝说游客"跟老道长结个善缘"，可是话里的余音似乎在说，他对道观里枯燥孤独的日子早就过腻味了。

紧靠老人堂是一座牲口圈，养着几只善男信女送来"放生"的猪羊，让这些家畜在这里颐养天年，免于面对屠宰场的恐惧。这些家畜有的已经很老了，游客们匆匆看上一眼就走开。

白云观吸引游客最多的地方是一进大门那座窝风桥，人人都想在此试试手气碰碰运气。

这里原先是一片金鱼池，有汉白玉栏杆围绕，一座汉白玉拱桥横跨其上，这本是寺庙园林惯常的一景，后来池塘里的水干了，经济头脑发达的道士就琢磨出一个靠它做好事的门路。石桥两面的拱形桥洞里各坐一位道士，一天到晚一动不动不吃不喝像隐修入静一般，据说他们有"辟谷"的功夫，是得道成仙的第一步，不吃饭也并不算新鲜。

两位道士面前各悬挂一个木头做的圆盘，中间开个方形孔洞，涂上金漆宛如特大号的金钱，方洞里挂一个闪闪发亮的小铜铃铛。游客们挤在石头栏杆外边，争先恐后拿钱币向铜铃铛投掷过去，凡是投中目标击响铜铃的，就是最有福气的人，一年到头都会走好运。要是没打着，运气就差了，这个概率更大。不论运气是好是差，反正他扔出去的钱币是拿不回来啦。

池塘底部像铺了地毯似的落满游客们投出的钱币，不用说全成了道士们的进项。

打金钱眼

会神仙

白云观山门一孔门洞的石头门框上刻着一只五寸来高的小猴子。新年期间来逛的游人都不会忘记拿手去摸一摸或是拍一拍它，据说你身体哪个部位有病痛，就去摸或拍小猴子身体的哪个部位，便可以手到病除，灵得很。无独有偶，东岳庙后院一座大殿里有一匹铜骡子，尺寸跟真的一般大小，据说也有治病的神力，这匹铜骡子身体的某些部位锃光瓦亮，一看就知道哪几个部位一年到头被人摸得最多。还有人说，白云观的石头小猴儿，健康的人摸了也会一年到头精神饱满充满活力，好事不断。

每年正月十八夜晚，白云观会举办一场纪念丘处机的活动，叫"会神仙"，因为第二天是他的诞辰。会神仙一完，白云观庙会也就结束了。据说这天夜晚，众多神仙下界在人群里巡游闲逛，神仙们都化了装，假扮成稀奇古怪的人物，甚至破衣烂衫的乞丐，谁认出来就结下仙缘。善男信女通宵等待，免得错过大好机会。

白云观有个奇特的仪式，就是一年一度的"洗仙骨"。观里举办此事，戒备森严，秘密进行，对外界守口如瓶。据说在主殿丘祖殿里的丘处机塑像下头有一口井，丘处机的遗骨装在一口陶瓷小罐里用绳子吊挂在井中。每年正月初二清晨，会有道士把小罐提上来，毕恭毕敬地将遗骨彻底清洗一番再放下去。又据说这一天要诵经一整天。

高老道的故事

白云观有一些故事引人入胜。其中一个故事说的是若干年以前一位高姓道长，此人精明能干，跟清代朝廷里的王公大臣大太监都有深厚的交情，不少人自称他的"记名弟子"。他跟臭名昭著的李莲英等权势熏天的太监互相勾结，左右朝廷事务，尤其是插手一些油水巨大的官职任免，他居然能够公开竞价买卖。贪污腐败贿赂公行最猖狂的时候，白云观几乎成了一家"官职交易所"。宣武门外一家出名的饭庄子，就是高道长的市内办事处，受一些贪婪官员之托来会见高老道和他那些精干的手下，将事情办妥。饭庄老板牵线搭桥，跟着大赚其钱。谁都没想到，突然有一天，高老道被人从一个名声不佳的女人家里抬回白云观，气息奄奄，第二天就死了。

另外一个广为人知的故事，说的也是高老道。却说沙皇俄国派驻大清朝廷的一位使节在白云观花园租了一处房子做夏季别墅，他通过高老道和李莲英游说慈禧太后，使得她相信沙俄是世界上唯一对大清真正抱有善意的国家。游说的结果，李鸿章被派去出席沙皇加冕典礼，并受权签订了有关在西伯利亚修筑铁路的秘密条约。这实际上就是日后日俄战争爆发的导火线。

一年又一年，北京人络绎不绝前往白云观观风景看热闹，享受远离城市喧嚣的一片清静，要么去算命占卜求好运，可是他们当中又几个人会想到，这个地方曾经见证一个王朝的覆灭和一段历史的铸造呢？

骑 驴

中学生吴学文跟他的学伴儿一同去逛了财神庙和白云观，觉得蛮有意思深感满意，但是土地庙之行却让他感到失望。土地庙在宣武门外下斜街，离丰台花乡不远，本来是个出名的花卉市场，文人学士到土地庙买菊花是一大乐事。可是现在赏心悦目的野景没有了。西南郊土里土气的乡下人一群一群地前来购买笤帚掸子锅碗瓢盆等家用杂货和农具，即便是新年假期，庙里也是挤满了这些商贩。

这座庙保护不善，殿堂破旧，被和尚租给一些作坊，有的织粗布，有的纺粗毛线，给工厂织造著名的北京地毯提供原料。土地庙地处外城以内，没有多远，连赶脚的毛驴都没有，不像别的庙会可以骑驴前去，途中顺带着来一回骑驴赛跑，也是个吸引孩子们的乐事。

宣武门有一条窄胡同叫"赶驴市"，过年期间这里是前往各大庙会的起点站，给逛庙会的游客提供交通工具，颇受欢迎。赶脚的牵着驴在此等生意，逛庙的跟他谈好价钱，接过鞭子就可以动身出发了。骑驴的一拍驴屁股就冲进了呛人嗓子的黄尘，把那牲口赶得嘚嘚疾驰，顺着护城河北岸迅跑，"春风得意驴蹄疾"。河边老柳树枝条泛出黄色，"五九六九隔河看柳"正当其时。驴子经过训练记住了这条路线，不用主人跟在后头跑，到了地方会有同伙的人把客人接住，算账收钱完事。价钱多少有定规，大家共同遵守，不会有竞争，如果另有商定，赶驴的就会打一个绳结挂在鞍子下头的口袋底下，通知给终点的同伙。会不会有居心不良的客人半路起意想把驴子往岔路上赶呢？这个不必担心。客人半路上一下驴，那驴就大声吼叫，无论怎么打，怎么吓，它就是寸步不离既定的路线，那场面让任何企图偷驴的打算全都破产。赶驴人之间有约定照顾彼此的利益，省去了跟着驴子来回奔跑的大量劳动，而不断涌来的乘客也得到了安全的保证。

趑子车

逛庙会除了雇毛驴骑着去，还可以坐"趑子车"去，这对于不善骑术的人真是好事。郊区的农民趁着新年假期把自家大车赶出来拉客挣钱，大家方便。他们把大车收拾干净，铺上干草垫子，让乘客坐得舒适些，还不忘给大车美化一番——车辕子贴上红纸春联："日行千里路，人马保平安"，牲口鼻梁上挂着鲜红的璎珞，鞭梢儿系上一块红布，很是喜兴。平日里拉粮食青菜的粗笨两轮大车，这么一打扮就成了客运交通工具——由驴、骡子或是马甚至牛拉的趑子车。车把式跟车在城门脸儿的车口儿等客人，按人收钱，不是很贵。老百姓过日子讲究节省，花几个小钱乘坐这种慢慢腾腾颠簸摇晃的大车去逛庙，尽管在起点要等很长时间人满了才开车，他们还是兴高采烈，趑子车永远不缺乘客，他们总是快快乐乐地行进在坑坑洼洼的石板路和曲曲弯弯的黄土车辙上。

乘客只想省钱，他们似乎很欣赏一路上那种友好的气氛，全然不在乎大车颠簸的不适。笨重的木轮大车拉着身穿节日盛装前去拜佛上香的男女老少，行走在灰黄沙漠一般单调的土路上，这情景天知道已经有多少年了。不过，回程的画面色彩缤纷：众香客无一例外都买了玩具和纪念品，花花绿绿给这趟节日出游平添一抹艳丽的色彩。

吴家人乘车去逛大钟寺。这座庙坐落在西直门外，本名觉生寺，因为寺里有一口大铜钟，得此俗名。他们先坐洋车到德胜门，下到护城河南岸边，坐冰床往西大约三里地，从北岸改乘趟子车在土路上曲曲弯弯行驶一程才到。吴家人不是吝啬的人，但为饱览当地野景，还是选择了坐趟子车。

大钟寺坐落在北京城到颐和园的大道东边，这是一条支路，雨水的冲刷和大车轮子的碾轧，把这条小路弄成了沟，坐在大车上左右看，两边都是陡峭的黄土悬崖。大钟寺规模宏大，山门以内有六进大殿，最后一进就是上圆下方两层的大钟楼。大钟原名华严钟，

趟子车

现在通称永乐大钟，是明成祖迁都北京后下令铸造的，高6.75米，外径3.3米，重46.5吨，周身铸满汉文和梵文佛经共23万多字，名家书写，工笔正楷，华丽庄严。钟声洪亮悠长，能传出40多里。最初在城内放置，明末迁至京西万寿寺，清雍正年间迁至觉生寺，是趁冬季严寒沿途泼水结冰滑行过来的。大钟用一根三尺粗的横梁悬挂在钟楼里。

吴家人跟在人群后头沿旋梯登上二层楼，从高处观赏大钟。周围设置了木头栏杆以保护游人安全。从高处看大钟顶部有一直径大约一尺的气孔，孔内挂一铜铃铛，游人拿铜钱投向气孔，打响铜铃铛，就预示一年走好运。这跟白云观窝风桥"打金钱眼"是一样的游乐项目，也给庙里的僧人捐了功德钱。

近年来铜币日渐稀少，对庙方的收入构成威胁，于是有人显然在僧人同意和合作下在旁边开办了兑换处，把纸币换成铜钱，方便那些急于打金钱眼赌运气的游客。不过他们的兑换率比市面上低，一毛钱纸币换铜钱比法定兑换额少了四成。

碰运气

大殿外头有宽敞的空地，一些赌输赢的游戏活动摆摊设点招揽游人，吸引了不少爱冒险的人一试身手，也有不少好奇的游人驻足围观。

其中一个赌博游戏叫"钉子山"，在一块木板上密密麻麻钉着许多钉子，木板上端有一小格，花一枚铜板换一个玻璃球，放进小格，让它自由地朝下滚动。玻璃球在钉子森林里曲曲弯弯往下滚，最后掉进若干格子当中的一个，写着"五块糖"、"三块糖"或是"一块糖"，顾客按字"领取奖品"。大部分人得到的全是"一块糖"，要是拿一枚铜板上商店买糖，绝对不止一块。

另一个游戏是"炮打转盘"。一个圆形木板用不同颜色的油漆画出宽窄不同的若干片，写上奖品名字，摊主转动圆盘，让顾客从玩具小炮向圆盘射出软木塞炮弹，射中哪一片就按字领取奖品。奖品的价值有大有小，价值越大所在的面积越小，所以射中的机会就很小，大多数顾客得到的全都是不值钱的奖品。玩一次一个铜板。旁边是个用绳子围起来的"射击场"，用玩具枪和软木子弹直接射击奖品，如几包香烟之类。这里的奖品价值跟一次一个铜板的成本不成比例，可是如果没打中目标就连两块糖的"安慰奖"都不给。

套圈儿

最受欢迎的是"套圈儿"。一片空地上摆着许多奖品让客人投出藤圈去套，套着什么就拿走。一枚铜板买六个藤圈。奖品摆法有讲究：越近的越不值钱，如小泥人之类，越远的越值钱，如茶壶、

套圈儿

茶碗，直到最后一排的一大摞饭碗。往往是客人买了一大把藤圈，一件奖品也没套上。

偶尔也有人套上了中意的奖品。那些藤圈或细铁丝做的圈儿都很轻，会随风飘移，也会弹跳，套上了还会逃走，所以摊主不会赔钱破产。

玩这些游戏的，输了大大方方认输不会脸红吵闹，赢了自然高兴，感觉自己得了神仙眷顾，一年到头都会好运连连。

角落旮旯有一些赌徒组成"流动赌场"，赌注很大但是客人赌赢的机会极小。这些神出鬼没的狡猾家伙是些凶恶的团伙，为了防范警察突然前来抓捕，他们派人望风放哨，让其他成员放手宰客，心黑手辣，残酷无情。

虽然各处庙会也有人设赌，但是大钟寺的赌风最为炽烈，为各寺之冠。

第四十三章　逛厂甸儿

琉璃厂

"厂甸儿"一般认为是指琉璃厂一带地方，这是一条从前门外大街到宣武门外大街，从东往西横贯和平门外的一条繁华大道，是闻名全国的北京文化市场。这片地方古代想必偏僻荒凉，随着北京城向南扩展，从内城向南延伸，现在此地已经形成重要的购物中心。明朝初期，永乐皇帝修筑北京城的时候，这里是为皇家宫殿烧制琉璃瓦的一片窑厂，到了清朝中期窑厂早已废弃，在时间冲刷之下，只剩下一片荒废景象。到同治、光绪年间，连仅存的窑厂办事衙门的几间老屋也不复存在，琉璃窑厂的地标没有了。

原地现在是一座不大的海王村公园。新年放假期间开设一片规模宏大的集市，同时周边几条街道也摆满摊档，形成一个"没有庙的庙会"，为期十五天。摊商摆卖的货物五光十色无所不备，有的甚至来自遥远的海外。京城老百姓享受快乐的新年假期，吃饱喝足之余成群结队潮水似的汹涌而至，往往全家出动加入摩肩接踵的拥挤人群，无忧无虑，看上去人人都很富裕，其实很多人并不是来花钱的。人群稠密常常使得交通堵塞不通，只得动用警力疏导交通，把车辆分流疏散到旁边街道。

琉璃喇叭噗噗灯儿

厂甸儿是孩子们的乐园，摊档上形形色色的儿童玩具令人目不暇接：有北京土产的廉价泥娃娃，有价钱昂贵的进口发条铁皮小火车小飞机，有纸浆做的京戏脸谱面具，有十足尺寸的戏剧人物木头刀枪，有小油灯驱动在水盆里兜圈子的小摩托艇，有白铁匠巧手用废铁皮废胶片剪出来的小电影，有橡皮圈带动螺旋桨的纸蝴蝶。卖氢气球的搬来了化学实验室，现场拿镪水和锌皮制备氢气，灌进色彩鲜艳的乳胶气球，让顾客立等瞧够了新鲜。

旁边不远处是其他新年庙会也有的应节商品——风车和灯笼。风车哗哗作响招徕顾客；灯笼花样百出，颜色鲜艳吸引眼球。

有几种玩具是厂甸儿庙会和新年集市特有的，其中之一就是空竹。两个竹子做的中空圆盘，侧边开几个气孔，用一根硬木轴把二者穿起，做成形似哑铃的玩具。玩时拿两根细竹竿系上棉线，把它旋转起来，发出嗡嗡声，这玩法叫"抖"，需要有些臂力，也要有点技巧。北京男孩差不多都会抖空竹。另有一种单头空竹，不容易抖，可也难不住北京男孩。

这里有各色高档鹅毛毽子，还有远近闻名的"噗噗灯儿"。名叫"灯"却不是发光的灯具，而是用玻璃吹制的紫红色葫芦状发声玩具。

空竹

葫芦底部薄如蝉翼，从上端细口一吹一吸就使底部受气流振动发出清脆的毕毕剥剥声。噗噗灯儿大的一尺多长，小的只有两寸，不论大小都是非常危险的东西——底儿容易破，碎玻璃会吸进气管。有的人用手帕垫住细口，有的人干脆不用嘴去吹，而用两手的掌心合起，一松一紧也能产生足够气流，使噗噗灯儿出声。这家摊子同时摆卖"琉璃喇叭"，用紫红色玻璃料做的细长单管乐器，有三尺来长，用力吹奏，发音清越，但是肺活量小的玩不了。他们还出售玻璃吹制的各种水果，里边喷涂鲜艳的颜色很是悦目。这些物件轻薄易碎，好像拿眼睛瞪一下就碎。

从玩具区穿过海王村一道旁门，就来到小吃区。货色繁多的路边摊档给嘴馋的和可能需要补充热量的游客提供风味食品。蜂拥而至的人群不少是全家出动，他们围坐在临时支起的长桌旁，有的喝豆汁，有的吃灌肠，有的品尝小豆粥——厂甸儿的小豆粥出了名的好：软糯香甜营养又美味。小吃摊离出售其他货品的摊档近在咫尺，一男游客一边吃喝一边思忖：是不是再回去打打价钱把那把养鸽子必备的弹弓子买下？一老者也可能在掂量：是不是回去添钱买下那把胡琴或月琴？那东西大路货，做工粗糙，放弃了也不可惜！摊主站在不远处拿眼角余光搜寻"有戏"的买家，他寻思与其僵持太久不如把还没走远那位叫回来成交得了。

火神庙

新华街往南延伸，道路两侧一家挨一家都是售卖古董杂项的小店和摊位，叫"广货铺"，有的叫"老虎摊"，可见做生意的手法不怎么正规。他们出售的也有许多既美观又实用的货品，包括来自汉堡的雕花玻璃、花瓶、果盘，来自托木斯克的黄铜水壶，以及螺

506

钿樟木箱子、匣子，品种繁多不可胜数。

讲究实际的人到这儿一逛就是好几个钟头，打算淘换几件从新近败落的大宅门流出来的好东西，把自家客厅书房捯饬捯饬。这儿有一些品相很好的二手老物件，价钱只相当几年前原价的几分之一，懂行的买家能找到他一直在找的东西：无论是老照相机，留声机，双筒望远镜，还是无线电零件——变压器、电容等，花两枚螺丝钉的钱就能买到手。

有些人会去逛厂甸儿集市东边的火神庙。这庙规模虽小名气却大，每年正月初一到十五就变身成为京城天字第一号的展览会，参观一番准能开眼界长见识。

火神庙院子里摆满一排又一排的珠宝玉器摊位，上头搭着席棚遮挡风沙。临时架设电线电灯整天照明，灯光璀璨如同白昼。北京全城珠宝玉器行所有商铺纷纷派人前来摆摊设点，每一家都从自己租用的小小店面向外扩展，陈列琳琅满目的珍贵货物，有真宝石，半宝石，也有不太值钱的普通石头雕刻的各种物件，以"摆件"居多。有样式复杂的翡翠和玉石雕刻，有花卉纹饰的玛瑙水晶瓶瓶罐罐，有象牙刻的观音菩萨，十八罗汉，以及芙蓉石、绿松石、青金石刻的小摆设——大象、骆驼、小鸟等等。

显眼位置陈列着一座玉雕宝塔，上下十三层，只有二尺高，刻工精细百看不厌。另个地方摆着一件尺寸很大的翡翠壶，通体翠绿，一条有很多环节的链子把壶身、壶盖、壶侧的耳子连在一起，却是用一块原料刻出来的，巧夺天工，足以代表北京玉雕工艺的顶尖水平。还有好几件类似的精品在这里陈列，人们看得目瞪口呆啧啧称奇。他们异口同声低声赞叹："这样的物件除了大博物馆和故宫，哪儿也没有，太稀罕了！"这几件宝贝都贴着纸条"仅供展览""非卖品"，是总店开设在前门外廊房二条的几家资金雄厚的玉器铺傲视群伦无比珍贵的镇店之宝。事实上，标明"非卖品"的目的只有一个：挡住那些不懂行又没心没肺的看客询价甚至讨价还价，白白耽误工夫。

腰缠万贯的收藏家会来品鉴这一年的顶尖杰作，提供行家见解，价钱合意也会买上一两件，来充实自己的私家博物馆。他们的女眷涂脂抹粉暗香袭人，拿出老于此道的眼光审视着珍珠、钻石、红宝石、紫翠玉，挑选戒指面和项链坠，不慌不忙不动声色，精明的摊主低声下气殷勤伺候，直到谈妥价钱收足货款，卖出一块菠菜绿的翡翠或一块闪着小小金星的青金石。

火神庙珠宝市场是个静悄悄的地方，不像外头厂甸儿庙会那么嘈杂喧闹。

买旧书

厂甸儿庙会的另一部分是展示和出售旧书和古今名人书画的，这片市场大部分由高大的席棚组成，从和平门一直在马路中间向南延伸到琉璃厂路口。和平门是在内城城墙上凿出两个豁口，便利南北新华街的交通，民国初年就有人提出这个主张，但是被一些守旧人士阻拦，说凿城墙破坏风水，僵持好几年。直到民国十五年，冯玉祥的国民军断然行动才把城墙扒开，造出了两个门洞的和平门。

频频光顾这个地方的是那些在北京城教书做学问的"知识分子"，包括渴求课外读物的青年学生和淘换古书的收藏家。书商在这里摆设临时的摊档，支起粗糙的分格书架，摆开老版的中文书籍——年久泛黄的连史纸，纸质的书皮，丝线装订，外边用硬纸板和蓝布做的书套加以保护，书套侧面有布带子穿起的骨质的别子把它扣紧。

古书都是木版印刷的，其中包括"殿版书"，表明皇上在日理万机之余热心文学事业参与图书编辑出版的爱好。第一部中文辞书就是康熙年间由皇帝陛下召集多位学者编印的《康熙字典》，至今仍然是中文词源学领域无可置疑的权威。戴着水晶眼镜的老先生（他们可能在科举考试中多次金榜题名），来到这里仔细检视架上书籍，包括为防虫而装入樟木书箱的多卷本著作。他们似乎全身心投入搜求珍本的努力之中，提高自己藏品的质量。

这些人就是所谓"书蠹"，也叫"学界圣贤"，不但熟悉目录学，也熟知每一本书的内容。中国五千年文化思想的结晶，是藏在他们头脑里垂之永久的财富。颇有几位是速读能手，据说一边跟摊主讨价还价，一边拿手指头在书页上轻轻划过，就把书里内容全都记住了。除非为了扩充藏书，他们是不必再买的了。

另有一些书商经营的是外文图书，几乎所有现代各国文字的书都有，虽然他们不懂外文，根本不知道或者不完全知道在卖些什么。他们的存货里头有许多大部头，多卷本的科学和美术方面的书籍，甚至有不成套的《大英百科全书》《史学家专用世界通史》，这些书装帧豪华，封面上烫金的书名闪闪发光，并排摆放一起的是同样又大又厚的老年间火车头、测量仪器、电气设备的出口商品目录，以及老旧的伦敦和安特卫普工商企业名录，比书商的年龄都大得多。

紧靠着有一家廉价出售本国通俗小说和名著普及本的书摊，这些书用新闻纸印刷，错字比比皆是，可以给初学校对的学徒当练习册，但是足以把读书的乐趣和益处一扫而空。

临时搭起的席棚是出售国画作品的摊位。不妨坦白地说，他们当中有些人卖的只是古画的仿制品，很多人卖画连蒙带唬，只有那些完全不懂行的买主才会上当。许多画作用精细的宣纸甚至丝绢画成，精工细裱，配上漂亮的红木卷轴和丝带子，有的画完了还烟熏做旧。

出自名家手笔，真实性有保证的优秀画作不会出现在这里，而是另外一个私密地点，比如这条街上一座不大的庙里。那是当代书画名家时常展示作品供行家鉴赏或购买的地方。名家书法佳作也在这里展销。中国美术讲书画同源，书法也是一个艺术品类，一幅国画必须配上字体漂亮的题词和款识，才算完美，要充分展现灵感升华和学识渊博，对这两方面要有融会贯通的理解和欣赏，相得益彰。

挂在墙上，铺在地上，或是装裱成册的拓片，是从一些古代石碑捶拓下来的，称为"碑帖"，很多都是名家手笔，是学习书法的范本。大部分拓片售价很合理，适于当字帖。年代久远的拓片价钱很高，在厂甸儿庙会常有精品卖出低价和次品卖出高价的，全看买卖双方的眼力高低。

厂甸儿旧书市场的历史要追溯到皇朝时代，那时全国读书人集中到京城参加科举考试，考试的结果也是在这里由官方宣布的。中学生吴学文年纪不大就成了这儿的常客，每年正月他都来搜求旧书，流连几个钟头满载而归，每一本书的价钱都很便宜。他的这个爱好受到了父母的鼓励。

说官话

正月初六各家店铺开门营业，但是新年的庆祝活动还不能说已经完全结束。初六上午是各家商户一年一度对雇员"说官话"的重要时刻。这是事关继续雇用还是解除合同的正式谈话。大大小小的商家都要由东家出面，单独面对面对打算继续雇用的伙计一年来的服务进行回顾和评论。对于被解雇的也在此时向他宣布，并不对他多加批评。

提职和加薪，以及称作"红利"的奖金数额也在这时宣布，全年的营业额和净利润都用大字写在象征兴旺发达的红纸上，叫作"红单"。

初六以后，店里就不再有庆祝活动了。前几天伙计和学徒还在紧闭的大门里头吃喝玩乐敲锣打鼓，或是三三两两轮流结伴去听戏，都由柜上出钱。一到初六他们就又关在柜台里边，直到正月十五灯节，才有机会出门做客和娱乐。但是那天铺子的生意还像平时一样进行下去，所以这个节日仅仅是个名义而已。

吴家少爷广宗已经不再年轻，如今四十出头，在一家中国人开的银行当了多年资深的高级职员，肩负重大职责，他的新年休假不得不减少。银行初六开门营业之前他已经到办公室去开重要会议了。

顺 星

正月初八晚上吴家按老北京人的风俗举行了一场大有看头的"顺星"仪式。

对星星的敬畏崇拜是一个年代久远的信仰，一些重要的星星是神，负责照料下界人们的幸福，某几颗星星分别照看不同年龄段的人。这样的星星共有九个（有点像太阳系八大行星），其中七个是"吉星"，两个是"煞星"，不过对所有星星的崇拜必须一视同仁，为的是既要得到幸运的眷顾，又要在厄运袭来之际受到庇护逃过灾难。

老百姓相信，地上的每一个人都在天上有一颗对应的星星，大人物有大星星，小人物有小星星。彗星和流星代表大人物的死亡，而小人物死亡时，代表他的星星只是悄悄地熄灭而已。据说虔诚的

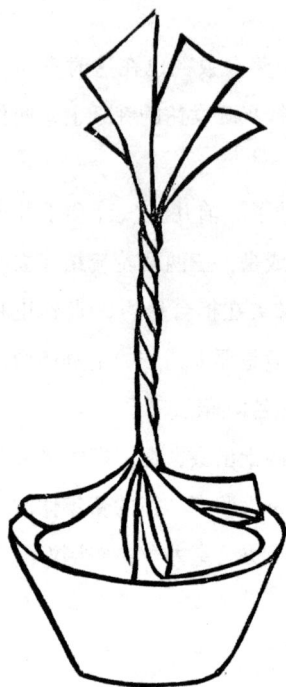
灯花

崇拜能保持星星不落，有些故事说的就是这个神秘现象。对星星的崇拜也就由此产生。

"顺星"仪式开始，主人先在院子中间摆上八仙桌，挂起一张神马儿——九颗星星的周围环绕着十二生肖，代表十二年的一个周期。另外还有一张老寿星的纸马儿也立在桌上。

家人再摆上一百零八只"灯花"，这是全家人动手提前做好的供品——先拿黄土泥捏出一百零八个一寸直径的小泥碗，晾干备用，叫作"灯盏碗儿"。再拿高丽纸裁成小条，捻成一百零八个纸捻儿，用香油浸透，拿铜钱压在碗上，让它直立不倒。其中有一个灯花稍微大一点，把它摆在寿星面前，其他的灯花在桌面上码成一个"顺"字。剩下的从桌前地面上排列成行，一直排到大门口。桌面上还要摆上五碗元宵。灯花全部点燃，烧起高香，大家依次行礼。礼成之后把所有的纸制品放到芝麻秸松树枝上一烧，仪式结束。元宵全家分而食之。

制作元宵有一套独特的技术，这跟南方的汤圆大异其趣。先做馅：把白糖、冰糖加上各色果料，如核桃仁、瓜子仁、山楂糕，然后用香油或是奶油和起来，压成大片切成半寸见方骰子块儿，晾干了就是元宵馅。把糯米粉放在大笸箩里，拿大笊篱把元宵馅浸入清水泡湿，立即撒在糯米粉上，双手摇动笸箩，让元宵馅在上滚动，沾满糯米粉后再入水浸湿，趁着馅湿再一次撒进笸箩摇滚，如此重复五六次，直到摇成大小适宜的圆球就是元宵。煮元宵用大铜锅，宽汤旺火，熟透了漂起来，连汤吃，滑糯香甜美味无比，奶油馅的就更好吃了。

元宵是灯节，即上元节的应节食品，跟中秋节的月饼一样极受欢迎。

第四十四章　上元逛灯，万民同乐

上元节

灯节和元宵节都是"上元节"的俗称，从正月十三到十七，一共有五天之久，这几天北京人不分阶层人人兴高采烈，简直到了狂欢的程度。这个古老的风俗是新年喜庆的高潮。

这个节日的特点就是到处可见色彩鲜艳的灯笼，大体上花灯可分两类：家庭用的和公众场合用的。家庭用的花灯基本上都是儿童玩具，价钱不贵，大街两旁或大型市场的摊子上摆卖。竹篾扎架糊上花花绿绿的彩纸，刻出镂空花纹和奇巧花样，有红鲤鱼，龙睛鱼，还有"蒺藜灯"——辐射出许多尖角的或红或绿的灯笼，"蒺藜"跟"吉利"谐音，就讨这么个口彩。

羊灯也很受欢迎，"羊"字在古代跟"祥"字通用，点这么一盏灯就意味着"吉祥如意"了。走马灯更好玩，灯里有一根立轴，顶端有个纸涡轮，蜡烛点燃产生的热气推动涡轮旋转，于是立轴上安装的人物、动物就旋转起来，把影像投射到前面的纸屏上，跟影戏似的。这种灯最受儿童喜爱，供不应求。还有一种灯叫"卫灯"，得名于原产地天津卫。这种灯糊的是油纸，透明度高，玲珑剔透，颜色鲜艳，有水果、动物、人物等等各种样式，也是把蜡烛插在灯里头点燃观赏。

所有各样花灯全都做得轻巧秀气，适合提灯逛街。卫灯在"夏

514

货铺"出售，夏货是指雨伞、扇子、褰衣等夏季用品，冬天生意清淡，就靠卖卫灯来弥补。这种商店兼卖"沙子灯"，说是灯其实是个活动玩具，挂在墙上好像壁灯一样。沙子灯像个壁钟，面上安装一些拿硬纸板刻的小人，画得花花绿绿，胳臂腿脑袋会活动。整个画面精心设计，有戏曲场面，也有乡村风景，玩的时候拿一个纸袋装上细沙，让沙子慢慢流出，经过隐蔽的机件带动人形活动起来。

沙子流出时，用另一个纸袋在下头把沙子接住。同时沙子击打小铃铛奏出音响效果。等沙子流尽，一切结束。各式各样的灯笼在有小孩的家庭之间互相赠送，也有老人买来送给年幼的晚辈表示疼爱的。

公开陈列给百姓观赏的花灯，有的挂在商店门前，有的挂在寺庙里头。一开始都是"宫灯"的样式，是硬木框架糊上细绢，画上精细的图画，大都取材于古典小说的情节，配上说明文字。宫灯有鲜红亮丽的穗子，悬挂在老式店铺柜台前头的天花板下，壁灯挂在寺庙墙壁上好像壁画一样，一排压一排。

到晚上，将灯里的蜡烛点亮，把灯面的图画照得通明，逛灯的游人仔细观看就像是一篇一篇阅读传说故事一般。一般而言，商店和寺庙的灯各有特色：商店的灯画的是文学名著里的情节，而寺庙的灯画的主要是各自供奉的神佛的事迹和佛经故事。

比如，商店的灯画着《红楼梦》《聊斋志异》里的情节，而白云观的灯画的是长春真人丘处机的事迹，关帝庙的灯画的是武圣关云长的生平功绩，有如全本《三国演义》。

花灯种种

商店和寺庙在灯节期间公开展示一系列画满故事的花灯，这是京城一个古老的风俗，遗憾的是近年来这个风俗已经失去了继续下去的热度，其中一个原因是随着王公贵族风光不再，满族糕点、老式化妆品之类的商品，在大众消费习惯演变的潮流冲击下，已经被抛在时代后头，老字号商店已经没有财力继续下去了。另外，奇妙无比的现代电灯被一些摩登的店铺用来节日照明和装饰店面，使得老式灯彩的广告效应相形见绌，老百姓对二百年前的审美情趣，已经不再趋之若鹜了。

清朝末年花灯展示最为盛行，据资料记载，清廷一些大衙门都有各自的特点。工部衙门的花灯是全北京城最华丽的，紧跟其后的是兵部衙门。兵部衙门的灯展是个"政府工程"，在光绪九年（1883年）由于一位阎姓尚书的参劾而取消。从现在开始，不用几

花灯

年就会看到，在现代霓虹灯和其他新式照明设备的挤压之下，一切花灯展示都将销声匿迹。

不过有几种灯还受到欢迎，比如某些干果子铺展出的冰灯。制作冰灯先拿干稻草扎捆绑架，做成大体相似的人、动物、树木以及各种物件的骨架，放在露天不断往上泼水，到了灯节就冻成坚冰，再施加雕凿镂刻成型，用彩色花纸装饰一番就成了漂亮的冰灯，适当位置安上蜡烛点燃，观众前来欣赏这些冰做的雕塑艺术品，比如《白蛇传》里的青蛇、白蛇、许仙。

同样受欢迎的是"麦子灯"——麦子龙、麦子凤等。取一浅盘，铺上棉絮，撒上一些麦子粒，然后放在向阳的窗下不断浇水，大约两个礼拜麦子发芽，长成一片嫩绿的麦芽针，麦苗的根子也在下头互相缠绕成一片。这时取出麦芽加以裁剪，组成设计的花样，纳入竹木框架，再配上蜡烛和彩纸，就是麦芽灯了。

值得一提的还有一个十分逗笑的"灯"——"火判儿"。每年灯节在北城的都城隍庙院子里都展出这个火判儿，是节日的京城

冰灯：《白蛇传》

517

特有的胜景之一。"判儿"，原来是指钟馗，是个身穿红袍、头戴乌纱、手持宝剑的厉害角色。可是灯节却让他袒腹赤背端坐，活脱脱一个弥勒佛。这是个临时拿砖头跟黄泥砌起两丈来高、一丈多宽的中空塑像，实际是个大火炉子，塑像的眼耳口鼻七窍加上肚脐都是跟炉膛贯通的火道，晚上火判儿肚子里用煤球生起烈火，火苗儿从各个孔洞蹿出来足有一尺多长，真叫奇观。前来瞧热闹的络绎不绝，小商贩也乘机摆摊出售节日玩具小吃，形成一个小型庙会。

灯节期间每天晚上大家都出来观灯看景，大街上简直是人山人海，尤其在一些热点地段更是途为之塞，摩肩接踵，寸步难行，要想靠近仔细观看花灯几乎不可能。男女老幼推推搡搡，各色人等就乘机捣乱，搞恶作剧，比如往人群里扔耗子屎。扒手们则大展身手收获不凡。

老百姓走来走去，观看花灯之余，顺便也在灯火通明人流稠密的街道观看免费的焰火表演，有些是富有的大买卖家放给大家看的，有些则是爆竹焰火店趁节日假期结束之前清仓处理多余的存货，反正大众的购买意愿已经到了尾声，存货放到明年也会因天气变化而发霉，不如干脆点了让大家伙儿白看，算是今年的告别演出吧。这么一来，大街上水泄不通交通堵塞，同时从商店紧闭的大门里头传出杂乱的锣鼓声，敲得毫无章法，更增加了噪声，加强了元宵节天真朴实的快乐气氛。

万民同乐

灯节确实一向是京城好凑热闹的男女老少最快乐的日子。照今天的情形看，当年那些街头场面其实没有什么特别，不值得为之倾倒，但是倒退几年光景，各个年龄和行业的成人和儿童都情不自禁热切盼望它，老人们对传统节日里喜庆喧闹的场面和氛围总是感到兴奋，因而乐在其中。

灯节之所以热闹有若干因素，其中重要一条就是允许妇女参加。平日里妇女们普遍只能待在灰墙和影壁后头，大门不出二门不迈，不许出去闲逛，上庙敬神烧香也不许顺便买东西，妇女上戏园子听戏严格禁止，更别提半夜上街游逛了。

街上没有街灯照明，更让妇女不可能晚上出门。灯节前后几天限制放松，大姑娘小媳妇可以上大街观看街景，还有漂亮的花灯大饱眼福。她们仨一群五一伙，穿上最好的衣裳，往往有年长妇女或女仆人陪伴。她们有的步行有的乘坐骡车到城里享受这一年一度的快活时光，最后买些元宵回家吃。

元宵节也有一些迷信传说。比如，有人相信灯节出来走走可以保证一年不得病，尤其是从前门外的正阳桥上穿过五牌楼走上一趟，就更加灵验，所以很多逛灯的人"为了身体健康"都刻意设计路线，把这个地点包括在内。

还有一个迷信说法：年轻媳妇在灯节晚上穿过前门门洞，用手摸一摸城门上的大铜钉，她就会在年内生下大胖儿子，要保证灵验，摸门钉不能被人看见。对于年轻妇女来说，在稠密人流中间摸门钉，不用说肯定是个有趣的场面和动心的经历。那年月前门还没有改建，正阳桥前头还没有五牌楼，只有一座单间的牌楼，另外在东西两侧就是后来东西火车站所占的位置，各有一座单间牌楼。这些都已经在拆瓮城修铁路车站的时候推掉了。

灯节期间"万民同乐"的节日气氛之所以热烈，还有一个因素值得一提：这几天市政官员全部休假离去，要到正月十八灯节过完之后才回衙门上班理事。这段"没人管"时期一些小小不言的违法行为就没人理会，不被维持秩序的当局弹压法办，所以大家都可以随心所欲，似乎爱怎么着就怎么着。人们享受着想象所及最不受限制的自由，挤满大街小巷，从晚饭后直到次日凌晨都不想回家，来回漫游力求逛遍全城每一个景点，街边的饭庄酒肆通宵开门营业，可以随时进去吃点喝点歇一歇脚。

老北京人都会记得，为了提醒人群不要在街上流连太晚，有更夫敲响大木头梆子沿街打更，在这一天受上峰指示他们故意出错，把三更打成五更，为的是催促逛灯的百姓早点回家，不过好像还是没能驱散满街的人群。直到大家逛得尽兴，这才拖着疲惫的双脚往家走。

中学生吴学文还记得幼时跟随家人出门逛灯的情景，他家住在东四牌楼南边礼士胡同，离东城的繁华商业中心很近。不过，那些年月仍能看到的节日欢乐景象，随后便从老北京丰富多彩的生活画卷消失不见了。

耗子娶媳妇

正月十八，新年假期结束，家家户户的节日气氛也在散去。孩子们都听说，正月十八晚上"耗子娶媳妇"，老鼠结婚弄不到花轿，就来偷孩子的新鞋。父母依照这个编造的理由要求孩子提前上床睡觉，同时把他们的新鞋收藏起来——反正年已经过完不再出门做客，穿去年的旧鞋就好了。

雍和宫打鬼

正月最后一天是雍和宫"打鬼"的日子，也是老北京人过新年的最后一个节目。

老北京人说的"打鬼"其实是藏传佛教的一项法事，正名"金刚驱魔法舞"，蒙古语"布扎"，藏语"羌姆"。北京城东北角的雍和宫、安定门外的黄寺以及德胜门外的黑寺，都曾经举行过。在黄寺，游客可以观赏到一座造型优美工艺精湛的汉白玉佛塔，是六世班禅的灵塔。六世班禅于乾隆四十四年（1779年）不远万里从西藏到承德和北京觐见乾隆皇帝，不幸染上天花在北京黄寺圆寂。在军阀混战的年月，黄寺遭到驻军的任意破坏，一些亵渎清规的喇嘛也曾不断地盗窃私挪寺里的无价珍宝。大多数常住的喇嘛被迫出走到保护较好的寺院去了（喇嘛本来就有流动的习惯）。至于黑寺，这座寺院曾经是皇家慷慨布施的对象，为了争取政治上的支持，给一批土生土长的本地喇嘛在这里提供奢侈生活，渐渐地，这寺院只剩下了几间破败不堪摇摇欲坠的殿堂。

雍和宫本身就是一个移植到北京的缩微西藏，周围被汉式建筑包围，里边却保存着西藏所有的风俗习惯，在北京人眼里无疑是一片异域风光。这片建筑本来是康熙第四子雍亲王胤禛的府邸，雍正即位后改为藏传佛教寺院雍和宫。

北京本地居民跟外来游客一样怀着猎奇心理前来观看藏传佛教数不胜数的佛像和恶魔崇拜的唐卡绘画，瞻仰六丈多高的木雕弥勒佛像，观赏别开生面惊世骇俗的"欢喜佛像"，以及各个殿堂里陈列的喇嘛教法器和佛事表演。看了以后无不感觉似乎是到外国走了一遭。

"打鬼"那一天，雍和宫附近几条街道挤满来看热闹的百姓，摆满出售玩具和小吃的摊子，小贩们不放过每个机会做生意赚钱。还能买到某些新年的应节商品，比如戏曲面具，有的模仿喇嘛打鬼的面具，狰狞可怖。

打鬼那天，雍和宫大门里的头一道院子人潮汹涌，从清早起人群不断。

内院各殿堂因为保存着珍贵的唐卡、法器、珍宝和大清朝廷赏赐的大量礼品，为了防止发生混乱，这一天都谢绝入内参观。中午时分，表演法舞的队伍来到前院，演出神秘的舞蹈给公众观看。

人群密集，每个人都想瞧新鲜看热闹，要找个有利位置真不容易，可是为此费点力气也是值得的，一些身手矫健的少年就在墙头和树上占下了"保留座位"。院子中间，执事喇嘛在警察协助之下，挥舞皮鞭，抛撒石灰粉，清出一片场地。驱魔法舞五光十色的角色相继上场，他们身穿图案繁复的肥大绣花袍褂，因年久而陈旧。他们戴着头重脚轻的大面具，扮作喇嘛教的各路神佛，有的则扮作妖魔鬼怪，面貌丑陋，帽子上装饰着人骷髅，手中挥舞短刀长剑，还有的头戴牦牛野鹿的面具。

场子中央摆放着酥油和面制作染成红色的"面供"，庄严地用木架抬着，这是魔鬼的象征。在诵经声和鼓号演奏的宗教音乐伴奏之下，众喇嘛排成一队，走向大门，"面供"被切碎点燃，驱魔法舞表演到此结束。

对于这场神秘的仪式，有各式各样的解释，谁也说不上来哪个解释正确。喇嘛们自己好像也说不清楚，只是依成规行事而已。简而言之，这就是表示祛除一整年的厄运。在西藏和内蒙古，这个神秘仪式在寺院的施主赞助下时常举行，在北京则是另一场好看的"热闹"，吸引着人们不管远近前来观看，其中包括吴学文跟他的同学。

第四十五章　吴学文订婚

吴学文做事了

吴老爷子去世之后过了四年，他孙子吴学文中学毕业了。吴家人必须做出决定：是让他继续上学深造呢，还是叫他去学买卖，尽早开始商业生涯呢？全家人包括他的父亲都赞成后一个主张，要他跟着父亲的脚步，去学生意，于是就介绍他进了一间银行办事处，从柜员开始。他父亲在这一行的圈子里早已经牢固立足，名声极佳，毫不费事就给他找到合适的位置，而他自己也不负众望，很有出息，在雇主和上司眼中是个努力工作、前途无量的年轻人。这一点大家都很高兴，没人感到意外。

旧式婚姻

这当儿，吴家人就开始谈论他的婚姻大事。全家在吴学文不在场的时候碰头商议，因为儿女婚姻美满并不是他们自己的事，而是父母的事。儿女婚事的一切细节都由父母安排，从挑选未来的妻子或丈夫，到筹措婚礼的花费，乃至包括媳妇娶来之后到儿子经济独立之前如何赡养他们的问题。仅仅出主意还不够，多数年轻人愿意依靠父母，而做父母的也尽心竭力替儿女操持一切。

民国以降，随着新式的社交生活习惯，男女合校和"妇女解放"的推行，年轻人已经可以自己去寻找人生伴侣了，这些巨大变革终将推动婚姻问题上的古老风俗习惯发生革命性的改变。当然，在这个时代性的重大问题上，赞成和反对的主张都存在，但是多数人认为这一改变的趋势不可逆转。不幸的是在这个过渡时期也发生了一些悲剧事件——一方面是来自父母一方的阻挠，使得儿女的志向和计划受阻；另一方面是出于对权利的误解和滥用，使当事各方陷入麻烦。到底人们应该如何安排自己的事务，让尊严和幸福都得到保证，这不是我们想讨论的事，只有时间才会最终给出理想的答案。至于小吴，他是在北京老派正统家庭长大的，也有条件依靠父母的努力过上美好生活，所以他不会生出社会改革的念头。事实上他也许认真考虑过这件事而且决定照老规矩办，也许他压根儿就没有琢磨过，这个谁也不知道，但是家人告诉他已有的安排时，可以看出他接受这一切，当作理所当然，并不打算冒险去尝试新方式，没准备采取任何激进的变革，因为那等于一片陌生而且凶险的大海。

另一方面他也万幸没有被老式婚姻制度所害，这得感谢他的父母和祖父母的明智。说来有点可笑，在小吴出生之前有过一番"指腹为婚"的议论。吴家有个朋友跟小吴的父亲差不多同龄，当小吴的母亲怀孕的时候，那位朋友的妻子恰好也正怀孕待产。两家关系相当亲密，于是就有人提议他们"指腹为婚"得了。这也是个常见的习俗——两家之间为了友好关系进一步巩固，约定一旦小娃娃诞生，只要一男一女就缔结婚姻。这个主意遭到吴家少爷的坚决反对，没有实现。其实，即使没人反对也不可能实现，因为对方生的也是个男孩儿。吴学文十二岁那年又出了一件事——有几位好心朋友要给他说一个"童养媳妇"，那女孩跟他同岁，长得好看，父母双亡。吴老太太反对说，谁都不知道小秃儿将来有没有出息，把那女孩子弄来对她不公平。

她说："要是小秃儿出人头地，那自然再好不过。可是他要是不成才，那姑娘能快乐吗？"

其实她内心里想的是：那姑娘属于苦命一类，小小年纪就把爹娘"妨"死了，要是娶来当"童养媳妇"准得把苦命带过来，给老吴家造成祸害，到时后悔也晚喽！

打那往后，还有人给吴学文的婚事出主意，全都被吴家否决了。

吴家说："孩子还小，没到订婚的时候。要是订了婚，就会忙着结婚，对他没好处，他得集中精力好好念书。等他毕了业，挣钱养家了，咱们再考虑吧。"

谈到结婚这个家务事，必须考虑到，很多家庭给年纪尚小的儿子娶个比他年纪大的媳妇，这是普遍现象，几乎很少例外。十岁至十二岁的男孩子身心完全没有发育成熟，却给他娶个十八岁至二十岁的媳妇。为什么呢？因为家里地里需要人手。这也许能大大缓解劳动力短缺，还能减轻娘家的经济负担，可是悲剧性的后果接踵而至，几乎无法避免。当然，城市家庭比较理性，通常都会坚持让男孩到二十岁以后结婚，娶年纪与男孩大致相当的媳妇。

红鸾星动

吴家人当中，吴老太太的确是为她孙子的婚姻大事操心最多的人。她一心想着要按照她自己的心愿解决这档子家庭大事。于是她叫来了一个瞎眼算命先生给算一算。那人说：根据吴学文的"八字""命相"，他今年正好"红鸾星动"。老太太听到好消息，自然非常高兴。问他更多细节，他说新媳妇来自西北方向。

为了同样的目的，她又满心虔诚地在初一那天上东岳庙烧香礼拜。多年以前她曾经来此向月下老人借红线，给儿子吴广宗求婚姻。这一回她是为孙子的婚姻而来。她来到月下老人殿，借来一条红线，扯下一半横着系在屋门靠地面的两边门框上，晚上孙子从外头回来，他全然不知情，一进门就把那红线撞断了。老太太拿半条红线叫儿媳妇缝到孙子的棉袄里头，这表明孙子的婚姻大事已经在月下老人那里记录在案，开始启动了。全家人确信，宣布订婚的日子不远了。那么，东岳庙一间偏殿里供奉的那个慈眉善目的白胡子月下老人究竟是何许人？为何如此受人敬畏呢？这里有着一段美丽的传说。

月下老人的故事

唐代有个名叫韦固的书生，一天晚上他在进京赶考途中，留宿于宋城南郊的旅舍里，看见一位老者正在月光下查看一本厚厚的簿子。他好奇地问那簿子是做什么的，老人说那是天下所有人的婚姻总记录。

第二天，他在米市闲逛又遇到了那老人。老人指给他看一个瞎了一只眼睛的老妪怀里抱着个大约三岁的小女孩，正走过来。老人说："看见那老妇人抱着的小女孩了没有？那将来就是你的贤妻。"

韦固很是恼火，他回到旅舍磨了一把小刀交给书童，叫他到米市去把那小女孩捅死。书童跑去慌里慌张捅了一刀就跑，混入人群逃之夭夭。

十四年后韦固当了官，迎娶相州太守的女儿为妻。新娘子美丽又贤惠，可是一只眼睛的眉毛上方老是戴着一朵绢花。他一问之下，妻子说，她眉毛上边有个小小的疤痕，那是她很小的时候奶娘抱她上街被一个狂徒给刺伤的。那时候她刚刚三岁，跟着父亲住在宋城县令的任所。

韦固问道："那奶娘是不是瞎一只眼？"

妻子答道："正是。"

于是韦固对她说了当年在宋城经历的一切，两夫妻一致确认，那位月下老人的确就是掌管天下人婚姻的神仙，记录在他那本簿子里的男男女女是任何力量都分不开的。

据说，月下老人把一男一女用一根看不见的红线拴在一起，他俩就注定成为夫妻，无论两个人分别生活在多么遥远的地方，他们必定会走到一块儿，结为终身的伴侣。有句谚语就说："千里姻缘一线牵。"月下老人殿门前贴着的对联说的正是："愿天下有情人皆成眷属，红线牵莫错过大好姻缘。"

"三从四德"和"七出之条"

北京老派家庭里的妇女必须懂得"三从四德"。"三从"就是"在家从父，出嫁从夫，夫死从子"。"四德"是指"德，容，言，工"。"工"是指一切的家务劳动，老式的女子无所谓文化教育程度和识文断字，也谈不到任何"执行能力"，她们终其一生只能听命于人，而不能指挥别人。

所谓"德"就是对于丈夫个人的事情采取听之任之的态度，不得干预。比如丈夫纳妾，贤良妻子既不可以提出抗议，也不可以用任何方式专宠。如果她做不到，她就被斥责为"醋坛子"，即好嫉妒的女人。

有句俗话说："好马不被双鞍辔，烈女不嫁二夫男。"没有妻子抛弃丈夫的任何许可，可是丈夫离弃妻子却有许多堂皇的理由，古代典籍《礼记》就订下了丈夫休妻的七项理由，叫"七出之条"："无子，淫泆，不事舅姑，口舌，盗窃，妒忌，恶疾。"而另一方面，丈夫却根本不受这类规矩的限制，而且他要离婚也用不着考虑赡养费的问题，因为丈夫永远没有错。

媒人

提亲这件事不是由当事双方的父母直接提起，而是由他们共同的朋友间接提起的，有的是朋友自告奋勇，或是朋友之间应尽的义务推动别人来充当媒人。这些人一般都很乐意促成美满的婚事，因为有个迷信的说法，一个人如果促成了三桩美满婚姻，死后就赦免他在地狱遭受酷刑。如果他并不贪图这个便宜，不去当媒人的话，倒也没有任何道德律令对他进行谴责。但是，如果没有强烈的理由，他在任何情况下都不应该反对别人做媒，阻挠别人为促成美满婚姻而出力，也不可以阻挠婚姻计划的顺利实现。俗话说得好："宁拆十座庙，不毁一门亲。"

这种义务的媒人，古文里叫"冰人"，这说法源于一段传说故事：有个人梦见自己站在结冰的河面上，不知主何吉凶，就去请教朋友。朋友说，这预示你要当媒人了，因为站在冰上就是说你正处于阴阳两仪之间。

有些人是职业性质的媒人，他们在出手阔绰的双方之间牵线搭桥，为的是挣钱，这种媒人往往不受欢迎，名声不佳，除非是求他们帮忙花钱买一名小妾，一买一卖中间可以赚上一笔回扣。

婚配的忌讳

有一些关于婚姻匹配的条条，因为印在黄历里头，所以很多人都相信这些以生肖论婚配的口诀：

> 猪遇猿猴不到头，金鸡见犬泪交流，
> 龙逢兔儿云端去，从来白马怕青牛，
> 蛇逢猛虎如刀断，鼠与绵羊一旦休。

不过也有上佳的好匹配：

> 鼠与牛合，虎与猪合，龙与鸡合，蛇与猴合，马与羊合，
> 兔与犬合。

还有人相信，属虎的女孩子注定要成为悍妇，会给一家人带来祸害，因为老虎惯于吃人。碰见属羊的女孩子，千万躲开，尤其是羊年腊月出生的，更是避之唯恐不及，对于这种迷信的恐羊心理是怎么来的，压根儿也没有说得出的理由。可是这么一来，天下不知有多少属羊的女孩子就命中注定必得当老处女了！所以属羊的女孩子，临出门子就得刻意地虚报年龄，免得嫁不出去。

门 当 户 对

吴学文的婚事也跟大多数人家一样，把这些个重要的细节一一仔细认真斟酌过了，而且不事声张，只信赖少数秘而不宣的人，力求避免给这好端端的幸福家庭带来灾祸。

吴家人虽然多少有点急切地想给吴学文娶亲，可是他们小心翼翼地要找个称心合意的人家儿，并不忙于做决定。在开始阶段，好几个提亲的都驳回了。吴家经济根底雄厚，城里有房产，商界有买

卖。不过在明智有眼光的女方家长眼中，这些并不是最吸引人的优点，他们更看重的是未来的女婿是否有前途，这才是婚事当中最要紧的。

吴家出身高贵，家风和教养绝对值得赞佩，这在亲友中间是出了名的。吴学文本人除了年纪似乎偏小之外，没有什么可说的，熟识吴家的人都了解，他是个品行端正、自尊自爱、志向高远的年轻人。他体格发育优良，受过良好的教育，有能干的父母指引，前程当然无可限量。总而言之，他肯定是个大有出息的好丈夫，不比任何年轻人差。因此吴家人有十足把握，一定能成就上佳的婚姻，无须匆忙之间降格以求。

在这种情况下，从提亲到订婚到大办喜事的全部过程当中，热心奔走的荣幸便落在了吴学文的干爹干妈——赵家夫妇身上了。

被看中的那家姑娘姓祁，也是老北京人家的孩子，家住西城，家境富裕，跟赵家十分熟悉。她芳龄十六，是五个孩子当中的老大。作为典型的北京人，父母首先送她读了几年公立的女子学校，然后由父亲亲自在家教她学习了中国文学的基本知识。她的母亲教给她针线女红和其他一些家务活计，达到熟练程度。家人设想让她熟悉家庭主妇应负的一切职责，掌握操持家务的全部知识和技能。父母希望她在适当的年龄——就是在她二十岁的时候出嫁。

应当说她是个聪明的姑娘，写得一手漂亮的毛笔字，算数相当好。赵太太不无吹嘘地说："她的字写得真是好，许多的朋友都通过她父亲请她给写扇子面儿呢。"说媒的常常这样说话。"她的画儿也画得好，写意，她打上学的时候就喜欢绘画课！"

还说，她除了帮助母亲干那些没完没了的杂事之外，还给家里记账，把每天的日常开支都一笔一笔记下来。从赵太太开始提亲时拿来的几张照片上看，她长得也相当好看。其中有一张是专为吴家照的，只是没有告诉那姑娘。

据赵太太说，祁家老两口儿跟她说过好几次，请她帮忙给女儿找个合适的人家儿，因为他们知道赵太太已经撮合了好几档子幸福美满的婚姻。当赵太太有意介绍吴家这门亲事的时候，祁家夫妇相当的欢迎，一来是因为这事听起来很是不错，二来是因为他们懂得此事可以指望赵太太的帮助。

祁太太说："我们的姑娘就跟您家的姑娘一样，我们全靠着您大力促成这门亲事了。"

赵太太回答道："没错儿。您也知道了，吴少爷是我们的干儿子，是个很有出息的男孩子，而且吴家是我们多年的好朋友，给他们家找个好媳妇，是我们义不容辞的责任。他们家跟您家一样，也都是老北京。赵先生跟我很少管人家的闲事，这不是因为我们对双方都负有责任嘛。您也知道，要是婚姻美满呢，很少有人夸奖媒人；可要是婚姻不美满，那媒人可就落不是喽。"

换门户帖

赵先生和赵太太本来就是吴家的亲密朋友，这回他俩来到吴家，正式说明来意——打算介绍祁小姐给吴学文做新娘。他俩的提议很受重视。

两口子先把祁家概况和祁小姐的具体情况，详详细细地介绍给吴学文的祖母吴老太太听，然后给吴学文的母亲吴少奶奶再说一遍。看起来这两位得到的印象都不错，就说得跟学文的父亲学说取得他的允许，才能继续进行。于是赵家夫妇告辞了。一般来说，他们本应多坐一会儿，但是兹事体大，必须仔细权衡，他们不愿意让人觉得有强加于人的意思，所以赶紧告辞回家了。

趁着吴学文不在家的工夫，吴家人碰头商议此事，他们每逢遇到大事都是这样做的。祁家姑娘的情况，根据赵先生赵太太的介绍和他们带来的几张照片，他们娘儿仨进行了仔细的研究。这一回，吴老太太仅仅充当顾问，大主意得由儿子跟儿媳妇俩人拿。家里的女用人也叫来了，请她也听着点提醒有没有不合适的地方。一个钟头的会开完了，大家同意请赵先生赵太太进行头一步——两家互相交换"门户帖"。这个帖子要写清一家人上三代的概况，以及各自的职业情况，这个手续普遍认为至关重要，因为要考虑到族裔差别和门当户对的规矩，在婚姻问题上这个问题十分要紧，马虎不得。

从这次重要的家庭会议上发表的意见来看，吴家人虽然达成了高度一致，但是每个人的出发点却是各不相同，仔细分辨也蛮有意思。吴学文的父亲喜欢这门亲事是因为他一直希望儿子娶个能读会写的媳妇，读写得相当好，那自然也是来自一个有文化的家庭了。吴学文的母亲喜欢的是这姑娘在家排行老大，这样的女孩在弟弟妹妹中间长大，会养成温和的好脾气；还听说她持家的能力强，这也是值得称赞的一个优点。吴老太太呢，她喜欢的是这姑娘长相挺俊。

两家一开始调查了解对方情况，忙碌的日子就到了。一个礼拜之后双方满意就交换了"小帖儿"。吴家写了吴学文的出生年月日时，赵家夫妇也拿来了祁家姑娘同样信息的"小帖儿"。

"小帖儿"拿来之后要恭恭敬敬地供在灶王爷佛龛里三天，看看灶王爷对这门亲事什么态度，如果三天过后家里没有出现异象，那就是灶王爷点头了。如果三天之内家里发生"逆事"，比如吵架了，或是别的不幸事件，哪怕是在家门以外碰上倒霉事，那就意味着神佛不赞许这门亲事而示警，最好的办法就是赶紧住手不再进行，把"小帖儿"送回对方，表示作罢。

如果神佛表示圆满，两家人就都放心，往下进行了。如果他摇头呢，那就是说此事"糟糕"。

合婚

北京鼓楼前烟袋斜街有一家出名的命相馆，招牌高悬，人们无论从哪个方向来，都能从老远看见，招牌上写着："细批生辰八字。合配婚姻生肖。择选吉日良辰。预言流年命运。"命相馆主人姓刘，是全北京首屈一指的命相家，擅长给人指点迷津，吴家是他的常客。

他开的这家命相馆，的确相当寒酸，不像其他一些算命先生那样，在城里繁华地段的豪华饭店租下价格昂贵的房间，主要接待谋求官职的客人。而刘先生的口号是"直言无隐"，而且说到做到。他如果算出客人将摊上倒霉的事，就坦白相告，绝不模棱两可。

大家都知道，有好几次因为客人没照他的意思去办，结果悔之已晚。一些比小说情节还古怪的吓人真相，他会一五一十说给客人听，跟朋友聊天似的慢条斯理不急不忙地给客人条分缕析，令人信服。他不是个说话吞吞吐吐的人，有话就直说，不怕他一算把一桩看似大有希望的婚姻给拆散。

就这样，在祁家人也找人算命合婚的同时，吴少奶奶拜访了刘先生，把两张写在红纸上的"小帖儿"交给他，请他给仔细算一算，等上两三天也没关系的。

到了约定的日子，吴少奶奶再次前去拜访刘先生，这回刘先生交给她一张叠得整整齐齐、写得工工整整的书面文件。里头说这门亲事超乎寻常的圆满，请继续往下商谈。刘先生经过深入研究，一遍又一遍查看多本命书，他肯定这桩婚事不但对当事人毫无不利，而且对双方家庭也是大吉大利的大好事。命相表明小夫妻富贵多财，幸福长寿，绵延三代之久。男方是木命，女方是水命，二者大为相生。二人属相相合，八字相合，未来必定幸福圆满，刘先生把他们的八字分别测算，更加确定。

刘先生说："男女婚姻的质量好坏，分为三类八等：福德婚，生气婚，天医婚，归魂婚，五鬼婚，绝体婚，游魂婚，绝命婚。其中福德是上等婚，生气和天医也是上等婚，不过生气和天医这两样很少见，我从业三十多年一次也没有遇到过，一般人就别指望了。吴少爷属于上等福德婚，再好不过了。五鬼婚和绝命婚是下等婚，无论如何结不得。其他都是中等婚。"

刘先生拿出图章在这文书上盖了红印，念给吴少奶奶听，又给她一字一句地详细讲解。这文书还宣称结婚的日期最好定在正月和七月，三月和九月也很好。他又补充说，福德婚一年之内任何一个月举行婚礼都很好。俗话说"一福压百祸"嘛。

平常算"合婚"收费两元，可是这回他非要四元不可。他有他的道理："这么好的上等婚可不多有，您花双倍的钱太值了。"

吴少奶奶高高兴兴地给了他四块大洋。

相家

祁家也给女儿算了"合婚"，两家各自找了不同的先生，得到的结果却高度一致，都确定是上等婚，于是说亲的事情就前进了一大步。赵先生赵太太自然非常高兴地向双方通报。

下一步是对吴家进行"相家"和"相小人儿"。相家是对未来女婿的家庭做一番考察，让未来新娘的家人大体了解未来夫家的状况，特别是家风，这一点女方家长十分看重。此事进行得挺顺利，一则是因为祁家和吴家都是通情达理的爽快人；二则是因为他们双方都对赵家夫妇十分信任。

多年的媳妇熬成婆

一个明白人只要观察一下整体气氛，就不难看出这一家子人是否相处得井然有序，经济生活是否合理健全。相家还可以从当面交谈当中看出未来的亲家品性如何，是否讲道理，是否粗鲁刻薄，这些对于婚姻能不能美满幸福大有关系。儿子结婚以后没有自己的家，必须跟父母在一起生活，而婆家人，特别是婆婆对儿媳妇管束之严苛，那是尽人皆知的古老传统。

确实，旧时许多婆婆都拿儿媳妇当出气筒，婆婆当儿媳妇时受的委屈欺负，要在儿媳妇身上得到补偿。她有许多理由和道德依据对儿媳妇严加管束，还要求儿媳妇在日常持家各个方面拿出才干并且传承"家风"，这在年轻一代眼中多少是一种反动行为。即便新来乍到的儿媳妇愿意放弃自己的想法跟婆婆妥协，即便婆婆心地善良不去滥用权威，但在持家的方式方法上，总还是难免出现一些小小的分歧，社交和仪式性活动就更不用说了，幸而在这些事情上倒也不要求儿媳妇表现得多么出类拔萃。

聪明的女孩子会主动自我调整，避免被人"鞭打上道儿"，可是如果她不能客观地认清形势，不能"紧跟上级"，那她的日子可就不好过了，直到多年以后才算出头，不难想象这是一个多么漫长而压抑的过程。俗话说："多年的大道走成河，多年的媳妇熬成婆。"一个"熬"字道尽了这个痛苦不堪的人生经历。可是一对年轻夫妇若想另立门户分家单过，那在社会上要被谴责为危险的念头和犯罪的行为，简直要造反，大逆不道！

不过，对于"相家"一事，吴家人并没有感到任何的不适。日子定下以后，吴学文和他父亲就待在家里。那天除了祁小姐的父母之外，还来了几个别的人，媒人事先已经通知，说来人是姑娘的叔叔和姑姑，因为他们的意见很重要，所以请他们来帮忙。赵先生赵太太向吴学文介绍说他们是自己的亲戚，看见这许多生人，小吴未免感到意外。一位留胡子的男士他好像在什么地方见过，让他有些不好意思。这人问了许多问题，让他又不耐烦又不自在。他于是似乎想起来了，几天前此人来过他工作的银行，在柜台前打听了一些业务方面的消息。他隐约明白了，原来那也是来考察他的。

吴家人很快从赵家夫妇那里得知，祁家表示完全满意，准备接待吴家回访。

相亲

祁家传话给吴家，说他们到吴家相家见到的一切都很满意，按他们的看法原则上接受吴学文做女婿，还通过媒人说准备让吴家人（吴学文除外）见一见姑娘。

一般情况下，这次见面不安排在女方家里，而是在一个娱乐场所或是庙会上"意外地"碰面，一般女孩子都欢迎这个办法，因为出门在外她会更加落落大方，以更佳面目示人。这也使得她显得更加宜人，别人观察她也不致引起她的怀疑。如果要求她在家里打扮起来接待某个陌生人，那肯定是违背大多数家庭的习惯的。自打时兴新式婚姻以来，到市场购物，或者到戏院看戏的相亲，都是合适的方式。

这时，姑娘跟着父母和媒人一块儿前去，因为事先已经告诉对方女孩子的穿着打扮，所以很容易从人群里把她认出来。不过，祁先生和祁太太觉得最好还是把吴家人请到自己家里来，因为女儿不习惯出入人多眼杂的场合。吴家人也赞成这个想法，觉得到祁家做客，可以就便了解祁家的情况，还可以观察到祁小姐的真实面目。

吴家人此行极为慎重，最后商量好了，不单吴学文的父母要去，他的祖母和吴家多年的老女用人也去。老百姓有个迷信观念，说有个隐形游荡的邪祟叫"蒙眼煞"，能叫人视而不见，忽略一些重要的细节，这可是不能不防。八只眼睛比四只眼睛好！

吴家一行按约定时间来到祁家被彬彬有礼地让到里院，赵先生夫妇已经先到了。姑娘被郑重地介绍给她父亲的"稀客"朋友。于是吴家人就得到机会当面跟祁小姐谈话了。姑娘不卑不亢礼貌得体的举止和有文化修养的言谈，立即给吴家人留下了深刻印象。至于相貌，他们一致的看法是这姑娘虽然不用化妆品，仅仅穿了一件蓝颜色的粗布大褂儿，但长得很是耐看。

放小定

当天下午赵家夫妇前往吴家听他们的决定，马上高兴地转告祁家，这门婚事就最终确定了。

吴家给祁家送去一批信物，表示订婚生效。这些信物用红绸子包着，背着姑娘交到她父母手上。

接着双方家长互相道喜。吴家为了庆贺这个大喜的日子，在自己家里摆了一桌酒席，同时高高兴兴地对吴学文宣布了既成事实。

吴家通过赵先生赵太太给祁家送去的订婚信物，是几件常规定例的小物件，包括一对心形的绣花香囊，里头各装一对银如意，其中一对如意包了金。还有一件羊脂玉的坠子，刻的图案是"福寿三多"——三个仙桃、一个寿字和一只蝙蝠。这件漂亮的宝物是吴家的传家宝，它见证过许多对美满婚姻，吴家人一代传一代都当作最珍贵的心爱之物。据说祁家夫妇虽然对女儿订婚的喜讯已有心理准备，见到这几件信物还是忍不住掉下眼泪，心想亲爱的女儿就要离开自家温暖的照料去开始人生的新阶段，虽说吴家是个老派体面人家，女婿是个很有出息的年轻人，但他们毕竟是陌生人呀。

现在这个仪式叫"放小定"，接下来还有"放大定"。小定的信物体现神圣而不可背弃的承诺，在举行结婚典礼之前，是要跟新娘的嫁妆一起送回婆家的。

香囊

婚期和通书

"放小定"的信物送到女方之后，要等一年、两年、十年甚至十五年之后才正式举行婚礼，这种情况很是常见。如此漫长的等待，两家当中任何一家的社会经济状况都可能发生巨大的变化，命运的指向有好有坏，引起层出不穷的争议。这样的事情无论在现实生活中还是在小说情节里比比皆是。不过这并不能构成取消婚约的充足理由。多数人认为，订婚一事极其神圣不可更易，取消婚约会使得名声大大受损，除非有极其重大的理由，否则双方很少走这一步。而城市居民通常都在订婚后不久，就把婚结了。

订婚的信物郑重地送到祁家之后大约过了六十天，吴家通过媒人赵家夫妇带话过去，有意在当年七月举行结婚典礼。这也正好符合命相馆刘先生在合婚批八字时说的意思。祁家夫妇当然愿意接受这个提议，但是私心里还是想推迟到明年正月，那个月份同样也是很吉利的，女孩子的爹娘普遍都想留女儿多待些日子，可是因为对方的坚持，这种努力注定落空。

凡是做父母的都知道，女孩子一旦订婚，她就不再属于娘家，应当尽快嫁出去。这在国家发生动乱的时候尤其明显，古往今来无数在兵荒马乱的年头缔结的婚姻都证明了这一点。

新郎家里可以确定举行婚礼的月份，但是他们只能敲定到"月"，而不能定下婚礼的具体日子。赵家夫妇到祁家去转告吴家的意愿时，捎带着要替吴家询问婚礼的"小日子"，就是一个月的上旬、中旬或是下旬。这是个高度私密的事情，只有女孩子自己知道，连她爹妈都不一定清楚。直说了吧，就是跟女孩子"身体不舒服"的日子，跟经期有关。新娘在经期进婆家门，那是一件非常不吉利的事情，会害得婆家"家败人亡"，无论如何必须避免。

新娘父母也不能准确地确定婚礼的日子，他们只是说得在下半月。说来奇怪，最后的决定还得听算命先生的，要请他在下半月里给挑个大吉大利的好日子。于是吴少奶奶又去拜访了刘先生。

刘先生给吴家准备了"通书"，就是即将举行婚礼的正式通知。这是一张尺寸很大的文书，印在大红纸上，叠成折叶装在大红封套里。通书和封套印的全是金字，还有漂亮的金色龙凤图案。

这份文书里的主要内容当然是通知结婚典礼的日期，作为正式通知以隆重的方式送到祁家。文书还有一些神秘信息。

在采用结婚证书制度以前，"通书"起着双重作用：一是当作正式的婚姻证明；二是向政府当局呈送的报告，通书由命相馆负责发放，每份依法缴纳印花税四角。

准备放大定

通书包括结婚典礼的具体日期，还包括通书送达女方家庭的具体日期，这是刘先生费了好大力气才选定的一个吉利的好日子，一般要在婚礼之前大约一个月送到。

通书还规定了新娘子上下喜轿的吉利时辰（如果不能确定起轿的时辰，就确定落轿的时辰）。

刘先生特意告知吴家，新人拜天地应该朝哪个方向下跪，以及一些类似的迷信条条。他还警告吴家说，花轿行进途中要避免经过水井和寺庙，因为那都是邪祟野鬼爱聚会的地方，可能给新娘子造成危害。

新郎新娘进洞房的时候，不要让那屋里留有小男孩小女孩。寡妇和怀孕妇女要回避，直到新娘穿衣打扮停当出来见家人亲友，才可以露面。这一点也适用于属猪、属兔和属羊的人。

通书送到祁家以前，其中的要点已经由媒人告知祁家，以便他们能为迎接送信的人做好准备，这个环节叫"通信儿"，也叫"过礼"，普遍都叫作"大定"。

要给祁家送去许多的东西，吴家为此很忙碌了一阵子。首先是新娘子整套四季衣裳，都是买来上等绸缎衣料，按祁家通过媒人提供的尺寸剪裁缝制的，要大小合身。还有一批做被褥的布料，按当地风俗缝被褥的事由娘家完成，所以同时又送去一笔"针线钱"。

另一件重要的东西是一套漂亮的金银首饰，装在绘有美丽图案的玻璃匣子里头。一对白鹅，买来以后送去之前先在吴家养几天，涂成粉红色。这个环节叫"委禽"，古代用的是大雁。两只鹅不停鸣叫，把喜讯传遍四邻。（这是个古老的风俗，送大雁大概是为了展示新郎善于打猎吧。）还要准备一大批酒，一百块"龙凤饼"。这是从饽饽铺定做的甜馅点心，用模子加工出龙凤图案。还有很多又大又熟的红苹果。

委禽

龙凤饼

　　另外还有一套礼物——大量的猪肉和羊肉，富裕人家则是用活猪活羊。一对活的红鲤鱼，拿红绳穿过背鳍拴在一起，一对莲藕和一对毛茸茸的山药也都用红线绳捆在一起。还有一大批化妆品，比如一百包扑粉，一百片红胭脂饼，每片三寸大。还有一大堆核桃、栗子、干枣等干果，叫作"喜果儿"。再加几斤白糖、几斤红糖。当然，这里提到的几样东西，有些人家就免了。

　　老北京有些人家要预备一对火腿和一对羊后腿，这两样在新娘家收到之后就转送给媒人。媒人前前后后来回跑腿儿，把两条腿累得又酸又疼，就给他们补补腿脚吧。不是说吃哪补哪嘛？！当然了，这只是个玩笑话而已。

第四十六章　吴学文办喜事

保红媒

热心帮忙义务说媒的人，北京当地土话叫"喝冬瓜汤的"。这个说法老北京人几乎尽人皆知，也都知道它的含义，但是来源何在就不是谁都知道了。其实挺简单，熬冬瓜是北京的家常菜，喝下一碗热气腾腾的冬瓜汤要出满头热汗，说一档子媒的辛苦劳累就跟喝那汤一个样。媒人的功劳只有在结婚典礼过后才能得到肯定，才算功德圆满，京城正统人家认为新娘的道德品质好与不好，完全要看她是否贞洁。所以说媒叫作"保红媒"，媒人必须保证新娘的贞洁无瑕，要是出了差池，头一个受埋怨的就是媒人，接着就是一场不可避免的风波。考虑到千家万户把新娘的贞洁看得极其要紧，在说媒之前必须对女方家庭做一番深入考察和准确判断，不能受一丝感情好恶的左右，这是有意说媒的人绝对必须要做到的。

放大定

吴家把放定所需的一切准备停当之后，就请赵太太前往祁家，正式通知吴家即将派出的两位代表。这是两位重要角色，要当面见证定亲礼物的接送，必须是两位，"二"是个吉利的数目，必须是已婚而丈夫健在的妇女。寡妇绝对不行，男人也不行。

到了那天早晨，吴家人个个兴高采烈，给各项东西添加最后的装饰。10点整，吴家从家伙铺雇来的几个力工在工头带领下来到吴家。他们头戴插有羽毛的帽子，衣服外头套着颜色鲜艳的长袍，抬来涂着红漆的箱子和漆成红色的扁担。几分钟工夫，所有的东西都装进箱子。

两只活鹅装进了上半部分通透的桶，两口涂红漆的锡制酒坛装满了美酒，也放上担子。其他各样东西一样一样也都摆放到托盘上，装进描绘着美丽图案的木头箱子。

通知婚礼日期的"通书"装在一个红漆匣子里，跟装着全套首饰的玻璃匣子一起，摆在一只类似方桌的台子上的大托盘里，也都涂满鲜艳的颜色。四季衣裳叠得整整齐齐，由另一个台子抬起。力工一共是二十四个人，一位头目带领，形成一个色彩缤纷的队伍。赵太太、吴少奶奶和另一位太太，全都盛装打扮，坐着一辆马车殿后，队伍浩浩荡荡不慌不忙朝着西城松树街祁家而去。不用说，吴家的街坊四邻看着这阵仗儿，无不艳羡，不少过路的人也投来嫉妒的目光，两只活鹅嘎嘎叫个不停，好像是吹奏凯旋曲一般。

来到祁家院内，他们受到彬彬有礼的欢迎，各样礼品一一摆放在堂屋大八仙桌上，几位邻家妇女过来见证盛典。两只活鹅放到院子里，按照北京习俗，不会宰杀吃掉，也不会养着当玩意儿，唯一的办法就是过几天拿到市场一卖，它们的使命就完成了。

新娘此时已经得知喜讯，安排她坐在砖炕上，穿好刚送到的新衣裳，这时候，两位太太走上前来，给她戴上戒指、耳环、镯子、项链、发簪等全套首饰，她年轻的心脏扑通扑通狂跳，小脸儿一红一白，耳朵里满是两位太太轻轻念诵的吉祥话儿、夸奖话儿和道喜话儿，满屋子都是咯咯的欢声笑语。一阵子温存得体、例行公事般的交谈过后，"放大定"仪式圆满结束，来宾告辞。

填箱

祁家人把送来的各样东西，除了首饰跟衣裳，都给亲戚朋友们分送出去了，每家得到几块龙凤饼、几包扑粉和几片胭脂，祁太太亲自登门去送，顺便就告诉亲友们女儿订婚的喜讯。

每一家得到的虽然不多，但是收到了重要的信息——等于通知各家出份子，给姑娘办嫁妆，这是北京人都知道的礼数。

所谓嫁妆，就是娘家自己预备的和娘家亲友赠送的一整套给新郎家送过去的生活用品。亲友赠送的东西叫作"填箱"。嫁妆的数量多少质量高低，自然要看娘家的经济条件如何了，所以为了给女儿备一套体面的嫁妆，娘家父亲不得不去借债。如果婆家富裕的话，娘家父亲还得在嫁妆送达后非常客气地表示歉意，说"简直没有什么东西"这样的话。有些北京人给女儿的嫁妆包括全套的生活用品跟家具，新郎家拿这些东西不费力气就把新家给布置好了。桌子、椅子、餐桌、书案、衣橱、箱柜、梳妆台，一样不少。还有的人家嫁妆包括两个女仆或者两个使唤丫头，跟着新娘到新家去待一个月、两个月甚至一辈子。

祁家的朋友没有吴家多，可是自打那天以后，上门的客人也是不少，每位客人都带来了填箱的礼品，如一整盒绣花手帕、几瓶香水、几罐面霜、一盒子高级香皂、一两双绣花鞋。姑娘的父亲按常规准备了东西，他还有几个女儿以后要出嫁，不能胡乱花钱，造成奢侈无度的不良先例。他给女儿买了两对樟木箱子，一对大的，一对小的。大的装衣服，小的装各色首饰细软。两对箱子都配着锃亮的铜活，刻着吉祥图案。

祁先生给女儿买了一只镜匣，上下左右镶嵌精致螺钿花纹，手工打磨得光可鉴人。一对带玻璃罩的宝石盆景；一整套嫁妆瓷器——包括大果盘、帽筒、花瓶、茶壶茶碗和大胆瓶。连鸡毛掸子都是从店里最好的货色里精挑细选而来，配上吉祥的装饰——一只纸叠的玉磬，两头挂着一对纸做的红鲤鱼，一起吊挂在一棵谷子秆的顶上，还配上两条金黄饱满的谷穗和几片绿油油的谷子叶。这些物件代表两句吉祥话："五谷丰登""吉庆有余"。每件瓷器上画的花样都是牡丹花和一对叫"白头翁"的鸟儿，寓意"富贵有余、白头偕老"。

四季衣裳足够新娘穿用两年，尤其内衣更是品样齐全。祁先生还给女儿买来一对蜡扦和一盏油灯，都是用铅锡合金制造的，轻易不会生锈变色，不过他也知道这在女儿的新家里未必有用处。他依循古老风俗，一对大红蜡烛在婚礼那天必须通宵点燃，那盏灯也必须插好灯草一直点到天亮，叫作"长命灯"。

祁小姐也忙，从现在到结婚典礼，她的许多同学和朋友都想来看望她，跟她盘桓片刻。

嫁妆必备的大胆瓶

结彩

婚礼前一天，祁小姐的嫁妆得收拾停当装进樟木箱子，四位"全可人"，就是已婚、丈夫健在的老年妇女被请来帮忙。箱子装好，新郎家门口用红红绿绿的绸布条儿把所有的金属配件，包括蜡扦，都装点起来。彩子、几面镜子也都拿绸布或是绣花手帕遮挡起来。用剪刀巧妙地把红纸剪成各种花样，贴在箱子盖的开口处，代表封条。最常见的花样是"盘肠儿"和双喜字。

锃光瓦亮的黄铜锁，咔嗒咔嗒锁上，钥匙交给女儿装进荷包，父亲又另外给她一些钱祝她一切顺当。一对圆形红漆食盒，装满从点心铺定做的甜饽饽。茶叶罐装满喷香的茉莉花茶。大果盘堆满了大个红苹果。这些都是预备嫁妆到达吴家时，给客人们带来的小孩子们分享的。按照风俗，所有来道喜的宾客都有权利自取。

祁家给亲朋发了请帖，邀请他们届时来喝喜酒。同时吴家也发了婚礼的请帖。大部分亲友是由听差送去的，住得远的用邮寄。一些重要的近亲则派人登门当面邀请。两家的请帖都是印在红纸上，装在大号信封里发出的，预计在婚礼前一个礼拜送到。

祁家院子已经及时搭起席棚（如在冬天，就要搭蓝布棚子）。吴家院里的席棚是现成的，现在只需加上一些装饰品，比如安上玻璃窗，每一个窗格都镶着大红喜字的玻璃。

吴家门口搭起一座彩色绸布装点的彩牌楼，叫作"彩子"，而祁家门口只挂了一些红绿绸条儿，没有架子，叫"软彩子"。所谓"张灯结彩"指的就是这个。这是当地风俗习惯，并不是意味着嫁女儿的人家负担不起更亮丽的装饰。两家都在大门墙垛子上贴了大红纸上写的喜字，一般贴一对就够，可是吴家贴了两对。据说是吴学文亲自动手写的，看那字写得确实很漂亮，不像出自一个年轻人之手。遵从本民族的习惯，他不写双喜字，写的是单喜字。

祁家归置出里间屋子做"喜房"，让祁小姐一整天坐在砖炕上，接待前来给新娘道喜的客人，他们都把跟祁小姐说说体己话儿当作莫大的面子。她不断轻声轻气地说话儿。一位年长而亲热的姑姑，利用间歇低声对她说些私密的事情，告诉她什么事怎么办。

新郎家门口的彩子

洞房

　　吴家院子里的三间东厢房收拾停当，给吴学文跟新娘居住。所有的家具摆设全都搬了出去，只留下几件木器，新娘子的嫁妆一来就会摆满。三间屋子糊上新的墙纸，四白落地，墙角都贴了红喜字。原有的白窗帘取下，换上了红绸子窗帘。

　　这就是新人的洞房。

　　承办宴席的厨师把一应用具运到，在吴家后院砌起临时炉灶。食材和调料都已经送到，大师傅们开始操作。家伙铺把租赁的桌子椅子运来，都罩着漂亮的绣花桌布椅套。

贺客盈门

一批一批的宾客相继到来，有些人带来了红绸贺幛，上头贴着金纸刻的贺词，如"龙凤呈祥""天作之合"之类的吉祥话。有些人带来了大红纸对联，上头写着赞美和祝贺的语句，精工装裱。吴家请来一位朋友当账房，记下收到的礼品，掌管当天的一切开支。

结婚贺礼最普遍的形式是一笔现金，由客人代表全家面交。这笔钱装在大红封套里，再贴上一个红纸条，上头写"喜敬"若干，以及致送人姓名地址。有的人关系更亲近，他们要等仪式结束以后当面去见新人，接受新人的磕头致敬，那就得再预备一件礼物，比如一对耳环、一块丝绸手帕之类。不过北京人觉得最好还是送一点钱，让新娘自己去买她想要的东西。这笔钱也装在红封套里，叫作"拜礼"。送现金要在婚礼当天送，而其他的礼物最好提前一天送到，好让客人们一起观赏。

下午4点新娘的嫁妆来到。嫁妆一共十六件，每件都用一张装饰漂亮的桌子抬着。排成一支长长的队伍，十分壮观。打头的是两位衣着光鲜仪表堂堂的年长男士，是祁家派来的代表。吴家人出来迎迓让进堂屋，互相道喜祝贺，两位老先生对嫁妆寒素表示道歉。嫁妆一件件卸下，不出半个钟头就周周正正摆放到新房里了。

两位老先生从口袋里取出清单，跟吴家人一块儿一件一件核对清点，一切无误就等着向祁家交代了。有趣的是，他们最先核对的是那份"通书"和首饰衣裳，这些本来都是吴家送过去的。吴家提供材料、在祁家缝制的被褥也来了。祁家请来几位已婚妇女帮忙缝被褥，她们在每一条被褥的四角都缝进去几颗"喜果儿"，有红枣、花生、桂圆、核桃、栗子，寓意"早生贵子"，这是办喜事的人家最欢迎的祝词。新娘箱子里装的苹果和其他吃的，早就被那些跟家长前来的小孩子们拿去分了。

吴家堂屋再一次布置起来当作举行仪式的地方，前来道喜的客人被陆续让进屋子，面见喜气洋洋的吴家人。年轻人都给吴老太太和吴学文的父母磕头，这是礼仪的要求，表示客人的尊敬和诚意。不过事实上他们仅仅是"朝上头"磕而已，接受磕头的只是点着红烛的八仙桌上方挂着的一个大大的喜字挂轴。宴席在吴家和祁家分头举行，前来喝喜酒的亲朋真不少，大家高高兴兴地吃喝，直到晚上才尽欢而散。近年来，结婚喜宴更多地不在自己家中，而是到豪华饭庄举办，这样做有许多的方便，但是晚宴就没有了，改成了午餐。

喜轿和执事

吴学文婚礼那天是个万里无云的大晴天。一大早轿子铺就把轿子抬来了。一共三顶——一顶红色和两顶绿色，都绣满美丽的花纹，有龙凤牡丹和各样鲜花，轿身是个四方形封闭空间，前边开门，攒尖顶形似小亭子，顶尖处有一个铅锡合金做的闪亮圆球，叫"顶珠"。轿子四角垂挂着彩色绸条，轿顶檐下也挂着各色的穗子。

每顶轿子八个人抬，轿夫身穿驾衣，头戴雉翎帽。轿子抬来先摆放在大门前收拾整齐，停放在金漆木架上，给大家观看，叫"亮轿"。轿子牛角灯两边，整齐摆放着全套执事，有各色各样的旗帜和木制的仿古兵器，这些都要跟着喜轿前往女家再回到男家。旗帜有飞虎旗、飞龙旗、飞凤旗。

仿古兵器有涂满金漆长柄的大刀、长枪。另外还有几对红绸座伞，涂绿漆的超大型扇子，再有就是安着长柄的日月——竹篾筛子漆成红色，中心一面圆形镜子，周围饰以绸布彩球和飘带，随风起舞。另一排架子立着十二对挂在长柄上的牛角灯。很多年以前，结婚迎娶新娘是在夜晚进行，要用灯来照明，现在这些灯只为烘托气氛。两面正方形的旗帜写着"开道"二字，两个打执事的人扛肩膀上，旗柄下端挂一面大锣，边走边敲，"鸣锣开道"，好让喜轿和仪仗顺利行进。

三四辆马车在门外待命，准备随时出发。一班吹鼓手也到了。跟办丧事雇用的吹鼓手不同，他们带来了十面大鼓，挂好绣花帷子，摆放在架子上。连地面儿上的丐帮头子也来了，他身穿体面的蓝布长袍向吴家报到，表示愿意随时效劳。

牛角灯

今天吴家人真够忙的，宾客一拨一拨到来，只来得及跟客人稍事寒暄，谢谢赏脸。不过宾客们不费事就找到熟人三三两两聊起天儿来。这些人大多以前就在吴家见过面，无须介绍，在大庭广众之间这很常见的。管事的给敬上茶水和香烟，他们就结伴入席准备吃喜酒了。

到了吉时一切就绪，迎亲的队伍朝祁家出发去娶新娘。

娶亲太太

老北京的风俗，办喜事的男方家庭要派出"娶亲太太"，她必须是生过男孩、丈夫健在的已婚妇女；女方家庭要派出"送亲太太"，条件相同。

这两位太太在婚礼进行中至关重要。娶亲太太要带到新娘家一块红绸盖头，给新娘遮盖起来，直到抬到新郎家，入了洞房才能让新郎亲手揭下。娶亲太太还带去一件"上轿袄"，这是一件红绸缝制的肥大的袍子，交给新娘叫她在上轿时穿上。"上轿袄"并不是办喜事的人家现做的，而是从亲戚朋友家借来的。迷信说法，"上轿袄"穿的次数越多就越吉利，所以都是旧的。其实任何家庭不可能频繁地结婚，女人一辈子只用一回，何必每回都做新的呢？有这件衣服的人家都很乐意借出去给人家用，因为穿的次数越多越吉利、越宝贵，越能给下一个穿它的新娘带来祥瑞。

新郎这边还要派四位男士到新娘家去，名义上是看看新娘上轿，其实是去"偷"那对"子孙碗"。他们根本用不着偷偷摸摸地上人家厨房去把那两只碗拿走，那对碗早就摆在明处，跟两双筷子用红丝绳捆在一起，给预备着了。女方家里管事的会交到他们手里。

吴学文的一位姨妈答应当娶亲太太，他的几位朋友答应充当傧相，这几个人的衣襟上都别上了红绒花做标志。娶亲太太被请到一桌宴席前一个人坐享，新郎给她磕三个头。不过她并不真吃，只是个仪式而已。

这一天吴学文穿了一身崭新的衣服——一件蓝色团花缎子长袍，一件同样面料的黑色马褂，胸前别了一朵红色丝绢的大牡丹花，足足有八九寸大，衬托着漂亮绿叶。这样的牡丹花预备了一对，另一朵要给新娘子戴上。

吉时一到，娶亲的队伍就风风光光出发了。

在头目的指挥下，轿夫们抬起轿子，执事夫们举起执事排成两列。一位专业的主持人举着黄铜托盘，里头摆着一本黄历、一把镜子、一个苹果和一盏小油灯。他围着三顶轿子走一圈，确认轿子里头没有藏着任何邪祟。灯光和万能的黄历有足够的效力完成这一轮的检查。吹鼓手们，主要是脖子上挂着大和鼓照轿驱邪的人，也排成两行，站在新房门前待命，一传出信号就开始吹奏。

娶亲太太在新房里点着一股高香，朝喜神神马儿磕仨头，带着帮忙的女仆出来就坐上了前面敞开的大红喜轿。那位女仆带着"上轿袄"跟红盖头坐上了随后的马车。四个"全可人"进屋去铺床，从宾客带来的儿童中挑选四个小男孩，让他们坐在床的四角，另外一个小男孩站在新房中间，让他敲锣三响，给外头的喜轿执事吹鼓手发出出发的信号。

照轿驱邪

553

此时新郎吴学文并非无所事事，他有重要的事情要办。他在干爹兼大媒的陪同之下，坐上马车，稍候几分钟就往祁家去了。另一辆马车坐着四位迎亲官客紧跟其后，他们口袋里装满小红纸包儿，里头包的是几枚小铜钱或是一撮茶叶，一位官客带着一大批小铜钱。与此同时，一桌宴席正往祁家送来，这是"离娘饭"。另一桌宴席送往赵先生家，这是对媒人表示感谢。

娶亲闹剧

这一天松树街祁家也是热闹繁忙，贺喜宾客众多，喜宴欢快地进行。客人们送上"奁敬"，这些钱事实上不会给新娘，而是归了她的父母。祁家这边有四位堂客，都是"全可人"，伺候新娘上轿。其中有一位是新娘的亲戚，充当"送亲太太"。

中午时分三顶轿子和一应执事到达祁家，大红喜轿落地，娶亲太太被女仆人搀扶着下轿，被迎进院子，领到新娘的闺房。她正在炕上坐着，娶亲太太和其他堂客一起帮新娘穿好"上轿袄"，盖好盖头。

紧接着四位迎亲官客也坐着马车到达，他们想要进门却吃了闭门羹，大门关得紧紧的。这倒不是意外，而是一个古老的风俗习惯。

街门内外上演了一场谈判，外边是四位迎亲官客，里边是新娘家的客人和一些孩子，隔着紧闭的街门双方讨价还价。迎亲的官客提出种种可信的理由，谦恭地请求对方开门，无济于事。里边的提出要求，先要吹鼓手演奏一曲断断续续的《屎壳郎爬竹竿》，又要吹一曲《赵匡胤打枣儿》，反复用鼓槌敲打鼓边。吹奏完了，还是不开门。外边的一商量就决定了：给他们点甜头！

外边的拿几小包茶叶一包接一包从门缝底下塞进去，里边的看来感到满意，就听那些孩子为争抢吵嚷起来了。接着又往里塞包着钱的小包儿，里边的孩子争抢得更凶了。坚冰从此融化，外边的就谦恭地细声求道，吉时到了，可别误了吉时呀。里边的就表示同意，双方达成和解，街门于是敞开，让外边的人进了院子。四位迎亲的官客趁着胜利进门的高兴劲儿，把大把的铜钱朝孩子们抛撒过去，人人皆大欢喜。

娶亲太太坐着来的大红喜轿，这时取下轿杆抬进祁家院子，正对新娘房门放稳，鼓架已经从吴家搬来支好，鼓手和其他吹鼓手就吹奏起来。

四位迎亲的官客坐在席棚里吃喝，心不在焉似的看着新娘上轿，把那对"子孙碗"拿起，也没认真告辞就匆忙回吴家了。

新娘在娶亲太太和送亲太太的搀扶下上了轿。她伤心地哭泣流泪，好像"被迫"离开爹娘去面对一个残酷现实。其实，新娘离家时哭泣不但被允许，而且受鼓励，因为老北京人认为如果新娘子不哭，那就意味着以后会有麻烦。

新娘的爹妈也为女儿上轿时候哭泣而感到骄傲，这不仅表达女孩子的无助感，更表明爹妈跟女儿之间相处得幸福快乐，真是难舍难分。有些人家让新娘的父亲、叔父或兄弟把她抱上轿子，祁家没这个习俗。祁家爹娘看着轿子把女儿抬走，双双掉下了眼泪。

这时娶亲太太和送亲太太走出祁家院子，坐上了等在外头的绿色轿子。新娘的两个弟弟一左一右陪同花轿一起前进，按规矩他俩要当姐姐的贴身保镖，一直护送姐姐到达新郎家里，表示他们姐弟之间的深厚情谊，俗话叫"扶轿杆儿"。就这样，迎娶新娘的队伍朝吴家去了。

吴学文在媒人赵先生的陪同之下，坐着马车来到祁家，这是他头一次由媒人介绍给岳父岳母。在祁家堂屋，吴学文在众多男女宾客赞美好奇又专注的目光下，不声不响多少有点拘束地跪下来，给岳父磕了三个头，又给岳母也磕了三个头。两位老人端坐椅子上接受跪拜。这是女婿必须要尽的重要责任，他必须对两位老人把女儿嫁给他为妻表示感谢，不过对于一个脸皮儿薄的年轻新郎来说，也真是个考验人的经历！

入洞房

娶亲队伍吹吹打打来到吴家大门，宣告新娘一行到了。吴学文已经提前几分钟回来，他要站在洞房等候，娶亲太太和送亲太太从绿轿子下来，站立在洞房门口。烧着火红木炭的炭火盆摆在院子中间，让新娘乘坐的大红喜轿从火盆上方抬过，这是为了驱除邪祟。

新郎的父亲满心喜悦和自豪，他点着一股高香供在"天地桌"前，天地桌上立着"天地三界十八佛诸神"的神马儿。喜轿在门口停放稳当，他拿来一个涂满金漆的马鞍摆在门槛上，又把一张弓和三支没有箭头的箭递到儿子手上。让他朝门楣射出去，把可能藏在屋里的邪魅外祟赶跑。娶亲太太手持一个装满五谷杂粮的漆瓶、一

马鞍和弓箭

对金银小锞子和金银小如意，这都是放定时送到新娘家又送回来的东西，现在就要用上了。

新娘在两位"全可人"的搀扶之下走出喜轿，跨过马鞍，第一次来到了新郎的面前。一位全福太太把一个苹果举到新娘嘴边，叫她咬一口，然后把这苹果扔到炕上。如意放到新娘手里片刻以示吉祥如意，然后就拿开了。新娘往新郎右边走的时候，有人负责把"宝瓶"塞到新娘怀里。两位新人一起下跪，给天地神马儿磕头三次。然后新娘被领进里间屋，全福太太把宝瓶接过来，帮新娘坐上炕沿，盘腿而坐，让大红袄的前襟自然垂落，平铺在腿上。有人给新郎拿来一杆秤（只有秤杆没有秤砣），他用这秤杆挑起一直盖在新娘头上的红盖头，两位新人这才面对面相见。

新娘害羞得很，不敢抬头，新郎匆匆看上一眼，发现年轻的新娘子长得真好看！

入洞房后，头一样是给新娘子头发上插一对"麒麟送子"的红绒花儿。接着娶亲太太拿来一对红线拴在一起的镀金酒壶，往一对也是拿红线拴一起的小酒杯斟酒，递给新人，叫他俩喝一小口。

然后两位新人交换酒杯，新郎从新娘的杯里喝一口，新娘从新郎的杯里喝一口。这叫"交杯酒"，等于各自向配偶敬酒，古代叫作"合卺"。接着"子孙饺子"上场，吴家按本民族的习俗叫作"子孙饽饽"。三十二个小小的肉馅饺子加上四个圆形的"盒子"用红丝线穿成对儿，放在子孙碗里端上来。按风俗习惯"子孙饺子"由娘家预备，由送亲太太派女仆交代给娘家的厨子，同时送给厨子一个红包，嘱咐她把饺子煮到半生不熟。

新人按传统去吃"子孙饺子"，但是半生的饺子不好吃，他们就只咬一口把其余的塞在炕席底下了。等在门外的小孩子们，正急着要问新娘子一句话呢，他们逗趣儿似的大喊："生不生？"屋

交杯酒

里的就回答："生，生！"这个"生"字意味着"生孩子"，大家就用这谐音字向新人幽默地表达了美好祝愿，也传达了客人们的心意。到这会儿，一直在吹奏细乐的吹鼓手们也撤了。办喜事雇请来的人已经完成任务。

现在，该让新娘休息片刻了。一位上年纪的妇女走上前来给新媳妇"开脸"。她拿来一绺五色细棉线，左右拉开在新娘脑门和脸蛋上滚动，那样子是在除去她脸上的汗毛，把她的发际修剪整齐。按照老规矩，凡是出嫁的妇女必须把前额发际修成一条整齐的直线。其实，去除汗毛可以日后进行实际操作，现在只是一个仪式而已。

然后两位全福太太上前，帮新娘梳头抹胭脂，穿上一件崭新的细绸长袍。这件长袍必须是新郎家预备的，不管她娘家多穷多富，也不管嫁妆多丰厚，她必须穿婆家的。接着给她戴上绒花"凤冠"，共有九只凤凰装饰在前额周围。最后把一朵大红牡丹花别在她的胸前。

分大小

新房里这顿饭叫作"圆饭"，饭后由父母带领去拜灶王爷和佛堂里供着的观音菩萨和其他神佛。再到另一房间去给祖宗牌位磕头。他们又被带到堂屋，去见所有的堂客，他们正等新人露面。而所有的官客都站在院子或外院客厅里，大家都在焦急地等待着跟新人正式见面，新娘必须跟所有的婆家人，以及所有的亲戚朋友见面，记住辈分，这叫"分大小"。从辈分和年纪最大的人开始，一个一个按长幼次序认下来。

一把大号扶手椅摆在了堂屋正中间，新郎的祖母吴老太太端坐椅子上，她老人家当然是头一位接受叩拜的长辈。新人双双跪在红毡子上给老太太磕了三个头，老人家说了一些吉祥话儿，把一个小红纸包儿递到新娘手中。包儿里头是什么谁都不知道，有人说是一支金钗。接下来接受叩拜的是吴学文的父母，他们两位一前一后坐到椅子上受拜。然后就是或近或远的亲戚们，男女老少坐好之前都要谦让一番，但是没有谁走开。一位最了解吴家亲戚朋友情况的年长堂客，被邀请来安排受拜的次序，让大家都能对受拜的程序感到满意。如果出现疏忽，客人就会感觉受到冒犯，会大吵大闹表示不满，使得大家都感到丢面子。总之，凡是在年龄上和辈分上比新人大的人，都接受新人的"双礼"——两个人磕头，然后送出表示谢意的礼物，这通常是一笔钱。凡是年纪和辈分小的都一个个走到跟前，口头表示祝贺，说些吉利的话。新郎新娘要磕头叩拜的人很是不少，这场仪式足足持续两个钟头。

下午5点，照看宴席的"茶师傅"拉着长声儿高喊："吃酒的到！"新娘娘家派来的两位堂客坐着马车来到了。她们被让进来，在一张圆桌旁就座，这桌旁还坐着吴家从来宾中请出来的四位堂客。马上，一桌丰盛的宴席摆上来，不过谁都没有真吃，只是客客气气地低声交谈，来人代表祁家表示感谢，对于自己的礼貌不周表示歉意。宴席其实还没开始就结束了——茶师傅用托盘端来一碗清汤表示结束，两位客人往托盘里放了一个装着钱的信封，给了小费。新郎给她们磕头致谢，她们就回去了。

喜宴

晚餐这才开始，客人们开怀享用一顿丰盛的宴席，大家举杯畅饮，尽情吃喝。

在堂屋里，新娘正式给客人们敬茶敬烟，纤细的小手亲自点纸烟和雪茄，斟满茶杯，亲手端到客人面前。有些话多的，主要是堂客，就问她娘家的这个那个诸般小事，好像要"打破砂锅问到底"似的。新娘子低声作答，并不多说。新娘子高声说话是不合规矩的。

大家都夸奖她模样儿好看，举止端庄得体，有几个上年纪的老太太公然议论她的漂亮容貌。吴老太太乐不可支，颤颤巍巍走向新娘子，掀起凤冠的穗子，想看看她的头发密不密黑不黑，她掀起新娘凤冠的边儿发现她头发很黑。

有个流传很广的歌谣，说人生有四大乐事："久旱逢甘雨，他乡遇故知，洞房花烛夜，金榜题名时。"新婚之夜，的确算得上人生一大乐事。

晚上10点，吴老太太吩咐新人离开堂屋，回自己的新屋休息，她说："他们俩忙了一整天，够累的了。"于是新人获准回自己的房间，一批女眷陪着他俩，为首的是新人的母亲和娶亲太太。床已经铺好，里面全新的被子褥子，上边又铺了一条大红缎面的棉被给两个人盖。

就寝之前，先让新人并肩坐在炕沿吃"长寿面"。这是一顿睡前的夜宵，用肉汤煮的面条，盛在"子孙碗"里，由娶亲太太等人喂给新人吃。一边喂一边说些吉祥话儿，如"福寿绵长""白头到老"。吴学文把一碗面都吃了，新娘子只吃下一小口。娶亲太太说："新婚头一晚上可不能空着肚子上床。"

回门

第二天一早，新娘的母亲亲自坐着马车来到吴家给吴家道喜，接新姑爷夫妻回娘家。这叫"回门"。吴学文跟他美丽的新媳妇，早已起床穿戴整齐，高高兴兴地上路了。

来到祁家，吴学文当然是众星捧月一般的焦点人物，祁家人和众亲友异口同声向他道喜，说了许多好听的吉祥话儿。他的新媳妇也受到同样的欢迎，众人从前一天晚上就等在这里迎接她和夫婿的归来。一桌丰盛的宴席为欢迎他们俩而设，大家开怀畅饮，酒足饭饱。中午时分，娘家妈陪伴新人回婆家，她满怀骄傲十分得意。凡是瞧见吴学文的人，个个都说她女儿这门亲事太划算了，做母亲的高兴得没法说！

倒宝瓶

喜事第三天，新人举行"倒宝瓶"的仪式。让吴学文跟他的新娘面对面跪在炕边，俩人的衣襟平铺腿上搭在一起。他俩把宝瓶里头装的五谷、银锞子等倒出来，落在衣襟上，这表示五谷丰登、财源广进。据说谁的衣襟落下的东西多，就预示谁家将来更发达。

又过了几天挑了个好日子，吴学文带着新媳妇上吴家祖坟祭拜，把新媳妇介绍给吴家已逝的先人。接着又进行一轮拜访，对他俩办喜事前来道贺送礼的亲戚朋友表示感谢。

新媳妇很快熟悉了婆家所有的家务活，她的能干赢得了称赞。她的确时时事事小心谨慎，努力取悦家里每一个人，特别对老祖母更是倍加敬重，吴学文私下里早就跟她提出了这一条。

喜事办完之后头一个月里，吴家跟祁家频频互相看望。按本地风俗，第九天和第十一天，祁家人可以带亲友前来，他们都很愿意认识吴家人，也被当作吴家的亲戚。吴家人也真心喜欢，所以很快就去回访，把关系确定下来。

第十五天，新媳妇回娘家，祁家人都想留她过夜，可是按照"老规矩"，必须在天黑前把她送回婆家，新婚夫妻头一个月里片刻不可分离，一夜也不行，因为无论新郎还是新娘，只要有一个不在，都是不好的兆头。

吴学文很爱他的新媳妇，虽然说他直到结婚典礼当天下午才见到她头一面，这听起来怪怪的，可是这种大家习以为常的婚姻，确实造就了许许多多的幸福家庭。"先结婚，后恋爱"，婚姻不是爱情的坟墓，而是爱情的摇篮。有一位著名学者说："夫妻双方都必须做许多的调整和适应，而且他们都尽最大努力这样做，因为他们懂得既然两个人已经进入婚姻之内，就再无回旋的余地，也没有后门可以走脱了。"新人结婚整满一个月那天，新娘的娘家妈妈前来接女儿回家，祁家所有的人早就盼着这一天的团聚了。祁太太来到吴家，照北京人的老规矩向吴学文的祖母提出请示，老太太是年纪最长的人，孙媳妇回娘家可不可以去，可以住几天，她说了算。这样的请示从来没有驳回的，否则会引起这样那样的争议。孙媳妇得到准许在娘家住六天，可是她第四天就回来了。住满六天的话会被人说没规矩。

小吴太太有喜了

大约过了一年，小吴太太发现自己怀孕了。她原来以为自己生病了，可是她婆婆善于观察，说不然。没过几天事实证明她婆婆说对了。

满头白发的老祖母一听高兴极了。她时不时偷看孙媳妇迈门槛儿，看到她总是先抬左脚，于是更加高兴得不得了。她老人家有个迷信观念——先抬左脚生男孩儿！

又要有一个北京人来到世间走一遭。

译写主要参考书目

1. 陈宗蕃编著：《燕都丛考》，北京古籍出版社，1991年.

2. 张宗平等译：《清末北京志资料》，北京燕山出版社，1994年.

3. 袁珂编：《中国神话大词典》，四川辞书出版社，1998年.

4. 武田昌雄著：《满汉礼俗》，上海文艺出版社，1989年.

5. 孙殿起辑：《琉璃厂小志》，北京古籍出版社，1982年.

6. 金受申著：《老北京的生活》，北京出版社，2016年.

7. 于非闇著：《养鸽记》，书目文献出版社，1993年.

8. 王世襄著：《锦灰堆》，生活·读书·新知三联书店，1999年.

9. 李家瑞编：《北平俗曲略》，文津出版社，2018年.

10. 赵晓阳编：《旧京歌谣》，北京图书馆出版社，2006年.

11. 隋少甫等著：《京都香会话春秋》，北京燕山出版社，2004年.

12. 吴效群著：《妙峰山：北京民间社会的历史变迁》，人民出版社，2006年.

13. 常人春著：《老北京的风俗》，北京出版社，2019年.

14. 常人春著：《红白喜事：旧京婚丧礼俗》，北京燕山出版社，1993年.

15. 常人春著：《近世名人大出殡》，北京燕山出版社，1997年.

16. 翁偶虹著：《春明梦忆》，北京出版社，2019年.

17. 常瀛生著：《京城旧俗》，北京燕山出版社，1998年.

18. 常瀛生著：《老北京与满族》，学苑出版社，2008年.

19. 秦国经著：《逊清皇室轶事》，紫禁城出版社，1985年.

20. 赵华川等著：《旧时儿戏》，天津古籍出版社，1999年.

21. 王文宝著：《北京民间儿童娱乐》，北京燕山出版社，1990年.

22. 定宜庄著：《八旗子弟的世界》，北京出版社，2017年.

23. 北京市政协文史资料委员会编：《辛亥革命后的北京满族》，北京出版社，2002年.

24. 宋惕冰主编：《燕都》杂志，北京燕山出版社，1985—1992年.

本书及其作者的故事

译写人　罗进德

　　本书作者，我的父亲罗信耀（1908—1992），满族正白旗萨克达氏，生于北京。1925年毕业于北京京师公立第一中学。1939年，在美国朋友埃德加·斯诺（Edgar Snow）鼓励下开始从事英文写作，主要著作 *The Adventures of Wu*（现译为《旗人风华：一个老北京人的生命周期》）和 *Stories from Chinese Drama*（《中国戏剧故事集》），先后以笔名H.Y.Lowe在《北平时事日报》（英文）连载，于1940年至1941年结集出版单行本。其中，*The Adventures of Wu* 一书先后于1941年和1988年两度被译成日文在日本出版，英文原书先后于1983年和2016年两次在美国重印。罗信耀的另一英文著作 *Stories from Chinese Drama* 于1978年在台湾地区被冒名盗印。罗信耀的其他翻译和英文作品，如《宫女谈往录》有待出版，《中国文学中的怪异故事》数十篇多已散佚。罗信耀于1951年入中国科学院秘书处（后为国际联络局）工作，主要从事科学论文的英译，颇得周培源、竺可桢等科学家的赏识和倚重。"文革"中他被调入国家标准局。1982年74岁时，意外获评"副译审"职称。1986年78岁时，从该单位退休。

　　The Adventures of Wu 英文原著出版时正值"珍珠港事件"前夕，印数很少，只有600册，流布有限，知者不多。以后多年时局动荡、战火频仍，此书在中国大陆湮没无闻，迄今所见中文评论，只有周作人看过日文译本后于1950年写的一篇几百字的随笔《洗三的咒语》

飞龙桥24号
紫藤小院罗家
老宅，罗信耀
在书桌前

（周作人，《知堂集外文·〈亦报〉随笔》，岳麓书社，1988年）。

直到1999年初，复旦大学教授葛兆光先生一篇精彩的书评出现，预告了此书即将从忘川中浮出水面（葛兆光，《礼士胡同的槐花飘香》，载《十月》1999年第1期）。随着民俗研究的升温和怀旧思潮的兴起，此书日益受到关注。

罗信耀先生生前抱有将此书翻译出版的愿望，对我多有指点，告诉我许多应知应会的知识点，同时也告诉我书里有若干笔误和硬伤，千万注意纠正。但是由于种种原因，我未能在他生前完成他的嘱托。其中原因除了我的本职工作任务繁重频频奉派长期出国之外，一是我的知识储备严重不足，民俗书写方面几乎是一白丁，必须恶补，知识结构可谓"另起炉灶"；二是采取怎样的翻译策略，令我反复斟酌，从最初打算做"忠实全译"，经过反复多次细读原书，写满注释，屡次毁弃试稿，最后决定做变体的译写。经过"三年不窥园"般的努力，终于拿出这个译写本。我在译写中坚持遵循一条基本原则，就是将它从写给外国人看的书"改造"成为一本写给中国人，特别是北京人看的书。为此做了不少删削、增补、改写的工作，同时注意尽量保留原书知识密集的特点，以及思想脉络、风格和韵味。内容和文字上的打磨，希望能使得这个译本不致令人失望。

此书的译写本得以"出生"，是因为得到许多长辈、老师、朋友和亲人的鼓励、帮助、指点，他们多年来不断的支持和鞭策，是我咬牙坚持的动力来源，译本完稿之际我出自内心深处的感恩之情油然而生，向他们表示真挚而深沉的感谢，也借此机会交代故事细节。

翟宏彪先生，是我在联合国工作时的同事好友。1983年他在纽约访得普林斯顿大学出版社重印的*The Adventures of Wu*，第一时间送到我和父亲手上，使得原作者在阔别三十年后重见自己的著作，不啻帮可怜的父母找回了被拐失踪多年的孩子。原书作者本来珍藏一部样书，在一次政治运动中组织上审查通过后发还本人，却被某人（姑隐其名）骗走，致使作者众多亲属子女多年不能见到此书面目。翟君义举没齿难忘。

1986年，罗信耀在紫藤小院接待韩书瑞

卜德教授（Prof.Derk Bodde），是美国宾夕法尼亚大学荣休教授，著名汉学家，冯友兰《中国哲学史》英译者。他多年为在海外出版此书付出努力，终在1983年推荐给普林斯顿大学出版社，撰写了长篇序言并请人编制索引附于书后。卜德教授的父亲早年任教于上海中国公学，喜爱*The Adventures of Wu*，珍藏一部，二战中被拘押于山东潍县乐道院集中营，处境险恶仍不离不弃传给儿子。卜德教授为此书重印而多年坚持努力，足见两代美国文化人对古都北京的人文内涵怀有极深的欣赏和倾慕。中美1979年建交，卜德教授随即来北京故地重游。他生前曾与作者和我频频书信往还，是不曾见面的老朋友。经他介绍，美国历史学者韩书瑞（Susan Naquin，现任普林斯顿大学东亚研究中心主任）等人得以到作者在北京南池子飞龙桥的住所访问。

孙之明先生，是作者在国家标准局工作时的同事，罗家世交。孙先生一直关心此书翻译事宜，赠我数种有关北京民俗的书籍，对我的译写工作是有力的鼓励和帮助。

韩易安先生（Mr. Ian Hamilton），英国人，是联合国日内瓦办事处语文司术语科科长，我的同事好友。他爱读 *The Adventures of Wu*，赠我英文版《燕京岁时记》和卜德著《北京日记》英文原版。他通晓中文，热爱东方文化，是一位谦谦君子。

龚丹先生（Mr. Dan Cohn），美国汉学家，老舍《正红旗下》英译者。他在自己的著作里多次引用和推介 *The Adventures of Wu*，特别关心其中文译本的命运，寓居北京时频频看望作者，甚为相得，称作者为"中国伯父"（my Chinese uncle）。

宋惕冰先生，北京燕山出版社资深编辑，文物专家，《燕都》杂志主编，一位学识渊博和蔼可亲的长者，我敬爱的老师。他对此书翻译出版持续关怀，赐赠多种极有价值的图书，是我翻译中重要的参考来源。

吴晓铃先生，中国社会科学院文学研究所研究员。吴先生虽已仙逝，我仍要对他表示感谢并告慰他在天之灵。记得1988年初秋，我奉父亲嘱咐前往宣南双楷书屋拜访吴老，亲聆教诲，音容笑貌宛如昨日。吴老也是罗家世交，20世纪50年代初期，曾与作者之兄在中国科学院语言研究所同事。20世纪80年代在美国讲学期间了解到 *The Adventures of Wu* 一书在美国读者和华人中间广受推崇的情况，因此多次呼吁翻译出版中文译本。他认为此书"是东西方汉学家不可须臾或离的读物，真应该译成汉语"！（吴晓铃，《居京琐记》，光明日报出版社，1993年）吴老为此写给父亲和我的信函，我珍藏至今。本书一旦面世，我将熏香沐浴敬献于吴老灵前。

翻译改写此书的过程中，原书作者子女以各种方式给予关心帮助和支持：有的认真审阅部分译稿并提出中肯的批评，有的就出版事宜贡献重要意见。罗丹、张玫、罗佳莹电脑录入大量手写稿，辛苦而神速。罗四维帮助排除使用电脑中频频遇到的故障，不厌其烦。老妻贺德慧分担大量家务劳动，使我得以避开纷扰，集中有限精力专心译事。说本书是团队努力的产物，并不夸大。对于参与这项集体工程的所有亲人，我深深感激，并引以为傲——书香继世家风永续。

最后我最特别感谢张玲女士和北京出版集团高立志先生、魏晋茹女士，经过他们的鉴赏支持和大量辛勤细致耐心的文字加工，此书才能得以成形出版面世。

约 1945 年，罗信耀陪母亲杨佳氏逛颐和园

图书在版编目（CIP）数据

旗人风华：一个老北京人的生命周期 / 罗信耀著；罗进德译写. — 北京：文津出版社，2020.8

ISBN 978-7-80554-690-2

Ⅰ. ①旗… Ⅱ. ①罗… ②罗… Ⅲ. ①地方文化—北京—通俗读物 Ⅳ. ①G127.1-49

中国版本图书馆 CIP 数据核字（2018）第 283436 号

总 策 划：安 东 高立志　　项目统筹：司徒剑萍
责任编辑：高立志 魏晋茹　　责任校对：张 玉 侠
责任印制：陈冬梅　　　　　　封面设计：田 　晗

旗人风华
一个老北京人的生命周期
QIREN FENGHUA
罗信耀 著　　罗进德 译写

出　　　版　北京出版集团
　　　　　　文津出版社
地　　　址　北京北三环中路 6 号
邮　　　编　100120
网　　　址　www.bph.com.cn
总 发 行　北京出版集团
印　　　刷　河北赛文印刷有限公司
经　　　销　新华书店
开　　　本　880 毫米 × 1230 毫米　1/32
印　　　张　18.25
字　　　数　440 千字
版　　　次　2020 年 8 月第 1 版
印　　　次　2023 年 7 月第 2 次印刷
书　　　号　ISBN 978-7-80554-690-2
定　　　价　99.99 元

如有印装质量问题，由本社负责调换
质量监督电话　010-58572393